カール・シュミット入門講義

仲正昌樹
Nakamasa Masaki

作品社

Carl Schmitt

[前書き]――はたして、ダークサイドで、危ない!?
カール・シュミットは、「決められない政治」を何とかしてくれるのか?

二〇一二年の春頃からマスコミの政治報道で、「決められない政治」という言葉をよく耳にするようになった。具体的には、与党民主党内の内紛と、衆参のねじれのために、政権が重要な政策に関して方針を決定できず、「政治が停滞する」ようになったことを指す。

「決められない政治」を批判するジャーナリストやコメンテーターたちは、「決断できる政治家」への待望を口にする。普段はリベラル・左派的な立場を取っている人たちが、愛国心や公共心に根ざした「国民の生活が第一の政治」を説く、保守系の政治家の「リーダーシップ」や「突破力」に期待を寄せているかのような発言をすることも珍しくない。

そうした「指導者」待望論は、「民主主義の限界」論としばしば結び付く。異なった利害関係や価値観を持つ人たちが、「議会」に集まって延々とおしゃべりし続けたところで、本当の意味で、誰もが納得のいく「合意」を形成することなど不可能なのだから、〝民主主義〟という建前に拘らないで、「決断力」のある「指導者」に任せて、「危機」を乗り越えればいい、という議論である。こういう考え方を、「決断主義」という。ただし、「決められる指導者」への期待を漠然と語っている〝論客〟たちは、「決断主義」が、政治哲学・政治思想史的にどういう意味を持っているか、本気で考えたことがあるようには見えない。「決断力のある政治家」が、民衆と対話して、〝真の民主主義〟を実現することに期待するかのような、楽観論を語る人たちが少なくない。

ワイマール期のドイツに、「決断主義」を理論的に根拠付け、その代名詞になった思想家がいた。憲法学者・法哲学者のカール・シュミットである。歴史上初めて「社会権」を憲法に取り入れ、自由主義と民主主義を調和させることを目指したワイマール体制が、根本的な矛盾を抱えていることを見て取ったシュミットは、問題の根っこを掘り下げていった。古代の共和制に由来する「独裁」論やカトリック保守主義系の政治神学、フランス革命以来の憲法制定権力論、マルクス主義の革命論などの研究を通して彼は、「法」や「政治」の根底に、「友」と「敵」の間に線を引き、「通常＝規範性」を生み出す、「決断」という営みがあることを明らかにした。

カトリック保守主義をベースとする彼の秩序思想は、ナチス流の民族主義とは相容れないところもあったが、一時期ナチス政権を擁護する法学者の代表として祭りあげられたことから、ナチスの桂冠法学者と呼ばれることになり、第二次大戦後はずっと危険視され続けた。しかし、彼の理論的な影響を受けたドイツ内外の法学者や政治哲学者は少なくないし、彼と政治的には対極にあると思われる、革命的左派からも、彼の「決断」論や「友／敵」論はしばしば参照される。丸山眞男も、天皇制の特殊性を論じる文脈で、シュミットの国家論を引き合いに出している。一九九〇年代以降は、デリダ、アガンベン、ムフなど、ポストモダン左派の論客たちのテクストで、シュミットの理論が引き合いに出されるようになった。

「政治的なもの」の秘める排他的な暴力性に焦点を当て、「友／敵」対立を際立たせるシュミットの言説のどこが魅力的なのか？　いろんな立場のシュミット研究者・解釈者がいるので、何通りも答えがありそうだが、私の視点から一言でまとめると、私たちの社会を最も深い所で規定している、「法」のダークサイドを徹底的に解明し、普遍的な法の理想の矛盾を次々と暴露し、それを現実の政治情勢の分析に応用していったところに、彼のスゴさがあるのではないかと思う。軍事オタク的な興味・勘違いから、シュミット・ファンになっている人たちもいるだろうが、そんなのは無視していいだろう。

「民主主義の限界」や「決断力」を安易に口にする前に、それらが何を意味するのか、二〇世紀の最も危険な法学者の目を通して、きちんと勉強し直すべきではないか？　と思う。

［目次］

カール・シュミット入門講義

本書は、2011 年 10 月から 2012 年 8 月まで全 7 回（補講も含む）にわたって、連合設計社市谷建築事務所で行った連続講義『カール・シュミット』の内容をもとに、適宜見出しを入れて区切る形で編集したものである。

文章化するに当たって正確を期すべく随所に手を入れたが、講義の雰囲気を再現するため話し言葉のままとした。また会場からの質問も、講義内容に即したものを、編集し収録した。

講義の中でテクストとして主に参照したのは、『カール・シュミット著作集』（慈学社出版）、『政治的ロマン主義』（未來社）、『政治的なものの概念』（未來社）、『政治神学』（未來社）、『陸と海と』（慈学社出版）に収められている翻訳並びに、該当する原書を適宜参照した。

来場していただいた会場のみなさん、ご協力いただいた連合設計社市谷建築事務所スタッフの方々、心より御礼申し上げます。【編集部】

［講義］第6回 『政治的なものの概念』2――政治を決めるのは、誰か？ 347

主観主義的留保の帰結するところは、ロマン主義者はその求める実在を己れの中にも、共同体の中にも、世界史の発展過程にも、そしてまたロマンティカーたる限り、古い形而上学の神の中にも見出しえなかったということである。しかし実在への憧憬は充されることを必要とする。イロニイの助けによって彼は個々の実在から身を守ることはできた。けれどもそれは主観が自衛するための武器にすぎなかった。実在そのものは主観的には獲得することができない。

『政治的ロマン主義』

本当に危ない思想家

最初に、カール・シュミット（一八八八―一九八五）とはどういう人か、少しだけお話ししておきます。主としてワイマール期に活躍したドイツの法学者で、専門は憲法学もしくは法哲学です。「政治」の本質について語っている著作が多いので、政治哲学者と見なされることもあります。彼はナチス・イデオロギーに完全に同調していたわけではないのですが、議会制民主主義の弱点を批判し、非常事態における大統領の独裁権の明確化を主張するなど、ナチスの政権樹立に有利と思える議論を展開し、ナチス時代にはベルリン大学の法学部教授に就任した他、一時ナチスの法学部門のリーダーのような役割を演じました。戦後、戦争犯罪の容疑で逮捕されましたが、訴追は免れました。

ナチス時代にナチスに協力した法学者、法律家はたくさんいます。シュミット以上に重要な役割を果たした人もいます。例えば、弁護士・法学博士のヴィルヘルム・シュトゥッカート（一九〇二―五三）は、人種主義的な「ニュルンベルク法」の作成に関与し、内務次官にまでなり、ユダヤ人問題の「最終解決 Endlösung」を決定したヴァンゼー会議（一九四二年一月）にも参加しています。シュトゥッカートと一緒に「ニュルンベルク法」の作成に関与し、関連した法律を整備した、内務官僚出身のハンス・グロプケ（一八九八―一九七三）は、戦後アデナウアー政権の首相府長官を務めています。法学博士で、SS（親衛隊）で活動したヴェルナー・ベスト（一九〇三―八九）は、ハイドリッヒ（一九〇四―四二）が率いる

RSHA(国家保安本部)の第一局長として、ユダヤ人の強制収容所移送で辣腕をふるいました。

シュミットはナチス政権の初期には、それなりに影響力を発揮していましたが、一九三六年頃から、SS等から日和見主義と批判され、ベルリン大学教授には留まりましたが、政治の表舞台には出てこなくなりました。その際に、シュミット批判を行った法律家、法学教授が結構いました。そのことからも、シュミットはナチス寄りにはなったけど、ナチスと完全に同化したとは言いにくいことが分かります。ナチス・反ユダヤ主義と、シュミットの関係については、佐野誠『近代啓蒙批判とナチズムの病理——カール・シュミットにおける法・国家・ユダヤ人』(創文社)で詳しく論じられています。

それでも、ワイマール後期においてシュミットの法学的な影響力が決定的であり、戦後も、「議会制民主主義」や「普遍主義」の原理的な批判者として、ドイツをはじめとする西側諸国の国の法律家、法学者、あるいは革命家たちに影響を与え続けたため、彼とナチスの繋がりが必要以上に強調されているきらいがあります。

この点では、哲学者のマルティン・ハイデガー(一八八九―一九九六)も同じような扱いを受けてきたと言えます。ハイデガーは、第一次大戦の敗戦と第二帝政崩壊、ヴェルサイユ体制によって、ドイツ社会が混乱し、人々が強い不安を抱いていた時に、『存在と時間』(一九二七)を出して、一世を風靡しました。難解な哲学書ですが、ところどころに、「存在」それ自体から与えられる使命を受けとめ、決意するよう読者に促しているかのような、神秘主義的かつ刺戟的な表現がちりばめられているので、哲学的な内容がよく分からなくても感動する人はいたわけです。名声を得たハイデガーは、一九三三年四月にフライブルク大学の学長に就任し、ナチスの党員になりました。学長就任に際して、ナチスの登場を哲学的に意義付けるかのように見える、「ドイツの大学の自己主張 Die Selbstbehauptung der deutschen Universität」という悪名高い演説を行いました。また、彼の先生で、フライブルク大学の哲学講座の前任者でもあるフッサー

ハイドリッヒ

ル（一八五九－一九三八）がユダヤ人であったため、大学への立ち入りを禁止しました。ユダヤ人の立ち入り禁止は、ナチスの方針であって、ハイデガー個人の判断ではなかったわけですが、自分の師であり、「現象学」の創始者でもある偉大な哲学者の迫害に関与したことで、印象が悪くなりました。

ただし、ハイデガーの学長就任の後、学内でもめ事が続き、一九三四年には責任を取る形で学長を辞任しています。その後は、ナチス・イデオロギーとは直接関係なしに、自らの存在論に基づいて、「祖国的な存在」を探究するようになります。ハイデガーとシュミットの間にさほど多くの直接的な接点はありませんが、シュミットはハイデガーからの勧誘に答える形でナチスに入党しています。

ハイデガーは、「存在」とは何か、という抽象的な問題に取り組んだ哲学者であり、ナチスの政策立案や推進に直接的に関わったわけではなかったので、ナチスとの関係はあまり深く追求されていません。敗戦後、州の文部大臣の命令で大学から追放されましたが、五一年には名誉教授として大学に復帰しています。彼の哲学の影響が、サルトル（一九〇五－八〇）やデリダ（一九三〇－二〇〇四）を経由する形で、現代思想の本場になったフランスで強まったこともあって、三度にわたり彼のナチス関与をめぐる論争が起こりましたが、それによって、彼の思想がタブー化されることはありませんでした。

それに比べると、シュミットは、法学者・政治哲学者の立場で、（普通の意味での「独裁」とは違いますが）「独裁」を正当化し、友／敵の対立を煽るかのような議論をしているので、本当に危ない思想家というイメージが最後までつきまとうことになり、大学への復帰も最後まで認められず、故郷のプレッテンベルクに引き籠もって、在野の学者として執筆活動を続けることになりました。

シュミットは「政治」や「法」の本質に関して非常に興味深い洞察を示しており、一九九〇年代以降、狭義のシュミット研究者や信奉者の枠を超えて、様々なジャンルで活躍する思想家、特にポストモダン左派から注目されるようになりましたが、彼が元々法学者であり、文学や神学の知識も駆使した複雑な議論をするので、法制史や法哲学をはじめとする、いろんな分野の素養がないと、彼のテクストをちゃんと読むことはできません。そのせいで、法学・政治思想史畑でない人はシュミットを読むのを少しためらってしまうでしょうし、法学・政治思想史の人にとっても、彼の議論は、現在、法哲学・政治哲学で論じられている常識的な主要テーマ、配分的正義、共通善、法実証主義、法の純一性、共和主義、公共的理性、熟議的民主主義、パターナリズム、シティズンシップ、多文化主義、承認といったところからかなり外れていて、「法」と「神学」の関係とか、諸個人の価値や選択を超えた「法秩序」を問題にするので、なかなか扱いにくいようです。シュミット研究専門の人たちはいますが、自由主義を前提とする通常の法・政治哲学との相性はあまりよくない感じです。

決断主義

一九九〇年代に西欧諸国でシュミット・ルネッサンスがあり、その余波で日本でもちょっとしたシュミット・ブームがありましたが、どうして今シュミットが重要なのか肝心のことはあまり伝わらず、思想業界一般に浸透した、という感じではありませんでした。しかし、二一世紀に入ってから、シュミットの思想のキーワードである「決断主義」がいろんな文脈で論じられるようになりました。論じている人たちは、「決断主義」がシュミット関連の言葉だということをそれほど意識してないのかもしれませんが。

評論家の宇野常寛（一九七八－　）さんの『ゼロ年代の想像力』（二〇〇八）では、シュミットの名前は出てきませんが、「決断主義」という言葉が、二一世紀のゼロ年代のサブカルの物語性の変化を表わすキーワードとして使われています。九〇年代後半のサブカル作品の主人公たちは、『新世紀エヴァンゲリオン』の主人公が典型的にそうであるように、自分がやっていることが本当に善なのかと確信を持てず、精神的に引きこもる傾向を示していた。それが、ゼロ年代に入ると、正しいかどうかはわからないが、とにかく何らかの価値にコミットすることを決断し、その方向に突き進む主人公の姿が目立つようになった。それを宇野さんは「決断主義」と呼んでいるわけです。

「決断主義」というのは、よく考えてみると、妙な言葉ですね。物事を決める時は、何らかの形で決断しなければならないからです。敢えて「決断主義」という言い方をするのは、決めるのが難しい状況、どちらを選ぶべきか決め手がない時、普通なら悩む時に、思い切って決める、ということを強調するためです。特に、「政治」では、「決断」が特別な重みを持ってきます。多くの人の運命がかかっているからです。現代の民主主義的な「政治」では、いろんな立場の人がそれぞれもっともらしい理由、どちらの選択肢を選んだら、誰にどういう影響があるかを述べながら、自分の意見を主張するので、全体としてどれを選ぶべきか、決め手がない状況がしばしばあります。そういう中での「決断」です。無論、全員で何となく決めるのではなく、特定の誰かが最終的に「決断」することになります。現代思想的な言い方をすると、「宙吊り状態」の中での「決断」です。

フランスの現代思想の代名詞のようになっているジャック・デリダは、九〇年代から政治や法について積極的に語るようになります。その中で「決断」というテーマが強調されるようになり、「決断」の思想家であるシュミットにも注目するようになります。九三年に、マルクスにおける亡霊の問題系を読み解いた『マルクスの亡霊たち』、九四年に、「法」が措定される瞬間、「決断」の瞬間に発動する「暴力」を問題にした『法の力』が出されます。『法の力』は、一九八九年にデリダがアメリカのカードーゾ・ロースクールで行った講演が元になっています。この著作では、ヴァルター・ベンヤミン（一八九二―一九四〇）の「暴力批判論」（一九二一）をデリダの視点から掘り下げて読み解くことが試みられていますーーベンヤミンの「暴力批判論」については、拙著『ヴァルター・ベンヤミン』（作品社）で論じましたので、関心がある方はご覧下さい。シュミットとベンヤミンはほぼ同年代のワイマール期のドイツの思想家ですが、法学者で法制史的な視点から「政治」について論じていたシュミットと、マルクス主義に関心を示し、唯物論を美学的に再解釈した左派の文芸批評家であるベンヤミンの間には、ほとんど接点がなさそうな感じですが、ベンヤミンは、自分の教授資格試験論文『ドイツ悲劇の根源』（一九二八）を、シュミットに贈っていて、それに添えた手紙で、シュミットの著作の中の一七世紀の主権論についての叙述で影響を受けていると述べ、その学恩に感謝の意を表明しています。「歴史の概念について」（一九四〇）でも、シュミットの「例外状態」概念を援用しています。

ジョルジュ・ソレル（一八四七－一九二二）の『暴力論』（一九〇八）に注目し、評価する点も共通しています。ドイツ思想史では、ベンヤミンとシュミットのつながりは結構以前から指摘されています。現代ドイツのコミュニケーション論の旗手として知られ、ベンヤミンの研究者でもあるノルベルト・ボルツ（一九五三－　）は、『脱呪術化された世界から離脱 Auszug aus der Entzauberten Welt』（一九八九）――日本語訳のタイトルは、『批判理論の系譜学』で、法政大学出版局から出ています――という本で、ベンヤミンとシュミットの思想史的関係について検討を加えています。

話をデリダに戻しますと、『法の力』と同じ一九九四年に、後期デリダのもう一つの主要著作『友愛のポリティックス Politiques de l'amitié』が出ています。日本語で「友愛」と言うと、漢字の印象から愛情の話のような印象を受けますが、フランス語の〈l'amitié〉には、必ずしもそういう意味合いはありません。日本語でも、社会的連帯という意味で「友愛」という言葉を使うことがありますが、むしろそちらの意味に近いと思います。また、普通のフランス語の用法からはズレますが、「友性」という意味にも取れます。この本でデリダは、シュミットの『政治的なものの概念』（一九三二）を、プラトン（前四二七－三四七）、ニーチェ（一八四四－一九〇〇）、ハイデガーなどと絡めながら詳細に分析しています。『政治的なものの概念』でシュミットは、「政治的なもの」の本質は「友／敵」の区別であるという有名な議論を展開しています――『政治的なものの概念』については、この連続講義の第五回、六回で扱います。『友愛のポリティックス』の中で、デリダは、『法の力』でのベンヤミン論に言及しており、シュミットとベンヤミンの関係はかなり意識していたのではないかと思います。

なぜ、いまシュミットなのか？――自由民主主義の〝限界〟

では、シュミットが再び注目されるようになったのは何故か？　先ず、ハイデガーの場合と似たような状況があると思います。八〇年代から九〇年代にかけてナチスと結び付いた負のイメージが次第に薄れていく中で、左派、ポストモダン左派系の人たちが、そのテクストを読み直し、左右を超えて真剣に受け止めるべき問題提起を再発見し、それを自らの理論の中に取り込むようになった、ということです。右翼あるいは左翼だと思われて、敬遠されていたかつての偉大な思想家が、ほとぼりが冷めてから、「こんなことを言っていたのか！」、という感じで再評価されるのはよくあることです。デリダは、もともとハイデガーに対しては好意的でしたが、九〇年代に左派としてのスタンスを示すようになってからは、ハイデガーと並んでシュミットの再評価も進めたわけです。

ポストモダン左派的な文脈でのシュミット再評価で重要なもう一人の思想家として、シャンタル・ムフ（一九四三― ）を挙げることができます。ベルギー出身で英国で活動している左派系の政治学者で、ヘゲモニー論で有名な人です。彼女は、シュミットの「友／敵」論を参照して、「政治」の本質を再考する著作を何冊か出しています。代表的なのは、『政治的なものの復興 The Return of the Political』（一九九三）、『民主主義の逆説 The Democratic Paradox』（二〇〇〇）、『政治的なものについて On The Political』（二〇〇五）の三作で、いずれも翻訳されています。

彼女がシュミットに関心を持つに至った背景として、「自由民主主義」の限界をめぐる問題意識があります。「自由主義」は、個人の価値観を尊重しようとする考え方であり、民主主義はみんなで物事を決定し、みんなでそれに従う仕組みです。みんなの価値観がたまたま一致していればいいですが、大きな国家ではそれは無理です。小さな国家でも、厳密な一致は無理です。最後は、多数決で決めることになるので、少数派の意見は抑圧されることになる。討論した挙げ句に多数決で負けるのなら、まだましなのかもしれません。他の圧倒的多数の人たちのそれからあまりにも価値観・世界観がかけ離れている人たちの意見は、議論の土俵にのせてもらえない可能性の方が高い。議論のために使える時間は有限ですし、私たちの他者理解の能力にも限りがあります。

ムフに言わせれば、「政治」とは、異なった価値観の集団が自らの主張を通そうとして、闘いを繰り広げる闘いのアリーナです。アリーナの広さは有限なので、押し出される人たちもいる。すると、押し出された人たちは、アリーナの形を変え、自分たちが登場できるような設定にしようとします。そのための闘いを仕掛けます。それに対して、現にアリーナの上にいて、民主的討論で一定の役割を果たしている人たちは、現在の形を守ろうとする。「民主主義」の本質は、そうしたアリーナをめぐる縄張り争いです。ムフは、そうした自らの民主主義観を、「闘技的民主主義 agonistic democracy」と呼んでいます。彼女の視点から見れば、公共的な「討議」を積み重ねることによって、「自由民主主義」が次第に充実し、社会的「正義」についての合意が形成されるとするジョン・ロールズ（一九二一–二〇〇四）やユルゲン・ハーバマス（一九二九– ）など、リベラル左派の議論は誤魔化しです。民主主義が「他者」排除の上に成り立っていることを直視していないからです。

肝心なところを誤魔化している（ようにムフには見える）リベラル左派を批判するために、全く逆の立場のシュミットの議論を引き合いに出しているわけです。一般的に、ラディカルな左派が中道左派を批判する場合、あるいはその逆に、ラディカルな右派が中道右派を批判する場合、左右逆の側のラディカリズム、つまり「敵」の議論を援用するというのはよくあることです。簡単に言うと、極右と極左は似てくる。ムフは一応、「民主主義」というアリーナ自体は認めているので、典型的なラディカル左派とは言えないわけですが。

シュミットは、いくつかの著作で、自由民主主義の制度としての議会制民主主義のことを批判していますが、特に、『現代議会主義の精神史的地位』（一九二三）という著作で体系的な批判を展開しています。現代の議会制民主主義は、価値観が異なり、合意が成立しようのない人たちにいつまでも話をさせている。それには、意味がない。民主主義の本質は、そうした無限の話し合いではなくて、支配者と被支配者の「同一性 Identität」であるという議論を展開します。治めている人と治められている人の考えが最初から〝一致〟していれば、議論の必要はないわけです。そこに、個人の価値観の自由を保障する「自由主義」という異質な要素を持ち込んでしまったために、みんなが合意に達するまで議論し続けねばならない、ということになったわけです。

こうした独特の「民主主義」観を、「友／敵」論と重ね合わせると、「友」を結集し、友だけで政治的共同体を創出しよう！という話になりそうですね。「友」になることのできない存在は、「敵」です。「話し合えば分かる」とか言って、無理やり「敵」を「友」の中に入れようとするから、意味のない話し合いを続け、混乱が生じることになる。境界線をはっきりさせるべきである。

ムフは左派なので、境界線を引くことで「敵」を排除するという議論は受け入れないのですが、シュミットの「民主主義」理解は本質をついていると見ています。「民主主義」は、内部／外部の境界線を引くことによって機能するというリアリティに目を向けていることを評価しているわけです。

ポストモダン系の現代思想は、（理性の）内部／外部の境界線に拘り、内部にいる〝私たち〟の視野には入ってこない「他者」をどのように扱うべきかを問題にしてきました。万人に通用する普遍的理性があると想定し、理性的なものを追求すると、〝理性的でないもの〟を放逐することになる。自由民主主義によって、万人の権利を保障しようとすると、自由民主主義という仕組みを脅かす存在を、放逐、抑圧することになる。そういう正義のための理性的な線引きによって、かえって見えなくなる「他者」が〝いる〟ことを執拗なまでに問題にしてきました。「友／敵」の境界線をあからさまに強調するシュミットの理論は、「他者」問題の本質を露わにしていると見ることもできる。だから、デリダやムフは、シュミットに注目するわけです。

日本人はどうシュミットを読んできたのか?

日本におけるシュミット受容にも少しだけ触れておきましょう。日本では、ドイツほど、シュミットに対する警戒感は強くなかったようです。例えば、丸山眞男（一九一四－九六）も有名な「超国家主義の論理と心理」（一九四六）で、シュミットの議論を参照しています。ナチスへの関与問題とは切り離す形で、シュミットの政治哲学、独特の世界観を本格的に紹介する仕事の先鞭を付けたのは、一橋大学で教えていた、政治思想史家で、ホッブズ研究者でもある田中浩さん（一九二六－　）です。田中さんとドイツ語学の原田武雄さん（一九二六－二〇一一）のコンビで、『独裁』（一九二一）、『政治神学』（一九二二）、『大統領の独裁』（一九二九）、『合法性と正当性』（一九三二）、『政治的なものの概念』などの重要な著作を訳して、未來社から刊行しています。田中さんは、シュミット研究をまとめた『カール・シュミット――魔性の政治学』（一九九二）という本を出しています。

田中さんは、『合法性と正当性』の「訳者あとがき」で、七〇年代の最初にもシュミット・ブームがあったとして、その背景について以下のように述べています。

そもそも、一九七〇年代に入ってから約七、八年間、短期間ではあったが、シュミットが日本で流行したのは、当時、日本全国で吹き荒れていた大学民主化闘争に端を発した「戦後民主主義」の問い直しが問題として提起されたことと関連があったように思われる。／「敵を見失うな」、「敵は殲滅せよ」というショッキングな「敵ｰ味方論」、日常性を断乎否定して非合理性を強調するロマンティシズム、また議会制民主主義にひそむ矛盾の鋭い剔出等々を含むシュミット理論は、経済的には高度成長期に達し、政治的には安定多数によって、いよいよ保守化、軍事化の方向にむかいつつあった当時の日本の政治、社会状況を批判しそれと対決するうえで、きわめて有効かつ適合的な理論として一部に多用されたのである。／しかし、このようなシュミットの理論も、本質的には、すべて全体主義の立場からする民主主義の攻撃と破壊に直結するものであったことを思えば、私たちは、当面の理論構築に役立つものであれば、それをどのように援用してもよい、というものではなかったはずである。（…）そこで私たちがシュミットから学ぶことは、あくまでも反面教師としてのそれでなければならないであろう。そのようにみれば私たちがシュミットから学ぶことは実に多いのである。

つまり、当時の新左翼のように、権力と闘うためだと言って、「議会制民主主義の限界」を気短に叫んだり、「友／敵」二分法を強調したりすれば、自分たちがその敵よりも危なくなってしまう。そのことを肝に銘じるためにシュミットを反面教師として学ぶべきだ、と言っているわけですね。一般的に、左翼・リベラル系の学者は、右の危ない思想家を回避する傾向があるのですが、田中さんは危ない思想家だからこそちゃんと研究するという姿勢をとり続けたわけです。また、研究を続けていると、だんだん思い入れが強くなって、危ない思想家も、健全で常識的に見えてくるということがありますが、田中さんは、シュミットの思想の中身には必ずしも賛成しないという態度をとり続けているように見えます。

今回と次回読む『政治的ロマン主義』(一九一九)は、政治思想史家で、丸山眞男の門下生の橋川文三さん(一九二二-八三)が訳して、未來社から出しています。これとは別に、ハンナ・アーレント(一九〇六-七五)の『全体主義の起源』(一九五一)などの翻訳もしている大久保和郎さん(一九二三-七五)による、この本の第二版(一九二五)からの翻訳もあって、そちらはみすず書房から刊行されています。橋川訳は、初版からです。最初の方はあまり目立った違いはないのですが、終わりの方が結構違います。今回は、より手に入りやすい未來社の方をテクストとして使うことにさせてもらいました。

橋川訳『政治的ロマン主義』(一九八二)の巻末の「本書の読者へ」というところで、この本の翻訳の経緯について述べられています。この本の訳は、少なくとも、橋川さん自身の著書である『日本浪漫派批判序説』(未來社、一九六〇)の刊行以前に校了が済んでいたのだけれど、橋川さんの関心が変化したことなどがあって、ずっと机の中に眠っていた、と述べられています。このことから、橋川さんの翻訳が、日本浪漫派の研究と連動していたことが窺えます。

『日本浪漫派批判序説』(一九六〇、六五)は、日本浪漫派の中心人物で、文芸批評家の保田與重郎(一九一〇-八一)や、「近代の超克」論に参加した亀井勝一郎(一九〇七-六六)や小林秀雄(一九〇二-八三)など、戦前の復古的な傾向の文学者についての評論を集めた本です。保田論が大きな比重を占めています。

保田は、ドイツの初期ロマン派の理論家フリードリヒ・シュレーゲル(一七七二-一八二九)の「イロニー Ironie」の理論を受容し、それを日本の古典の解釈に応用しようとしたことで知られています――シュレーゲルの「イロニー論」については、私の修士論文を本にした『モデルネの葛藤』(御茶の水書房)で詳しく論じましたので、関心があれば読んで下さい。シュミットの『政治的ロマン主義』でも、シュレーゲルの「イロニー」について——否定的にですが——論じられています。シュレーゲルに、シュミットと保田が関心を持ち、その二人に橋川が関心を持っているわけです。

「イロニー」というのは、簡単に言うと、何かについて考えたり、コミットしている自分自身を、少し離れたところから、メタな視点で見るということです。そういう態度がベースにあるので、なかなか一つの価値にコミットしない。というより、コミットできない。つまり、「価値の宙吊り状態」を生み出すようなまなざしで、自己を覚めた目で見つめる。「ベタ」にならないわけです。

初期のシュレーゲルには保守的・ナショナリズム的な要素はあまりありませんでした。むしろ、フランス革命に熱狂する革命的な心情の人だった。しかし、一八〇八年にカトリックに改宗し、その前後からオーストリア宰相のメッテルニヒ（一七七三—一八五九）の秘書のような仕事をするようになり、その過程で次第に「民族 Volk」的な価値、共同体の伝統にコミットするようになっていきました。アイロニカルな「宙吊り」状態を離れて、自らのアイデンティティの基盤としての民族、伝統、教会へ〝回帰〟したわけです。シュレーゲルだけでなく、ドイツ・ロマン派の論客の多くが、そうした祖国的なものへと転回するようになりました。彼らはイロニーに耐えられなくなったがゆえに、精神的な拠り所を求めるようになったのか、それとも、イロニーゆえに、敢えて何かにコミットするかのようなポーズを取る——大澤真幸さん（一九五八— ）の言い方を借りると、「アイロニカルな没入をする」——ようになったのか、評者によって議論は分かれるところですが、いずれにしてもロマン派が次第にナショナリズム運動に合流していったのは確かです。

保田與重郎

日本のロマン主義者である保田與重郎も、アイロニカルに自分自身を見つめ、自己を宙吊り状態に置きながら、民族的なものへと〝回帰〟し、戦争を肯定するようになった。橋川さんはそこに注目したわけです。

このように七〇年代に田中さん、橋川さん、大久保さんたちによって、シュミットの著作が翻訳され、シュミットが広く知られるきっかけが生まれました。法哲学者の長尾龍一さん（一九三八－ ）も、七〇年代からシュミット研究に携わって、何冊か訳書を出しています。長尾さんは、シュミットのライバルに当たる法実証主義のハンス・ケルゼン（一八八一－一九七三）の研究者としても知られています。八〇年代はシュミット研究の停滞期でしたが、九〇年に、東大の法史学の和仁陽さん（一九六三－ ）が、主としてカトリック教会との関係から初期シュミットを論じた、『教会・公法学・国家――初期カール・シュミットの公法学』（一九九〇）という研究書を出した頃から、シュミット研究がまた盛んになり、何冊も研究書が出されるようになります。九〇年代半ば以降は、ポストモダン系のシュミット再評価の影響が日本にも伝わって、その動きが加速されることになりました。最近ですと、南山大学の大竹弘二さん（一九七四－ ）が、シュミットの「国際法」思想――通常の意味での「国際法」ではないわけですが――に焦点を合わせた、『正戦と内戦――カール・シュミットの国際秩序思想』（二〇〇九）を出しています。初期のシュミットは主に国家主権や国内法秩序について論じていたのですが、ナチスの内部で孤立するようになった、三〇年代半ば以降、国際法に関心を移していきます。戦後は、『大地のノモス』（一九五〇）や『パルチザンの理論』（一九六三）など、世界史的な視点から、国際的な法秩序を論じる著作を出しています。大竹さんは、そうしたシュミットの国際的な法秩序論、特に、「正戦」論に照準を合わせる形で、シュミット思想の全体像、変遷過程を描き出そうとしています。

カール・シュミット、その思想の変遷

シュミットの思想の変遷について、一般的に言われていることを少しだけ紹介しておきます。この講義

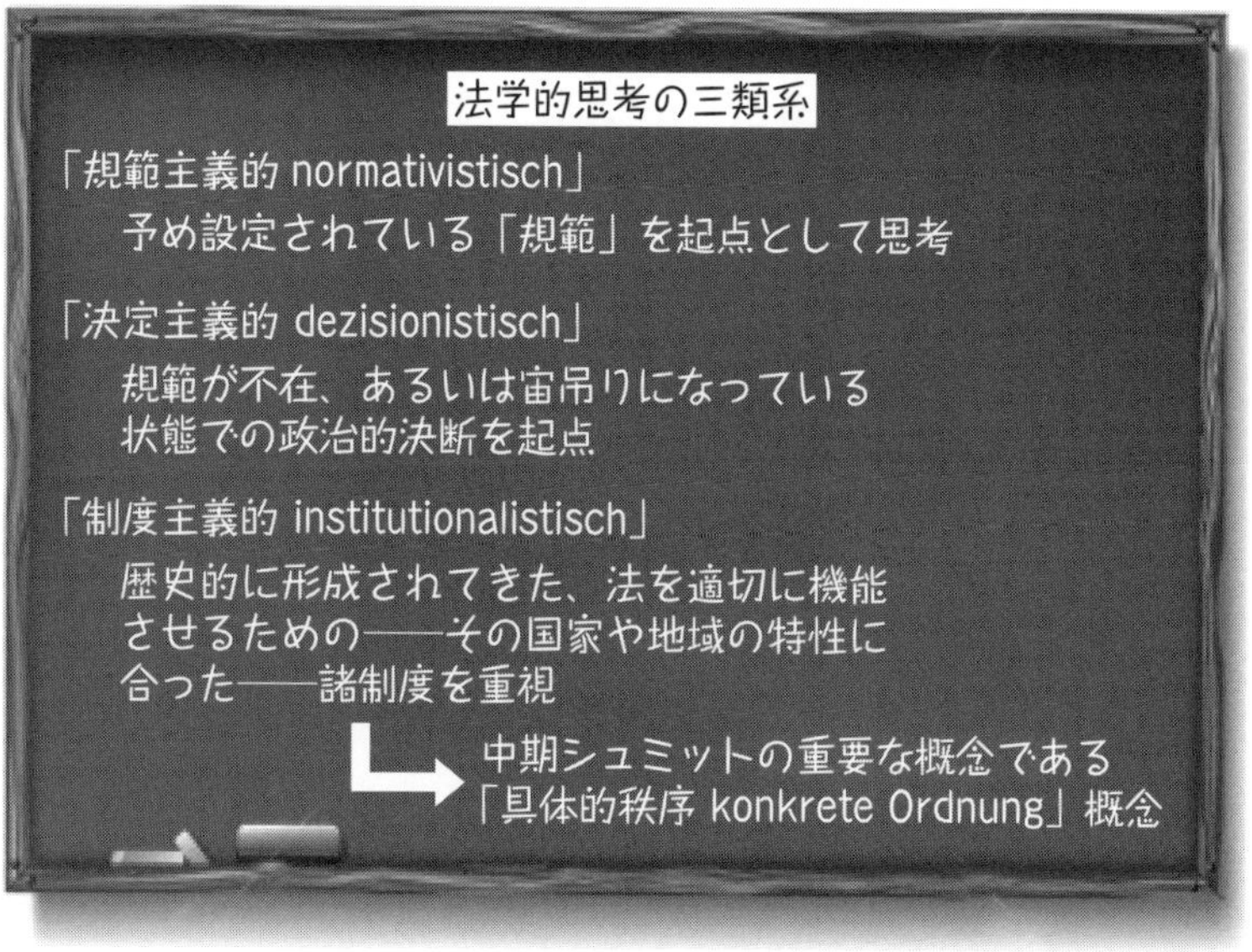
法学的思考の三類系
「規範主義的 normativistisch」
予め設定されている「規範」を起点として思考
「決定主義的 dezisionistisch」
規範が不在、あるいは宙吊りになっている
状態での政治的決断を起点
「制度主義的 institutionalistisch」
歴史的に形成されてきた、法を適切に機能
させるための——その国家や地域の特性に
合った——諸制度を重視
中期シュミットの重要な概念である
「具体的秩序 konkrete Ordnung」概念

の第三回目と四回目に『政治神学』を読みますが、この本の第二版（一九三三）の「まえがき」に「法学的思考の三類型」という話が出てきます。法学的思考は大きく分けて、「規範主義的 normativistisch」タイプ、「決定主義的 dezisionistisch」タイプ、「制度主義的 institutionalistisch」タイプの三つに分かれる、という話です。「規範主義的」タイプというのは、予め設定されている「規範」を起点として思考するということです。それぞれの「規範」はアプリオリに設定されているものなので、基本的にその意味を問うことはせず、諸「規範」の論理的な組み合わせによって、法の論理を体系的に展開しようとする。恐らく、最も〝普通〟の法学的思考です。「決定主義的」タイプというのは、そうした規範が不在、あるいは宙吊りになっている状態での政治的決断を起点に考えます。「制度主義的」タイプは、歴史的に形成されてきた、法を適切に機能させるための——その国家や地域の特性に合った——諸制度を重視します。東大の憲法学の石川健治さん（一九六二— ）

は、制度主義的な側面からのシュミットの法学を再考する、『自由と特権の距離――カール・シュミット「制度体保障」論・再考』（一九九九、二〇〇七）という本を出しています。

シュミットは、規範主義的な法的思考、特に法実証主義に反発して、次第に「決断主義」へと傾倒していった……それが一般的なイメージですが、『政治神学』第二版の「まえがき」でシュミット自身は、「規範主義」的な思考や「制度主義」的な思考も重要であることを強調しています。いずれか一つに還元することはできないということです。初期のシュミットは、法実証主義との対決を意識するあまり、決定主義的な物言いをしていたけれど、次第にそれまであまり目立っていなかった制度主義的な思考も強調するようになった。そうした制度主義的な思考は、中期シュミットの重要な概念である「具体的秩序 konkrete Ordnung」概念と結び付いているとされています。

「具体的秩序」というのは、私たちが同じ「民族」として生きている大地、空間の中に既に存在している具体的な秩序のことです。法規範が、形式的・抽象的に想定しているだけの、観念的な秩序とは違います。その「具体的秩序」に適合するように諸制度が形成されているので、「法」は「具体的秩序」を前提に思考せざるを得ない。社会契約論で言うように、合意に基づいて規範をゼロから創り出すことはできないわけです。

シュミットが「具体的秩序」について語るようになった時期は、ナチスの政権掌握の可能性が高まった時期でもあるので、ナチスへの迎合と見ることもできないわけではありません。民族にとっての「具体的秩序」があることにしておいた方が、民族の生存空間（Lebensraum）の確保を主張するナチスのイデオロギーを正当化しやすい。ただ、シュミット擁護――どうやったら本当に擁護することになるのか難しいところですが――の立場からは、シュミットは元々、全くの無の中での「決断」について語っていたわけではなく、「決断」を通して〝発見〟されるべき、「秩序」があることを前提に議論していた、と見ることもできます。シュミット研究者には、そのように見て、シュミットの一貫性を強調する人が多いです。帰着すべき「秩序」の形は当初曖昧だったけど、シュミットが思索を進めていく中で次第にはっきりしてきた、というわけです。

「決断」するのだけれど、全くの無の中で決断するのではなく、決断を通して見出されるべき本来の秩序があるという発想は、ハイデガーの「覚悟性 Entschlossenheit」と似ています。ハイデガーの「覚悟性」は、全くの無の中で自分の運命について決断するのではなく、存在者としての自己の運命を規定している「存在」それ自体との本来的な関係、自己の本来的な在り方を再発見する、というような発想です――これについては、拙著『現代ドイツ思想講義』（作品社）で簡単に説明していますので、関心があればご覧下さい。

あと、シュミットの思想と、一般的にドイツ・ナショナリズムの特徴とされているものの違いについてお話ししておきたいと思います。ドイツ・ナショナリズムにはいろんなタイプの思考の系譜がありますが、一九世紀のドイツ・ナショナリズムの中核にあったのは、「国民国家 Nationalstaat」としての統一を達成し、フランスや英国などの西欧諸国と対抗しようとする、「国民 Nation」としての文化的アイデンティティを強調する思想です。哲学者フィヒテ（一七六二―一八一四）は、プロイセンなどドイツ諸邦の連合軍がナポレオン（一七六九―一八二一）の率いるフランス軍に敗北した後、占領下のベルリンで講演「ドイツ国民に告ぐ」（一八〇七―〇八）を行い、ドイツ語教育を徹底し、子供たちに愛国心を培うべきことを強調しました。シュミットは基本的に、そうした「国民意識」形成の必要性のような議論はしません。

また、国家を一つの有機体のように見なす有機体的国家観の系譜もありますが、シュミットは、そういう比ゆ的な議論はしません。ナチスのイデオロギーにも取り込まれた、進化論的人種主義も、シュミットには見当たりません。シュミットは反ユダヤ主義的な議論はしていますが、それを進化論や人種主義と結び付けたりしていません。だからこそ、彼はナチスの主流から外れていったわけです。取りあえず、彼の決断主義や具体的秩序思考が、通常のドイツ・ナショナリズムとも、進化論的人種主義とも異質であることだけは確認しておきましょう。

『政治的ロマン主義』を読む――「政治的ロマン主義」とは?

では、実際に『政治的ロマン主義 Politische Romantik』を読んでいきましょう。「政治的ロマン主義」というタイトルが付いているくらいだから、「政治的ロマン主義」なるものを評価する議論かと思いきや、そうではありません。むしろ徹底的にけなしています。けなすために一冊の本を書くというのは不毛な感じがしますが、その背景には、彼がポジティヴに評価しようとしている思想、カトリック保守主義系の秩序思考が――シュミットの目から見て――「政治的ロマン主義」と混同されがちだということがあります。ごっちゃにならないように、「政治的ロマン主義」をはっきり定義し、区別することが、彼がこの本を書いた目的だと見ていいでしょう。

狭い意味での「ロマン派」は、一八世紀末から一九世紀初頭にかけて活躍したごく少数の文学者、哲学者に限定されますが、「ロマン主義的 romantisch」という形容詞は、神秘主義とか非合理主義、古き良き時代への憧憬といった、やや漠然とした意味で使われる傾向があります。そのせいで、右寄りの思想が嫌いな人たちは、各種の保守思想とロマン主義をしばしばごっちゃにします。因みに、〈romantisch〉は、日本語の「ロマンチック」に相当する意味合いを伴っていることもあります。というより、日常語としてはその意味で使われることが圧倒的に多いです。

「政治的ロマン主義」という表現は、ロマン主義の一部がある時期から政治的傾向、特に復古主義的な傾向を示すようになったという前提で、その一部のロマン主義者を指すために使われる傾向があります。

先ほどお話ししたように、初期ロマン派の最も代表的な論客であるフリードリヒ・シュレーゲルはカトリックに改宗し、ウィーン会議（一八一四）でイニシアティヴを取り、それ以降のヨーロッパの復古体制を維持するうえで中心的な役割を果たしたメッテルニヒに仕えました。ロマン派の文学者の中には彼以外にも、カトリックに改宗した人や、復古主義的な政治に関与した人、ナショナリズム的な運動にコミットした人たちがいます。そうした個別のイメージが合成されて、「政治的ロマン主義」というイメージが出来上がっているので、政治的ロマン主義＝カトリック系保守主義と理解されることが少なくなかったわけです。

シュミットにしてみれば、「政治的ロマン主義」という概念自体があまりにも漠然としているので、カトリック保守主義との違いを明らかにしようがない。そこで「序章」で、「政治的ロマン主義」を厳密に定義し、この名称に相応しい人たちを絞り込むことが試みられているわけです。ここでいろんな人の名前がぞろぞろ出てくるのはそのためです。ここで名前が挙げられている人の多くは、ドイツ史・ドイツ文学史で必ず出てくる重要人物たちです。例えば、冒頭に名前が出てくるフリードリヒ・ゲンツ（一七六四―一八三二）は、作家であると共に国家理論家で、シュレーゲル同様、オーストリアに拠点を移し、メッテルニヒの顧問のような仕事をしています。彼は一般的には、「政治的ロマン主義」の主要メンバーと見なされていますが、シュミットは、彼を「一八世紀の古典主義的精神に根ざす人間」であり、自由主義的な傾向が強かった、と見ていますね。古典的な美の形式を重んじる古典主義と、古典の形式性を超えた非合理主義的な美を志向するロマン主義は、その対極にあるとされています。

それから、ゲンツと並んで論じられることの多い、政治的ジャーナリストのゲレス（一七七六―一八四八）も、民主主義志向が強いという理由で除外されていますね。彼は、当初フランス革命に熱狂していたけど、ナポレオンのドイツ侵略に反発して、次第にドイツ・ナショナリズム的な方向に傾斜していき、リベラルな新聞『ライニッシェ・メルクア der Rheinische Merkur』を創刊し、反ナポレオン・キャンペーンを展開します。ただ、ドイツ統一に関して、オーストリアを中心とする大ドイツ主義の立場を取ったため、プロイセン政府から発禁処分を受けています。ゲレスの理想は、統一ドイツでキリスト教民主主義を実現することだったとされています。

歴史法学派の始祖で、近代の民法や国際私法の基礎を築いたとされるサヴィニー（一七七九－一八六一）の名前も挙がっています。彼は、ハイデルベルク・ロマン派の中心的なメンバーであった作家クレメンス・ブレンターノ（一七七八－一八四二）と親友で、その妹と結婚しています。グリム兄弟（ヤーコプ（一七八五－一八六三）、ヴィルヘルム（一七八六－一八五九））は元々法学者で、サヴィニーの弟子です。その彼も、自らの歴史主義的国家観及び法学を、ロマン主義のそれとは区別していた、ということで「政治的ロマン主義」から除外されていますね。

次いで、スイスの国家学者で、あらゆる国家は家族から発展したとする保守主義的な国家理論を展開したハラー（一七六八－一八五四）は、カトリックに改宗していますが、シュミットは彼が古い演繹的な自然法理論に依拠しているとして、やはり除外しています。シュミットの理解する意味での「ロマン主義」に基づいて、〝保守主義的〟な政治活動をしたとは言えないような人を除いていったわけです。つまり、ちゃんと見れば、シュミットの評価する本当の保守主義と混同しようがない人たちは最初から除いて、本当に紛らわしい「政治的ロマン主義」だけを批判的に論評する、という構えです。

そうやって除いていって、最終的に一人だけ典型的な政治的ロマン主義者を残します。

そこで本筋としてはアダム・ミュラーがこれまで疑う余地のない政治的ロマン主義者の典型として残る。

このアダム・ミュラー（一七七九－一八二九）こそ、この本で批判のターゲットになっている中心人物です。ミュラーは哲学者、国家理論家で、一八〇五年にカトリックに改宗し、一八一三年からオーストリアで仕事をするようになり、メッテルニヒに仕えます。メッテルニヒに仕えながら、国家論や貨幣論などの著作を著し、（シュミットはあまり評価していませんが）それなりに政治的影響力を発揮しています。ミュラーは、ドイツの経済思想史では一応重要人物扱いされています。経済思想史の原田哲史さん（一九五八－）が、ミュラーの社会思想全般をまとめた『アダム・ミュラー研究』（ミネルヴァ書房、二〇〇二）という本を出されています。

ミュラーだけだと視野が狭くなるせいか、シュミットはもう一人取り上げています。

フリードリッヒ・シュレーゲルもまた政治的に活動的であり、特殊な意味で政治的ロマン主義者に数えられているから、彼も同様に考察せねばならぬ。

ミュラーは、シュレーゲルの影響を強く受け、彼を介してロマン派になり、シュレーゲル流の批評理論を自らの哲学のベースにしているので、これは妥当なチョイスだと思います。シュレーゲルの理論を参照することは、ミュラーの理論的背景について掘り下げて考えることにも繫がります。この二人は、プロテスタントからの改宗、ドイツからオーストリアに移って活動したこと、メッテルニヒの復古的政治に関与したことなど、共通するところが多いです。

アダム・ミュラー

しかし壮大な体系的・思想史的関連性から政治的ロマン主義の構造を検討する前に、とくにアダム・ミュラーの政治的に活動した外部的状況を見なければならない。なぜなら任意の理論構成ではなく政治的な生命の発現の決定的な特質が問題であるとすれば、政治的なロマン主義者が具体的に《イン・コンクレト》いかに振舞ったかということはどうでもよいことではないからである。すでにこの点からしても、バーク、ド・メーストルおよびボナールのような人々が、無雑作にアダム・ミュラーおよびシュレーゲルと同一の政治的心性の範疇に属せしめられてはならぬことは明らかとなるであろう。

「外部的状況 Die äußere Situation」というのは、文脈から分かるように、ミュラーの思想の背景にある彼の政治活動と、ナポレオン時代から復古体制期にかけての政治情勢のことです。この後の第一章のタイトルが「外部的状況」となっているのは、そういうわけです。

ここでバーク（一七二九–九七）、ド・メーストル（一七五三–一八二一）、ボナール（一七五四–一八四〇）の名前が出てきますが、彼らがシュミットにとって重要な思想家で、ミュラーやシュレーゲルのような「政治的ロマン主義者」と一緒にしたくないことが分かりますね。バークは、アイルランド生まれの英国の哲学者・政治家で、フランス革命を徹底的に批判し、伝統的な制度の重要性を強調し、近代における政治的保守主義の元祖になった人です——バークの『フランス革命の省察』（一七九〇）をドイツ語訳したのが、先ほど出てきたゲンツです。ド・メーストルはフランス、正確に言うと、当時は独立国だったサヴォワの哲学者・法律家で、反革命の著述活動をし、バークと並んで保守主義の父とされる人である。ボナールもフランスの反革命の思想家で、カトリック教会の無謬性を信じ、神権政治を理想としていました。

バークは、英国国教会と結び付いた英国の独特の国家体制を擁護し、ド・メーストルとボナールは、カ

ボナール

ド・メーストル

バーク

トリック的な政治体制を擁護しました。シュミットはその後の著作でも、カトリック保守主義であるド・メーストルとボナールをしばしば引用します。シュミットが、伝統的な教会組織と結び付いた政治組織を高く評価する傾向があることが窺えます。逆に言うと、教会との結び付きが表面的なものに留まっている〝保守主義〟はあまり評価しません。

第一章では、先ほどお話ししたように、アダム・ミュラーを中心に、彼がオーストリアで仕事に就けるように世話したゲンツ、哲学的に影響を与えたシュレーゲルのことが話題になっています。

ロマン派

ちょっとだけ予備知識として、文学運動としてのロマン派についてお話ししておきます。初期ロマン派は、ワイマールの近くのイエナに集まった、文学者のサークルでした。主要メンバーは、フリードリヒ・シュレーゲルとノヴァーリス（一七七二―一八〇一）、フリードリヒの兄で、シェイクスピア（一五六四―一六一六）などの翻訳を手がけたアウグスト・ヴィルヘルム・シュレーゲル（一七六七―一八四五）などです。二人でシュレーゲル兄弟と称されます。フリードリヒは、作品の「批評 Kritik」を、著者自身も気付いていない深い意味の層を発見し解読する哲学的な営みとして位置付けたことで知られています。「批評」を独立の文学ジャンルとして確立したと言っても過言ではありません。アウグスト・ヴィルヘルムは、翻訳を通して、ドイツ語の文学の文体を確立することに貢献したことで知られています。ノヴァーリスも哲学的文芸批評家で、フリードリヒ・シュレーゲルと同様に多くの哲学的な「断片 Fragment」を残しています。ノヴァーリスは、ゲーテ（一七四九－一八三二）の教養小説『ヴィルヘルム・マイスターの修業時代』（一七九六）を意識して、アンチ・マイスターとも言うべき、幻想的小説『青い花』を書いています。ノヴァーリスが夭逝したので、未完に終わりましたが。岩波文庫に入っています。因みに、原題は「青い花」ではなく、〈Heinrich von Ofterdingen〉です。これは、実在したかどうか定かでない詩人の名前で、このハインリッヒが、幻想的な自分探しの旅をするという設定です。他に、神話や芸術についての哲学を展開した哲学者のシェリング（一七七五－一八五四）もこのサークルの重要なメンバーでした。民話や伝承に風刺的な脚色を施した作品で知られるティーク（一七七三－一八五三）も一時期このグループに属しています。

イエーナ・ロマン派は、ノヴァーリスが早く亡くなったことや、フリードリヒ・シュレーゲルやシェリングなど他のメンバーが別の土地に移ったため、事実上解散になりましたが、先ほど少しお話ししたブレンターノ、詩人のアルニム（一七八一－一八三一）などが参加したハイデルベルク・ロマン派、『影をなくした男（ペーター・シュミレールの不思議な物語）』（一八一三）で有名なシャミッソー（一七八一－一八三八）や、作曲家としても知られ、自動人形やドッペルゲンガー（Doppelgänger）などの不気味なモチーフの小説を書いているE・T・A・ホフマン（一七七六－一八二二）などが参加したベルリン・ロマン派などがあります。そして、ウィーンに移ったフリードリヒ・シュレーゲルを中心にウィーン・ロマン派が形成され、その中に政治的・保守主義的傾向を持った人たちがいたわけです。

シュレーゲルたち初期のロマン派は、当初、フランス革命に熱狂していたことが知られています。三〇頁をご覧ください。

フランス革命、フィヒテの知識学およびゲーテの『マイステル』は世紀の最大の事件である、もしくは、フランス革命は諸国家の歴史の中の最大にして最も注目すべき現象と見てよい、というシュレーゲルの有名な言葉は、その政治的な意味においては、ドイツ・ブルジョアジーの夥しいその他の共感の表明と均しなみに評価すべきものである。彼らは警察国家の確固たる安息の中にあってこの事件の影響を受けながし、フランスで行われた抽象的理念の荒々しい実現を再び〈たんに〉観念的なものの範囲に引戻したのである。それは対岸の火炎の遠映えであった。シュレーゲルも間もなくその熱狂を克服した。間もなく彼にはフランス革命もそれほど大したことには思えなくなった。（…）しかしロマン主義者自身の革命は、新しい宗教、新しい福音、新しい独創性、新しい普遍芸術の予告であった。彼らの宣言の殆ど何一つとして、日常的現実において公開の場所に属するものはなかった。彼らの行動は定期刊行物であった。

『マイステル』とは『ヴィルヘルム・マイスターの修業時代』のことです。シュレーゲルたちの世代のドイツの知識人たちは、政治的にはフランス革命、哲学的にはフィヒテの知識学（Wissenschaftslehre）、文学的にはゲーテの教養小説に強い影響を受けたとされています。これら三つが、人間の理性の勝利を証明しているように見えたわけです。しかし、少なくともフランス革命に対する熱狂はすぐに冷めて、彼らはもっと〝別の革命〟を模索するようになった。それは、〝内面〟での革命です。

ここでの書きっぷりから分かるように、シュミットはそうしたロマン主義者たちの熱狂を、表面的なものと見て、あまり評価していません。というより、軽蔑している感じですね。もともと表面的に隣国の革命に熱狂していただけの人たちがすぐに冷めて、今度は何か精神的革命らしきことについて書き始めた、としか見ていないようですね。こういう感じの〝思想家〟は現代日本にもいそうですね。そして、そういう人たちを皮肉るシュミットの語り口も、どこかで聞いたような感じがしますね。保守あるいは左翼の年配の論客が、「最近の現代思想なるものをやっている軽薄な連中は、口先では『〇〇革命』とか言っているけど、実践が伴っていない。本当の意味でやる気がない！」とか言っているのと似ていますね。この文章を書いている当時の彼は、三十前後の若手ですが、発想が何となく年よりっぽいですね――わざと年よりっぽいことを言って目立とうとする若手は、いつの時代、どの国にもいるので、珍しいことではないかもしれません。

加えて、ミュラー、シュレーゲルは、シュミットより一〇〇年以上前の思想家なので、何故そんなに熱を込めて語っているのか、少々不思議な感じもしますが、本当はロマン派よりも、同時代のいい加減な保守主義者たちを風刺したかったのかもしれません。

政治性からすぐに遠ざかり、活字だけの世界に自閉するロマン主義者をバカにするシュミットですが、彼は決して文学を知らない人ではありません。彼自身、文芸批評をやっていますし、彼の文体が、法学者にしてはあまりに文学的であることは有名です。そもそも、文学嫌いの人が、ロマン主義者を批判するための本をわざわざ出したりしません。嫌な文学のことをわざわざ調べて、書かねばならないわけですから。読んでいけばだんだん分かってきますが、シュミットはロマン派の批評理論のことをよく理解しています。分かったうえで、手厳しく批判しているわけです。文学の理論と、政治や法の理論は違うという前提で考えているように思えます。文学好きの人間は、文学的な洞察力とか批評の理論などを、政治にすぐに応用できると考えがちですが、シュミットはそういう発想とは一線を画しているようです。彼自身が文学体質なので、余計に見方が厳しくなっているのかもしれません。

ドイツ・ロマン派にはいろんな人がいるので、共通の特徴を挙げるのは難しいのですが、やや強引にまとめると、カント（一七二四－一八〇四）やフィヒテの「自我」中心の合理主義的哲学やゲーテの教養小説、啓蒙主義的なフランス革命の三本柱にかつて魅了されたことへの反動から来ると思われる、理性では把握できない非合理的なもの、自我を狂わせる感性＝美的なもの、無意識の世界への関心、神話や伝承などへの拘り、政治的復古主義を挙げることができると思います。ロマン派の信奉者や研究者はそこを高く評価し、合理主義的近代の限界を超克する契機を見出そうとするわけですが、シュミットはそういう発想はしない、あるいは、しないようにしているわけです。

「文筆家 Schriftsteller」

シュミットは、「文筆家 Schriftsteller」の政治への影響力について、かなりネガティヴな見方を示しています。

己れを尊敬せしめるすべを心得ていたゲンツさえ、メッテルニヒからしばしば召使いに対する主人の親愛感を思わせるような友情で取扱われている。アダム・ミュラーが人々から顧みられたのは、彼の友人であり熱心な保護者であったゲンツのおかげにすぎなかった。ウィーン宮廷の閣僚どもがミュラーおよびシュレーゲルに対して恣ままにした陋劣な取扱いに関して、善良なクリンコフシュトレーム Klinkowström は正当にも憤激している。

嫌味な言い方ですね。文学・思想史研究者は、後期のシュレーゲルやミュラーがメッテルニヒの政治に影響を与えたかのように言いたがりますが、シュミットに言わせれば、彼らのパトロンのような役割を果たしたゲンツでさえ、メッテルニヒから召使い扱いされていた、というわけです。ここに出てくる、クリンコフシュトレーム（一七七八－一八三五）は元々プロイセンの軍人だったのですが、軍を退いた後、画家になっています。一八一一年にウィーンに移住してから、芸術の教師や、ジャーナリストとして活動し、一八一四年にカトリックに改宗しています。ウィーンのロマン派のサークルのメンバーでもあります。「文筆家」の側の人ですね。

三三頁から三五頁にかけて、シュレーゲルがメッテルニヒの下で全然役に立っていなくて、厄介者扱いされていた、という話がしつこく述べられています。「肥って食い意地のはった korpulent und eßlustig」とか、「肥大漢 Korpulenz」とかひどい言い方をしていますね。そのうえで、彼とミュラーの関係について述べられています。

しかも誰も真面目に彼を政治家として重んじなかったことは述べておかねばならない。しかし彼は教皇制、教会、貴族に関するその理念が、政治的にもまた真面目に考慮せらるべきことを要求している。けれどもこの点においては彼は決してアダム・ミュラーに比肩することはできなかった。彼はいつもならアダム・ミュラーを自分の精神的な随行者として取扱うことができたのであり、また彼〔ミュラー〕はフリードリッヒ・シュレーゲルの「影」であるという全般の判断が行われてもいたのである。一八一五年以来ライプチッヒ駐在のオーストリア総領事であったミュラーは、機敏で精励であったため一個の勢力を作り出していた。

思想的にはシュレーゲルが光で、ミュラーが影だけど、政治的影響力の面では逆だった、というわけですね。ミュラーはそれなりの地位を獲得し、貴族にもなっている。しかし、そのミュラーにしても、シュミットは、政治的実践においては「メッテルニヒの無条件の手先」としか評価していません。国家論や経済学によって現実政治に影響を与えたとは見ていないわけです。ここから第一章の最後の四九頁まで、ミュラーの歩みについてかなり詳細に記述されていますね。彼がクライスト（一七七七―一八一一）と一緒に雑誌を刊行したこととか、プロイセンの宰相ハルデンベルク（一七五〇―一八二二）に取り入ろうとしてうまくいかなかったこととか、チロル地方の「オーストリア化 Austriacisierung」のために同地に派遣された臨時地方長官の報道顧問を務めたとか、興味深い内容も記述されています。

四九頁の最後のところをご覧ください。これが、ミュラーの生涯を延々と辿ったうえで最終的に言いたかったことだと思います。

いずれにせよ彼がカトリックであったという単なる事実は、彼をロマン主義者と呼ぶことを正当化しないのである。何故ならいかにカトリック教会がロマン主義者の関心の的となったにせよ、またその礼拝の中にロマンチックな要素を含めることがあったにせよ、それはすべて他の世界的権力と同じく、ロマン主義の主体および担い手たることは決してなかったのである。

ロマン主義が、カトリック教会の礼拝の様式などに神聖なものを見出し、関心を持つことはあったけれど、それはカトリック自体にロマン主義的な体質があるということではない。カトリック教会自体は、過去の美しき世界についてのロマン主義的な夢想に浸ったりしない。シュミットは、ロマン主義者が、カトリックに勝手に片思いして、教会に意味付けしているだけで、ロマン主義はカトリックの本質に到達できていない、と言っているわけです。

現代日本に無理に当てはめて考えると、日本の伝統とかあまり知らないにわか保守主義者が、皇室とか神道とかを、アニメの世界観と同じようなノリで持ち上げているような感じでしょうか。そういうのが出て来ると、本当の保守の人が怒るのは容易に想像がつきますね。シュミットはカトリックで、ド・メーストルやボナールのように、カトリック的伝統を重視しているので、とにかく神秘的な感じがするということで、カトリック教会をその本来の伝統とは関係なく、適当に持ち上げるロマン派に我慢できなかったのかもしれません。ただ、これからシュミットのテクストを読んでいけば分かるように、彼の理論は、必ずしもカトリックに固有の教義、例えば、無原罪の聖母マリアへの信仰とか聖人崇敬、法王の無謬性、七つの秘蹟の意義付けなどに依拠しているわけではなく、むしろ、カトリック教会が安定した「秩序」を保っていることに注目し、それをモデルにして近代国家の法秩序を構想しようとするところに特徴があります。教義より、組織に注目しているわけです。そう考えると、英国国教徒であり、英国国教会と国家の結び付きによる英国の国家体制＝憲法（constitution）の伝統の安定性を強調したバークを評価する理由も分かりやすくなります。カトリック教会の「秩序」形成・維持力に法学者として注目するシュミットとしては、軽薄にカトリックに関心を持つロマン派と一緒にされたくなかったのでしょう。

「実在」概念――「レアリテの追求 La recherche de la Realité」

第二章「ロマン主義精神の構造」では、シュレーゲル、ノヴァーリスと、ボナールやド・メーストルの理論などを紹介しながら両者の違いについて結構詳細に述べています。第一節のタイトルは、「レアリテの追求 La recherche de la Realité」となっていますね。「実在」概念が問題になるわけです。

先ず、世界の創造者としての超越神を放逐し、「自我」中心の世界観を打ち立てたはずの近代哲学が、自らのより所として、新しい超個人的実在を求めるようになった、と指摘しています。「自我」が認識し、実践できる範囲は狭く限定されていますから、世界全体を把握しようとすると、どうしてもその手がかりとして、「自我」を超えた何かを、実在するものとして想定せざるを得なくなります。その〝何か〟と、自分（私）を同一視しようとするわけです。そこで、先ず、民族や国民、人類といった「共同社会（共同体）Gemeinschaft」——第二版では、「人間社会 die menschliche Gesellschaft」という表現に替わっています——が実体視されるようになります。

七一頁をご覧下さい。フランス革命を指導したジャコバン派の国家観にそうした形而上学的前提が入り込んでいたことを、ボナールが見抜いていた、という話が出てきます。

> ボナールはそのキリスト教的国家哲学の立場から一七九三年のジャコバン主義そのものの中に無神論哲学の発現を認めた。彼は神に関する神学的・哲学的見解と政治的社会秩序との間の類比関係を論究しているが、それは次のような解答を齎すものであった。まず人格神に関する一神論的観点には君主制の原理が対応する、つまりそれは可視的な摂理としての人格的君主を要求するものであるから。また世界外的な神に関する理神論的な仮定には君主制的民主主義の憲制が適合すべきはずである、国家における国王が世界における理神論の神と同じように無力とされた一七九一年の憲法による憲制はそれである。これはボナールにとっては理神論が隠された無神論であるのと同様、隠された反王制主義《アンチロヤリスムス》であった。しかし一七九三年の「デマゴギッシュなアナーキイ」にいたっては公然たる無神論であり、神もなければ国王もなかった。これが彼の解答である。

フランス革命について少しだけ補足説明しておきます。フランス革命は、一七八九年七月一四日のバスチーユ牢獄の襲撃と、それに続く国民議会の「人及び市民の権利宣言」で始まりました。一七九一年の憲法というのは、九一年六月に、国王がフランス国外逃亡を企てて失敗した後、議会が制定した、立憲君主制の憲法で、王制の存続は認めていますが、王は国民を代表する議会が制定した法に従って、大臣の任命など決まった仕事をする、行政上の役職として規定されることになりました。もはや神聖な王ではなくなったわけです。この憲法に基づく一〇月の選挙で、立法議会が選ばれますが、国内での騒乱や、外国の干渉で不安定な状態が続く中、九二年九月にこの議会と憲法は廃止され、新しい選挙法に基づいて国民公会が選出されます。この国民公会が、王制の廃止と共和制の樹立を宣言します。九三年一月には国王と王妃が処刑され、六月には、ジャコバン派が、穏健なジロンド派を国民公会から追い出し、公安委員会などの特殊な機関を通してのジャコバン独裁政治が始まります。それを「デマゴギッシュ（扇動政治的）なアナーキイ demagogische Anarchie」と呼んでいるわけです。

ボナールは、「神に関する哲学的・神学的見解」と「政治的社会的秩序」の間に対応関係があると見て、フランス革命を分析しているわけですね。

左の図のような対応です。「理神論 Deismus」というのは、一応、世界の創造者としての神を認めるけど、それはキリスト教的な人格神、父なる神のようなものではなく、宇宙を貫く理性的法則の総体のようなものと見なすわけです。理神論の神は、いったん宇宙が出来上がると、それに奇蹟という形で介入してくることはない。ボナールはそうした、自分の作りだした法則で縛られ、無力化している神と、実権を奪われた立憲君主制の王が対応していると見たわけです。無論、実際には、一七九一年の憲法の時の政府が理神論を信奉していて、九三年の政府が無神論に支配されていたという単純な対応関係にあるわけではなく、ジャコバン派のロベスピエール（一七五八－九四）は政権を掌握してから、理性崇拝のような儀式、「最高存在の祭典 la fête de l'être suprême」を行っています。ボナールが言っているのは、全体的傾向として、人格神の影が薄くなっていくことと、ラディカルな民主制へと移行していくことがパラレルな関係にあるということでしょう。

この「宗教社会ト政治社会トイウ二個ノ社会ノ原理ニオケル同一性」は夥しい神学的概念と法学的、

とくに国法学的概念との方法論的な同一性を根拠としており、——ライプニッツによって説かれた神学・法学並行論の場合と同じく——あらゆる他の事柄についても種々様々な類比関係を見出すという意味で国家並びに社会についてもそれを見出すような、神智学的および自然哲学的な児戯と混同されてはならないものである。この同一論は王制主義《ロヤリスムス》と貴族政治の擁護を行わんとするものであるが、しかしそれは国家《ナチオン》という形態における新しい実在の容認を含むものである。というのはボナールはここでもその全思想・全感情においてやはりフランス人であり、国家主義者《ナチオナリスト》であったからである。

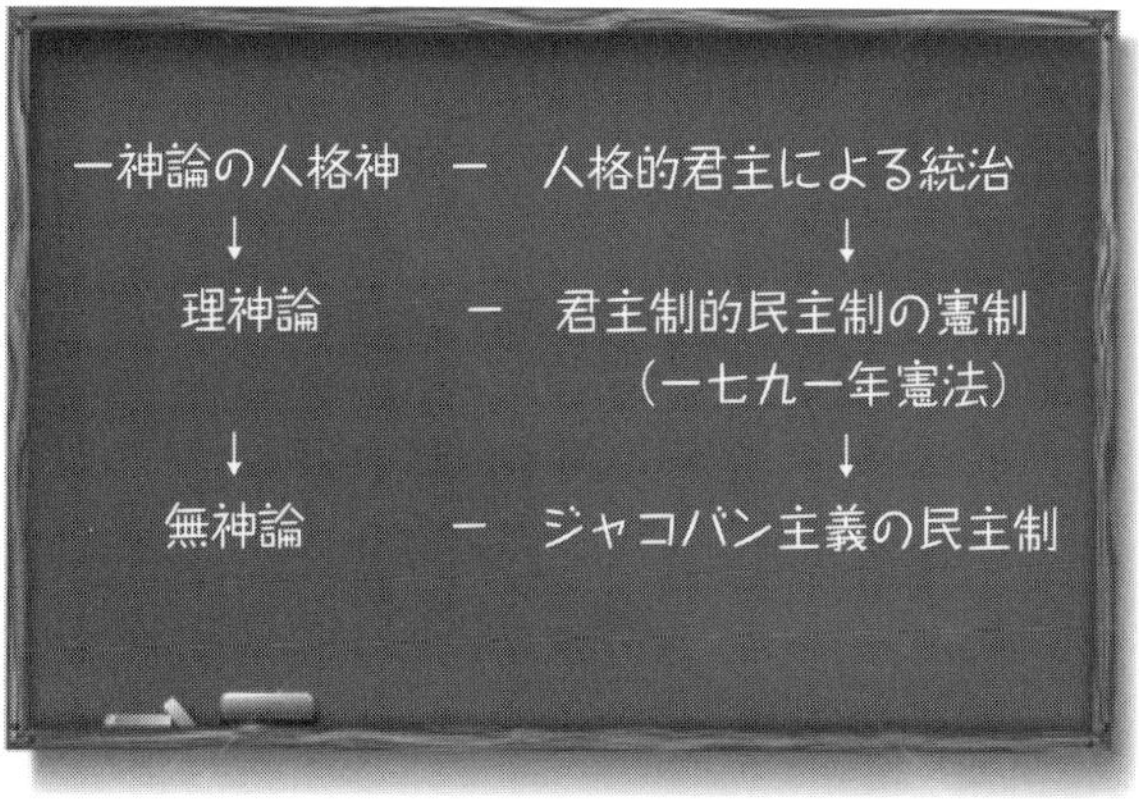

カタカナ文語体になっている部分は、フランス語からの引用で、〈identité dans les principes des deux sociétés, religieuse et politique〉となっています。「神に関する哲学的・神学的見解」と「政治的社会的秩序」の対応関係は、学問的に言うと、神学と国法学の方法論的同一性であるわけですね。この点は、『政治神学』でシュミット自身の議論として詳しく展開されています。シュミットは、神学と法学の対応関係には、歴史的・構造的必然性があると見ているわけです。

ライプニッツ（一六四六－一七一六）はご存知ですね。モナド（単子）論で有名な哲学者で、微積分を理論化した数学者でもあります。ただ、ここではライプニッツも他の自然哲学と同様に、

ブラヴァツキー夫人

神智学と同じく低く評価されていますね。神智学（Theosophie）というのは、ウクライナ生まれで、霊媒師として活動していたブラヴァツキー夫人（一八三一－九一）が創設した神智学協会に始まる、霊的世界との交信を通して真の知へ至ろうとする神秘思想の運動です。シュミットがここで言いたいのは、万物の間に、［ミクロコスモス－マクロコスモス］的な照応関係、予定調和があると最初から想定して、それを〝見出し〟ては満足しているような幼稚な思想と、ボナールや自分の言っている法学と神学の対応関係の話は次元が違う、ということでしょう。法学と神学の方法論的同一性についてシュミットは学問的な確信を抱いているわけです。

「国家」と「国民」の創造

橋川さんは〈Nation〉を「国家」と訳していますが、現在では、「国民」と訳すか、カタカナで「ネーション」とするかどちらかです。「国家」は〈Staat〉の訳語にするというのが定番になっています。〈Nation〉は、言語や宗教、政治的意識を核とする文化共同体で、〈Staat〉は、統治機構としての国家を指します。

「国民という形態における新しい実在の容認（認識）die Anerkennung der neuen Realität in der Form der Nation」というのがピンと来にくいかもしれませんが、ここで、「国民」という概念が近代のものであることを思い出して下さい。近代以前には、「国民」という意識は明確ではなく、民衆にとって、自分たちを支配する君主が何人であるかは重要な問題ではなかったわけです。自分が「国民」という集合体に属していることを意識するようになって初めて、外国勢力に支配されることに抵抗感を覚えるようになるわけです。ヨーロッパ諸国に本格的に「国民」意識が拡がったのは、ナポレオン戦争以降のことだとされています。

ボナールは先ほどのような対応関係論を、伝統的な王制主義と貴族政治をよく見せるために展開しているわけですが、そこに「国民」という新しい要素を加味しています。彼は「国民」という実在を直視すべきだという思想を抱いていたわけです。ジャコバン派は、社会契約によって結合した「民衆」を実体視し、それを神に似た位置に押し上げようとしましたが、それに反対するボナールもまた、「国民」を実在視していた、ということです。

> ド・メーストルの場合にもこの実在の承認は同じように明確であった。バークおよびボナールと同じく、彼はくりかえして個々人は何ものをも創出《シャッフェン》せず、たんに何ものかを「作り《マッヘン》」うるにすぎず、反面、法や国制や言語は人間共同体の生産物であるということを強調している。国民はもとより神の被造物である。しかし彼の論証をより精細に見るならば、それが決定的な要点となっている。ブラカ伯爵宛の書簡で彼はその論証の真髄を次のように要約している。「宗教ナクンバ公共道徳モ国民的性格モ皆無、キリスト教ナクンバヨーロッパ的（！）宗教モ皆無、カトリシズムナクンバキリスト教モ皆無、教皇ナクンバカトリシズムモ皆無」。（…）キリスト教はヨーロッパ的宗教とされ（…）、教皇制は国民的性格にとって欠くべからざるものであるという理由で適法化され、カトリックはフランスの国民的要素であるとされ、また一国家に制限された場合は宗教の実際的効果は経験上発現しえないということから、国教としては否認される。国家《ナチオン》はガリカニズム〈教皇権からの独立志向〉を放棄せねばならない、しかしそれは国民そのもののためである、というわけである。

ドイツ語の日常的な用法としては、〈schaffen〉と〈machen〉はどちらも「作る」という意味で厳密に区別されているわけではありませんが、〈schaffen〉の方には、「創造する」とか「創作する」といった芸術的な意味合いがあり、「神が天地を創造した」という時には、〈schaffen〉を使います。〈machen〉の方は、「作る」という意味の他、英語の〈do〉に当たる「～する」という意味でも使われます。「何をなさっているんですか？」という疑問文は、〈Was machen Sie?〉です。あと、ここのカギ括弧内のカタカナ文語体もフランス語からの引用です。ブラカ伯爵（一七七一－一八三九）というのは、反革命軍で活動し、王制復古期にルイ一八世（一七五五－一八二四）に閣僚、外交官として仕えた貴族です。

「法」「国制＝憲法 Verfassung」「言語」は、人間共同体＝「国民 Nation」の産物だけど、その「国民」は、「神」によって「創出」されたというのが、（シュミットが記述する）ド・メーストルの議論のポイントです。この場合の「神によって創出」されたというのは、神が全人類の創造主であるということだけでなく、教皇制を伴った教会の影響・教化の下で、各「国民」の「国民性 caractère national」や「公共道徳 morale publique」が形成されたという、社会理論的なことも含意しています。ド・メーストルたちは、「国民」という新たに発見された「実在」を、カトリック的な視点から新たに意味付けしたわけです。「教会」が、「国民」形成に不可欠の役割を果たしたというのは、ナショナリズムの時代になって出てきた新しい主張です。

「ガリカニスム gallicanisme」――語学的に細かいことを言うと、英語の〈gallicanism〉だと「～ズム」と濁りますが、フランス語の〈gallicanisme〉は濁りません――というのは、フランス独特のカトリック教会の体制のことです。フランスのカトリック教会は、教皇の指導の下にある教会というよりは、国王に仕える国家機関の一部としての性格を強め、国教会化していたとされています。ルイ一四世（一六三八－一七一五）の宮廷説教師で「王権神授説」を説いたボシュエ（一六二七－一七〇四）によって、この路線が明確になったとされています。

ド・メーストルは、「ガリカニスム」だと、カトリックの重要な構成要素である教皇制が抜け落ちてしまうので、「フランス国民」のためによくないという理由から、ガリカニスムに反対するという立場を取ったわけですね。

七四頁では、超越神に代わる、（〈Gemeinschaft〉と並ぶ）もう一つの超個人的な実在、新たな造物主（Demiurg）として「歴史 Geschichte」が想定されるようになったと述べられていますね——〈Demiurg〉というのは、ギリシア語の「デミウルゴス demiurgos」のドイツ語形で、元々は「職人」の意味で、プラトンの『ティマイオス』で、イデア界を模倣して、この物質世界を作った造物主として登場します。

「歴史」は、「進歩」という視点から「革命」を正当化するために利用されることもありますが、その逆にそれまで「歴史」的に形成され、長い年月にわたって命脈を保ってきた有機的実体としての「民族 Volk」の視点から、「革命」にブレーキをかけることもあります。ドイツ語の〈Volk〉は、元々、単に「民衆」という意味しかなかった——英語の〈folk dance〉とか〈folklore〉の〈folk〉と語源が同じです——わけですが、一九世紀以降、一方で、政治的主体として積極的に行動する「人民」、他方で、歴史的な文化・慣習の共同体としての「民族」という両義的な意味を持つようになる言葉です。

〈Volk〉と〈Nation〉は意味が被っているところがありますが、〈Nation〉がラテン語起源の言葉で、フランス革命-ナポレオン戦争時に、フランス語の〈nation〉がフランス人の政治的主体性、自由な共同体としての性格を強調する文脈で使われたこともあって、民衆の政治的意識の在り方を強く含意する、近代的な概念としてのニュアンスが強くなったのに対して、（「民族」という意味での）〈Volk〉の方が、一般の人たちの伝統的なライフスタイルとか、長年にわたる慣習に基づく——多くの場合、本人たちが自覚しないうちに自然と身に付いている——共同性というようなニュアンスをもって使われるようになりました。マルクス主義的な〈Volk（人民）〉も、ある意味、生活の実感に基づいた「共同体」ですね。

七五頁から七六頁にかけて、反革命＝保守陣営による「民族＝国民」の意義付けについて、以下のように述べられています。

> 持続を拠りどころとすることが、そのまま保守的かつ伝統主義的な議論である。持続的存立のみがあらゆる事態を理由づけ、長期性 **longum tempus** がそのまま究極的根拠である。宗教の国家にとっての意味は、貴族の家系のそれと同様、それが国家に持続性を、したがってまた初めて実在性を与えるということの中に存する。
>
> ボナールは「実在は歴史の中にある《ラ・レアリテ・エ・ダン・リストワール》」といっている。バークもまた世代をこえて持続する永続的共同体としての国家の性格に再三論及し、不分割世襲農地の正当化の根拠をそれが国家存続の基礎であるということの中に見、僧院の土地所有のそれを長期間の展望を要するような遠大な計画を可能とすることの中に見ている。

少々紛らわしいですが、最初の方の「国家」は〈Staat〉で、後に出て来る「国家」は〈Nation〉です。「世代をこえて持続する永続的共同体」としての「国民＝民族」が政治に持続性を与え、それを「宗教」が支えているという構図ですね。バーク、ボナール、ド・メーストルといった保守主義陣の論客たちは、何世代にもわたって継続してきた共同体である「国民＝民族」がその持続性と秩序を保持できているのは、「宗教」との結び付きのおかげであることを強調することで、宗教と伝統を破壊する「アナーキー」な革命勢力に理論的に対抗しようとしたわけです。

あと細かいことを言っておきますと、「あらゆる事態を理由づけ」の「理由づけ」の原語は、英語の

〈justify〉に当たる〈rechtfertigen〉という動詞なので、正確には、「正当化」と訳すべきでしょう。その後の「究極の根拠」というところは、〈der letzte Grund〉となっており、「法」または「正しさ」を意味する〈Recht〉が入っているので、「究極の正当性の根拠」もしくは「究極の法的根拠」と訳した方がいいでしょう。

シュミットのロマン主義観

こうやって、「共同体」と「歴史」を保守主義にとってどのような意味を持っていたか説明したうえで、それらをロマン主義がどう扱ったか、その違いを強調する形で、シュミット流のロマン主義観を展開していきます。八〇頁をご覧ください。

> 一八世紀の末、このロマン主義的世代は特に困難な状況の下にあった。彼らの前には古典的な業績を成しとげた一世代があったが、その代表者たるゲーテに対して、彼らは昂奮した驚異の熱狂をささげる以外に何らの創造力をも示しえなかった。彼らの業績は批評と性格描写《ハラクテリスティク》であった。それ以上のものを望もうとした場合、それはすべて唯の可能性ということであった。彼らは不敵な計画と大胆な予告を行い、匂わせたり待望させたり、その約束の実現を期待されれば更に新しい予告によって応じ、芸術から哲学へ、歴史へ、政治学へ、神学へと後退したが、しかし彼らが現実に対して設けた途方もない可能性は、かつて現実とならなかった。このような困難をロマン主義的に解決するには、可能性をより高いカテゴリーとして設定すればよい。世界を創造する自我の役割を日常の現実の中で演ずることはできない。〔そこで〕永遠の生成と決して完結することのない可能性を、彼らは具体的現実の制約性よりも好ましいとする。何故なら実現されるものは明かに単に無数の可能性の中の一つであり、

実現の瞬間にその他一切の無限の可能性は除権 präkludieren され、一つの世界が偏狭な現実のため亡びさり、「イデーの充溢」がみじめな決定性の犠牲に供されるからである。すべての語られた言葉はそのためすでに不真実であり、限界なき思想を限界づけるものである。すべての定義は死せる機械論的な物であり、それは無限の生命を限定する。あらゆる論証は誤りである、何故なら理由ということでまた限界が与えられるからである。

最初に細かいことを言っておくと、「性格描写 Charakteristik」に「ハラクテリスティク」とルビがふってありますが、これは恐らく間違いで、「カラクテリスティク」とすべきところです。ドイツ語では〈-ch-〉という綴りは、基本的に、「ハ」または「ヒ」と聞こえる摩擦音として発音しますが、〈Charakteristik〉はドイツ語にとってはフランス語経由で入ってきた外来語なので、英語やフランス語のように、〈k〉の音になります。

ドイツ文学・思想史を勉強したことのない人には何を言っているのか分からないと思いますが、要は、ゲーテなどの直前の世代、古典主義の世代が、ドイツ文学の基本的スタイルを確立し、すごい作品をたくさん産出したので、〝それよりすごいこと〟をやるのが難しくなった、ということです。ゲーテの『マイスター』と、フィヒテの知識学を超えるものを出すのが難しかったわけです。

フリードリヒ・シュレーゲルのように、ゲーテの作品に「批評」を加え、「批評」を独立のジャンルにしようとした人もいるわけですが、意地悪な見方をすれば、「批評」というのはどれだけ巧妙であっても、やはり「作品」本体に寄生するもので、「偉大な作品」がなければ、意味を成さないものだと言えます。「性格描写」というのは、「作品」に出てくるキャラクターの性格を批評的な視点から描写することです。当然これも、そのキャラクターを再現するに値する偉大な作品がないと意味を成しません。

それ以上のことをやろうとしても、なかなか思いつかないので、取りあえず、「こういうすごいことをやるぞ！」、というマニフェストを出す。しかし、それは現実の見込みがあるわけではなく、かなり漠然とした「可能性」にすぎません。最初は、期待を集めるかもしれないけど、すぐに、「あれはどうなった？」と聞かれる。答えられないと、公衆を失望させ、興味を持たれなくなるので、「いや、あなたたちが期待しているような常識的なやり方で現実化するのではなく、これまでと全然違った、我々の認識の仕方を根本から変革するような仕方で……」という風に、もっと大言壮語的なマニフェストを出す。そして、「批評」の対象領域も、「芸術から哲学へ、歴史へ、政治学へ、神学へ」という風に変えていく。どこかで聞いたような話ですね（笑）。というより、論壇系でよく聞く話ですね。

無論、確信がないのに大言壮語し、後から話の焦点をズラして、ふらふらしている奴らというレッテルを貼られてしまったら、古今東西を問わず、論壇で生きていけません。そこでもっともらしい理屈を考える。「可能性」は、私たちの日常生活の中で、具体的に認識可能な形で現実化するのではなく、現実を超えたメタ・レベルで現われてくる。つまり、個別具体的なものだけを見ている限り、〝現実を超越したもの＝無限のもの〟（＝可能性）は見えてこないけれど、様々な事物の間の時間的な生成変化や、事物同士の間の直接・間接の無限の様々なレベルの繋がりを、距離を取ったところから見ると、世界を包括するような〝大いなる連関〟が見えてくる。その連関の中に、〝無限のもの〟が姿を現わす。その現われ方は無限に多様です。私たちの生の様々な局面に垣間見えている、その〝大いなる連関〟の一端を、想像力を駆使して捉えることを、ロマン主義的な芸術の目標として設定するわけです。各人の自我は、そういう〝大いなる連関〟を追いかけ、自分なりの仕方で「表象」することを通して、世界を産出するわけです。初期ロマン派自身の用語では、「発展的普遍性ポエジー eine progressive Universalpoesie」とか「超越論的ポエジー Transzendentalpoesie」と言います。この場合の〈Poesie〉は、普通の意味での「文学」「詩作」だけではなく、ポイエシス（創作あるいは産出）作用一般を意味します――ギリシア語の〈poiesis〉の原義は、「作ること」ですね。何かの超越論的な理念を中核として、世界全体を巻き込むオートポイエシス（自己産出運動）が進行している、というような感じです。

そういう風にメタ理論的な設定をしておけば、「これこそが、理想が現実化した形だ！」、と言って、具体的に示す必要はなくなります。むしろ、自分の目の前にある具体的な対象に拘り、それこそが「現実的なもの」だと断定すれば、無限なるものの生成運動が見えなくなる。「無限の可能性 unzählige Möglichkeiten」の内の一つだけを「実現 realisieren」すれば、その「実現の瞬間に im Augenblick der Realisierung」、それ以外の他の全ての可能性は、「除権＝排除 präkludieren」されることになるわけです。更に言えば、言葉で事物を「定義 definieren」しようとすれば、「限界なき思想」が「限界付け」られ、死んでしまうことになる。〈definieren〉という動詞の〈-fini-〉という部分は、フランス語で「有限な」とか「終わっている」という意味です。その更に元にある名詞〈fin〉は、「終わり」あるいは「目的」という意味です。「定義する」というのは、ピリオドを打って「終わりにする」、「限界付けする」ことです。

このように、シュレーゲルやノヴァーリスは、物事を限定＝有限化して認識するのではなく、無限に生成している大いなる連関をメタ・レベルで捉えることの重要性を説き続けます。無限なものを視野に入れるため、対象から距離を取るのが、シュレーゲルの「イロニー」です。「イロニー」においては、主体と客体の双方が変容し続け、どこかで固定化することはありません。シュレーゲルの「イロニー→無限の生成」論は、同時代人であるヘーゲル（一七七〇―一八三一）の弁証法と対比されることが多いです。ヘーゲルの弁証法では、最初漠然としていた無規定のものが、理性による規定＝否定を受けて、「定在 Dasein」になること、「精神」が現実化していくことをポジティヴに評価するわけですが、シュレーゲルのイロニーは、事物を規定して、小じんまりとさせてしまう理性の作用を否定的に評価し、無限定なまま生成し続けるオートポイエシスに目を向けさせようとします。

このように、現実の固定化を拒絶し、無限の生成に目を向ける初期ロマン派の芸術論は、ポストモダン系の芸術論、特に同一性に回収されない「差異 différence」の運動を軸に展開するデリダとかドゥルーズ（一九二五-九五）のそれに通じているような感じがしますね。実際、デリダはそうした視点から、初期ロマン派を評価しています――こうしたことは、『モデルネの葛藤』で結構詳しく論じました。そうしたポストモダンとの親縁性が発見されたことで、一九八〇年代からドイツ・ロマン派の再評価が進んだわけです。ただ、そのことの裏を返して言えば、ポストモダン思想が受けているような批判を、ロマン派も受けやすいということです。実際、ロマン派の運動が始まって以来、同じような批判を受け続けています。その昔から繰り返されている批判を要約すると、「あなたは、無限の生成とか、宙吊り状態とかを好んでいるようだが、そういう批評をしているあなた自身の立ち位置はどこにあるのか？ どこか特定の地点に立っていないと、そもそも何も認識できないし、何も語れないだろう？ あなた自身が事物を限定し、理性的に把握することを拒むのであれば、あなたの語っていること、書いていることには、いかなる正当化の根拠もないのではないか？ あなたは、自分自身の言説、更に言えば、自分自身の存在が無意味であると宣言していることにならないか？」、という感じになるでしょう。どこかで聞いたような話ですね。もっとざっくり要約すると、現実離れしている、地に足がついてない、ということです。

シュレーゲルたちと同時代に、この手の批判を展開した急先鋒がヘーゲルです。『精神現象学』（一八〇七）には、明らかにシュレーゲルやノヴァーリスを念頭において、ロマン派の精神の不安定さを揶揄している箇所がありますし、シュミット同時代人のマルクス主義美学者ルカーチ（一八八五-一九七一）も、ロマン派の現実離れを徹底的に批判しています。シュミットも、ヘーゲル＝マルクス的なロマン主義批判の視点を共有しているわけです。ただ、彼は初期ロマン派の芸術論の発想法を的確に理解したうえで、批判していると思います。よく知らないまま、現実離れというレッテルを貼っているわけではありません。

偶然ですが、ポストモダン系の初期ロマン派再評価の手掛かりになったベンヤミンの『ドイツ・ロマン主義における芸術批評の概念』も一九一九年に、彼の博士論文として執筆されています。本として刊行されたのは、翌二〇年です。ベンヤミンは、初期ロマン派の無限の生成論を高く評価しています。それを、シュミットはロマン派の理論的いい加減さを示しているものとして、一八〇度逆に評価しているわけです。それでも、ベンヤミンがシュミットに親近感を覚えているというのが、両者の関係の面白いところです。

〈Volk〉のヴァーチャル性、流動性

シュミットは、ミュラーの「民族」観は、そうしたシュレーゲルのイロニー論の延長線上にあると見ています。八三頁で、一八一九年に書かれたミュラーの文章を引きながら、次のように論評しています。

「四季の変化と神の祝福を日々に蒙っている単純な村人や、共同体生活の地味な一員である物静かな職人こそわれらの身分と自由とを保ち、ヨーロッパを偉大ならしめた志操を救うものである」。ここで彼は貴族を論じているのではさらにない。政治的理由で彼は民衆《フォルク》という語を避けている。しかしここでも十年前に彼が『国家術原理』で民衆のかわりに国家といい、これをあらゆる可能性の根源として強調したものとかわらず、民衆のロマン主義的機能は明白である。〔『原理』では〕民衆の意志はたんに法的にのみでなく、まさに真理において法であり、真理の声であるとされている。（…）しかし新しい実在としての「民族《フォルク》」とロマン主義的な対象たる「民衆《フォルク》」とを混同し、ロマン主義者を新しい民族もしくは国民感情の発見者とみなしてはならない。何故なら彼らはこの実在を早速にロマン化し

ようとしたのであるから、例のミュラーの言葉の中に民衆《フォルク》という語が避けてあることは特徴的であるが、ここにすでに本質的な差異が含まれている。すなわちロマン主義的対象〈としての民衆〉からは革命的神経が断たれている。それはつきることのない可能性の源泉となるという使命を指示するロマン主義的主観に仕えるものとされている。それは実際上啓蒙から遠ざかっていることを義務づけられている。何故なら読むことと書くこと、ならびにすべての近代的な教養の惑わしは、偉大なる無意識ということを亡ぼすであろうからである。

ここで「国家」と訳されているのは〈Staat〉です。一八〇九年の『国家術原理 Die Elemente der Staats-kunst』で、本来、〈Volk〉と言うべきところで〈Staat〉という言葉を使い、その〈Staat ≒ Volk〉を、先ほどの意味での「可能性」の「根源 Urgrund」として扱った、ということです。ややこしいですね。〈Volk〉を「可能性の根源」として強調するというのは、ちょっと分かりにくいですが、簡単に言うと、〈Volk〉の実際の在り方と関係なく、ロマン主義的理想を内包した集合体と見なすわけです。〈Volk〉を媒体として、〝大いなる連関〟が無限に変容しながら、様々な現われ方をしているわけです。最初の引用の部分は、いかにも、近代文明に汚染されないで、農村共同体でのびのびと生きている、純粋素朴な〈Volk〉の姿を描いている感じですね。そうした素朴な〈Volk〉が発する声の中にこそ、近代に感染している〝我々〟が学ぶべき「真理 Wahrheit」がある、というわけです。シュレーゲルも、こうした素朴で、真実を体感的に知っている〈Volk〉を、ロマン主義的な芸術の真の担い手として描いています。この手の話は、現代日本の文化保守的な議論にもよく出てきますね。

当然、「そんな素朴な民衆がどこにいる。実際の民衆はずるくて、自己中心的で、日々の生活にあくせくしているじゃないか！」、とクレームを付ける人が出てきそうですが、そういうのに対しては、「いや、ここで言っている『民衆』は、ある特定の時代、地域に属する特定の人たちを指しているわけではなくて、無限に生成し続ける『民衆』という理念だ」、というシュレーゲル的返しをすることができます。少なくともシュミットは、ミュラーの〈Volk〉はそうしたヴァーチャル性、流動性を含意していると見ているわけです。

「新しい実在としての『民族 Volk』」と「ロマン主義的な対象たる『民衆 Volk』」の区別というのも少々分かりにくいですが、前者の〈Volk〉がボナールやド・メーストルの言っているような意味での「民族」、宗教に支えられて何世代にもわたって持続的に実在し、一定の国民性や公共道徳を備えた「民族」で、後者の〈Volk〉が先ほどお話ししたような、ロマン主義的にヴァーチャル化した「民衆」だと考えればいいでしょう。ロマン主義的な「民衆」は、文学的な想像力の源泉ではあるかもしれないけど、本当の政治的革命に繋がるようなぴりぴりした緊張感は備わっていない。シュミットは当然前者は支持し、後者は否定的に見ています。ロマン主義的、芸術的な憧れの対象として〈Volk〉を見ても仕方がない、という態度を取っているわけです。そうやってロマン主義的な〈Volk〉と対比することで、（シュミットの）真の保守主義系の「実在するものとしての〈Volk〉」観を特徴付けているわけですね。

「啓蒙から遠ざかっていることを義務づけられている」というのも少しだけ分かりにくいですが、これは、そのすぐ後に出てくる、「読み書き」などの「教養 Bildung」を身につけてはならない、ということです。余計な知識を身につけていない、啓蒙されてないからこそ、直観によって「真理」を把握することができるわけだから、シュレーゲルやミュラーたちからしてみれば、その純粋さをそのまま保持してほしいわけです。だから強引に、啓蒙されないまま、「偉大なる無意識 das große Unbewußte」の真実を保持し続ける存在として想定しようとする。ずいぶん勝手なイメージですね。西洋人が、「東洋人」を、〝純粋無垢な未開人〟として表象したがることを、現代のポストコロニアル系の議論では、「オリエンタリズム」と

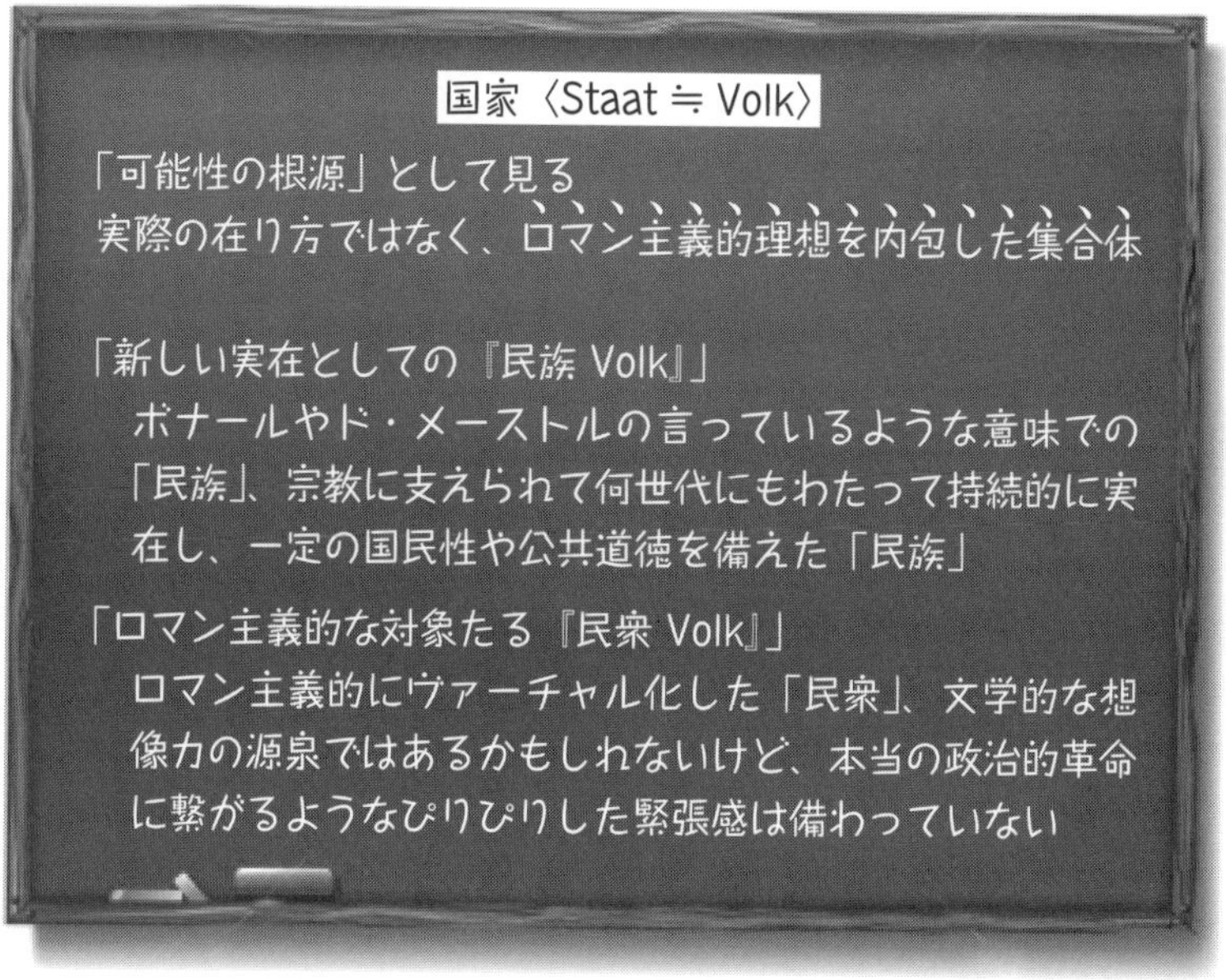
国家〈Staat ≒ Volk〉
「可能性の根源」として見る
実際の在り方ではなく、ロマン主義的理想を内包した集合体
「新しい実在としての『民族 Volk』」
ボナールやド・メーストルの言っているような意味での「民族」、宗教に支えられて何世代にもわたって持続的に実在し、一定の国民性や公共道徳を備えた「民族」
「ロマン主義的な対象たる『民衆 Volk』」
ロマン主義的にヴァーチャル化した「民衆」、文学的な想像力の源泉ではあるかもしれないけど、本当の政治的革命に繋がるようなぴりぴりした緊張感は備わっていない

言いますが、ロマン派も「民衆」に対してそういうイメージを抱いていたということです。

実際ロマン主義は、「民衆」と同様に、「子供」や「未開の諸民族 primitive Völker」もヴァーチャル化して表象します。

> 子供達もまたロマン主義者が思いのままに扱うこうした非合理の豊かな持主である。しかしすべての子供、「歪められた、柔弱な、甘ったるい子供達」ではなく、ノヴァリスのいうように「どちらにも決らぬ子供達」に限られる。（…）子供のような人類、未開の諸民族も同じようにこの無限の可能性の持主である。合理的な被限局性と非合理的な可能充溢性との矛盾は、限定された現実に対して他の同じく実在的《リアル》な、しかしまだ限定されない現実を以て応ずることによってロマン主義的に取除かれる。すなわち、合理的・機械化的国家に対しては子供のような民衆を以て、その職業と業績によ

ってすでに限界を与えられた大人に対してはあらゆる可能性と戯れる子供を以て、古典的なるものの明晰な輪郭に対しては無限に多義的な素朴性を以て応ずるわけである。限定のある現実は空虚であり、実現された可能性は夢を破り、幻滅を齎し、引きおわった富籤のもつ色あせた憂鬱をともない、「過ぎさった年のカレンダー」のごときものである。原始の素朴さは消極的なものにすぎないが幸福の状態である。それは積極的な内容によるものではない。

物事を合理的・機械的に把握する理性がまだ働いていない「子供」と「未開な諸民族」を罪を知らない存在として美しく描き出すような思想の原点は、恐らくルソー（一七一二-七八）でしょう。八二頁でも、ルソーが「自然な結合」から成る非合理的・感情的な共同体としての〈Volk〉を表象していたことが言及されていますね。ルソーは『人間不平等起源論』（一七五五）で、「自然状態」にある「野生人」を、『エミール』（一七六二）で「子供」を美的に理想化した姿で描き出し、そのイメージがロマン派に強い影響を与えたことで知られています。ロマン派は、「子供」や「民衆」を、自分たちの理想である、「無限に多義的な素朴性 die unendlich vieldeutige Primitivität」の宝庫と見たわけです。無限に多義的であり続けているのは、社会の「現実」による「限定」を受けていないからです。「限定」されていないので、無限の可能性があるわけですね。

我々は、大人になっていく過程で不可避的に、様々な価値観やライフスタイル、共同体への帰属によるアイデンティティ、教育、職業規範などを身に付け、「自己」を固定化せざるを得ません。固定化された――もっとネガティヴな言い方をすれば、硬直化した――「自己」の在り方は、ある意味、退屈です。でも、一人前の大人はその退屈さに耐えねばならない。しかし、ロマン派は、「限定のある現実 die begrenzte Wirklichkeit」は空虚だと言い切る。規定されないで、無限の「可能性」に開かれている状態を志向する。そういう、大人になることを拒否するかのような態度をヘーゲルは批判したわけですし、シュミットも、そうした視点からのロマン派批判を継承しているわけです。

八五頁をご覧下さい。「民衆」と並ぶもう一つの近代の「デミウルゴス」としての「歴史」を、ロマン主義がどう扱ったかが論じられています。

二つのデミウルゴスのもう一つのもの、歴史も、同じようにロマンチックに利用される。瞬間瞬間に時間は人間を限定し、最も強大な意志をも制約する。あらゆる瞬間はこうして圧倒的な、非合理な、亡霊の如き事象となる。それはその亡ぼす無数の可能性のたえまもない否定である。その力をさけてロマン主義者は歴史の中に逃がれる。

瞬間瞬間に時間が人間を限定する、というのは分かりますね。どんな強い意志を持っている人間も、時間の作用には抵抗できない。時間の流れの中で、無数の可能性が少しずつ消滅し、私は限定された存在になっていく。「圧倒的な、非合理な、亡霊の如き」の「亡霊の如き」の原語は〈gespenstig〉です。ドイツ語の〈Gespenst〉には「亡霊」もしくは「妖怪」という意味があります。橋川さんは、可能性が否定されるということから、「亡霊」の方に取ったのだと思いますが、「圧倒的、非合理……」という繋がりからすると、むしろ「妖怪」の方がいいのではないか、と私は思います。各「瞬間」が、化け物のように問答無用で、私を圧倒し、どんどん私の望まない方に追いやっていく、という感じだと思います。

大人であれば、そうした時間の作用を受け入れるはずですが、ロマン主義者は、それを受け入れることを拒絶し、無限の可能性を秘めているように見える「歴史」へと逃避する。

過去は現在の否定である。現在が否定された可能性であったとすれば、過去においてこの否定は再び否定され、制約は止揚される。過去の事実《ファクトゥム》は現実的なるものの存在性 Seinsqualität des Wirklichen を帯び、具体的・実在的であって、恣ままの空想《ディヒトゥング》ではないが、しかも実存する個人としてのロマン主義者をあらゆる瞬間に圧迫する現在の実在《レアリテート》の苛烈さはもたない。それはそのかぎりでは同時に実在でもあり非実在《ニヒト・レアリテート》でもあって、解釈や綜合や構成を許すものである。それは人が好きなように作りかえるために、手の中に取りあげることのできるこぼれおちた時間である。空間的に遠く離れた実在もまた、現在の現実から遊離するための手段として同様に利用される。

先ほど見たように、「現在 die Gegenwart」は、無限の「可能性」の「否定」であるわけですが、「過去 Vergangenheit」はその「現在」を「否定」し、「否定の否定」という形で「制約」を「止揚 aufheben」する。「止揚」というのはヘーゲル用語で、対立を、その対立よりも高い次元で解消するということですね。「過去」が「現在」の「否定」というのが少し分かりにくいかもしれませんが、これは「過去」には、現在、既に否定されてしまっている「可能性」がまだ〝あった〟ということだと考えればいいでしょう。過去に遡れば遡るほど、「可能性」が増えていく。「子供」や「未開民族」が持っているようなものを、〝私たち〟も「過去」においては持っていたはずです。

ロマン派はそうやって、「想像力」を「過去」へ遡らせ、「過去」を美化するわけです。何か「空想」っぽいけど、ロマン派も全く根拠のない「空想」をするわけではなく、過去についての記録や記憶を頼りに再現します――〈Dichtung〉というドイツ語は、口語では「作り話」という意味でも使われますが、本来の意味は「詩作」です。「過去」の「事実」は、単なる「虚構」だけでなく、一定の「現実性」が備わっている。それが「現実的なものの存在性 Seinsqualität des Wirklichen」です。〈Seinsqualität〉は、正確に訳すと、「存在の質」です。「存在」の仕方に強さあるいは、グレードがある、ということですね。我々は、ある出来事あるいは事物を、歴史的な「事実」として扱う時に、『現実的なもの』としての存在の質」を付与しているわけです。

そういう意味で、「過去」にはそれなりの「実在性」があるけど、「現在」ほどの圧迫感はなくて、主体による一定の「解釈 deuten」「綜合 kombinieren」「構成 konstruieren」を許容します。そこに、ロマン主義的な想像を働かせる、作り替える余地があるわけです。ロマン主義者たちはそのように「歴史」を利用した。あくまで「利用 verwerten」であって、歴史そのものを見ているわけではない。遠く離れていて、実際にはどうかはっきり確認できないので、ヴァーチャルに「利用」できてしまうわけです。

八六頁の最後の段落から八七頁にかけて、そうしたロマン主義的な〝遠いもの〟の美化がどういうところに行き着くか、かなり辛辣な感じで述べられています。

ロマン主義者にとっては、原始的な善き人間に関する観念、原民族《ウルフォルク》、光の子ら、純正司祭制、始源の人類および古代の高い自然的叡智などに関する観念はお手のものであったし、それはまた彼らの現代に関するロマン主義的な批判としばしば結びつきもしたが、しかし失われた楽園に関する神秘主義的観念とロマン主義的観念とはやはり異っていた。プラトン的およびグノーシス派的な理念も伝統主義的論証も、同じくロマン主義的な観方のために利用されえた。過去は現在のよりよい基礎として現われ、更には現在は過去の寄生物《パラシット》とされるにいたった。「われわれはよりよい時代の果実によってなお生きている」（ノヴァリス）、われわれはわれわれの父祖の資産を蕩尽する（ミュラー）。この場合ロマンティクとはたんに過去を現実の否定として、具体的に現にある実在の牢獄からの脱出路として利用することである。それは仏教的な感じ方と余りちがわない。ロマン主義者は虚無へ逃れるのではなく、一つの実在を求めるが、ただ現にあるものとは異なる別の実在をこそ求めるのである。

ここでも細かいことを言っておくと、「寄生物 Parasit」のルビは、ドイツ語の発音からして「パラジート」とするのが正しいでしょう。

ロマン派は、始原の状態における「原民族 Urvolk」的な人たちを美しく、理想的に描き出すのを得意にしているということですね。「純正司祭制 das reine Priestertum」というのは、「神」に繫がっているイメージですね。

「彼らの現代に関するロマン主義的な批判」という言い回しが分かりにくいですが、これは訳がまずいのだと思います。原語では、〈ihre romantische Kritik der Gegenwart〉です。「現代」ではなくて、「現在 Gegenwart」ですし、「彼らの」は「批判」にかかっています。この訳だと、「彼らの現代」という時代が想定されているように聞こえますが、そうではなくて、「現在」を、彼ら（＝ロマン主義者たち）が「ロマン主義的」に「批判」するということです。「彼らによる、ロマン主義的な『現在』批判」と訳した方がいいでしょう。

「原民族」とか「光の子」「始原の人類 die erste Menschheit」というのは、聖書の「エデンの園」を思わせる表現ですね。ただ、それらは神秘主義的な「失われた楽園」の観念とは違う、ということですね。恐らく、神秘主義がそうした「失われた楽園」を神秘的な儀礼において復活させようとするのに対し、ロマン派は単に「現在」批判のために「利用」しているにすぎない、ということではないかと思います。「グノーシス」というのは、三世紀から四世紀にかけて地中海地域に拡がった、物質と霊の二元論を特徴とし、真の「自己」についての認識（グノーシス）を求める、神秘主義的な思想です。ロマン派は、「原民族」的なものについてのプラトン、グノーシス、あるいは伝統主義の議論など、様々な異なった系譜の言説を、利用できるだけ利用した。だから、そういう表面的にそれらと似ているところはあるのだけど、本質は異なる、ということをシュミットは言いたいわけです。

ロマン派が、そのように、生き生きとした源泉として「過去」を表象したのは、「具体的に現にある実在 die konkrete gegenwärtige Realität」を牢獄のように感じたから、というわけですね。そのように「現在」を「牢獄」のように見て、脱出しようとする態度は、仏教と同じだと言っていますが、これはかなり疑問ですね。「解脱」のことを言っているんだと思いますが、恐らく、仏教をちゃんと勉強したうえで言っているのではないでしょう。

八八頁から九〇頁にかけて、シュレーゲルの思想のキーワードである「イロニー」について少し詳しく解説されていますね。シュミットが、九〇頁に出てくる自己風刺の問題です。自らの思考の対象を、第三者的に離れたところから見るのが「イロニー」の本質なので、本来なら、他の何にもまして、思考の主体である「自己（私）」自身をイローニッシュ（アイロニカル）に見てしかるべきですが、シュミットに言わせれば、ロマン主義者は実際には、自己風刺（Selbstironie）を避け、自分を守ろうとしていたわけです。

> 自己風刺の中にある客観化、主観主義的幻想の最後の残滓の放棄ということは、ロマン的な立場を危胎に瀕せしめるであろうし、ロマン主義者は、ロマン主義者たる限り、本能的にこうした放棄はさけるのである。そのイロニイの攻撃目標は主観ではさらになく主観に関わることのない客観的実在であった。ただしイロニイは実在を抹殺することなく、実在的《レアール》な存在《ザイン》の性質を保持しつつ、主観にその自由にしうる手段としてこれを与えるべきものである。より高い真の実在に対する要求はこれによって放棄されるのではない。いうまでもなくこうした二義にわたる立場にロマン主義的態度は久しくとどまりえない。

「自己アイロニーの中にある客体化＝主観主義的幻想の最後の残滓の放棄」というのが少し難しそうですが、これは、自己自身を本当にアイロニカルに見つめようとすれば、自己を主観を排して客観的に扱うことが必要になる、ということです。しかし、本当に自己を客観視したら、主観主義的な幻想（subjektivistische Illusion）に身を委ねることなどできなくなります。自分の幻想であることを〝客観視〟したら、幻想の効果はなくなってしまいます。だから、本当の意味での自己アイロニーは避ける。

そのため、「主観＝自己」ではなくて、「主観」から遠く隔たった客観的実在、例えば、「民族」とか「歴史」を、イロニーの対象にするわけです。ただし、あまりにもイロニーを効かせすぎて、（自分の想像の中で構成された）「民族」とか「歴史」の実在性まで否定してしまったら、今度は、ロマン主義的想像を働かせる対象がなくなってしまう。だから、それらの中核にあるはずの「実在的な存在の（性）質 Qualität realen Seins」には触れないようにしておかねばならない。「イロニー」は、想像力を働かせるきっかけにはなりますが、イロニーを効かせすぎると、想像力の源泉が枯渇してしまう。そして、主観、客観のいずれも、〝自ら〟の足場にならない。ロマン主義的なイロニーはそうした矛盾を抱えているわけです。

主観主義的留保の帰結するところは、ロマン主義者はその求める実在を己れの中にも、共同体の中にも、世界史の発展過程にも、そしてまたロマンティカーたる限り、古い形而上学の神の中にも見出しえなかったということである。しかし実在への憧憬は充されることを必要とする。イロニイの助けによって彼は個々の実在から身を守ることはできた。けれどもそれは主観が自衛するための武器にすぎなかった。実在そのものは主観的には獲得することができない。

つまり、イロニーは、ロマン主義的な想像力を働かせている「私」が、何らかの〝実在〟に近付きすぎて、幻滅してしまうことがないよう、「私」を防衛する働きをするだけで、何らかの〝真の実在〟に至ることを助けてくれない。しかし、それでは〝真の実在〟への憧憬は充たされない。そこにイロニーの限界があるわけです。

シュミットによれば、〝真の実在〟を求めていながらも、それに本当に到達しようとはしないロマン主義は、世界の全てを、非現実的な「構成物 Konstruktion」、自分たちの都合にいいように変形できる「形象 Figur」として扱います。そのため、あらゆる〝もの〟が恣意的に結び付けられます。九三頁から九四頁にかけての箇所をご覧下さい。

> 一切は点に縮小される。限界もしくは限定を意味するというので、ロマン主義者があんなにも拒否する定義《デフィニチオン》は、ここでは実質のない点化となる。精神とは……宗教とは……道徳とは……知識とは……感覚とは……動物とは……植物とは……機智とは……優美とは……超越的とは……素朴とは……イロニーとは……あらゆる対象を一つの点に帰着させようとする衝動は、「にほかならぬ」nichts anderes als という言葉による無数の説明となってあらわれる。それは何か特別に強調された概念的な限定を含むものではなく、一点に凝集する必然的同一判断 apodiktische Identifikation なのである。この点ではアダム・ミュラーはすべての人を凌いでいる。最高の美は……にほかならぬ……芸術は……にほかならぬ……貨幣は……にほかならぬ……通俗とは……にほかならぬ……理想と現実の乖離は……にほかならぬ……積極と消極は……にほかならぬ……全世界はほかならぬそれにほかならぬ Die ganze Welt ist nichts anderes als nichts anderes.

ロマン派が「定義」を「制約」と見て嫌うという話は既に出てきましたね。しかし、その一方で彼は、物事を言葉によって「形象」化し、美的にいじろうとする。そこで、定義もどきのようなことをすることになる、という話です。

「精神とは……宗教とは……」と、「……」を繋げている意味が分かりにくいですね。原文も〈Geist ist …… Religion ist ……〉と、点を繋げているだけなので、ドイツ語が読めても、ロマン派の語り口をある程度知らないと、どういうことかピンと来ないと思います。

この「……」は、「定義」とは言えないよう漠然とした形で〝定義〟する、その物の特徴となりそうな言葉を選んできて、「……である」と暫定的に規定することだと思います。例えば、「精神」だったら、「精神とは、人間のより本質的部分である」とか、「精神とは、真理を求めるものだ」とか、「精神は神への道である」、というような感じで、「精神」の〝本質〟を記述していきます。当然、そういう感じだと、ほとんど説明になっていません。そこで言葉を繋げることになる。「精神とは、宗教の源である」と言ったら、次は、「宗教とは……」、とやり出す。そうやって、連想ゲームのように「……」が取り留めなく繋がっていく、ということだと思います。きちんと「定義」して、体系的に展開したら、どういうところに収束するか、ある程度予測がつくけど、一つ一つの言葉が、独自の意味を持たされて点のようになっていて、点と点が何となく繋がっているだけなので、収束しようがない。〈apodiktisch〉は、最初から絶対矛盾が生じないように設定されているという意味の形容詞で、哲学用語としては「必当然的」と訳されることが多いです。

ミュラーはそういう言い方の〝名人〟で、「〜は〜に他ならない nichts anderes als」という言い切り表現のレトリック的な効果を利用していたということですね。

ロマン派は、そうやって「aはbで……bはcで……」という感じで言葉を繋いでいって、「無限の生成」を象徴的に演出する。それがポストモダン系の議論では評価されるんですが、ヘーゲルやシュミットはそれを不毛さと見るわけです。

九七頁から第二章第二節が始まります。「ロマン主義の偶因論的構造」というタイトルが付いていますね。次回はここから始めましょう。ロマン主義は、この世界が必然性の法則によって構造化されているのではなく、偶然の連鎖で生成し続けている、という見方をしている、という話です。それを踏まえて、第三章で、本題である「政治的ロマン主義」とは何かを論じることになります。

Q　「具体的秩序」というのは、どういうイメージなんですか。

A　「具体的秩序」というわりには、それほど具体的には語っていないような気がします。はっきりしているのは、全人類とか全世界に同じように通用する、普遍的秩序ではなくて、その民族とか地域に固有の「秩序」で、法的な諸制度に具現されている、ということです。

法学や政治学でしばしば「秩序」という言葉が使われますが、それが極めて抽象的な意味しか持っていないことが多いので、それに対抗して、「具体性」を強調したのだと思います。ケルゼン（一八八一―一九七三）だったら、数学で最初に公理が措定され、それからの演繹で、体系が展開していくのと同じように、最初に設定された「根本規範 Grundnorm」から、法秩序が論理的・段階的に導き出されてくるように想定するのですが、シュミットは、そういうのがおかしいと思っているわけです。ケルゼンは、根本規範の中身は問うてないわけですが、シュミットからしてみれば、その政治的共同体を形作っている「具体的秩序」に合わないものは、「根本規範」になり得ないし、数学のような抽象的な論理だけで、法が体系化され、安定化することなどあり得ないわけです。

あるシュミット研究者から、「具体的秩序」論は、景観法の問題と関係付けて理解できるのではないか、という話を聞いたことがあります。山や川など自然の景観にマッチした町並みができ、そのなかで人々の生活様式が出来上がっているとすると、それと適合しない、それどころか破壊するような、建造物をそこに作ることは、たとえ民法上の権利問題をクリアしていたとしても許されるか、というようなことを考える時、「具体的秩序」論が生きてくるかもしれません。

Q ケルゼンのようなイメージとは違うが、みんなが社会契約的に合意してゼロから決めたものでもない、ということですね。

A そうだと思います。合意によって、どんな秩序でも恣意的に選択できるわけではない、というのが、彼の議論の大前提です。

先ほどお話ししたロマン派に対するシュミットの批判を、ひっくり返したものが、シュミット自身の「秩序」観になるのではないかと思います。ロマン派は「民族」と「歴史」をヴァーチャル化し、自分たちの詩作の道具として恣意的に利用する。それに対し彼自身は、バーク、ド・メーストル、ボナールに倣って、「実在する民族」、「実在の歴史」に即して思考しようとする。その発想が「具体的秩序」論に繋がっていくのだと思います。

シュミットは一般的に「決断主義者」として知られています。「決断主義」と言うと、ゼロからいかなるものにも拘束されることなく、自由に「決断」するように取れるので、ケルゼンの「根本規範」論と矛盾しないような感じがするのですが、どうも、本当に無の中で決断するのではなく、「具体的秩序」を志向する決断のようです。

Q その流れでお聞きしたいんですが、どうしても具体的秩序論と決断主義というのは、根本のところでは相反するような気がします。具体的秩序論は、主体の側から選び取るというイメージではないですよね。

A　シュミットの中でも、「決断」と「秩序」の関係は結構変動しているようなので、私としてもどう説明すべきか迷うところですが、恐らく、具体的秩序は「ある」んだけど、はっきり目に見えない、あるいは、「あった」んだけど、崩れかかっている。だから誰かがそれを再発見し、「これが秩序だ！」、と「決断」し、「秩序」を再生させないといけない。ハイデガーのような感じかもしれません。既に、存在それ自体からの呼びかけによって、本来的な在り方へと「覚悟させられている entschlossen」状態にあるのだけど、通常ヒトは、それを受け容れていない。それを受けとめて、自らを「企投 entwerfen」することの重要性を説いたわけです。シュミットにも、そういう、自らが本来属している「秩序」を、〝主体〟的に選ぶというような発想があって、それをいくつかの異なったレベルでいろんな形で表現しているので、神秘的な雰囲気が出ているのだと思います。

面白いのは、シュミットが、左翼系の「決断主義」の権化と言うべきジョルジュ・ソレルを評価していることです。ソレルは、既成の腐敗した秩序を破壊する、「神話」に導かれた「暴力」を称揚したわけですが、シュミットは、神学的な次元にまで踏み込んだ「決断」の必要性を認識している点で、ソレルのような左翼の革命論も評価しているのだと思います。ド・メーストル、ボナールはカトリック的秩序を守る方向で「決断」したのに対し、それをいったん破壊し、新しい神話的秩序を守る方向で「決断」しようとした。本質を見抜いている点で、敵ながらあっぱれ、ということでしょう。

Q　「具体的な秩序」も、ロマン主義者の世界観のようにありもしない理想ということですか。

A　私はそんな気がしているんですが、シュミット自身はそう言わないでしょう。彼は、カトリック的秩序に相当するようなものが揺らいでいることは認識していたし、自らが依拠する「秩序」を、少なくとも、カトリック↓ドイツ民族↓ヨーロッパ公法共同体、とシフトしている。本当は、具体的秩序なども はやないと分かっていたからこそ、少々無理筋の思考の経路を辿ったのかもしれない。『政治的ロマン主義』 というテクストが面白いのは、シュミットのロマン主義に対する激しい批判を見ていると、同じ批判が バーク、ド・メーストル、そしてシュミット自身に跳ね返ってこないのか、という疑問が湧いてくるとこ ろです。シュミットは一生懸命、保守主義者たちの「民族」や「歴史」には実在性があると言っているの だけど、カトリック信者でも、ロマン主義者でもない、第三者的な立場にある〝私たち〟には、彼の言い 分も怪しく思えますね。自分たちも同じ穴の狢ではないかという不安があるからこそ、必死にけなしてい るのかもしれない。シュミットの「決断」にも、もはや拠って立つべきものが本当はないのかもしれない。

Q ハイデガーに近いと思いました。ハイデガーも対象が、神から民族みたいなものに移ってきたので はないか、と私は理解しています。具体的秩序というのは、ハイデガーの「民族」に近いのではないでし ょうか。あるいは、さきほど先生がおっしゃったように、地域的限定性のようなものなんですか。

A 三〇年代半ば以降のハイデガーは、民族の存在の基盤としての「祖国 Vaterland」に拘るようになり ます。樹立された「祖国」によって、具体的には、詩人によって見出された本来の「言語」によって、 人々の存在との関わり方が規定されることになります。その発想は、確かに「具体的秩序」に近い感じが します。ただ、ハイデガーは哲学者なので、彼の拠って立つ基盤としての「祖国」を、ヘルダリン （一七七〇―一八四三）のこれまた抽象的な詩に仮託してかなり抽象的にしか語っておらず、現実のドイ ツとは別なのだという言い訳がききますが、法学者であるシュミットは、現実に存在する法制度に即して 議論を進めているので、それなりの具体性はあります。その一方で、先ほどもお話ししたように、シュミットの「秩序」の基本単位は、時期によって変動しています。

Q　シュミットはワイマール期に、具体的な法や政治的に関わる仕事をした人だったわけですね。ドイツは、地域的に文化のバリエーションが大きいですね。特に、北と南で。それを束ねる総決算の時期がワイマール期だとすると、シュミットもすごく苦労したのではないかと思います。そういう面から考えた時、「具体的秩序」はどういう意味を持つのでしょうか。

A　ドイツは統一が遅れたせいで、ドイツ帝国になってからも、複雑な連邦制を採用していましたね。カトリックは、全人口の三分の一くらいで、三分の二はプロテスタント系です。カトリックの多くは、南に住んでいますが、シュミット自身は、北西部のウエストファーレン州のカトリックの飛び地のような地域の出身です。カトリック系の政治神学を、全ドイツ的な秩序の基盤にすることはできない。

ワイマール共和国は、新しい政治的秩序を生み出すことを期待されたはずですが、最初から混乱続きで、不安定だった。その主な理由に、議会内での小党乱立と、極右、極左による共和国転覆の試み、中央政府と州政府の対立といった問題がありました。実際、ヒンデンブルク（一八四七－一九三四）の下でパーペン（一八七九－一九六九）が首相を務めていた一九三二年七月、中央政府と社民党系のプロイセン州政府が対立し、中央政府が軍事力を背景にして、プロイセン政府を解体するという事態が起こっています。

シュミットは、そうなることを見越していたかのように、早い時期から、「憲法の番人」としての「大統領」の（限定的な意味での）「独裁」に期待する議論を展開していました。秩序を守るために、憲法上そういう役割を付与されていた「大統領」に期待するしかなかった、という感じでしょう。その延長で、ナチスも支持した。戦後は、ヨーロッパ全体にとっての「大地のノモス（法）」を想定して、それを守ろうとした。

シュミットにしてみれば、英国やフランス、スペイン並みの、宗教と結び付いた法・政治的秩序があればやりやすかったのでしょうが、それがなかったので、いろいろ試行錯誤せざるを得なかったのではないでしょうか。

［講義］

第2回 『政治的ロマン主義』2——政治の本質とは何か?

秘密結社の力というものにかんする空想は、十八世紀末においてもそれ以後と同様、たんなる通俗小説の必要要件ではなかった。啓蒙団《イルミナーテン》やフリーメーソンの秘密の陰謀に対する信仰は、バークやハラーのような非ロマン主義的人物にも認められるところである。ロマン主義者はそこに己れの陰謀的でイロニックな実在への衝動、すなわち人間を支配する秘かで、無責任で、奔放な力への感興のためのテーマを見ている。だからティークの最初のロマンでは、卓越した諸人物が主役を演じ、その他の者をかれらの意志と企みの無意識な手先にしている。こうした人物は「すべての背後にある偉大な道具方」として実験を行い、劇をその手で操っている。

『政治的ロマン主義』

シュミットとレトリック

前回、イントロとしてカール・シュミットとはどのような思想家で、どういう風に評価されているかという話と、『政治的ロマン主義』の前半、ロマン主義を紹介している部分を読みました。このテクストは、ロマン主義論であることから、法学者や政治哲学者よりも、文学研究者に注目されることのほうが多いです。ちなみに私自身も、修士時代のロマン主義研究の一環でこの本を読みました。

シュミットと文学との関係について少しだけ補足しておきます。シュミットは憲法学者であり、法哲学的・法制史的に法や政治の本質をユニークな形で論じた人です。彼の文体は、我々が法学論文と聞いて思い浮かべる、よく分からない抽象的な言葉を並べた、無味乾燥で淡々とした感じではなく、常識を揺さぶる、不思議なレトリックが効いた文体を駆使し、あっと言う間に極端な結論に引っ張っていくような感じです。『政治的ロマン主義』もそうですが、法学の枠に収まらない論文も多く書いています。シュミットは若い頃、法学者として学ぶ傍ら、文芸評論や風刺文のようなものを書いています。表現主義系の詩人ドイブラー（一八七六－一九三四）の詩集『北極光』（一九一〇）について詳細に論評した「テオドール・ドイブラーの『北極光』について」（一九一六）や、同時代の知識人の生態を風刺的に描いた『プリブンケン』（一九一七－一八）が知られています。戦後も、ハムレット論『ハムレットもしくはヘカベ』（一九五六）などを書いています。

『政治的ロマン主義』は、文芸批評と政治哲学の中間的な著作で、初期ロマン派の批評理論についてかなり突っ込んで論評しているので、シュミットの文学者的側面が強く出ていますが、次回以降読む『政治神学』や『政治的なものの概念』なども、かなりレトリックが効いた文章で書かれていると思います。シュミットは、自分が語ろうとしている物事の本質を、直観に訴えかけて、有無を言わさず納得させてしまうような強烈な言葉で表現し、それを概念的に厳密化していくのがうまいです。レトリックと論理の組み合わせが絶妙なところが、魅力なのだと思います。シュミットの論文の多くが、法学そのものというよりは、法を可能にする条件あるいは法の根底にある神話的・神学的次元を問題にしているので、どうしても通常とは異なる〝論理〟を使わないといけない、ということかもしれません。

レトリックは極力用いず、「法規範」相互の論理的な関係だけで、議論を体系的に展開していこうとする、法実証主義の立場のハンス・ケルゼンとは対照的な感じがします。二人はケルン大学で同僚だった時期もあり、ワイマール期のドイツの法哲学の二大巨頭としてライバル関係にありました。ケルゼンの「純粋法学」は、道徳や政治、宗教、芸術などから切り離された、純粋な「法」の論理を追求します。ただ、ケルゼンも、法学以外の領域、例えば、神話や宗教などについて文章も書いていて、そういう方面では、ある意味シュミット以上に文学的なレトリックを駆使していますし、トンデル感じさえします。それを、法学の中に持ち込まないのが、ケルゼンです。

「例外状態」〈Ausnahmezustand〉

『政治神学』の冒頭に、「主権者とは例外状態に関して決定するものである」という刺激的な文が出てきます。この文を冒頭に持ってくるあたりが絶妙です。今の日本で言ってもあまりピンと来そうにないですが、この文章が書かれた、ワイマール期のドイツにおいては非常に意味深な表現です。「例外状態」の原語は〈Ausnahmezustand〉で、憲法や政治体制に関係する文脈では、「非常事態」という意味で使われます。危機に対処するため、通常の法の効力を一時的に停止し、戒厳令などによって治安維持を図ったりする、あの「非常事態」です。

第一次大戦の敗戦で、ドイツでは帝政が崩壊し、当時世界で最も民主的とされたワイマール共和制が発足しましたが、巨額の賠償責任を負わされ、極右、極左による体制転覆の試みが何度もあり、多くの政党が乱立し、政権がしょっちゅう交替しました。国家がまだ非常に不安定で、先が見えない状況だったわけです。ある意味、ずっと「例外状況」だった、あるいは、「例外状態」と「普通の状態」の区別が付いていなかったわけです。そして、ワイマール憲法には、憲法＝国家体制が危機に陥った時、つまり「非常事態」において、憲法の一部の規定を停止して、特別な命令を出すことによって混乱を収拾する権限が大統領に与えられています。シュミットは、大統領が大権を発動することのできる「非常事態」をめぐるアクチュアルな問題を、国家の存立に関わる「例外状態」、更に言えば、「法」の「例外状態」、「人間存在」にとっての例外状態といった、より抽象的・哲学的な次元の問題に掘り下げていく形で議論を展開しているわけですが、それを「主権者とは例外状態に関して決定するものである」という文で、コンパクトに表現したわけです。単に、大統領が非常事態大権で混乱を収拾する、という話に留まらず、もっと深いことを言っているように聞こえますね。

ハンス・ケルゼン

アクチュアルな憲法解釈の問題を論じながら、いつのまにか法律的な概念の根底にある、神学あるいは神話的な深層へと議論のレベルを深めていく。そして、自分が読者を導いていった〝深い次元〟から、当初の問題を再考するように促します。法学者というより、哲学者とか文学者のやり方ですね。

カトリック保守主義

では、今日の本題に入りましょう。『政治的ロマン主義』は、「政治的ロマン主義」の特徴をシュミット自身の視点から、ピンポイントでアイロニカルに描き出したうえで、それと、彼が認めている本来の「保守主義」、特にカトリック保守主義との違いを明らかにし、相対的に後者の評価を高めることを狙った著作です。

カトリック保守主義の代表として、ド・メーストルとボナールを挙げています。彼らはフランス革命時代の政治思想家で、カトリックの教義と結び付いた国家観・民族観を打ち出しました。彼らは別にカトリック教会の聖職者でも神学者でもありませんし、中世の神学をそのまま復活させようとしたわけでもありません。そもそも国家や民族の歴史的実在性を強調するというのは、必ずしもカトリックの教義から出てくる話ではありません。彼らは、秩序維持のためには、カトリックが培ってきた階層構造が必要だという考え方を理論化した人で、そこをシュミットが評価しているわけです。ド・メーストルは日本ではあまり知られていませんが、西欧近代の政治思想史では結構重要人物扱いされていて、保守主義系の思想史では大抵名前が出てきます。「二つの自由」論で有名なアイザイア・バーリン（一九〇九-九七）も、ド・メーストルについての論文を書いています。

シュミットがよく名前を挙げるカトリック保守主義の思想家として、もう一人、次回以降出てくる、一九世紀のスペインの政治理論家で外交官のドノソ・コルテス（一八〇九-五三）という人がいます。二月革命期のスペインで、反革命の思想を展開した人です。シュミットがこの三人から受けた影響については、古賀敬太さん（一九五二- ）が著書『カール・シュミットとカトリシズム――政治的終末論の悲劇』（一九九九）で詳しく論じています。

『政治的ロマン主義』では、カトリックではありませんが、保守主義の父であるエドマンド・バークにも言及しています。バークは、伝統を非合理的なものとして破壊し、ゼロから新しい秩序を作ろうとするフランス革命の指導者たちを批判し、英国国教会と国家との結び付きがイギリスの「国家＝憲法体制 constitution」を安定させている、という議論を展開しました。他のプロテスタントと違って、英国国教会は、信仰上の理由からではなく、政治的理由からカトリックから離脱したので、教義や儀礼のうえでそれほど大きな違いがありません。しかも、国王が教会長であるので、国家との融合度がカトリック以上に高いです。

ロマン主義者の中には、過去への憧憬からカトリックに改宗し、復古主義的な政治を支持した人もいました。それが政治的ロマン主義ですが、シュミットに言わせれば、彼らは単に、憧れの対象としての「無限のもの」をメタファー的に表わすために、「民族」や「歴史」を語っているだけで、カトリック保守主義者のように、実在する「民族」や「歴史」をしっかり見ていない。カトリック保守主義者は、自分たちが「実在」する「民族」や「歴史」に属しているがゆえに、「限定」されており、その限定性の上に自分たちの生が成り立っていることを受け入れている。そうした考え方が、安定した「秩序」志向に繋がる。しかし、ロマン主義者たちはそうした「限定」を拒絶し、自分なりに美化した「民族」や「歴史」の〝イメージ〟と無限に戯れ続けようとする。その〝イメージ〟は、「実在」に根ざしていないので、変容し続け、安定しない。シュミットは、そういう不真面目な不安定性が許せないわけです。

ドノソ・コルテス

「私」をめぐるロマン派の思考

ここで、シュミットが執拗に非難し続けている、ロマン派の思考について少しだけ、ポジティヴな視点から紹介しておきます。八〇年代以降ポストモダン系のドイツ思想で、ロマン派再評価のきっかけになったのは、フリードリヒ・シュレーゲルとノヴァーリスの「批評」概念を、「無限の反省」という視座から捉え直したベンヤミンの論文「ドイツロマン主義における芸術批評の概念」です。ベンヤミンがこれを博士論文として書き上げたのは、『政治的ロマン主義』が刊行されたのと同じ一九一九年です。私の修士論文を書籍にした、『モデルネの葛藤』でも、このベンヤミンの論文を参考にしました。

初期ロマン派の「批評」理論は、合理的な主体として実在するものとして想定される［デカルト－カントーフィヒテ］的な「自我」の概念を流動化させ、〝私〟を無限のオートポイエシスの連鎖の中に再発見することを目指します。デカルト（一五九六－一六五〇）が、方法的懐疑の末に、「疑っている私」の存在は疑いえない、という結論に至りました。「我思う故に、我有り」。デカルト以後の近代哲学は、「私が存在する」ことを前提にし、「私」がいかに世界を認識するかについて考え続けました。それに対して、シュレーゲルたちは、「『現に思考している私』について思考している私」という形で生じてくる「反省」の問題を突き詰めて考えることで、「私」の実在性を相対化していきます。

「考えている私」が「存在」していると言えるのはどうしてか？　それは、「私」自身がそう判断しているからです。言わば、「私が考えていること」から「私が存在していること」を導き出せると判断している、「私」が〝いる〟わけです。初期ロマン派に強い影響を与えたフィヒテは、このことを「私の存在は、（他のいかなるものでもなく）私自身によって端的に定立（setzen）されている」と表現します。「私が存在している」という判断の最終根拠は、私自身であって、それ以上は遡れないということです。

しかし、初期ロマン派はそこでストップしないで、「私」をめぐる謎について考え続けようとします。「私が存在している」と判断している「私」が「存在」していると言えるのは、どうしてか？　それは、そう判断している「私」が存在しているからです。では、その「私」は……？　こうやって続けていくと、

[デカルト－カント－フィヒテ] 的な自我

合理的な立体として実在すると想定

「自我」の概念を流動化させ、〝私〟を無限のオートポイエシスの連鎖の中に再発見することを目指す

↕

初期ロマン派の「批評」理論

方法的懐疑の末に、「疑っている私」の存在は疑いえない、という結論「我思う故に、我有り」。デカルト以後の近代哲学は、「私が存在する」ことを前提にし、「私」がいかに世界を認識するかについて考え続けた。

「『現に思考している私』について思考している私」という形で生じてくる「反省」の問題を突き詰めて考えることで、「私」の実在性を相対化

どうなるか分かりますね。「考えている私が存在していると考えている私が存在していると考えている私が存在していると考えている私が存在している……」と無限に続きます。「私自身について考える」という反省の構造が無限に繰り返されるわけです。この連鎖がどこまでも続くということは、「私」が「存在」していることの本当の根拠が最終的に確固として定立されることはないということです。そう考えると、「私の存在」というのは、「考えている私が存在していると考えている私が存在していると考えている私が存在していると考えている私が存在している……」という無限の連鎖の短縮表現にすぎないかもしれない。

しかも、私自身の中だけで自己反省が無限に連鎖しているだけでなく、私の「外」にまで反省の連鎖が繋がっています。というのは、「私」が「私」について「言語」によって考える時、言語を介して、外部から様々な観念が〝私〟の内に流入してきます。他の〝私〟たちが思考したこと、詩的に創作・想像したものが、言語を媒介にして、「私」の中に随時入り込み、「私」という場の中でオートポイエシス（自己産出）を続ける。そうした人々の想像力を刺激し、縦横に繋がっている反省の連鎖を通して、「私たちの世界」が──常に生成変化しながら──構成されます。そして「世界」の中に〝有る〟様々な〝物〟は、反省の運動の中での「私」の視点の変化によって様々に異なった様相を呈します。芸術的なオブジェが見る角度、状況によって、見る主体の関心によって、違った顔を見せるように。芸術家は、そうした、全てを巻き込みながらオートポイエシスし続ける「超越論的ポエジー」の運動に、目立つ形で貢献する人ですが、私たち一人一人も、某かの形でそこに関与しています。「批評 Kritik」というのは、当事者、具体的には「作品」の著者自身が気付いていない、無意識下で進行している、そうした反省の連鎖を明るみに出し、更なる創作への刺激を作り出す営みだと考えられます。

こうした発想は、ポスト問題系の現代思想で、エクリチュール（＝書かれたもの＋書く行為）、あるいは、拡大された意味での「テクスト」をめぐる問題として論じられていることに繋がっています。〝私たち〟は、様々なレベルでの「テクスト」――どこかに書かれた文章だけでなく、芸術作品、建造物、象徴的記号など、意味の体系を成すもの一般が含まれます――を媒介に、不特定多数の他者たちと繋がっており、見方によっては、各種のテクスト化された言説の束として、〝主体〟としての「私」が存在している、と見ることさえできます。私たちの認識する全てが、ある意味、既にテクスト化されています。そうでないと、対象をきちんと意味付けし、認識することができません。こうした拡大された意味での「テクスト」は、人々の書く行為（エクリチュール）によってどんどん増殖し、かつ、それに伴って新たな意味の連関を生み出しますので、テクストの中から立ちあがってくる、私たちの〝主体性〟も変容し続けます。私たちは自由に思考しているつもりで、エクリチュールの無限の戯れに翻弄されているわけです。そういう風に、〝主体〟をテクストの連鎖＝エクリチュールの作用として見る発想が、ドイツ・ロマン派とポストモダン思想に共通しているわけです。

政治的ロマン主義への〝真面目な〟批判

『政治的ロマン主義』を読むと分かるように、シュミットはシュレーゲルやノヴァーリスがそのような発想をしていることをある意味きちんと理解し、そのうえで、それを「政治」に応用することを批判しているわけです。それが「イロニー」の問題です。イロニーとは、「私」自身を第三者的な視点から反省的に捉え直し、「私」自身や、周囲の他者、諸々の対象についてそれまで知られていなかった側面を発見し、〝主体〟と〝客体〟の双方を変容させる営みです。イロニーは、すべての概念をメタの視点から相対化します。「民族」や「歴史」さえも。例えば、Aさんが「民族の本質は、○○である」と捉えたとします。それに対して、Bさんが、「Aさんがそう思うのは、Aさんが▽▽という立場だからだ。▽▽から立場が変わったら、民族について、例えば、□□というような別の見方をするだろう」と考えるとします。Aさんと Bさんが同一人物である場合もあるかもしれません。それから更に、Cさんが、「Bさんがそういう風に思うのは、……」という風に続いていくとすると、「民族」の〝本質〟は、無限の反省の連鎖の中でどんどん変貌していきます。

安定した秩序を見出し、維持したいと思っている人からすれば、こういう感じでメタ思考を続け、「実在」に辿り着かない思考は不毛で、不真面目です。ロマン派にしてみれば、真面目に、一つの視点に固執するあまり、物事の別の側面に目を閉ざしてしまう〝真面目な思想家〟たちよりも、反省=批評を通して自らの視点をどんどんアイロニカルに変化させ、うろちょろしている〝不真面目〟な自分たちの方が、結果的に、物事の本質に迫る真面目な態度を取っている、ということになるわけですが、そんな反応をされたら、ストレートに〝真面目な人たち〟は、尚更、腹を立ててしまいますね。

どこかで、聞いたような話ですね。実際そうです。一九八〇年代以降の日本で、ポストモダニズムに対してなされているのと同じような批判が、進歩的合理主義者、保守主義者、マルクス主義者などから、ロマン派に対して投げかけられました。こういう意味での「真面目／不真面目」の話になると、右と左の共闘関係が成立するというのは、今も昔もあまり変わらない構図なのかもしれません。シュミットは、そうしたロマン主義に対する〝真面目〟な批判を、政治哲学の面で徹底して行おうとしたわけです。

シュミットは、アダム・ミュラーの「政治的ロマン主義」も、シュレーゲル的なイロニーの応用編でしかない、と見ています。一般的なイメージとしては、ミュラーはメッテルニヒの下で政治的に活躍し、国家有機体説を打ち出し、アダム・スミス的な自由主義経済を共同体的・伝統的な関係性によって補正する独自の国民経済論を展開したので、批評家・文献学者でしかないシュレーゲルとは違うと思われがちですが、シュミットに言わせれば、本質は変わらないというわけです。そういう取りとめもない、「政治的ロマン主義」を、カトリック保守主義とごっちゃにするのはおかしいと繰り返し強調するわけです。そこに、シュミット自身の思想的決断がオーバーラップしているのではないかと思います。シュミットがこれだけロマン派に拘っているのは、彼自身の中にロマン主義的な体質、物事をメタの視点から観照的に見つめ、現実から抽象化された観念から、世界を再構築しようとするイローニッシュ（アイロニカル）な体質があるからではないかと思います。そうした自分の中のロマン主義的な部分を切り離して、実在する秩序を志向する保守主義に徹するためのマニフェストとして、『政治的ロマン主義』を書いたのではないでしょうか。

ポストモダン保守主義

最近ではあまり聞かなくなりましたが、九〇年代に入った頃、「ポストモダン保守主義」と呼ばれる思想傾向が少しばかり注目されていました。本人は必ずしも認めていなかったと思いますが、フランスのファシズム文学の研究から文芸批評に入った福田和也さん（一九六〇‐　）が、その代表と見なされていました。ポストモダン保守の思想というのは、大体こんな感じになると思います。最終的に信じきることのできるものなどないけれど、取りあえず、社会を統合し、安定化させるように機能する象徴があった方が便利だ。その「象徴」の本当の由来とか、背後にある伝統とかはどうでもいい。別に、天皇制とか神道とかを心から信じているわけではないけれど、古いものの方が象徴として機能しやすいのであれば、古いもの、あるいは古く見えるものを利用してやればよい。自分は別にそんなものに拘っているわけではないけれど、拘っているふりをした方が、マジで拘っていそうな人たちと話が通じるのなら、そうする。何かにコミットするのも、何にもコミットしないのも、いずれも最終的には意味がないということで同じかもしれないが、それだったら、コミットしているふりをして、仮の「象徴」の下で安定してもいいんじゃないか……。そういう感じの考え方だったと思います。新カント学派の哲学者ルドルフ・ファイヒンガー（一八五二―一九三三）の表現を借りて言えば、「かのようにAls-Ob」の哲学です。

無論、そういうひねくれた、ポーズだけの保守主義と、真正保守主義を本当に区別できるかというと、疑問はあります。ド・メーストルやボナールは、フランス革命によって旧来の秩序が崩壊していく過程をいったん経験し、その過程に耐えて実在し続けるものとして「民族」や「歴史」に依拠しようとしたわけですが、それらが彼らの願望の投影にすぎない可能性はあります。それまでのカトリックの正統派の神学にはなかった概念を、カトリックの名において正当化しようとするわけですから、結構怪しい。彼らもまた、カトリック教会のイメージを自分の思想に都合がいいように利用しているだけなのではないか、と疑えます。だからこそ、いい加減な保守の代表の典型としての政治的ロマン主義との差異を強調し、カトリック保守主義を救い出す必要があったのではないかと思います。

左派あるいはリベラルな立場の人からすれば、「民族」や「歴史」の超越的な実在性を実体的に信じているのも、戯れに使っているのも、近代化に抵抗しようとする反動思考という点で同じじゃないか、ということになりそうですが、シュミットは、本当に秩序を回復するには、不純な要素は排除しないといけないと考えていたのかもしれません。その一方で、自分から見て真逆、「敵」の立場にいるはずのマルクス主義者とか無政府主義者とかが、「政治」の本質――次回とその次の回に読む『政治神学』では、彼が「政治」と「神学」の構造的類似性を重視していることが分かります――について鋭い洞察を示したら、つまり「政治」を支配している神学的な論理こそが、自分たちが粉砕すべき最終ターゲットであると見抜いていたら、そこはきちんと評価する。その意味でプルードン（一八〇九―六五）、バクーニン（一八一四―七六）、ソレルを意外なくらい高く評価していますし、マルクス主義のプロレタリアート独裁論の登場を思想史的に重視します。

ロマン派思想の哲学的背景

前回最後に読んだところの少し先の箇所を見ておきましょう。シュミットは、全てを流動的なものとして見、「実在」を解体してしまうロマン派の思考をかなりしつこく批判しています。九六頁をご覧下さい。

> 概念の全面的な取替えと混合、とほうもない言葉の乱婚の中では、一切は説明可能にも説明不可能にもなり、同一にも反対にもなり、一切が一切にすりかえられうる。政治的現実に関する問題と論争に「一切をゾフィーに転化しまたその逆を行う」技巧《クンスト》が適用されるにいたる。この普遍的な「またその逆」und umgekehrt は、すべての糞土を金にかえ、すべての金を糞土にかえる偉大な言葉の錬金術において、賢者の石となる。あらゆる概念は一つの我であり、また逆にすべての我は一つの概念、すべての体系は個体、すべての個体は体系、国家は人間、人間は国家となる。もしくはミュラーの対立理念にいわれるように、もし肯定《ポジティフ》と否定《ネガティフ》が客観と主観のように対立物であるとすれば、肯定と否定は客観と主観にほかならず、のみならずまた、空間と時間、自然と芸術、科学と宗教、君主制と共和制、貴族とブルジョア、男性的と女性的、話し手と聴き手も同様である。

「ゾフィー」というのは、具体的には、一五歳の若さでなくなったノヴァーリスの婚約者ゾフィー・フォン・キューン（一七八二―九七）のことです。ノヴァーリスはその作品の中で、彼女のイメージを神秘化・理想化した形で描き出しています。「女性」の理想像にしているわけです。この名前は、「知恵」を意味するギリシア語の〈sophia〉に由来するので、宇宙の究極の神秘へと導く女神のようなニュアンスがあります。九〇年代に日本でもブームになったヨスタイン・ゴーデル（一九五二― ）の『ソフィーの世界』（一九九一）の主人公の「ソフィー」という名前にもそういうニュアンスが込められていましたね。

ノヴァーリスの世界では、全てが「ゾフィー」に繋がっていて、「ゾフィー」によって意味を与えられているわけです。だから「ゾフィー」を経由することで、対極にあるものが、相互に変換可能になるわけです。「ゾフィー」が錬金術の「賢者の石」のような役割を果たしているわけです。無論、「ゾフィー」とか「賢者の石」とか言っていても、実際には、「私」の中で、「私」の想像力によって、そうした両極端の入れ替えが起っているわけです。

> それは「全宇宙が通過することのできる」公式であり、「世界は完璧にそれにしたがって整序せられ」、「宇宙はそれによって証明せられる」ものである。そうでもあろう。ただそれは世界や宇宙ではなく、ちっぽけな人工の図像《フィグール》にすぎない。実在への意志は見せかけ Schein への意志に終る。彼らは世界の現実を、一きょに世界のすべてを、宇宙《コスモス》の全体を捉えようとした。そのかわりに彼らのえたものは、投射《プロイエクチオン》と吸収、拡散と収縮、点、円、楕円、球、魂のある、つまり主観化せられた壮大な球戯 ludus globi であった。彼らは事物の実在性を滑り抜けることに成功したが、そのかわりにほかならぬ事物もかれらを滑り去ったのであり、彼らがその著述や、書簡や、日記で宇宙を玩弄するのに汲々としているのを見ると、スウェーデンボルクの描いた狡猾すぎる者の地獄に堕される呪われた人々をしばしば想起せしめられる。

仰々しいレトリックが続きますが、先ほどの、「ゾフィー→賢者の石→私」の話の続きなので、ポイントは分かりますね。ロマン派の人たちは、宇宙の究極の「実在」を摑んでいるつもりになっているけど、実際には、自分の言葉で作り出した「見せかけ」に翻弄されている、ということですね。彼らは、諸事物の〝実在性〟を超えて、究極の「実在性」に迫ろうとしたけれど、実際には、それらの事物が彼らの目の前を素通りしているだけ、宇宙を弄ぶつもりで、その逆に、宇宙に翻弄されている。

「実在への意志は見せかけSchein への意志に終る」は、原文では、〈Der Wille zur Realität endet im Willen zum Schein〉です。ドイツ語〈Schein〉には、「見せかけ」や「仮象」の他、「輝き」という意味もあります。これの動詞形である〈scheinen〉に、「外へ」という意味合いを持つ前綴り、接頭辞の〈er-〉を加えて、〈erscheinen〉とすると、「現われる」という意味になります。事物の本質が「輝き出る」ようなポジティヴなニュアンスと、実体のない単なる「見せかけ」というネガティヴなニュアンスのいずれにも取れる言葉です。ロマン派は、「輝く」本質を摑まえたつもりだったけど、シュミットから見れば、自分が勝手に作り出した「見せかけ」と戯れているだけ、ということです。

「主観化せられた巨大な球戯」という譬えがちょっと分かりにくいかもしれませんが、これは、「宇宙」全体を、一つの巨大な球に見たて、その中で様々な事物が飛び交って、中心点である「ソフィー」を通過する際に一方の極性から他方の極性へと変換するような感じなのだと思います。全き球体としての宇宙を究極的に捉えているつもりで、実際には、自分の主観で球体的なイメージを作って、自己満足しているだけかもしれない。

スウェーデンボルク（一六八八―一七七二）は、スウェーデンの科学者・神秘主義者で、結晶学の領域で大きな業績を残しましたが、様々な霊体験をし、天国と地獄に行って帰ってきた見聞録を書いています。ロマン派の人たちが、自分たちが「宇宙」を弄んでいることを証明すべく、必死にいろんな文章を書いているのを見ると、スウェーデンボルクの地獄で、狡猾すぎる者たちが受けている罰を想起させられる、というわけですね。

では、ロマン派の思想の哲学的背景について論じた、第２章（２）「ロマン主義の偶因論的構造」に入りましょう。

その力を日々事実において証明している実在は、非合理且つ巨大なものとして暗闇の中に潜んでいる。もはや存在論的思想は存在しなかった。ロマン主義的精神の影響をうけたその世紀のすべては、特有の気分にみたされていた。体系的にせよ感情的にせよ、前提と結果と方法は種々様々であるにせよ、楽天と悲観の差別を超越して個々の個体の苦悩は聴きとられ、その欺かれた感情も聴きとられる。われわれは、われわれを翻弄するある力の掌中におかれている。

ロマン派にとって、「実在」の本体は闇の中、つまり、理性の支配が及ばない世界、捉えがたい無意識の世界にあると想定されているので、彼らはフィヒテのような体系的な「存在論」を展開することはなかったわけです。隠れた「実在」が、我々の意識を背後から動かしている、あるいは何かの契機に我々の前に現われてきたりする。何だか分からないけれど、私たちは、未知の非合理的な力に翻弄されている。狭義のロマン主義に限らず、一九世紀は、特有の気分に充たされていたというわけですが、この後に続く議論から見て、シェリングの「神話」とか、ショーペンハウアー（一七八八–一八六〇）の「ただ生きんとする盲目的意志」とかニーチェ（一八四四–一九〇〇）の「力への意志」、フロイト（一八五六–一九三九）の「無意識」とかを念頭に置いているのではないかと思います。

「私は自分の意識の本当の主人なのか？　何か別のものによって支配されているのではないか？」、というのは、現代思想のメインテーマであるわけですが、ロマン主義の時代に既にそういう考え方の原型が出来ていたわけです。進歩主義的な合理主義の陣営から見れば、カトリック保守主義者も、目に見えない力を信奉している点で、ロマン主義と同じ穴の狢じゃないか、ということになりそうですが、シュミットに言わせれば、はっきりした「存在論」を持っている点で、カトリック保守主義はロマン主義と全く異なるわけです。

われわれはイロニッシュに人間と世界に戯れることもできるし、シェークスピアの『嵐』の中のプロスペロのように、人間が劇の「からくり」を自分の手に握っていると考えるのも魅力的である。ロマンティカーは、自由な主観性の眼に見えぬ力というこのような想像を、好んで恣ままにした。

「プロスペロ Prospero」というのは、シェイクスピアの喜劇『嵐 The Tempest』の主人公で、元々ミラノを治める大公だったのだけれど、自分の弟に裏切られ、娘と共に島流しにされます。魔術を学んだ彼は、魔術によって島の妖精や怪物たちを自在に操るようになり、王として君臨することになります。ある時、新たな大公になった弟と、ナポリの国王、その息子が乗った船が、（プロスペロの僕の妖精が起こした）嵐に遭って、漂流し、島に流れ着きました。プロスペロは、魔術を使って彼らを脅かし、復讐しようとしたけれど、自分の娘と、ナポリの王子が恋に落ちたので、彼の本気度を試したうえで二人の結婚を許す、という物語です。

プロスペロは、一見すると、魔術という「からくり Maschinenspiel」によって、物語の進行を操作しているように見えますが、そもそも彼が弟に裏切られたことが物語の発端なわけですから、プロスペロ自身も運命に翻弄されているわけです。彼は、魔術を駆使しているわけですが、魔術のもとになる超自然的な力は、彼が生み出したわけではありません。もっと引いた視点から見れば、劇の中の人物ですから、作者によって翻弄されているわけです。そして、その作者も、彼の想像力の源泉になっているものに翻弄されている、と考えられます。

ロマン主義は、そうした「眼に見えぬ力 eine unsichtbare Macht」を利用すること、あるいはそれに身を委ねることを、「自由な主観性 freie Subjektivität」の行使と見なしたわけです。無意識から浮上してくる「想像力」が、ロマン主義的な創造の源泉です。文学・芸術だと、それは当たり前のことのような感じですが、ロマン主義の前の古典主義の時代、ゲーテやシラー（一七五九―一八〇五）の時代だと、そういう非合理的な力から生じてくる情念を理性によって制御し、形式を与えることが芸術の本来の在り方だと考えられていました。

「眼に見えぬ力」――秘密結社 geheime Bünde と陰謀論

この後に、やや意外な話が続きます。ドイツ文学史・文化史に詳しくないと、繋がりが分かりにくいかもしれません。

> 秘密結社の力というものにかんする空想は、十八世紀末においてもそれ以後と同様、たんなる通俗小説の必要要件ではなかった。啓蒙団《イルミナーテン》やフリーメーソンの秘密の陰謀に対する信仰は、バークやハラーのような非ロマン主義的人物にも認められるところである。ロマン主義者はそこに己れの陰謀的でイロニックな実在への衝動、すなわち人間を支配する秘かで、無責任で、奔放な力への感興のためのテーマを見ている。だからティークの最初のロマンでは、卓越した諸人物が主役を演じ、その他の者をかれらの意志と企みの無意識な手先にしている。こうした人物は「すべての背後にある偉大な道具方」として実験を行い、劇をその手で操っている。

日本でもこのところ、陰謀論がブームになっていますね。陰謀論というのは、私たちが知らないところで、闇の勢力が政治や経済を動かし、特定の方向に誘導しているという話ですね。現代世界では、アメリカの影響が決定的なので、アメリカの諜報機関であるＣＩＡが九・一一とかを自作自演したとか、アルカイーダを影で操って軍事介入の口実を作っているとかの話が多いですが、そのレベルに留まらず、ＣＩＡの更に背後に、アメリカを建国当初から操っている特定の「秘密結社」がいて、それが真の黒幕だ、というようなディープな陰謀論がありますね。

「フリーメーソン」の話は結構昔からありますね。アメリカの大統領や民主、共和両党の幹部の大多数がフリーメーソンだとか、ロシアとか中国の首脳部にもメンバーがかなりいて、世界の政治を影で動かしているとか、歴史上の大事件のほとんどは、全てフリーメーソンの計画に従って行われたとか。「イルミナーティ」も最近耳にするようになりました。一応、別の組織のようです。

シュミットが言うように、フリーメーソンやイルミナーティなどの秘密結社は、一八世紀の終わり頃から活動を活発化し、ヨーロッパの多くの都市で支部を結成します。そうした「秘密結社 geheime Bünde」のことが、西欧諸国の文学のテーマになりました。ドイツ文学で特に顕著です。ゲーテの『ヴィルヘルム・マイスターの修業時代』とその続編である『ヴィルヘルム・マイスターの遍歴時代』（一八二九）には、フリーメーソンをモデルにしたと思われる「塔の結社 Turmgesellschaft」が登場して重要な役割を果たします。シラーの『見霊者 Der Geisterseher』（一七八七–八九）では、カリオストロ伯爵（一七四三–九五）をモデルにしたと思われる謎のアルメニア人や、霊能力者、秘密結社ブッツェンタウロなどが登場します。ホフマンの幻想小説は、怪しい人だらけですが、特に『砂男』（一八一六）が、霊的な話と陰謀論、無意識論が組み合わさったような展開になっています。

前回も少しだけ紹介したティークは、シュレーゲルなどとほぼ同世代のロマン派の中心人物の一人で、おもにベルリンで活躍していました。ペロー（一六二八–一七〇三）の『長靴をはいた猫』を、フランス革命のパロディーに見立てて翻案した喜劇「長靴をはいた猫」（一七九七）や、騎士の世界を舞台にしたロマン主義的小説『忠実なエッカルト』（一七九九）等の作品で知られています。「ロマン Roman」というのは、長編小説のことです。ドイツ文学では、その長さを利用して、回想とか書簡とか劇中劇とかを詰め込みながら、大きな物語を展開できる「長編小説」と、「短編小説」は別ジャンルと見なされます。原文では、〈Romane〉と複数形になっています。『ウィリアム・ロヴェル氏の物語』（一七九五－九六）あたりを念頭に置いているのだと思います。実際、九八頁にロヴェル（Lovell）という名前が出てきますね。この小説では、自分の愛していた女性が、ウォルター・ロヴェルという別の男と結婚し、一人息子のウィリアムの出産に際して亡くなったことを恨み続けるウォータールーという老人の親子に対する復讐の陰謀物語として構成されていて、いろんな登場人物が彼の意向に沿って動き、親子を破滅に追いやるために働きます。そのことをウォータールー自身が物語るという構成になっています。九八頁に、ロヴェルがアンドレア（Andrea）のイロニーの傀儡（Werkzeug）だという話が出てきますが。アンドレアというのは、ウォータールーのイタリアでの偽名です。ウォータールー＝アンドレアは、ロヴェルを翻弄しますが、自分自身も「イロニー」によって翻弄されていると感じているわけです。

では、「秘密結社」的な文学がテーマになったのは、どうしてか？　ドイツ文学で一般的に言われているることですが、私たちが実は、自分の気付かない「眼に見えぬ力」、無意識の領域に潜んでいるものによって動かされているのではないか、という不安が強まったのではないかと考えられます。一八世紀末は、フランス革命とナポレオン戦争があり、啓蒙的理性が最終的に勝利をしたかに見えた時期です。しかし、そういう時代だからこそ、理性の名の下での進歩の負の作用——例えば、フランス革命時のテロとか、共同体の破壊とか——も目立ち始めたり、やはり理性だけでは把握し切れない「眼に見えぬ力」、人間を狂気に追いやるような力があるのではないか、という意識も芽生えてきました。啓蒙の反動です。その反動が、「眼に見えぬ力」への〝信仰〟に繋がる。ホフマンの小説に、当時流行っていた磁気催眠（メスメリズム）を主題にしたものがあります。「眼に見えぬ」の分かりやすい象徴として、世界を動かす「秘密結社」の陰謀みたいなイメージが出来上がったと考えられます。ロマン派は「イロニー」という形で、無意識の次元から立ち上ってくる想像力をポジティヴに評価したわけですが、それと裏腹に、私たちの自我意識を根底から揺るがしかねない無意識に対する不安もあり、それが「秘密結社」の暗躍をめぐる表象に繋がった、と考えられます。

そうした「眼に見えぬ力」は、歴史を動かす力としても現われてきます。シュミットは、無意識的なものを原動力として歴史が展開していく様を探究する「歴史哲学」の動向にも注意を向けています。九九頁に何人か代表的な思想家が挙げられています。シェリングは個人の意識された意志を超越する歴史に注意を向けました。彼の影響を受けたルーデン（一七七八―一八四七）は、人間、民族、世代などを媒介にして、「生の精神 Geist des Lebens」が自己を顕現するという見方を示しました。ルーデンは、イエーナ大学の教授を務めた歴史学者で、歴史研究を通してドイツの国民意識を高揚させることを目指しました。政治体制としては、人民主権を理想としていました。ヘーゲルは、諸個人を翻弄する「理性の狡知 List der Vernunft」を示唆しました。マルクスは生産関係によって歴史が動いているという唯物史観を定式化しました。ショーペンハウアーは、先ほどお話ししたように、生への盲目的意志をこの世界の本質と見なし、歴史上の悲喜劇は、その意志によって引き起こされると見ていたわけです。

一〇〇頁では、「無意識の過程 unbewußte psychische Vorgänge」を科学的に解明しようとする試みとして、「性欲」に注目するフロイトの理論、「権力への意志」に注目するアルフレッド・アドラー（一八七〇―一九三〇）――ドイツ語の名前（Alfred Adler）なので、「アルフレート・アドラー」と表記した方がいいでしょう――の理論などが言及されていますね。アドラーは精神分析の初期にフロイトと一緒に仕事をしていましたが、後に、「個人心理学」という別のグループを作った人で、ニーチェから強い影響を受けていたことが知られています。主として器官劣等性に基づく劣等感と、それに対する補償としての優越性追求のメカニズムを理論化したことでも知られています。マルクス主義や精神分析も、「眼に見えぬ力」に魅せられている点で、ロマン主義やショーペンハウアーと通じているわけです。

「偶因論 Occasionalismus」もしくは、機会原因論

前回読んだところにも出てきましたが、一九世紀には、各人は、「歴史」と「社会」という二つの「デミウルゴス」によって操られているという考えが拡がりました。バーク、ド・メーストル、ボナール等もそういう考え方をしていた。彼ら保守主義者にとっては、これらを客観的なものと見ていたわけですが、ロマン主義者たちは、これらを、「主観主義的な世界構成」と結び付けました。つまり、自分たちの想像力をフルに働かせることを通して、「歴史」や「社会」のような「高次の有機体」の構成に参与していると考えたわけです。

一〇二頁で、（ロマン主義的にヴァーチャル化された）「社会」や「歴史」を、私たちの行為の「真の原因 die wahre Ursache」と見るロマン主義の発想は、哲学的に「偶因論 Occasionalismus」の問題と結び付いていると述べられていますね。

> 真の原因という問題は、偶因論の問題である。これは神の中にあらゆる真の原因を見、すべて神の外にある根拠はたんに偶発的なきっかけをなすにすぎないと解するものである。ここでも再びロマン主義精神の構造の論議がデカルトから発することが是認される。彼は我思うが故に我ありという論証、存在に関する思惟の結論から、内的なるものと外的なるもの、魂と肉体、思惟するもの res congitans

と延長せるもの res extensa との差別に導かれた。ここからして、どうして両者をともに作用させるか、魂と肉体の相互作用をどう説明するかという、論理的・形而上学的な困難が生れる。

少し難しそうな理屈ですが、ポイントは、デカルトが発見した「コギト」が「精神」として想定されていた、ということです。デカルトは、「コギト」の延長で、精神世界の存在を論証しましたが、物質世界はそれとは異なる存在構造をしています。「物」は、「延長」、つまり、決まった量を持つものとして、空間の中に位置を占めています。「コギト」の主体である「私」自身は「精神」です。「私」は自分の「精神」は、どうにかコントロールできる（ような）気はしますが、「物質」である「身体」は必ずしも思うようにコントロールできません。そもそも、「私」は自分の「身体」を動かしているつもりになっているだけで、「身体」は自然界の法則に従って、食欲、睡眠欲、性欲などを抱き、勝手に動いているだけかもしれない。これは現代の哲学でも、延々と論議され続けている難しい問題です。「精神」と「物質」は異質であるという前提に立つと、どうしても、両者の間にいかにして相互作用が起こるのか、という形而上学的な問題が生じてきます。デカルトは、松下腺というところで「精神」と「身体」が繋がっていると主張しましたが、たとえそれが本当だとしても、それで問題が解決するわけではありませんね。

この問題は、精神と物質の二元論に立つ限り、必ず生じてきますが、デカルトが、「コギト」の実在を、全ての知の原点にしようとしたせいで、クローズアップされたわけです。「精神」などというものは、ないと考えてしまえば話は簡単です。ホッブズ（一五八八－一六七九）は、唯物論の立場に立ち、外界から脳の中に入ってくる印象の連鎖として、精神の作用が生じてくると主張しました。当然、そういう風に考えると、「私」自身が実在しておらず、脳の作り出す現象にすぎないことになります。「精神」としての「私」が実在していると考えると、どうしても、精神が意志したことが、どうやって物質の運動の原因になるのか、という問題が生じてきます。そこで「偶因論」という考え方が出てきます。

ジェロー・ド・コルドモア Géraud de Coremoy、ゲーリンクス Geulincx、マルブランシュ Malebranche の体系において行われた機会偶然論による解決は、神をあらゆる個々の心理的・物理的過程の真の原因とみなすことで、この困難を取除くものであった。神は魂と肉体の現象の説明しがたい一致を生ぜしめる。意識過程、意志衝動、筋肉活動は、尽くたんに神の活動のきっかけである。真に行為するものは人間ではなく神である。神の干与はあらゆる個々の場合に本来の活動であり、固有の効果 efficacité propre である。

このような過程をあらわすのに、機会偶然論者はしばしば字句までロマン主義的な調子をおびた解釈や比較を用いた。私が家を建てるとき、私の設計を拵えさせ、私の手を導き、すべての石を動かすのはより高い力であって、そしてついに家が完成する。「この場面では私は観客であり、俳優ではない」Spectator sum in hac scena, non actor.(ゲーリンクス)。古い機会偶然論の体系では、前にティークの『ロヴェル』から引用したばかりの箇所におけるように、ものを書くペンということがいつも例にひかれる。

コルドモア(一六二六–八四)は、ルイ一四世の長男の家庭教師も務めたフランスの哲学者・法律家で、ボシュエと親しい関係にあり、言語の本質についての研究でも知られています。ゲーリンクス(一六二四–六九)はフランドル地方(現在のベルギー北部)の哲学者で、精神と身体の必然的な繫がりを否定したうえで、両者の連関は神の介入による奇蹟である、という論を展開しました。そして、フランスの哲学者・神学者ニコラ・ド・マルブランシュ(一六三八–一七一五)が、「偶因論」を体系化したとされています。橋川さんは、「偶因論」を「機会偶然論」と訳し直していますが、「偶因論」もしくは「機会原因論」が訳語として定着しています。私も、「機会原因論」の方がいいと思います。シュレーゲルは、マルブランシュをデカルトよりも高く評価していますね。マルブランシュは、普通の哲学史の教科書では名前が出てくるだけで大きく取り上げられていますね。シュミットは、マルブランシュを特に詳しく取り上げられません。木田直人さん（一九七三－　）の『ものはなぜ見えるのか――マルブランシュの自然判断理論』（中公新書）で、マルブランシュの認識論が詳しく紹介されています。

機会原因論は、神が精神と身体を動かして、両者を連動させていると考えます。つまり、「私」は、「私」自身が主体的に思考し、身体を動かそうとする意志を持つと思っているけど、実際には神によってそう仕向けられているので、「私」自身に身体を支配する能力がなくても、両者は予定調和するわけです。通常のキリスト教にも、神の介入という考え方がありますが、機会原因論では、全ての心身の連動に神が介入し、神が真の原因になっていると見るわけです。この世界の運動の全ては、神によって起動されていて、個々の人間や物体は、その運動の「きっかけ」に偶々なったにすぎないわけです。

そうなってくると、私が何かやっているように見えても、実際には、神が私の手足を使ってやっていることであって、私は単なる観客にすぎない、という感じになる。そうした発想が反映されているティークの『ロヴェル』からの引用を、九八頁に戻って読んでおきましょう。アンドレア・コジモ＝ウォータールーが自らの復讐について綴りながら、自分を振り返っている場面です。

「それなら俺は何だ？――ここで大真面目になってペンを握り、言葉を書き下すことに退屈もしないこの生物は何者だ？　俺にも俺のすることがとことんではわからぬ。俺は秘密の見えない盗賊団の隊長となり、全世界を鼻であしらうのが大いに嬉しかった。ところが今では、こんな苦労をするところをみると、俺自身を自分で最大の馬鹿者扱いしてしまったのではないかと、そんな疑問がわいてくる……俺と立ちまわりをやってるこの妙な俺は何者だ？」

日本語にも、「筆が進む」という言い方がありますね。私自身の意志とは関わりなく、〝私〟の中、あるいは、〝私〟の背後にある〝何か〟がペンを動かしているような言い方ですね。ロマン派の文学作品には、そのこと自体をテーマ化しているもの、つまり、「私」に書かせている「目に見えぬ力」を登場人物自身が意識し、そこから新たに物語が展開するというようなモチーフがしばしば見受けられます。

機会原因論は、精神でも身体でもなく、「神」が真の原因なので、精神と身体の関係について拘るのは無意味であるという考え方です。二元論は解決されるのではなくて、非本質的な問題として解消されることになります。心身の見かけ上の二元論の対立が、神のような超越的な審級の存在によって解消されるという考え方が、ロマン主義に継承されるというわけです。

このような神は、シェリングの絶対的同一とは若干ことなるものである。思惟が循環運動をするものである限り、それは機会偶然論的ではない。というのは、それは対立という循環を超脱することがないからである。しかしロマン主義者の場合のように、彼らの思想がシェリングに始る暗示により抹殺されず、「有機的生命」が対立として両極化するばかりでなく独自的に機能するや否や、「より高い第三者」höheres Drittes が対立を止揚することになる。性の対立は「全人」Gesamtmensch において止揚され、個人間の対立は高次の有機体、国家あるいは民族において、国家間の分裂は高次の有機的組織、教会によって止揚される。

シェリングの「絶対的同一（無差別）absolute Indifferenz」というのは、初期シェリングの哲学における、主体と客体、精神と自然の「同一性」をめぐる議論を指しているのだと思います。主体＝精神は、客体＝自然と向き合っているうちに、自然の内に自己自身を見出す。例えば、ある花を見ていてその美しさに引き付けられ、いろんな刺激を受けることを通して、そうした自分の本性を発見する、ということがありますね。自然に対する態度の中に、自分が現われるわけです。逆に言うと、「自然」が、（「自然」の一部である）私の身体に働きかけ、私を介して自己の本質を現わし、自己把握する、と見ることもできるわけです。そういう意味で、主体＝客体であり、循環関係になっているわけですが、その考え方は、「より高い第三者」に遡及して、対立を解消する機会原因論の発想とは異なる、というわけです。

高次の第三者

ロマン派の発想では、主体と客体の対立も、性の対立も、個人間の対立も、国家間の対立も、「より高い第三者」、全てを包括する「高次の有機体 der höhere Organismus」のようなものに視点を移すことによって「止揚 aufheben」される。「止揚」というのはヘーゲル用語ですが、ここでは話を分かりやすくするために転用しているわけです。「神」というより、そうした「有機体」的なものの中で、二項対立が解消するという考え方が、ロマン派の思考の特徴です。

対立を克服する力を有するものは真のより高い実在である。つねに好んで媒介と交互作用を論じたアダム・ミュラーにとってもこれは該当する。シェリングやシュレーゲルの要素、その他もろもろの要素が多彩に入り混っている彼の場合、およそ何かがきわだっているとすればそれは次のようなものであった。彼は対立の理論からスタートしたが、それが絶対的同一ということを明白に否定し、究極原理として一種の「対句的綜合」antithetische Synthesis、対句そのものを宣明するものであった。すなわち、すべてのものはその対立物にほかならず、自然は反芸術《アンチ・クンスト》であり、芸術は反自然《アンチ・ナトゥア》であり、花は反花《アンチ・ブルーメ》の対立物であり、ついには対立そのものが反対立《アンチ・ゲーゲンザッツ》に依存するとされる。しかし同時に彼は対立の克服が「機制的」な相互作用によっては齎らされえないこと、それはより高いもの、「イデー」によって生ずべきことを早くも論じている。

ピンと来にくいかもしれませんが、二項対立を高次の第三者によって止揚するという図式が、本末転倒した形で使われている、ということです。つまり、最初に、二つの対立的な関係にあるように見えるもの、例えば、「自然」と「芸術」のような関係にあるものを示したうえで、その「対立」を解消するには、より高次の「イデー（理念）」を視野に入れる必要がある、と宣言する形で、「高次の理念」の存在を示唆するわけです。

「自然」と「芸術」が対立している、というのは少し分かりにくいかもしれませんが、「芸術」を意味する〈Kunst〉は、英語の〈art〉と同じように、「人為」一般をも意味します。「自然」の世界と「人為」の世界が対立しているというのであれば、分かりますね。私たちの身体は「自然」の一部であり、私たちの内には身体を介して様々な欲望が生じてきますし、私たちの作りだすものは「人為」的であり、私たちは人為的に構成された視点を通してしか「自然」を認識できません。私たちは、「自然」と「人為」に引き裂かれています——深刻ぶるために、「私は○○と□□の間で引き裂かれている」という言い方をする人がいるので、この言い方、あまり好きじゃないんですが（笑）、こういう抽象的な使い方なら、許容範囲かなと思っています。「芸術」というのは、そういう「人為」の本質としての「創作 poiesis」が最も先鋭化された形で出てくる領域だと考えることができます。「芸術」とは何かと考える時、私たちは不可避的に、この「自然」と「人為」の対立関係（＋両者の表裏一体性）に直面します。「自然」と切り離されたら、物の自然＝本性を映し出す「芸術」は成り立ちませんが、かといって、「人為」的な意図が加わらなかったら、芸術的な創作は始まりません。

「自然／人為＝芸術」の二項対立を、より高次の観念に遡及することで「止揚」するということであれば、分からなくもないですが、そのうちに話がエスカレートしていって、「花」と「反花」というような、意味がよく分からない抽象的な対立になっていくことを、シュミットは皮肉っているわけです。それだけでは留まらず、「対立」と「反対立」というところまで行くと、哲学的に深読みした解釈をすることができないわけではない――例えば、物事を二項対立的に捉える思考様式と、そういう二項対立を否定する思考様式の対立、という具合に――ですが、なんだか無理やり二項対立図式をひねり出し、〝それを超える新たな思考〟の必要性をアピールしているような感じがしますね。タメにする議論という感じになります。

これも現代のポストモダン批判でよく聞く話ですね。ポストモダン系の思想家、特にデリダは、西欧の形而上学が、精神／物体、内部／外部、本質／仮象、オリジナル／コピーといった一連の二項対立構造に依拠していることを指摘し、その二項対立を脱構築してみせます。そのやり方がうまいので、彼の不思議な文章に惹かれる人が出てくるのですが、批判的な人にしてみたら、普通の人が全然拘っていない〝二項対立〟をむりやりひねり出し、あるかどうか分からないものを解体する、意味のない手品を見せられているような気分になる。それに対して、デリダ擁護者は、それは、あなたが自分の思考の拠って立つ根拠について真剣に反省していないからそう思うだけであって、決して意味のない手品ではない、と反論する。大抵、そういう応酬になります。デリダやその他のポストモダン系の人たちは、ロマン派のように、高次の第三者を引き合いに出したりしませんが、二項対立図式解体論に対して、その図式自体に疑問を呈する人が出てくるという構図は、反復されているという気がします。

彼が現実の中に次々と新しく発見する対立は、したがってしばしばより高い同一性からの流出《エマナチオン》であるように見える。まさにこのような思索過程の中に、この新しい世界観は、前世紀の生命のない機制的・分析的な合理主義に対する優越を見たのである。

この場合の「流出 Emanation」というのは、「(完全なる)一者」から世界が段階的に「流出」してくる、という新プラトン主義系の発想ですね。二項対立を解消しようとするロマン派の思索は不可避的に、「流出」を遡って源を見出そうとする試みに繋がるわけです。「生命のない機制的・分析的合理主義」というのは、物心二元論に基づいて、(精神から切り離された)「自然」を運動する機械のように捉える合理主義的自然観のようなものを指していると思います。ロマン主義には、自然科学的な自然観への反発という側面もあります。

論理についての講義の補論において、フリードリッヒ・シュレーゲルは特別の共感をもってマールブランシュに言及し、彼のデカルトの上位においている。のちになると、ロマン主義者のこの共感の基礎をなしたものは(両者の)非常な同一性であることが判然した。それはカトリックへの転向を説明するものであるから、ロマン主義の概念にとっては決定的である。カトリック教徒シュレーゲルの全哲学は、自然と人間、人間(機会偶然論者の表現では精神)が自然(肉体性)を圧倒するか、自然が人間を圧倒するか、というディレンマから出発した。フィヒテの理想主義とシェリングの自然哲学は、このディレンマの適用例であった。救いは神から直接に生じる。シュレーゲルがキリスト教の現実性 Positivität をもっとも強く主張したことは、何よりも彼が自分の以前の自然哲学的誤謬を否定しようと欲したことから説明される。しかしそれはさらに、真の原因として関与するより高い第三者を究極的に決定的に、無条件に是認することをも内容とするものである。アダム・ミュラーは時として言葉の表現に至るまでシュレーゲルの哲学をとり入れている。

両者の同一性というのは、二項対立を超えたところに、「高次の第三者」を見出そうとする発想にあるわけですね。シュミットは、そのことをシュレーゲルのカトリック改宗と結び付けて理解しているわけです。「高次の第三者」を「現実に存在する positiv」ものとして捉えようとすると、やはり神に行き着く。それも、神との関係で、共同体や歴史を実在的に捉えるカトリック的な神観に近付いていく、ということですね。「フィヒテの理想主義」の「理想主義」の原語は〈Idealismus〉で通常は、「観念論」と訳されます。〈Idealismus〉は「観念論」であると同時に「理想主義」でもあるわけですが、ここでは「観念」＝「精神」に重点を置くことで、二項対立を解消しようとしたフィヒテと、「自然」に注目した初期シェリングを対比的に並べているわけですから、「観念論」と訳した方がいいでしょう。二項対立から脱出するための答えを直接神に求めるようになったシュレーゲルの道程を、ミュラーも辿った、ということですね。

スピノザ主義――ロマン主義的な「私」

この後、マルブランシュもフィヒテもロマン主義も、スピノザ主義に通じるところがあるという話が出てきます。

ロマン主義者が己れ自身を超越的な自我と見なす限り、真の原因とは何かという疑問が彼を不安がらしめる要はなく、彼自らがすなわち一切の出来事の発起者なのである。フィヒテはその知識学の基礎において、その学説の体系的部分はスピノザ主義であり、「ただ各々の自我そのものが最高の実体」、すなわちスピノザ体系の神であることを述べている。ここでは世界はバークレイ Berkeley の場合のように存在被知覚（Esse-Percepi）としてではなく、自我の創造的行為として、自我から説明される。ここにおいてロマン主義者の地位は、世界創造者との同一性を最後まで持ちこたえるというのではないにせよ、常に自己に留保するという点におかれる。フィヒテもしまいには「真の」自我と心理的なそれとを区別し、それによってこの場合すべての要点である心理的現実ということを、再び古くからの曖昧さに委ねている。民族もしくは歴史との同一化にはロマン主義者は達しなかったし、ヘーゲル的な良き良心は彼らには無縁であった。こうして再び実在の、この場合には真の原因の、たくらみ Int-rigenspiel が始る。

オランダのユダヤ系の哲学者スピノザ（一六三二―七七）は、神及び自然世界の全ては無限実体である神の中に含まれており、精神も物質も神の二つの属性の変容体にすぎないという前提に立ち、「神」から全てを演繹的に導き出すことを試みました。スピノザ主義というのは通常、全ては「神」の現われである、という考え方を指します。大体、同年代のマルブランシュは、スピノザ主義を批判しましたが、神以外の他のいかなる存在にも真の主体性はなくて、神が真の原因であるという彼の哲学も、見方によっては、スピノザ主義です。私たち自身は真の原因ではないとすれば、信仰を深める努力も無意味になってしまいます。私たちが神を信じるか信じないかも、神次第ということになるからです。一〇八頁から一〇九頁にかけて、そういう話が出ていますね。フィヒテの場合、神が直接的に前面に出て来るわけではありませんが、自我によってすべての存在が定立されており、その自我の存在自体は絶対的自我にとって端的に定立されているという前提で議論が組み立てられているので、「自我」が実質的にスピノザの神と同じ役割を果たしているように見えます。そのことは、一八世紀末にフィヒテが知識学で一世風靡していた頃から知られていました。

バークリー（一六八五－一七五三）は、「主観観念論者」として知られるアイルランドの哲学者です。彼は「存在していること Esse」は、私が「知覚すること Percepi」と同じだと主張しました。何となく、スピノザやフィヒテと同じような感じがしますが、バークリーの場合、知覚される観念を私自身が作り出すわけではなく、経験を通じて獲得されるものです。「観念」を受容する「私」は受動的です。この点では、バークリーは経験論者です。フィヒテは、全てが「私」によって措定されると考えます。「措定 setzen」する「私」は能動的です。シュミットは、ロマン派も、そうした自我中心主義をフィヒテから継承していると見るわけです。

そうなると、当然、この「私」自身は、本当の世界の創造者ではない、ということになります。「私」が世界の創造者である「眼に見えぬ力」をいくら追いかけても、最終的に摑まえることはできない。心理的自我というのは、今、ここに現にいて考えたり、知覚したりしている「私」です。そういう〝私〟と、「真の自我」を区別したら、結局、二元論的な枠組みに戻ってしまうことになります。

ロマン主義的な「私」は世界の真の創造者ではないので、デミウルゴスである「民族」や「歴史」と同化することはできない。最終的に、謎のままです。だから、未知の「真の原因」の「たくらみ」に弄ばれる、という想像を続けることになる。ヘーゲルは、この「私」にはまだ完全に見とおすことのできない、「絶対精神」の自己展開の方向を論理的に探ろうとしたので、まだ良心がある、ということでしょう。ロマン派には、歴史の法則を探究するための論理がない。

バークリー

一一一頁に、ロマン派はやたらと「真正の」概念の必要性を強調し、「真なるもの」、「現実なるもの」、「真正」の自由、「真の」革命、「真正の」司祭、「真の」宗教性、「真の」書物、「真の」民衆性……というように、「真の wahr」という言葉をやたらと使うけど、その中身について語っていないので空虚である、という話が出てきます。そのうえで今一度、ヘーゲル主義とロマン主義を対比します。

ヘーゲル主義と〈über-listen〉「理性の狡知」

ヘーゲル主義者も理性の詭計ということを言っているが、しかし彼は世界史の舞台裏に立っていると信じていたのだし、何が問題となっているかを知っていたのであり、世界史の先を越している über-listen か、あるいは正当な名分をもって真の原因の側に与っているかであった。これに反してロマンティカーは直接に絶望的な状態におかれた。何故なら彼の中においては複数の実在が相互にイロニックに作用しあっていたからである。

〈über-listen〉は、「理性の狡知」の「狡知」に当たる〈List〉を、英語の〈over-〉に当たる〈über-〉という前綴りを付けたうえで動詞化した言葉です。「(理性の)狡知」を上回る、先取りする、という意味になります。シュミットは、ハイフン――ドイツ語では、〈Bindestrich〉と言います――を入れて、プレイヤーである私たちを出し抜いている理性の狡知を更に出し抜いて先読みする、というニュアンスを強調しているのだと思います。ヘーゲル主義者は、絶対精神の自己展開の法則を調べ、そこから類推することによって、「歴史」の「終わり=目的 Ende」を予測し、そこに速やかに到達する道を用意しようとする。無論、その推測が当たっている保証はないけど、ロマン派のように、何が本当の真の原因か分からないまま、

バークリー

「存在していること Esse」は、私が「知覚すること Percepi」と同じ。知覚される観念を私自身が作り出すわけではなく、経験を通じて獲得。「観念」を受容する「私」は受動的

フィヒテ

全てが「私」によって措定されると考える。「措定 setzen」する「私」は能動的

ヘーゲル

絶対精神の動きを追跡していけば最終的な目的が見えてくるという考え方

ロマン主義

とにかく〝何か〟に動かされているのだが、その〝何か〟は○○だと特定した時点でそれは既に仮象になってしまい、「本当に動かしている真のものは何か？」、という話がまた出てくる。最終ゴールが見えてこない

複数のヴァーチャルな〝実在〟がよく分からない作用を及ぼし合っているかのような、混沌としたイメージよりはまし、ということでしょう。

ロマン主義とヘーゲル主義は、「自我」を超えたものによって、世界全体の生成運動が引き起こされている、という発想において似ている面もありますが、ヘーゲル主義は絶対精神の動きを追跡していけば最終的な目的が見えてくるという考え方——日本のヘーゲル研究者は、「ヘーゲルはそんなに単純じゃない！」と怒るかもしれませんが、本題ではないので、ここではごく簡単に要約しておきます——なのに対し、ロマン主義は、とにかく〝何か〟に動かされているのだが、その〝何か〟は○○だと特定した時点でそれは既に仮象になってしまい、「本当に動かしている真のものは何か？」、という話がまた出てくる。それが延々と続き、最終ゴールが見えてこない。ロマン主義的反省によって、「真なるもの」により近付いているかどうか、分からないわけです。ヘーゲル主義者やシュミットから見れば、「全然埒があかないではないか！」、と苛々してくる。

そして、シュミットはそうしたロマン主義的な堂々めぐりを、ブルジョワジーの生活感覚と結び付けて論じます。

ロマン主義の精神構造とビーダーマイヤー的な俗物性

このような状態は、もしある人がその生活を専ら精神的関心のために捧げていたとすれば、この人を肉体的にも亡ぼしたであろうと信じられよう。ところが全体としてのロマン主義はビーダーマイヤーBiedermeier に終ったのであって、それは何ら恥ずべき終末ではなかったにせよ、決してまた何ら悲劇的な終末でもなかった。革命的な錯乱は牧歌詩 Idylle となるにいたり、ブルジョワはロマン主義に心酔してこれをその芸術理想であり その憩いであるとするにいたった。革命から牧歌にいたる対立の円環は閉じられ、イロニッシュなロマンティカーは悪しきイロニイの犠牲となるにいたった。

ロマン主義的なメンタリティは、「実在」に辿り着く見込みがないまま、あっちこっちうろうろしながら反省を続けるので、生きていくのが大変そうですが、実際には、「ビーダーマイヤー」的な生活様式に辿り着き、安定する。「ビーダーマイヤー Biedermeier」というのは、一九世紀前半のドイツ、特に、ナポレオン完全失脚から四八年の三月革命――フランスでは二月革命ですが、ドイツやオーストリアにその動きが波及したのは三月です――までの相対的安定期に、小市民・俗物的な生き方をしている人を指す、少し冷笑的な言葉です。ドイツ文学史・文化史では、この時代の市民たちの生活様式のことを、「ビーダーマイヤー様式」と呼びます。

この言葉の起源は、ドイツの作家・詩人ヨゼフ・ヴィクトル・フォン・シェフェル（一八二六－八六）が、一八四八年に、ミュンヘンの『フリーゲンデンブレッター Fliegende Blätter』というイラスト入り週刊誌に、「ビーダーマンの夕べの心地よさ Biedermanns Abendgemütlichkeit」と「ブンメルマイアーの苦情 Bummelmeiers Klage」という二つの詩を載せたことです。その後、法律家で作家のルートヴィッヒ・アイヒロート（一八二七－九二）と、医者のアドルフ・クスマウル（一八二二－一九〇二）が、この二つの詩のそれぞれの人物の名前を合成して、「ビーダーマイヤー Biedermaier」――当初は一文字綴りが違いました――という人物を作り出し、同じ週刊誌上で一八五五年以降、この人物を主人公とする風刺詩を発表し続けたので、次第にそのイメージが流布するようになったわけです。

四八年の三月革命以降、ドイツ統一と市民的自由の獲得を目指す市民の動きが活発化し、それを利用する形で、オーストリアを抑えて、統一に向けてのプロイセンの動きも活発化します。四八年は、マルクス

（一八一八-八三）とエンゲルス（一八二〇-九五）が『共産党宣言』を出した年でもあり、これ以降、社会主義・労働者運動も活発になります。政治の時代に入るわけです。それまでのドイツは、メッテルニヒの指導で実現した復興体制の下で、ブルジョワたちが安定した、平凡な生き方をすることができたわけです。

ロマン主義は、フランス革命、フィヒテ、ゲーテの強い刺激の下で出発し、有限の自我の制約を突き破って、無限の生成運動の中で、真の自己に遭遇しようとしましたが、ナポレオン戦争が終わり、ウィーン体制下での社会が安定化し始めると、ロマン主義者たちも次第に、安定を願う普通の市民になり、無限に対する憧憬を表現するロマン主義文学は、退屈した小市民たちの心を和ませる娯楽の対象になりました。シュミットは、メッテルニヒに仕えるようになったシュレーゲルやアダム・ミュラーの生き方を非難していますが、それは単なる誹謗中傷ではなく、彼らの生き方自体が、ロマン主義的精神の衰退と陳腐化を象徴しているように見えたからです。

次回読む『政治神学』でもっとはっきりしますが、シュミットは単純に、安定した秩序があることを良しとしているわけではなく、その秩序を裏付ける、何らかの究極の「実在」を中心とする世界観、『政治神学』の有無を問題にします。彼は、ブルジョワジーの価値観が支配的な市民社会には、そういう「実在」概念、「政治神学」が欠如しているので、本当の意味での「秩序」はないと考えます。メッテルニヒの復古体制も、実際には、ブルジョワ的な似非秩序でしかなく、ロマン派もそうしたブルジョワ的文化の一員にすぎない、ということでしょう。

ロマン主義は俗物に対する烈しい抗議からスタートした。ロマン主義者は俗物の中に平板凡庸な現実、彼らの求める真の高い実在の反対物を認めた。ロマン主義者は俗物を憎悪した。しかし俗物がロマン主義者を愛し讃嘆したということは隠れもないことであったし、そしてそのような状態においては明かに俗物の側に優越性があったのである。

これはまさに〝イロニー〟ですね。ロマン主義は、物質的な生活に囚われていて、視野が狭くなっている「俗物 Philister」を嫌い、彼らの生き方から離脱すべく、「真の高い実在 die wahre, höhere Realität」を求めたわけですが、そうした彼らの作品が、ブルジョワの俗物根性を満たすオブジェになったわけです。これはある意味、ロマン派に限らず、芸術作品一般について言えることです。芸術を鑑賞する人は、通常ある程度生活の余裕のある人であり、自分には無理な冒険を、芸術家たちに代わってやって欲しいという願望を抱いているふしがあります。ロマン派の場合、彼ら自身が、俗物的な常識を嫌い、そういう精神と決別したいという態度を示していたから、そのコントラストが目立つわけです。

そうしたせめぎ合いの中で結局、俗物が優位に立ったということですが、それは当然のことですね。ロマン派の文学者・思想家たち自身が、現実にはブルジョワとして生活していて、安定を求めているわけですから。需要がありそうだったから、順応してしまう。今でもよくある話ですね。

一一八頁で、ロマン主義の精神構造とビーダーマイヤー的な俗物性の相関関係についてまとめられています。

（…）主観はあいかわらずその体験のみが唯一の決定的なものであることを要求する。この要求は整然とした市民的秩序の中でのみ実現される。何故なら、さもなければ安心しきって己自身の気分にひたるための「外部条件」が欠けることになるからである。ロマン主義は心理的にも歴史的にもブルジョア的安定性の所産である。ロマン主義的情緒の対象をもロマン主義に算えこむことはできない。盗賊騎士はロマンティクな人物たりうるが、しかし彼はなんらロマン主義者ではない。中世はしたたかにロマン主義化された複合現象《コンプレックス》ではあるが、ロマン主義的ではない。〈すべてを〉ロマン主義化する主観とその活動のみが概念規定にとって意味がある。この主観はなるほどその前提条件たる立派な警察をロマン化することはしなかったが、それに対する好尚は決して失わなかった。独創的な主観が神をその座から追ったということは一個の革命ではあったが、しかしロマン主義者は機会偶然論者にとどまったから、それは単に「精神的な」ものであった。

自己自身の気分に——安心して——浸るために、「整然とした市民的秩序 eine geregelte bürgerliche Ordnung」が必要だというのは、分かりやすい理屈ですね。ロマン主義者は、騎士物語に登場するような「盗賊騎士 Raubritter」を理想化して描き出すけど、ロマン主義者自身がそのようなアウトローの生き方をするわけではなく、それはあくまで想像の世界の中でのことです。そして、登場人物自身は決してロマン主義的ではない。当然、ですね。空想の世界の中で真の自我について思いをめぐらし、「無限」を求める荒々しいアウトローなんて矛盾していますし、そんな〝ヒーロー〟つまらないです——『新世紀エヴァンゲリオン』のような〝ヒーロー〟が好きな人もいますが、そういう変わり者はいつの時代にも少しはいるものかもしれませんが。

シュミットにしてみれば、そうやって想像の世界でロマン主義的に戯れていられるのは、「整然とした市民的秩序」があるからです。秩序がないと、安心して危ない空想に耽られない。秩序が安定していないところでは、根拠のない空想が妙に現実に影響を与え、大混乱に陥ったりする。ヲタクっぽい人ばかりのサークルが出来上がってしまい、物事をよく分かっている現実的な人が全然いないので、安心して空想に耽られない、という話だと思って頂けると分かりやすくなるでしょう。「警察」はウザイけど、必要なんです。だから、ロマン主義的に相対化できない。

最後の、「しかしロマン主義者は機会偶然（機会原因）論者にとどまったから、それは単に『精神的な』ものであった」というのが、少しピンと来づらいですが、これは、ロマン主義者は、「自分自身は真の原因ではない」という態度を取っているので、たとえ、「神を追放する」ことに〝偶々〟成功したとしても、全然実感がわかない、という話だと思います。何かの「眼に見えぬ力」が「神」に取って代わったように見えても、本当の〝主体〟ではないロマン主義者は傍観者に留まり、積極的に行動するわけではない。「神」に代わるものを打ち立てようとしても、そうした力はない。具体的行動が伴っていないという意味で、単に「精神的」と表現しているわけです。

ここから第二章の終りにかけて、政治的ロマン主義者であるシュレーゲルやアダム・ミュラーの政治的言説は、実在性に裏打ちされていないうえ、機会原因論的に自らの立ち位置を相対化し続けたので、大きな政治的・思想的影響力を発揮し得なかった、という話が続きます。

一四七頁から始まる、第三章「政治的ロマン主義」を少し駆け足的に見ていきましょう。ただ、ここは、これまでの話をまとめて、「政治的ロマン主義」に対する評価を最終的に定める、という感じです。そう言えば、概略は想像できるのではないでしょうか。

ロマン主義的思考 vs.「法」や「政治」

先ず、一五〇頁をご覧下さい。ロマン主義と「法」や「規範」との相性について述べられています。

（…）ロマン主義的なるものの構造からして――美的な創造性に向う機会偶然論的同意《コンサントマン》というその

構造から――初めて決定が生じる。すなわちロマン主義的なるものが、なんらかの意味で道徳的、法律的、もしくは政治的である標準と全く一致しないということが定まる。体験がこの場合追求するものは芸術的形態ではあろうが、論理＝概念的、もしくは道徳＝規範的な限定ではないのであるから、ロマン主義的なるものには国家活動の限界に対しても、個人の限界に対してもなんらかの感覚はない。法律的な意味でも道徳的な意味でも、規範的《ノルマール》なるものは彼には通約不能《インコメンスラブル》なのである。

これまで見てきたように、ロマン主義においては、全ては機会原因論的に生じると見なされます。私たちは、その合理的に制御されていない生成過程に「同意＝承諾」を与えるか否かしか選択できない。そういう偶然に身を任せるような発想は、美的創造には向いているかもしれないけど、論理＝概念的（logisch-begrifflich）あるいは、道徳＝規範的（moralisch-normativ）に、思考にたがをはめ、ルールに従って考えを進めていく必要のある、道徳哲学や法学には向かないということですね。

「……からして決定が生じる ergibt sich die Entscheidung」という言い方が少し気になりますが、これは、主体が、論理的あるいは規範的に限定された思考を重ねたうえで、自ら「決断 Entscheidung」を下すというよりは、ロマン主義的な不可思議な構造を回り回って、「決定」が生じる、ということでしょう。『決定＝決断』は、シュミットの政治哲学の重要な概念ですが、ここではまだ、それほど重要な意味を与えられていません。シュミットにとって、ロマン主義的思考は、規範と論理によって答えを絞っていき、最終的に責任をもって「決断」することが求められる、「法」や「政治」とは相容れないわけです。

橋川さんは、〈das Normale〉を「規範的なるもの」と訳していますが、これは形容詞の〈normal〉を名詞化したものなので、普通は、「正常なもの」あるいは「普通なもの」と訳すところです。その前に〈normativ（規範的）〉という形容詞があったので、それに合わせたのでしょう。綴りを見れば分かるように、

〈normativ〉も〈normal〉も、「規範 Norm」から派生した形容詞です。その語源的な繋がりから、「正常＝普通」であるということは、所与の「規範」に適っていることであるとか、「規範」は、社会における「正常性」の感覚を作り出す、といったことが連想できますね。

「正常＝普通」というのは、ある人や物の現状に関する認識あるいは評価の問題なので、理念としての「規範」とは関係なさそうですが、「正常＝普通」という感覚から、「規範」が構成されるのかもしれないし、「規範」によって、私たちの「正常性」の感覚が影響を受けているかもしれない。そういうことを示唆するために、［〈norm〉－〈normal〉］のペアがよく使われます。現代思想、特にフーコー（一九二六－八四）の議論で使われることが多いですが、シュミットもこの箇所で、この言葉遊びを利用しているわけですね。ロマン派は、「普通なこと＝規範的なこと」と性が合わないわけです。ここでは、それほど大きな意味はないですが、『政治神学』では、もう少し深い意味を込めて使われています。

バークとロマン主義

一五五頁から、シュレーゲル兄弟、ノヴァーリス、アダム・ミュラーたちに、反革命の思想家としてのバークが与えた影響について述べられています。前回もお話ししたように、ロマン主義と、保守主義をきちんと区別し、後者の輪郭を明らかにすることが、シュミットがこの本を書いた主要な目的ですから、ロマン派とバークの関係は重要です。ミュラーが、バークの思想を紹介し、その代弁者のように振る舞ったことで、ドイツではバークはロマン主義者扱いされるようになりました。

ノヴァリスはバークについて、彼は「革命的な」書物を革命に抗して著した、と言っている。これはロマン主義者、ノヴァリス、F・シュレーゲル、更にまたアダム・ミュラーに与えた感銘をよくあらわしている。すなわち革命的ということは当時なおロマン主義的ということと同義であり、しかも反革命的ということもロマン主義的でありえたのである。ということは、フランス革命においても、バークの絢爛たるパトスと強固な気性においても、いずれも純粋に審美的な感歎の対象が認められたということである。

つまり、ロマン主義者にとって、「革命」は「審美的 ästhetisch」な対象であり、重要なのは、政治的理念とか規範ではなくて、「パトス Pathos」であったわけです。初期ロマン派は、そうした革命的・美的パトスに惹きつけられたわけです。そういう面から見れば、バークの反革命のパトスも、革命的＝ロマン主義的なものと理解することもできる。バークが、美学に関する「崇高と美の観念の起源」（一七五七）という論文を書いていることもあって、そういう印象は更に強まります。シュミットからしてみれば、そういう面からのみバークの反革命のスタンスを理解するのは見当外れであるわけです。

バークが心を用いた事柄、その歴史的感覚、その国民共同体に対する意識、そのあらゆる強力な「作為」に対する反感、彼において歴史的かつ政治的であったすべてのものは、別の領域に高められロマン化せられた。これに関する決断はバークやド・メーストル、ボナールがある自明の事柄として設けたようなザッハリッヒな考量の能力や可能性なしに進行したのである。それはある人物、戯曲、哲学的、芸術家的、もしくは文学的業績の「物語めいた《ファーベルハフト》」——当時は「ロマンティクな」といわれた——事実印象である。したがってフランス革命、フィヒテ、ゲーテの列にバークも加わることができた（事実ミュラーは彼をゲーテの傍にそのように並べている）。ノヴァーリスもまた彼を友人もしくは愛人と称することができた。何故なら彼は芸術家であったからである。

シュミットから見てバークにおいて重要なのは、「歴史感覚 sein historisches Empfinden」「国民共同体に対する意識（感情）sein Gefühl für die nationale Gemeinschaft」「あらゆる強力な『作為』に対する反感 seine Abneigung gegen das gewaltsame „Machen"」です。この場合の「作為」というのは、長い年月をかけて伝統や慣習として形成されてきた制度を壊して、革命の指導者たちの〝理性〟的な設計図に従って、新しい制度を作ろうとする態度を指します。

〈sachlich（ザッハリッヒ）〉というのは、自分の主観ではなく、「物事 Sache」の実際の在り方に即して、つまり客観的、即物的ということです。ドイツ語をちゃんと勉強した大学の先生には、カタカナのまま「ザッハリッヒ」と書く人が多いです。バークは、ド・メーストルやボナールと同様に、制度について「ザッハリッヒ」に判断する能力があったんだけど、ロマン派はそういう側面を理解しないで、バークを「政治」を造形する「芸術家 Künstler」として扱っている。それを皮肉っているわけですね。

「無限の会話」は政治的公共圏に飛躍できない!?

それから、ミュラーに焦点を当てて、彼のレトリックについての結構しつこい分析が続いていますね。一六四頁に、彼が最上級を多用するという話が出てきます。一六八頁に、ロマン派の思想の特徴の一つとして、「会話 Gespräch」という要素があることが指摘されています。『政治神学』や『現代議会主義の精神史的地位』では、ブルジョワジーは論議する階級であり、ブルジョワの主導する議会は無駄におしゃべりするだけで、政治的意志決定ができない、という話が出てきます。そのことと、ブルジョワジーの芸術家であるロマン派の「会話」好きは、密接に関連していると考えられます。

「会話」(Gespräch)という言葉はノヴァリスがその使用にあたって特別なニュアンスを与えたものであるが、ミュラーはその影響下にこれを受けついでおり、あきることもなく頻りに用いている。すでに『対立論考』の序言において、彼は「全ヨーロッパに関して一貫性あるなんらの会話も」遂行されていないことを嘆じているが、あらゆる形をとってそれはくりかえされ、プロシアの官製新聞の編集に関する覚書においてさえ、彼は政府が反対党と「会話」を行うという風にいわざるをえなかった。

ロマン派が「会話」を重視する理由は、理論的には、先ほどお話しした「無限の反省」あるいは「超越論的ポエジー」の問題と関わってきます。通常の意味での「反省」というのは、自己の内での「会話」ですね。シュレーゲルやノヴァーリスの文芸理論では、そうした「反省＝会話」は、言語活動、特に詩作を介して、他の「私」たちとの関係にまで拡張していきます。「私」の話したこと、書いたことを、時間的にも空間的にも離れた場所にいる他の「私」たちが多様に解釈し、新しい意味を引き出すことで、反省＝詩作の営みがどんどん連鎖し、無限に拡がっていきます。それを、自／他の区別を超える無限の対話と見ることもできるでしょう。世界は「無限の会話」によって構成されているわけです。

「無限の会話」という言い方をすると、ポジティヴな感じがしますが、裏を返して言えば、「会話」が延々と続くだけで、適切な時に「決断」が出てこないということです。そうした無限の「会話」批判が、シュミットの議会主義批判、自由主義批判に繋がっていると見ることができます。我々は自由という価値を奉じていると思っていますが、シュミットはそうは見ていないようです。自由主義は、いろいろな価値観の人間に好きなことを言わせ続け、収拾しようとしない。民主主義は「同一性」を前提としているのに、それを曖昧にしたまま、会話だけして、決断できない状態に留まっている。

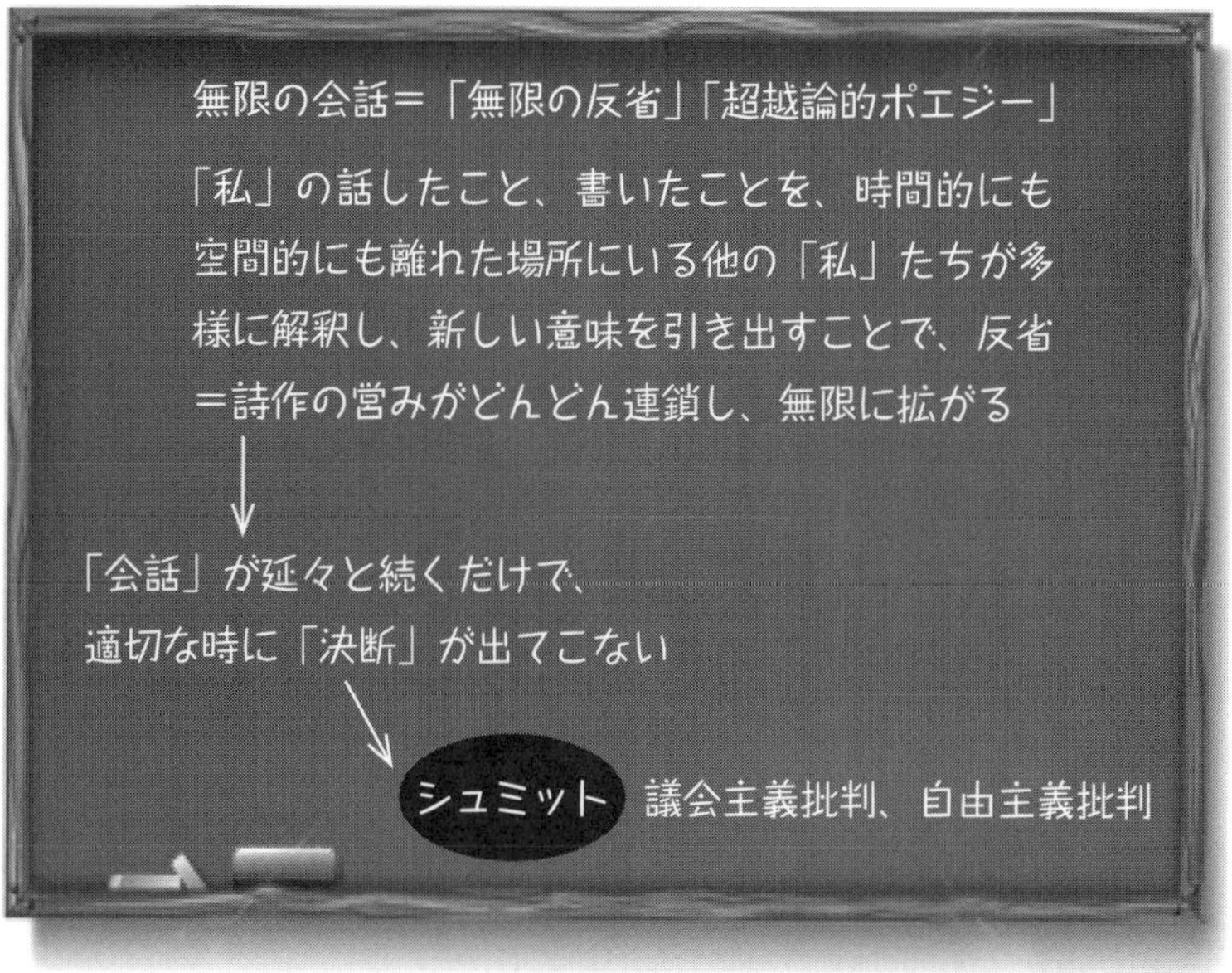
無限の会話＝「無限の反省」「超越論的ポエジー」
「私」の話したこと、書いたことを、時間的にも空間的にも離れた場所にいる他の「私」たちが多様に解釈し、新しい意味を引き出すことで、反省＝詩作の営みがどんどん連鎖し、無限に拡がる
「会話」が延々と続くだけで、適切な時に「決断」が出てこない
シュミット
議会主義批判、自由主義批判

先ほど読み上げた箇所の最後から想像できると思いますが、シュミットは、ミュラーというのはひたすら「会話」を志向する人で、対立をきちんと把握することができない人だと見ています。

> 芸術家は芸術作品の観賞者と会話を行い、また自然は芸術と同一であるから、自然は人間と会話する。すべての花、すべての絵画は談話のパートナーとなり、あるいは聴き手であり、あるいは語り手である。全世界、森羅万象は一個の会話とされ、そのため時として彼の思考と感情には社会学的な定位があるかのような外観が生れる。何故なら彼は――ロマン主義者には稀有の例であるが――相互関係についての理解をもち、また人間だけが世界に存在するのではないことを理解していたからである。しかし人間の社会もまた会話のみをその内容とする。（…）話者は聴者と「戦争」していると考

えることもでき、それは同じくこれと平和的関係にあるともされる。さもなければ会話は不可能となるであろう。対立は直ちに媒介され架橋される。常に諒解が成立し、会話は更に進行することのできるように解答を与えられる。事実上つねに仮定されている「社会」とは、友人と気心の同じ人々の直接的な肉体的・霊魂的親近である。その中では、誤まれる概念に対立する「真の」概念などというこ とをためらいなく口にすることができるのであり、煩わしい概念的もしくは実体的な証明に係わりあう必要などはないのである。

ミュラーの言っている「対立」は、本当に概念・実体的に先鋭化された対立ではないので、安易に〝解答〟が与えられ、すぐに次の会話が始まる、ということですね。ヘーゲルやマルクスの弁証法のように、概念的な対立を徹底に明らかにし、次のステージへ移るのではなく、根本的な問題を曖昧にしたまま、何となく〝諒解〟を成立させ、おしゃべりを続けているわけですね。何となく、お馴染みの日本文化論みたいですね。シュミットが、どういう発想が嫌いなのか、よく分かります。

ミュラーは雄弁に関するその講話において、雄弁をある男性的なるものとして、行動と決断に志向するものとして、女性的なるものとしての詩に対立せしめている。それはまず彼の雄弁家としての抗弁の一例にすぎないし、また彼の天賦が詩人のそれであったとしたら、彼が機能的に聴衆に依存しなければならぬ雄弁に対して、創造的・生産的活動としての詩人の生産の中にこそある男性的なるものを認めたであろうことも殆ど自明である。しかしこの講話の中には、ドイツ人は書く民族であり、したがって沈黙の民族であるという痛切な嘆きが一貫している。それは雄弁に関する講話という以外の大弁論を成しとげることもなく、その天賦が当時の政治情勢一般の下では友人間の会話と社交的サークルでの些か優れた雄弁ということをさしてこえることのなかった生来の弁舌家の嘆きなのである。この講話のあらわしている感情は現実の政治的生活への憧憬であるが、しかしこの講話そのものはロマン主義的な同意《コンサントマン》という狭い境地から脱却せんとするこの憧憬の形象化にすぎない。

シュミットの主観的な印象がかなり強く入っていますが、ミュラーは自分に詩の才能があまりないから、「雄弁 Beredsamkeit」が「男性的 männlich」だと言っていたということですが、本当だとしたら、ひどく〝女々しい〟話ですね。私が〝女々しい〟と判断しているのではなくて、シュミットがそういう皮肉を言ってるということなので、フェミニスト的な早合点はしないで下さい（笑）。しかも、ドイツ民族の非雄弁についての彼の嘆きも、彼自身が、友人との会話で雄弁を披露することしかできず、現実の政治にあまり参与できていないというフラストレーションから来ている、ということですね。だとしたら、ますます〝女々しい〟（笑）。シュミットの言い方だと、ミュラーは、自分がロマン主義的な同意、つまり予定調和的なおしゃべりの狭い世界に閉じこもっていることを本当は分かっていて、焦っている、という感じですね。

ハーバマスは、『公共性の構造転換』（一九六一）で、市民社会を機能せしめている「政治的公共圏 politische Öffentlichkeit」の前身として、生活にある程度の余裕があるブルジョワが、文学作品の朗読会・読書会を開いたり、カフェで作品について語り合ったりする「文芸的公共圏 literarische Öffentlichkeit」が形成されたことを指摘しています。それらの文学作品の中には政治的なテーマを含んだものがかなりあったので、文芸的な会話が、政治的討議に繋がっていく可能性があったわけです。シュミットのイメージするミュラーは、文芸的公共圏から、政治的公共圏へと飛躍することができないで、悶々としていたという感じですね。

「政治的ロマン主義者 ein politischer Romantiker」VS.「ロマン主義的政治者 ein romantischer Politiker」

その後、ミュラーには国家や経済についての著作もあるけれど、独創性はほとんどなく、ロマン主義的な文体でいくつかの論点を際立たせているくらいだ、という皮肉が続きます。

そして一七九頁に、ドイツ史で有名なコツェブー暗殺事件のことが書かれています。ドイツ・ナショナリズム運動の盛り上がりを象徴する事件です。アウグスト・フォン・コツェブー（一七八七―一八五四）はワイマールの生まれの法律家・作家ですが、ロシアに移住し、ロシア政府の官僚にもなりました。一八一七年に、ロシアの総領事としてドイツに派遣されています。著述家でもあった彼は、自由と統一を求める青年運動を、革命的で危険だとして攻撃します。そのため、一八一七年にヴァルトブルクで開催されたドイツの学生運動の集会で彼の本が焚書の対象になり、一九年三月に、学生組合（Burschenschaft）運動の闘士であったルートヴィッヒ・ザント（一七九五―一八二〇）に、祖国を裏切った者として暗殺されます。ザントは決して大物の諜報工作員というわけではなかったのですが、ドイツの領邦国家の首脳部は学生組合運動の過激化にショックを受けます。この年の一〇月、オーストリア領のカールスバート（現在、チェコ）でドイツ諸邦の閣僚会議が開かれ、メッテルニヒのリードの下で、大学の管理を強化し、言論の自由を制限する「カールスバートの決議 Karlsbader Beschlüsse」が採択されます。

コツェブーは誰しも知るように政治的にはとるに足りない人物であったから、これに対する殺人とか犯行とかは政治的には大変滑稽な出来事であるが、ザントがたとえ全く国民的な動機から行動したとしても、その事実はやはり一向かわらないであろう。ここに真面目な意味をもった政治意志のかわりに、たんに個人心理的な、実質的に説明しえない、したがって全く偶然的な対象をおいてみるなら、この事件にはロマン主義的構造が与えられることになる。これもまた偶因論的である。というのは政治的エネルギーの集中される点が偶然的に見出されるからである。

ここは分かりやすいですね。コツェブーはドイツの政治を動かしていた大物というわけではないのに、それを暗殺することによって、自らの祖国愛を証明し、英雄になろうとしたザントの行為は、常識的にはひどくひとりよがりに見えます――当然、ザント自身は死刑に処せられました。しかも、それが政治的大事件としてクローズアップされたのだから、滑稽でさえあります。そういう小さな話が、ナショナリズムのエネルギーの集中点になったわけですから、まさにロマン主義的な構造から偶因論的に生まれてきた現象ですね。しかし、シュミットは、ザントの行為は、政治的ロマン主義のそれとは異なる、むしろ逆向きだと主張します。

しかしその方向は政治的ロマン主義に対して逆であり、外部に向っている。そのためその作用、目的 **terminus ad quem** は偶因的であり、偶因的原因 causa occasionalis は存せず、偶因的結果 effectus occasionalis が存することとなる。強力な政治力のコンプレックスはその目標を見つけることができず、ロマン主義的にいえばいわくいいがたい一点に向い猛然と激突する。ロマン主義的に構成された機会をもととするこうした政治行動の不滅の典型はドン・キホーテである。彼はロマン主義的政治者であって政治的ロマン主義者ではない。彼はより高い調和などのかわりに正義と不正との区別を見、その正義とするもののために決断を行う能力をもっていた。

抽象的で分かりにくそうですが、先ず、シュミットが「政治的ロマン主義者 ein politischer Romantiker」

と「ロマン主義的政治者 ein romantischer Politiker」を区別していること、ザントとドン・キホーテを後者に分類していることは読み取れますね。言うまでもなく、ドン・キホーテは、スペインの作家セルバンテス（一五四七－一六一六）の風刺小説『ドン・キホーテ』（一六〇五）の主人公で、騎士物語を読んで強く憧れ、騎士のつもりになって、いろいろな妄想めいた武勇伝を行う人ですね。

「その作用、目的 terminus ad quem は偶因的であり、偶因的原因 causa occasionalis は存せず、偶因的結果 effectus occasionalis が存することとなる」というところが分かりにくいですね。「作用」の原語は〈Wirkung〉で、これは英語の〈effect〉と同じで、「結果」とか「効果」といった意味もあります。「目的」と訳されているラテン語の〈terminus ad quem〉は、「到達点」とか「目標」とも訳せます。この二つがほぼ同義語として使われているわけですね。ザントやドン・キホーテの行為が及ぼす効果が、「偶因（然）的 occasionell」だというのは分かりますね。行動のターゲットの設定に妄想が入っているわけですから、どんな効果が生じるか予想がつかない。それが、「偶因的結果」があるということです。

ただ、結果は「偶因的」でも、「原因」についてはそうではない、「偶因的原因」があるわけではない、と言っていますね。ということはつまり、彼らの行動の「原因」、動機は明確に方向付けられていた、ということですね。行動の動機ははっきりしているんだけど、どういう帰結になるか見通すことができないまま、突っ走る人を「ロマン主義的政治者」と呼んでいる感じですね。動機と帰結の間に、見通しの効かない、「ロマン主義的な（因果の連鎖の）構造」がある。

これまでの話から分かるように、シュミットは「政治的ロマン主義者」を、「政治」をロマン主義的にヴァーチャル化し、無駄なおしゃべりを続けるだけで、「決断」しない人、できない人と見ています。それに対して、ドン・キホーテに代表される「ロマン主義的政治者」は先ず、「正義 Recht／不正 Unrecht」を区別し、「正義」のために「決断」する能力を持っている。『政治的なものの概念』でシュミットは、

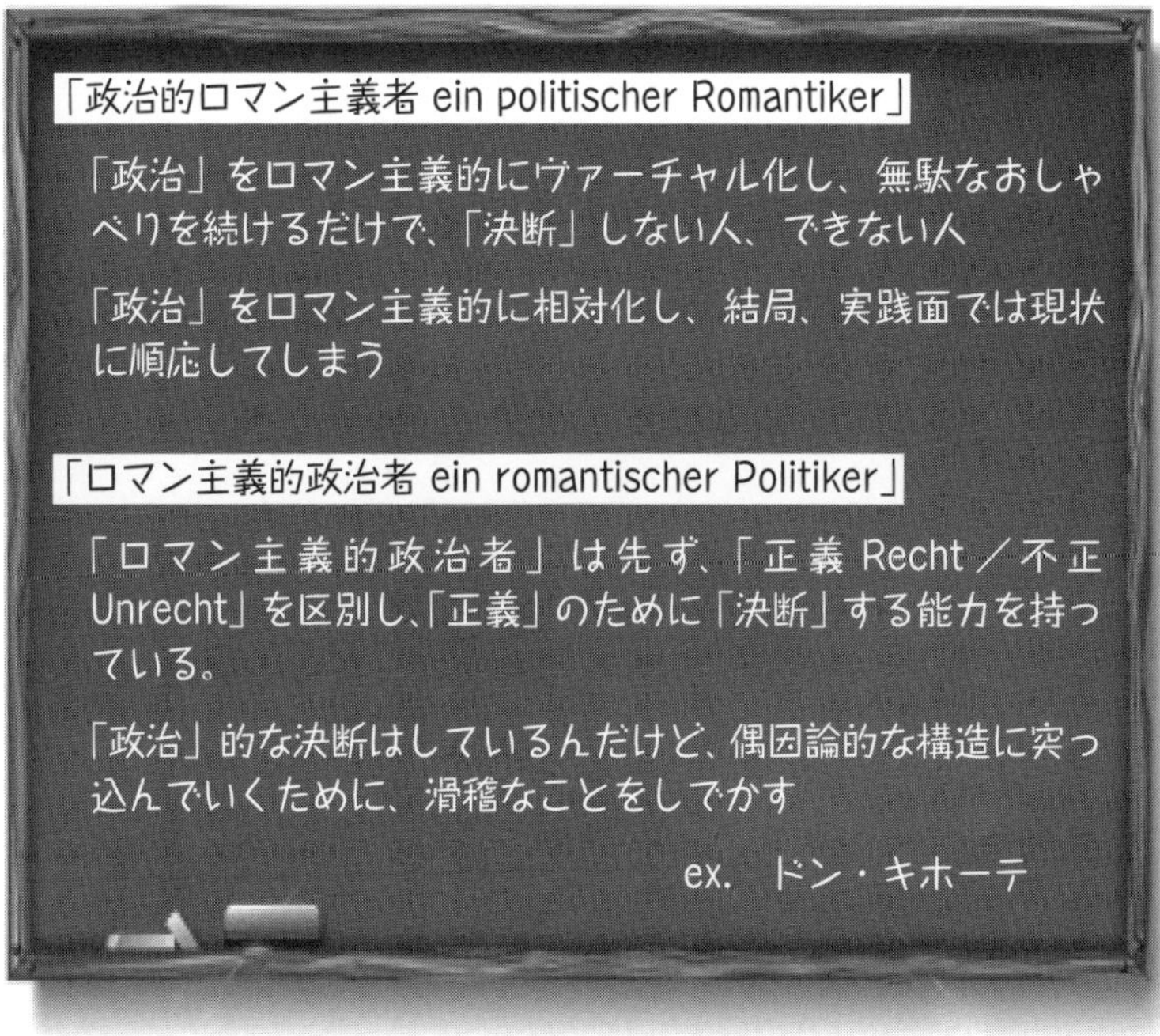
「政治的ロマン主義者 ein politischer Romantiker」
「政治」をロマン主義的にヴァーチャル化し、無駄なおしゃべりを続けるだけで、「決断」しない人、できない人
「政治」をロマン主義的に相対化し、結局、実践面では現状に順応してしまう
「ロマン主義的政治者 ein romantischer Politiker」
「ロマン主義的政治者」は先ず、「正義 Recht／不正 Unrecht」を区別し、「正義」のために「決断」する能力を持っている。
「政治」的な決断はしているんだけど、偶因論的な構造に突っ込んでいくために、滑稽なことをしでかす
ex. ドン・キホーテ

「政治的なもの」の本質は、敵／味方の区別だと論じていますが、ここでは、それを先取りする議論が行われているわけですね。因みにドイツ語の〈Recht〉には、「法」あるいは「権利」という意味もあります。

「政治」をロマン主義的に相対化し、結局、実践面では現状に順応してしまう「政治的ロマン主義者」と、「政治」的な決断はしているんだけど、偶因論的な構造に突っ込んでいくために、滑稽なことをしでかす「ロマン主義的政治者」。前者は、「政治」を傍観者的に見ているので、結局、危ないことを避けることになるけど、後者は、「政治」の当事者になり切っている（つもりな）ので、傍目から見れば、愚かしいことをやってしまう。シュミットは当然、後者の方をより好意的に評価しています。

ただし、ドン・キホーテと政治的ロマ

ン主義が全面的に異なっているというわけでもないようです。ドン・キホーテは、中世の騎士道の時代の人ではなく、近代の人であるので、ロマン主義者に近い面もあります。

しかしドン・キホーテにおいても新時代の前兆があらわれている。それは存在論《オントロギー》を新しく問題とするにいたった時代である。この点でこのスペイン下級貴族は主観的偶因論とあまりかわらぬ立場に立ったことがある。彼はそのドルシネアについての観念の方が彼女の現実の現われよりも重要である、というのは、ドルシネアが何人であるかは問題ではなく、彼女が彼にとって偉大な行動へと熱中させるかわらぬ理想的な崇拝の対象であることのみが問題であるから、と説明している。

ドルシネアというのはドン・キホーテの理想の女性で、ノヴァーリスのゾフィーに相当します。ドン・キホーテはドルシネアが実在するかのように振舞っているけど、実際には、彼の思い込みで、その辺にいる普通の女性をドルシネア扱いしているだけです。そこが滑稽なんですが、そのことをドン・キホーテもある程度自覚しているかのような発言をしている。つまり、物や人が「存在」するとはどういうことか自問しているわけですね。主観的偶因論というのは、ロマン主義のように、諸事物の間には偶因的な連関しかないという前提に立ち、その連関を主観的に再構成しようとする哲学的立場と考えればいいでしょう。

ロマン主義においてはこういう思想は途方もなく展開せられることになった。それはまず若いフリードリッヒ・シュレーゲルによって公然と言明された。彼はドン・キホーテの場合にはなお有していた道徳的熱情《パトス》をこの思想から奪い、主観主義的想像力の表現としてしまった。

ロマン主義は、ドン・キホーテが既に示していた主観的偶因論を徹底させた。つまり、ドン・キホーテ的な道徳的情念を取り去って、主観的想像力によって、美化された理想と永久に戯れ続ける道を志向するようになったわけです。

国家と神

一八四頁から一九六頁にかけて、ヘーゲル左派の哲学者・神学者ダヴィッド・シュトラウス（一八〇七-七四）の論文「皇帝の座にあるロマン主義者」（一八四七）について長々と論じられています。これは、背教者ユリアヌスとして知られる、ローマ皇帝ユリアヌス（三三一／三三二-六三）が、キリスト教がローマ帝国で公認の宗教として次第に勢力を拡大していた時代に異教に改宗し、キリスト教を弾圧するようになったことと、プロイセンのフリードリヒ・ヴィルヘルム四世（一七九五-一八六一）が、ルターのオリジナルな教義に立ち返るべきことを主張するルター派の正統主義を奨励すると共に、中世の神聖ローマ帝国を王権の理想とし、「自由と統一」を求める運動を弾圧し、反自由主義・反民主主義的スタンスを取ったこととの間に、パラレルな関係を見ようとする議論です。背教者ユリアヌスの場合と同様に、フィードリヒ・ヴィルヘルム四世の試みも挫折するだろう、と示唆しているわけです。

その比較において、シュトラウスは、両者を「ロマン主義者」として括っています。その場合の「ロマン主義者」というのは、どういう存在か？ 古い教養（Bildung）が新しい教養へと急激に変化する時代に、古き信仰の世界へと憧れを抱き、それを回復しようとする。しかし、それは古い信仰そのものではなく、幻想に満ちた暗闇を情緒的に志向する、恣意的で神秘主義的な信仰である。

シュトラウスはそう説明しているわけですが、シュミットは、新旧の対立の帰結として、古いものに盲目的に固執する神秘主義的な傾向が生じてくる、というのでは、説明できないことがある、と批判しています。先ず、初期のロマン主義者は、フランス革命を賛美していましたし、自分たちを「新しいもの」の側に位置付けていました。ロマン主義者たち自身が老いるに従って、次第に「古いもの」を志向するようになったにすぎない。そこは、偶因論的なわけです。更に言えば、一九世紀の民主的な学生組合（Burschenschaft）の間にも、神秘主義的な傾向は拡がっていました。「古いもの」を志向することも、神秘主義的であることも、ロマン主義の特徴とは言えない。カトリック保守主義を擁護するシュミットから見れば、宗教的左派であるシュトラウスは、自分から見て「古いもの」を守ろうとしているように見える勢力を、全部一緒くたにして、「ロマン主義的」と雑に括っているわけです。

シュミットは、ナポレオン戦争後の「宗教」を志向する思想の中には、単なる復古ではなく、明確な「政治」性を持ったものもあったことを指摘します。

ナポレオン戦争の後に、カトリックとプロテスタントのいずれをとわずドイツに自然発生的に勃興した宗教的生命は、政治的方策とは独立に生じたものであるが政治的にのみ利用された。教会の諸要素はなるほど広い形では政治上の復古と提携して働いたのであるが、それはその歴史的な一定の政治的・社会的秩序との結びつきのためにこれに奉仕するものとなったのである。それが指導力であったわけではない。究極において復古政治と関連する精神的生産性ということをいえば、それは本質的には国家哲学上の達成である。すなわち社会的連帯に関するその理念を、自由主義的個人主義のそれと全く同様に新しいと呼ぶことのできる体系が生れたのである。ボナールがその『権力論』（一七九六）の初めと終わりにおいて、また闘争というテーマを述べるにあたって用いた反対命題は宗教的なものではなく政治的・社会的なものであった。ヨーロッパにおいてもろもろの人間と社会とを分裂せしめている大きな問題、人間が自から生じて社会を作るのか、社会が自から生れて人間を作るのか（la grande question qui divise en Europe les homes et les sociétés, l'homme se fait lui-même et fait la société, la société se fait elle-même et fait l'homme）がそれであるが、彼はこのアンチテーゼを哲学的幻想と瞑想から事実へと引きもどしたことを自ら誇っている。復古時代の理論家がその敵に無神論という非難を行うとすれば、そこでは神学的概念が政治的なものとなっているのである。

シュミットは、ボナールのカトリック保守主義のようなタイプの、宗教を基盤にした保守主義を、ナポレオン以降の西欧諸国の政治のメインストリームであった復古主義と、区別しようとしているわけですね。保守主義は、宗教的伝統の中で培われてきた「特定の政治的・社会的秩序 eine bestimmte politische und soziale Ordnung」を志向するので、結果的に「復古」の流れに利用されたけど、単なる「復古」に還元することのできない国家哲学を構築するに至った。それは、「社会的連帯 soziale Solidarität」に関する、自由主義的個人主義のそれとは異なる理念を持っていたわけです。「自由主義的個人主義」が、「人間が自らと社会を作る」という前提に立つのに対し、ボナールの国家哲学は、「社会が自らと人間を作る」という前提に立つわけです。その意味で、明確な政治性を持っている、つまり、自らの正義について決断している。最後の「神学的概念が政治的なものとなっている」という主張は、『政治神学』のメインテーマになります。単に、古い神学的な概念を持ちだし、盲目的に崇めているだけでなく、そこから、独自の政治哲学を引き出し、そのエッセンスを明示しているわけですね。前回見たように、ボナールは、「神」観と政治体制が対応していると見立てたうえで、カトリック的な人格神に対する信仰を基礎にした、神聖政治を目指したわけです。

そうしたポスト・ナポレオン時代における政治哲学的な対立状況に比べると、ユリアヌスは、別にキリスト教によって国家体制を直接的に脅かされていたわけではなく、彼の異教復活の試みは、純粋に宗教的な動機に基づくものであり、政治的対立は前面に出ていなかった、というのがシュミットの見方です。ユリアヌスは、キリスト教の「神」が、彼が信じる、新プラトン主義・秘教的な「神」のイメージと異なるので、宗教闘争をしかけた、というわけです。

皇帝（ユリアヌス）はその敵、すなわち宗教的信仰に対して宗教的論証を以て対抗した。神学論を唱えるロマン主義者は政治的討論を避けて宗教的証明にのがれ、しかもそのさい現政府の政策にのみ奉仕するにいたった。正統な歴史的国家といえども数多くの他の諸国家と並ぶ一つにほかならぬのであるから、それは絶対的性格をもつことはできない。すべての国家を包括する絶対的宗教は、絶対的な古代の世界国家が個々の宗教を解釈すると同様にこの国家を相対的なものと解釈すべきである。しかしロマン主義的擬似論証によれば、政府至上主義をさえ絶対的な宗教事業とすることができたのである。そのいわゆる国家なるものは、つねに同時に何か他のもの、すなわち神もしくは神の直接に作り出したもの、教会となることができるものであった。神は形而上学的には肉体と魂という対立におけると同じように、政治的には正統性と自由主義という対立の中で活動するとされるものである。こうして一見したところロマン主義者は現時の具体的正統（国家）をのりこえたかに見えた。しかしこのことは、ロマン主義においては常にそうであるように、ロマン主義者が自己決断を行わず、具体的な異質《アンデレス》を「より高い第三のもの」に速成するために、具体的な対立を利用したにすぎないことを意味する。より高いものとはここでも政府のことであって、その正統性はもはや高次の正統性として、現実の具体的事実、たとえば一八三〇年代のハプスブルグ国家たることを熄めることなしに、絶対的要求をもって登場しうることになる。

ごちゃごちゃしていますが、論旨は分かりますね。ユリアヌスは、宗教に宗教で対抗したけど、一九世紀のロマン派は、政治の問題に対して明確な態度を示すのを避けるため、神学っぽい概念を使ったにすぎない、というわけですね。逃げるのだけど、結局、現体制に追従することになった。

ただ、ロマン派がたとえ言葉の上だけだとしても、「絶対的宗教」を掲げると、おかしなことになります。どんなに古い、由緒正しい国家でも、この世界に存在する数多くの国家の一つにすぎない。従って、絶対的な性格を持つことができない。古代ローマでは、国家が絶対的で、その下での個々の宗教が共存していた。宗教同士がぶつかっても、ギリシア神話のような多神教的システムを解釈によって作りだし、無理に共存させることができた。しかし、キリスト教の台頭以降、立場が逆転し、絶対神の本質を説くキリスト教が普遍的で、ローマも含め全ての国家は相対的な存在になってしまった――ユリアヌスは、そういう［普遍国家 vs. 普遍宗教］という枠で、キリスト教批判をしなかったわけです。

ロマン主義者の〝誤魔化し〟

ロマン派が「絶対的宗教」を説くなら、国家を相対化しなければならなかったはずだけど、彼らは、［国家事業＝宗教事業］であるかのような擬似論証によって、国家を絶対視し、服従する態度を維持しようとする。更には、「自由主義 Liberalismus」と「正統主義 Legitimität」は、肉体と魂のような関係で、神の二つの働き方を示している、という、言葉だけうまいけど、具体的にどういうことなのかよく分からない論法で、古くからの国家の正統性を擁護する立場と、自由主義的な立場を強引に〝両立〟させてしまう。それで、宗教、国家体制、個人の自由が調和するかのような話になりますが、シュミットからしてみれば、そんなのは対立を誤魔化してしまう言葉のまやかしです。

ロマン主義者は、自由主義と正統性を超えた、「より高い第三のもの das höhere Dritte」を示して見せるふりをして、実際には、「決断する sich entscheiden」ことを避けているだけにすぎない。そして、「より高い第三のもの」というのは、実際には、自由主義と正統性を両側面として持つ、現存するオーストリアの国家、ということになる。何だかんだ言って、結局、現状を追認するだけの話になる。シュミットは、そういう無責任な物言いに苛々している感じですね。

その対象を顧慮することのないこのような論証方式がすべての誠実な反対者の中に呼びおこすにきまっている虚偽の印象からして、レーベルクやゾルガーのようなアダム・ミュラーの反対者は彼をソフィストと名づけた。彼らはこの言葉を誠実と実質性《ザッハリヒカイト》の欠如に対する一般的な非難としてではなく、精確な意味で解していた。ギリシアの詭弁論にあらわれた主観主義と感覚主義も同じように対象性を廃棄し、実質的な論証を主観の恣意な産物にしてしまったのである。

アウグスト・ヴィルヘルム・レーベルク（一七五七−一八三六）は、英国王が王を兼ねるハノーファー王国の政治家・作家・哲学者で、王国の反動的な貴族サークルの意見のスポークスマンのような役割を果たした人です。英国の議会政治を理想とし、当初はフランス革命を経て、フランスが英国のようになることに期待を寄せていましたが、そうならず、次第に急進化していったので、保守主義・反合理主義的な視点から反革命の議論を展開するようになりました。彼は、ロマン主義の自己陶酔的で、放縦な体質を嫌い、アダム・ミュラーについては、その神秘主義、蒙昧主義を批判していました。カール・ヴィルヘルム・フェルディナント・ゾルガー（一七八〇−一八一九）は、ドイツ観念論の哲学者、文献学者です。ロマン派に属する文芸批評家でもあり、ティークと親しい関係にありました。シュレーゲルのそれとは異なる、イロニー理論を展開したことでも知られています。彼もミュラーにはかなり批判的だったようです。

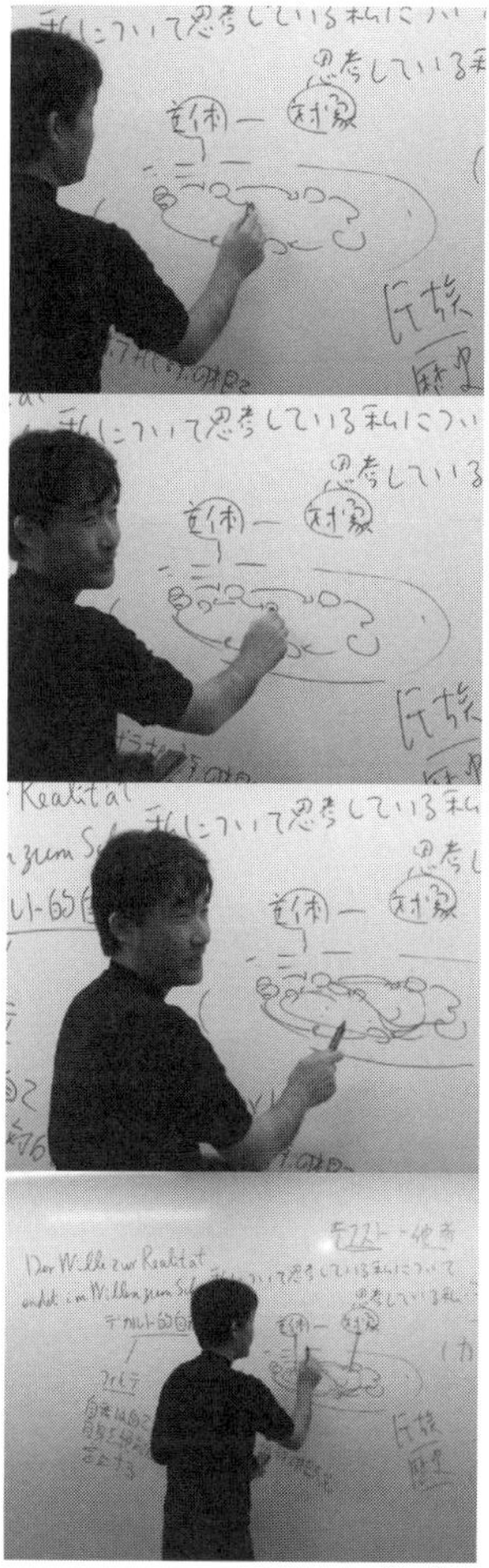

彼らにとっては、議論の対象になっている「事物」から具体的な「対象性」を抜き取って、恣意的に操作可能な問題に転化してしまうミュラーの論法は、まさに「ソフィスト」だったわけですね。

現代のポストモダン批判の論議で、同じような感じの話をよく聞きますね。ミュラーたち政治的ロマン主義者が、二項対立を解消（脱構築）すると言いながら、メタの視点（＝価値の宙吊り状態）を設定して、自分はそこに収まり、自分自身の実質的価値判断を示さないでいることが、シュミットにはぐらかしに見えるんでしょう。シュミット自身は、「歴史」や「民族」、「国家」などの実在的概念に依拠した、正／不正の「決断」を、「政治」の本質と見ていたわけですね。

Q　ロマン主義は、自我をつきつめていくけれど、自我の底が抜けたようなかたちになり、とどまらないわけですね。私の勘なのですが、「とどまらない」というある種のとどまりみたいなもの、反省的自意識と言えばいいのでしょうか、そういうものができてくるのではないでしょうか。その辺が、様々な立場からのロマン主義に対する批判のポイントになっているような気がします。つまり、「(自我の底が抜けていると）分かってやってやっているんだから、いいよね？」、という態度を取ることで、自分を棚に上げ、自意識を高見に確保できる。そうやって、自意識が常に守られる。そうだとすると、そういう傷つかない自意識の形態みたいなものが、最高次の自己同一性の様相を呈するのではないか、と感じました。このように考えてしまうと、フィヒテに近くなってくるのかという気もします。ロマン主義者が目指した反省的自己意識の無限の連鎖の中での自己相対化と、傷つかないまま温存される自己の同一性は、どういう関係にあるとみたらいいでしょうか。

A　「主体」のロマン主義的振る舞いを理論的・客観的に観察することと、その理論を操っている書き手の〝主体〟性の相関関係の問題だと思います。考えている私について考えている私について考えている私について……という無限の連鎖の問題は、「考えている私」を絶対的なものとして措定した時に、必ず出てくる逆説です。初期ロマン派は、その無限の連鎖に注目した。このこと自体は、理論的な問題です。それを生き方、あるいは共同体的な生き方としての「政治」に応用しようとした時に、おっしゃったような、「自分を守る」という態度が生じてくる可能性があります。「どうせ、『私』なんて、どんどん変化していくあやふやな存在で、守るべき『本当の私』なんてないんだ！」、と開き直って、「決断」するという方向に行ってもよさそうですけど、そういう方向には行かない。自己の立ち位置を相対化し、実質的な価値判断を示さない。傍からは、「ソフィスト」に見えるわけです。

個人の生き方としてなら、そうやって自分を守り続けるのは、本人の勝手ですが、そういう態度が現実の「政治」に持ち込まれ、政治思想家たちの自己正当化に利用されるようになったら、「政治」がきちんと機能しなくなる。「決断」の必要性が認識されにくくなる。

それが、「政治的ロマン主義者」です。それよりは、結末が見えなく不安でも、ドン・キホーテ的に突っ込んでいく、「ロマン主義的政治者」の方がまだまし、ということになる。

何度も繰り返し言っていますが、現代におけるポストモダン思想家、例えばデリダに対する批判でも、同じような話がよく出てきます。シュミットの言い方をもじって言えば、批判者たちは、デリダを「政治的脱構築論者」と見て、彼の実質的な非政治性を非難するけど、擁護する人、デリダ研究者たちの多くは、彼の本質は「脱構築的政治者」であることを論証しようとする。脱構築を純粋哲学的に展開している間はいいけど、「政治」的な実践に応用しようとすると、文字通り、〝政治〟的な問題が生じてくる――こういう言い方が、ロマン主義的なんでしょうね（笑）。

Q ローティ（一九三一－二〇〇七）の文化左翼批判に通じるところがありますか。

A ご存知のように、ローティ自身にも、哲学的態度においては、ポストモダン的ですね。彼は、知識を認識論的に基礎付けることを拒否し、私たちの知のパラダイムの偶然性を強調し、アイロニカルな態度を取る。彼は一応分析哲学者として出発するけれど、ポストモダンの象徴のような、ハイデガーやフーコーをかなり高く評価する。

しかし、そういう知の宙吊り状態のようなものを、「政治」に持ち込み、実践の具体的指針を打ち出せないまま、延々と脱構築的なおしゃべりを続ける「文化左翼」的な態度は許さない。理論的な基礎付けがなくても、政治的行動の指針を出せないわけではない。アメリカには、認識論的な真理性を括弧に入れたまま、新たな知を探求し、実践してきたプラグマティズム的な左翼の伝統がある。アメリカには、偶々リベラルな文化がある。それが普遍的なものであるという根拠はないけど、いくら考えても、絶対的な正義の基準など見つからないんだから、偶々あるものにコミットしてもいいじゃないか、という感じでアイロニカルな決断を勧める。ローティ自身が、シュミットの言うところの「ロマン主義的政治家」なんですね。シュミットは、ドン・キホーテのように、絶対確実な根拠がなくても、とにかく「決断」して踏み出すことが大事だと考えているようです。先ほどは、時間がなくて省略しましたが、『政治的ロマン主義』の最後の方に、シュミット自身の決意らしきものが表明されています。一九九頁をご覧下さい。

その方法はここでもまた偶因論的な回避、闘争的対立が属する領域、すなわち政治的なるものからより高きものへ、すなわち復古体制の時期においては宗教的なるものへの回避である。その帰するところ、それは絶対的政府至上主義、すなわち絶対的受動性である。その達成せるものは何か。他者の決断と責任から生れ出た抒情的・推理的な思想のトレモロである。政治的行動が始る時、政治的ロマン主義は終る。

結局のところ、政治的ロマン主義者は自分で「決断」せず、〝政治〟の大きな流れにのっているだけなんですね。自分で決断しないで、他者の決断と責任の帰結を受け入れ、よく分からない宗教的な見地から、それに感動したふりをしたりする。「決断」に基づいて、本当の「政治的活動 politische Aktivität」を始める時、「政治的ロマン主義」による責任回避の構造は終焉する。

Q その辺の話を聞いていると、三島由紀夫（一九二五―七〇）との関連を考えてしまいます。当然シュミットは三島を読んでいないと思いますが。シュミットは、滑稽なことをやったザントを、いわゆる政治的ロマン主義者ではなく、ロマン主義的政治者であったという点において ある意味評価しているわけですよね。三島も、政治的ロマン主義者ではなくロマン主義的政治者であろうとしたのでしょうか？ もう一つ気になるのは、ザントはベタにそういうことをしたのかもしれませんが、三島の場合は、決断性が最も際立つのは一番滑稽なことをやることだ、と考えたのではないかと思いました。

A 基本的に、三島も「ロマン主義的政治者」に分類されると思います。ただ、おっしゃるように、ベタにコミットするのと、分かっていてコミットするのとでは、シュミットから見ての評価がどう異なってくるかというのは、難しい問題ですね。

次回読む、『政治神学』でシュミットの思考の特徴がはっきりしてきますが、彼は闇雲に無から決断することを良しとしているわけではなく、神学的な概念と結び付いた明確な「秩序」観に基づく「決断」が望ましいと考えているようです。簡単に言うと、それなりの「目的」が必要です。

シュミットが、三島の行動を「政治的なもの」として評価するかどうかは、単に究極の美的パフォーマンスとして――偶因論的な思考に身を委ねて――自決したのではなく、何らかの秩序を目指したコミットメントとしてやったと確認できるか否かにかかっていると思います。三島は確かに、自衛隊法改正に向けて自衛隊員の決起を促すという目的を明示したうえで、自衛隊の市ヶ谷駐屯地に立てこもったわけですが、それが彼なりの政治的秩序観、政治神学に根ざしていたと言えるか、判断が難しいところです。彼は天皇制に、政治神学的にコミットしていたのか、それとも政治的ロマン主義的にコミットしていたのか？　おっしゃったように、自分のやったことの滑稽性を自覚し、最初から無理だと分かっていて、政治的効果は一切期待せずにやった可能性は否定できないわけですから。

一九世紀のドイツやフランスでは、教会と国家が一体となった政治神学的秩序を復興することを目指しての、「政治的決断」がまだリアルであったかもしれません。シュミットの生きた時代のドイツでは、二つの大戦が起こり、それに伴う大きな社会・経済・政治的な変動が相次ぎ、そうした「政治的決断」が再びリアルに見えた。シュミット自身も、いろんな政治的な潮流に翻弄されて、ふらふらしているようにも――つまり、政治的ロマン主義者であるようにも――見えますが、決断によってコミットすべき秩序があると信じ、ドン・キホーテ的な遍歴を本気で続けたのかもしれない。

戦後の日本を生き、文学者として極めてアイロニカルなまなざしを持っている三島が、自分がコミットすべき秩序がまだ「ある」と、本気で信じていたと言えるのか、難しいですね。信じることのハードルは、シュミットの場合よりも高いのではないかと思います。結局、芸術的な政治か、政治的な芸術か、という問題に収斂していきますね。

ここにいう例外状況とは、国家論の一般概念として理解すべきものであり、なんらかの緊急命令ないし戒厳状態の意味でないことは、以下で明らかとなろう。例外状況が、すぐれた意味において、主権の法律学的定義に適したものであることには、体系上または法論理上の根拠がある。すなわち、例外にかんする決定こそが、すぐれた意味において、決定なのである。なぜなら、平時の現行法規があらわしているような一般的規範では、絶対的例外はけっして把握しえず、したがってまた、真の例外事例が存在しているという決定は、完全には根拠づけられないからである。

『政治神学』

ワイマール体制とシュミット

今回と次回読むシュミットの『政治神学』の未來社から出ている翻訳は、一九二二年に出版された初版ではなく、一九三四年の第二版から訳されたものです。シュミットの本は、版によっていろいろ変化があり、その理由がしばしばシュミット研究者の間で議論されます。特に、ナチス政権時代に記述を変え、戦後また元に近い形に戻した、とかいうパターンが問題になります。前回読んだ『政治的ロマン主義』は初版が一九一九年で第二版が二五年なので、そうした政治的配慮はあまりなさそうですが、二版ではいろんな情報を後から追加していますし、著書名も、最初の〝結婚相手〟――問題がある女性だと分かって、後に婚姻が無効になります――の名字と合わせて二重姓にし、カール・シュミット＝ドローティッチ（Carl Schmitt-Dorotić）としています。版による違いの問題が一番クローズアップされているのは、『政治的なものの概念』で、これは、シュミット自身の手で戦前に三つの違う版（一九二七、三二、三三）が出されている――シュミットは第三版の存在にはあまり触れないようにしていたようです――うえ、六三年に再刊された版と、第二版との微妙な違いは何を意味するのかをめぐる議論があります。

『政治神学』の場合、それほど目立った変化はありませんが、「第二版のまえがき」（一九三三）に第二版までの一二年の間のシュミットの見方の変化について記されています。ここに重要なことが書かれていますす。それについて話す前に、このテクストが書かれた時代背景について少し話しておきましょう。

『政治的ロマン主義』の初版が刊行されたのは一九一九年です。第一次大戦が終結し、ワイマール共和制が発足した直後で、実際に執筆した時期は、第一次大戦の末期だと見られています。『政治神学』が書かれた二二年は、ワイマールの初期ですが、敗戦処理の問題もあって、共和国がまだ不安定だった時期です。二〇年に、右翼軍人による、共和国転覆の試みカップ一揆が起こっています。二一年にロンドンの会議で賠償額が決まり、長年にわたってプロイセン領だったオーバーシュレージエンのポーランドへの割譲が決まります。ドイツによる賠償金の支払いが滞りがちになり、二三年には、フランスがその〝担保〟としてルール地方を占領します。そういう不安要因がありましたが、二四年に英米を中心に提案されたドーズ案によって賠償の負担が軽減されたのを機に、ドイツ経済は順調に回復するようになり、二九年の世界恐慌の頃まで相対的に安定します。三〇年代に入ってから、経済の不調と連動して、政党間の対立が激化し、政権が安定しなくなり、大統領主導で内閣が形成されるようになります。ヒトラーが三三年に政権掌握をして、ワイマール共和国は一四年で終焉します。

「独裁 Diktatur」

このワイマール末期に、大統領が大権を行使して混乱を収拾しましたが、シュミットは、この問題について独特な議論を展開しています。「独裁」論です。『政治神学』を出す前年に当たる二一年に『独裁』という本を出しています。『政治神学』の邦訳の一六頁に、「独裁についての小著（ミュンヘン・ライプチヒ、一九二一）」と出ていますが、この本のことです。この『独裁』での「独裁」をめぐる法制史的な議論と、「主権」の本質について法・政治哲学的に論じる『政治神学』は相互補完関係にあります。そして『政治神学』の翌年の二三年に、シャンタル・ムフが自由民主主義批判の文脈で参照している、『現代議会主義の精神史的状況』を出しています。訳者である田中浩さんの解説（一九〇頁）を見ると、『政治的ロマン主義』から『現代議会主義の精神史的状況』までの著作は、「広くは西欧デモクラシー、とくに、その思想的表現である法治国家的思想・多元的国家論・議会主義」に対する批判の書である、ということです。これらの著作は、それぞれ異なった角度から、価値観が異なる人たちが集まって延々とおしゃべりするだけの議会制民主主義を〝政治〟の理想とし、秩序を作り出す究極の決断＝決定主体の重要性を認識していない、ブルジョワ的な民主主義観を批判するものになっています。

一九二八年に、シュミットは論文「ライヒ大統領の独裁」を出しています。いずれも「独裁」がタイトルに入っているので紛らわしいですが、『独裁』とは一応別の論文です。ただ、両者は当然、内容的に不可分の関係にあり、二八年に『独裁』の第二版が刊行された際に、「ライヒ大統領の独裁」が付録として収録されています。『独裁』の法制史的議論の延長で、ワイマール共和国の大統領による「独裁」を論じたのが、「ライヒ大統領の独裁」です。邦訳としては、「ライヒ大統領の独裁」と二九年の「憲法の番人 Der Hüter der Verfassung」という論文を合わせて一冊とし、『大統領の独裁』というタイトルで刊行されています。訳者は、『政治神学』と同じ田中・原田コンビです。「ライヒ大統領の独裁」を除いた『独裁』本体も、やはり田中・原田コンビによる訳で刊行されています。

「ライヒ大統領の独裁」の正式な原題は、〈Die Diktatur des Reichspräsidenten nach Artikel 48 der Weimarer Verfassung〉、つまり、「ワイマール憲法四八条に基づくライヒ大統領の独裁」です。「ライヒ Reich」というのは、「帝国」という意味のドイツ語です。ドイツ史で「帝国」と言うと、一般的に「神聖ローマ帝国」と「ドイツ帝国＝第二帝政」のことを指します。第二帝国が解体した時点で既に、「帝国」ではなくなったわけなので、本当は「共和国 die Deutsche Republik」とした方がよかったような気がしますが、憲法制定のための国民議会では、伝統的な名前に拘る勢力が多数だったため、新しい国家は、〈das deutsche Reich（ドイツ・ライヒ）〉を正式国名とする「共和国」、というヘンなことになりました。そのため、共和国の大統領は、〈Reichspräsident〉と呼ばれることになりました。

ワイマール憲法の四八条には、「非常＝例外事態 Ausnahmezustand」が生じた際に、大統領がそれを解決するために特別な権限を行使できることを規定しています。第一項で、新しい国家は連邦制でいくつかの州から成りますが、ある州が憲法あるいは法律で定められた義務を果たさなかった時、大統領は、必要とあらば武力を用いて、その義務を履行することができるとされています。この講義の初回に、一九三二年に中央の政府と、社民党が率いるプロイセン州政府が対立した際、パーペン内閣が大統領大権によって州政府の機能を停止させたという話をしましたが、その時にこの四八条一項が適用されました。また、第二項では、公共の秩序と安全が著しく乱された、あるいは脅かされた時には、憲法一一四条（人身の自由）、一一五条（住居の不可侵）、一一七条（通信の秘密）、一一八条（意見表明の自由）、一二三条（集会の自由）、一二四条（結社の自由）、一五三条（所有権）で保障されている基本的人権を一時的に停止することができるとされています。シュミットの「ライヒ大統領の独裁」は、この四八条を憲法全体の目的・構造の中で位置付けたうえで、大統領が行使できる大権は、実際どこまで及ぶかを論じる内容になっています。

『独裁』は、「独裁 Diktatur」という概念を歴史的起源にまで遡って分析する著作です。日本語で「独裁」と言うと、すぐにヒトラー（一八八九－一九四五）やスターリン（一八七九－一九五三）とか北朝鮮の総書記とか、無茶な命令を出して、人民を困らせるワンマンな支配者を連想します。英語の〈dictator〉やドイツ語の〈Diktator〉も、日常的な用法だとそういう感じです。ただ、それだと僭主（despot）や暴君（tyrant）などの似たようなイメージの言葉と区別が付きません。日本語だと、「僭主」や「暴君」はあまり使わないのでその点はまだいいのですが、英語やドイツ語だとそれなりに使います。シュミットの時代のドイツ語圏のアカデミックな言説でも、かなり曖昧になっていたようです。「独裁」は、権威主義、カエサリズム（カエサル流の支配）、ボナパルティズム（ナポレオン流の支配）などとほぼ等値されて、結構適当に使われていたようです。ロシア革命の影響もあって、プロレタリア独裁という言い方も次第に一般的になっていました。個人によるワンマン支配ということに重点があるのか、集権的組織による統治ということなのか、よく分からなくなっていた。

シュミットの「独裁」解釈

『政治的ロマン主義』でも本領を発揮しましたが、シュミットはそういう曖昧な使われ方をしている概念の〝本来の意味〟を明らかにし、そのズレを起点として独自の見解を展開するのが得意です。独特の解釈学で本領を発揮するところがハイデガーと似ています。シュミットは『独裁』で、近代の〈Diktatur〉概念の起源である、古代ローマの〈dictator（独裁官）〉制度にまで遡って、その本質を明らかにしようとします。語源的に言うと、〈dictator〉というのは、〈dictare〉する人ということです。〈dictare〉は、現在の英語の〈dictate〉とほぼ同じ意味で、「書き取らせる」とか「指示する」という意味ですが、それだけでは、たいしたことは分かりませんね。

古代ローマの「独裁官」は、共和国に非常事態が生じた際に、その混乱を収拾するために、通常の政務官の権限を越える絶対権威を、統領と元老院から委ねられる特別の政務官を意味していました。独裁官は、ローマの全ての軍隊の指揮権を掌握し、全ての政務官を配下において事態の収拾に当たります。法律を変更することもできました。ただし、任期は半年に限定されていました。しかし、カエサル（前一〇〇-前四四）は、自分の独裁官としての任期を徐々に延長させ、最終的に「終身独裁官 dictator perpetuo」に任命されます。世界史の教科書にも出ていることですが、カエサルの養子のオクタヴィアヌス（前六三-後一四）は、「独裁官」の職を形式的に辞退しましたが、その代わり、「皇帝 imperator」の称号を得て、実質的に終身独裁官に相当する権力を獲得します。つまり、元々は、期限付きの非常時大権を、法的手続きに従って与えられた者が、「独裁官」だったわけです。

カエサル

オクタヴィアヌス

マキャベリ

マキャベリ（一四六九－一五二七）の『ティトゥス・リヴィウスの最初の十巻についての論考Dicorsi sopra la prima deca di Tito Livio』（一五一七）にも、ローマ共和国を安定させる仕組みとして、この「独裁官」についての記述があります。リヴィウス（前五九－後一七）は、ローマの歴史家で、一四二巻にも及ぶローマ建国史を書いた人です。マキャベリのこの本のタイトルは長いので、通常〈discorsi（ディスコルシ）〉と省略して呼ばれています——日本では、内容に即して『政略論』と呼ばれることもありますが、筑摩の学芸文庫から出ている邦訳は、『ディスコルシ「ローマ史」論』というタイトルになっています。ルソーの『社会契約論』（一七六二）の第四編第六章でも、ローマの「独裁官」のことが紹介されています。ルソーはマキャベリの影響を受け、『社会契約論』でも、共和主義者としてのマキャベリに言及していますので、マキャベリ経由で独裁官制度に関心を持ったのかもしれません。

それが本来の意味の「独裁」ですが、ルネサンス期以降、例えばジャン・ボダン（一五二九－九六）などが、王から全権を委任された行政官などによる「独裁」について論じるようになります。シュミットは、ボダンなどによる近代的な「独裁」論の系譜を丹念に辿っています。ボダンは、カトリックとプロテスタントの争い（ユグノー戦争）が激しかった時代にアンリ三世（一五五一－八九）の王弟アランソン公（一五五五－八四）に仕えたフランスの法律家・

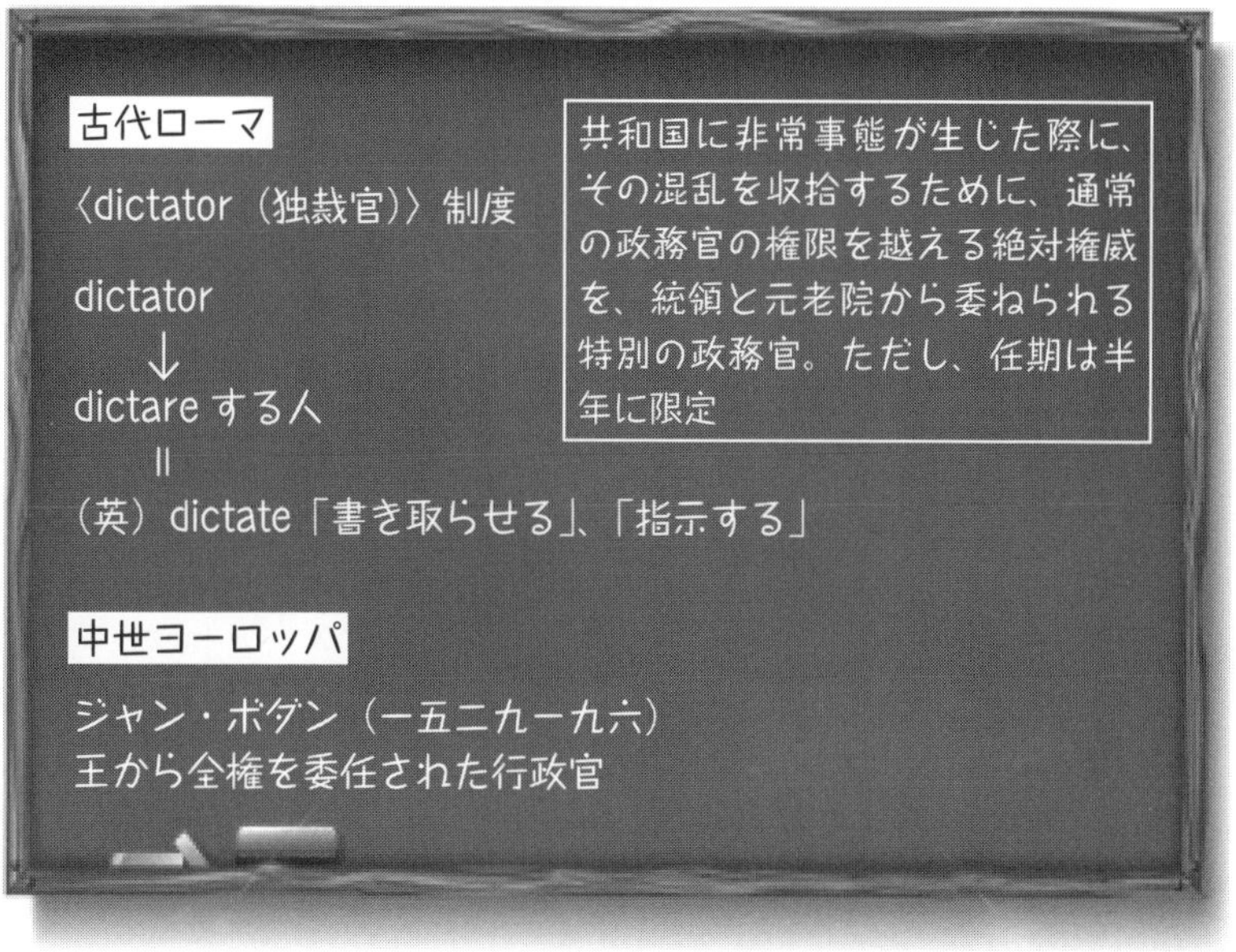
古代ローマ
〈dictator（独裁官）〉制度
dictator
↓
dictareする人
＝
（英）dictate「書き取らせる」、「指示する」
共和国に非常事態が生じた際に、その混乱を収拾するために、通常の政務官の権限を越える絶対権威を、統領と元老院から委ねられる特別の政務官。ただし、任期は半年に限定
中世ヨーロッパ
ジャン・ボダン（一五二九－九六）
王から全権を委任された行政官

政治理論家で、主権論や貨幣論で知られています。『国家論 Les Six Livres de la République』（一五七六）は、近代国家論の嚆矢とされています。シュミットも、『政治神学』でボダンの議論をかなり参照しています。ボダンたちが問題にしたのは、主権者である君主から、全権を委任されて問題の解決に当たる、「特命委員 commissaire」と呼ばれる特別な官吏による「独裁」です。シュミットによれば、イタリアの都市国家や、神聖ローマ帝国の軍政でも、そうした「特命委員」による「独裁」の制度が採用されていたようです。

フランス革命時には、ロベスピエールが率いる公安委員会と、地方に派遣された〈委員〉が、「独裁」的な役割を果たしました。フランス革命においては、主権者が王ではなく、人民と想定され、人民自身が直接独裁権力をふるっているという形を取ったので、「独裁」の意味合いが曖昧になりましたが、特定の役職の人物あるいは機関に臨時に非常事態収拾の大権を与える

という形式自体は保持されます。マルクス主義の「プロレタリアート独裁」でさえ、革命という非常時に発動される大権と理解できないことはありません。

シュミットは、主権者から委任された独裁官が行う「委任独裁 die kommissarische Diktatur」と、主権者が直接独裁を行う「主権独裁 die souveräne Diktatur」を分けて論じています。ローマの独裁や、ボダンやルソーが論じているのは、「委任独裁」です。「主権独裁」というのは、英国の清教徒革命やフランス革命の頃から出てきた独裁の新たな形態で、「憲法制定権力 pouvoir constituant (constituent power)」の保持者であり、主権者でもある「人民」が、革命などの非常時に、直接的に独裁権力をふるうことを意味します。「プロレタリアート独裁」も、「主権独裁」の一形態と理解することができます。ただ、人民が主権者だと言っても、実際には、誰か特定の人物なり機関なりが、人民を代表して、独裁権力をふるうことになるので、「委任独裁」との区別はそれほどクリアではありません。一般的には、革命などの体制転換期に、人民が新しい体制を完全に「構成 constituer (constitute)」し切るまでの間、「憲法 constitution」をはじめとする法規範に縛られることなく、無制約の主権的権力を発揮し、いろいろなことについて決定している状態が、「主権独裁」だと考えられます――まだ、新たな「憲法」を制定していないので、法規範に縛られようがありません。「憲法」が制定されると、主権者である「人民」自身も、「憲法」による制約を受けることになります。「憲法によって制約された権力 pouvoir constitué (constituted power)」になるわけです。ただ、革命のプロセスが完結しておらず、まだ暫定的な憲法しか制定されていないとすると、「主権独裁」が続いているのかどうか曖昧な状態になります。主権者としての人民の権力に、「憲法制定(構成する)権力」と「憲法によって制約(構成)された権力」という二つの側面があるというのは、フランス革命時の活動家シエース(一七四八－一八三六)が、有名な『第三身分とは何か』(一七八九)で提起した議論です。

シュミット

「委任独裁 die kommissarische Diktatur」

ローマの独裁、ボダン、ルソー

「主権独裁 die souveräne Diktatur」

英国の清教徒革命やフランス革命の頃から出てきた独裁の新たな形態で、「憲法制定権力 pouvoir constituant（constituent power）」の保持者であり、主権者でもある「人民」が、革命などの非常時に、直接的に独裁権力をふるうことを意味

シュミットはそうした「独裁」概念の本来の意味、つまり法秩序全体を守るため、暫定的に通常の法規範を超えた命令（dictum）を発する権限を、特定の官職にある人物に与えるという意味を確認した上で、ワイマール憲法四八条で規定されている大統領の非常大権も、そうした独裁の一種、恐らく「委任独裁」として理解できることを示唆します――細かいことを言うと、四八条では、「詳細は法律で定める」とされていますが、その法律が制定されていなかったので、大統領の独裁には本来の意味での制約はなく、主権独裁に近い状態にあると解釈することもできました。シュミットはこのように、法概念史的な知識を、憲法解釈、憲法判例解釈に組み込んで、深読みすることを得意としています。憲法学者には、そうした深読みが得意な人が少なくありませんが、シュミットの場合、そうした深読みの解釈に文学的・哲学的にも洗練されたセンスが加わっているところが、魅力です――それを不気味だと思う人も多いわけですが。

　このようにシュミットは、「ライヒ大統領」を「独裁官」的な役職として位置付けたうえで更に、「憲法

の番人 Hüter der Verfassung」としても位置付けます。それが論文「憲法の番人」のテーマです。憲法の解釈をめぐって、州と中央、国家を構成する諸機関の間で対立が生じた場合、大統領が中立的な仲裁者として判定を下すことができるし、そうすべきだと論じています。それによって、憲法、そして国家の統一性が崩壊しないように守る役割を果たすわけです。

「主権者とは、例外状況にかんして決定をくだす者をいう」

何故、こうした憲法上の大統領の役割に関わる問題にシュミットが拘ったかというと、先ほどもお話ししたように、急ごしらえで出来たワイマール共和国が不安定だったからです。帝政から議会中心の政治に移行したものの、様々な勢力を代表する政党が乱立し、州政府と中央政府の関係もぎくしゃくしがちでした。共和国は、社会民主党（ＳＰＤ）を中心とする中道左派勢力を中心に建国されましたが、第一次大戦への対応をめぐってＳＰＤを離脱し、「スパルタクス団」を結成して独自の活動を続けていたローザ・ルクセンブルク（一八七〇／七一－一九一九）やカール・リープクネヒト（一八七一－一九一九）は、ブルジョワ勢力との妥協を拒否し、社会主義革命を標榜して蜂起しました。この蜂起は鎮圧され、共和国は何とか発足しましたが、一九二〇年に、今度は右翼の軍人によるクーデター、カップ一揆が起こり、ＳＰＤ出身の大統領フリードリヒ・エーベルト（一八七一－一九二五）は一時首都ベルリンを脱出し、労働者たちに対してゼネストで対抗するように呼びかけます。ナチスによるミュンヘン一揆（一九二三）も起こります。エーベルトは庶民出身のＳＰＤの政治家で、何となく穏健な平和主義のようなイメージもありますが、政治の混乱を収拾するため、何度も大統領の大権を使っています。エーベルトの後に大統領になったのは、第一次大戦中に陸軍参謀総長を務め、元帥になったヒンデンブルクです。彼は、帝政復活論者だったので、大統領選に出ること自体を逡巡していたけれど、保守・右派陣営に担ぎ出され、中道左派勢力の統一候補を僅差で破って当選しました。政治の経験はほとんどないものの、ドイツ帝国の英雄というイメージが強かったヒンデンブルクが大統領に選出されたということ自体が、「独裁官」兼「憲法の番人」の役割を担える強い大統領が求められていたことを意味していると考えられます。ヒンデンブルクの下で、先ほどお話ししたように、四八条に基づいてプロイセン州政府が解体されました。

憲法＝国家体制を維持するうえで、共和国の政治にとってどうすることが正しいのか、最終的に判定し決着を付ける権威を誰が持っているかはっきりさせることが、アクチュアルに重要な問題だったわけです。シュミットは、法的秩序を守る上での「独裁」という制度の重要性を法哲学的に考察し、それを「ライヒ大統領」に当てはめ、その役割をはっきりさせようとしたわけです。ナチスの御用法学者というイメージをシュミットについて抱いている人にとっては、意外な感じがするかもしれませんが、シュミットは「法」を守るため、法を超えた次元で決定を下すことのできる権威という逆説的な存在の必要性を主張し続けたわけです。

そうした彼の主張のエッセンスが、『政治神学』本文の冒頭の「主権者とは、例外状況にかんして決定をくだす者をいう」（一一頁）という文によって表現されているわけです。「例外状況」の原語は、〈Ausnahmezustand〉で、これは「非常事態」とも訳せます。憲法四八条による大統領の「独裁」についての規定を、「主権者」の本質と見ているわけです。無論、ワイマール共和国の憲法上の主権者は大統領ではなく、「人民 Volk」のはずですが、シュミットは、本来の意味での「主権者」というのは、具体的な人格性を備えた決断主体だと考えているようですね。

本文に入る前に、「第二版のまえがき」を読んでおきましょう。「自由主義的規範主義およびそれに類する『法治国家』を批判した論述も、一字一句そのままである」（七頁）とあることから分かるように、この本でシュミットは、「自由主義的規範主義 der liberale Normativismus」と、それと結び付いている「法治国家Rechtsstaat」の概念を批判し、「法」の本質についての異なった理解を示すことを目指しています。「規範主義」については、少し後で出てきますし、本文中でもかなり詳しく述べられています。ここでは取りあえず、それが「規範Norm」という視点から「法」を理解する考え方であり、シュミットがそれを「自由主義」的なニュアンスを帯びていると理解しているということだけ押さえておきましょう。「法治国家」というのは、文字通り、国家権力が「法」によって制約されている国家という意味ですが、一九世紀初頭以降のドイツでは、国家が警察権力によって一方的に支配する「警察国家Polizeistaat」に対立する概念として使われるようになりました。シュミットは、「法治国家」を、人格的存在ではなく、法＝規範という抽象的なものが支配している状態としてネガティヴに捉えているようです。七頁にも出ているようにシュミットは、講演「中性化と非政治化の時代」（一九二九）などで、近代以降の国家イメージの変遷について論じています。「中性化Neutralisierung」というのは、国家は価値中立的なものであり、精神的・政治的な対立に対して中立を保つべきである、と考えられるようになった、ということです。

法学的思惟の三種類――「規範主義Normativismus」「決定主義Dezisionismus」「制度的タイプinstitutionelle Typ」

八頁で、この間のシュミットの考え方の変化が示唆されています。「第二章末尾（四四ページ〔本訳書、四六ページ〕）の、法学的思考の二つの類型にかんするホッブズについての注釈にかんして、わたくしは、もうひとこと補足しておきたい」。その補足を見ておきましょう。

こんにち、わたくしは、法学的思考については、もはや二種類ではなく、三種類の区別――すなわち、規範主義的および決定主義的タイプのほかに、なお制度的タイプ――を設けたい。ドイツの法律学に

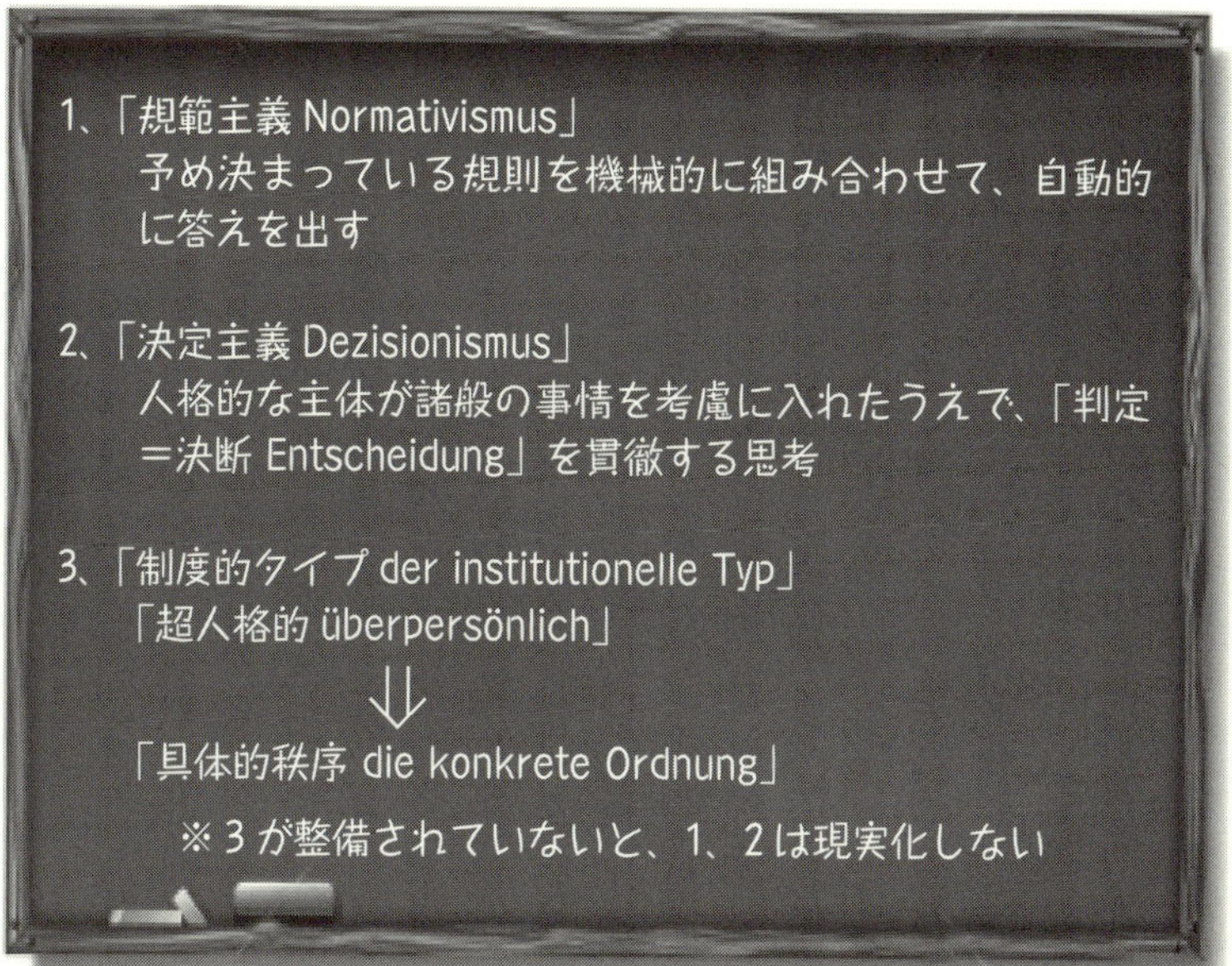
1、「規範主義 Normativismus」
予め決まっている規則を機械的に組み合わせて、自動的に答えを出す
2、「決定主義 Dezisionismus」
人格的な主体が諸般の事情を考慮に入れたうえで、「判定＝決断 Entscheidung」を貫徹する思考
3、「制度的タイプ der institutionelle Typ」
「超人格的 überpersönlich」
⇩
「具体的秩序 die konkrete Ordnung」
※３が整備されていないと、１、２は現実化しない

おける「制度的保障」についてのわたくしの理論研究、およびモリス・オリアスの深遠かつ重要な制度論についての業績が、わたくしに、この認識をもたらしたのである。純規範主義者が非人格的諸規則の形で思考し、決定主義者が、正しく認識された政治状況の正確な判定を、人格的決定の形で貫徹するのに対して、制度的法思考は、超人格的諸制度及び諸形態において展開される。

シュミットは当初「規範主義 Normativismus」と「決定主義 Dezisionismus」の二項対立で考えていたけれど、第三の類型として「制度的タイプ der institutionelle Typ」の法思考の存在に気付いたということです。「決定（決断）主義」というのは、まさに「独裁」の論理ですね。この講義の五回目、六回目で読む『政治的なものの概念』でカギになる概念です。予め決まった「規範」に主眼を置く

法理解と、独裁的な立場の人による「決断」に主眼を置く法理解があって、そこに両者を媒介する、あるいは、両者を可能にする「制度」という側面が加わってきたわけですね。「制度」が体系的に整備されていないと、「規範」や「決断」は現実化されません。

この第二版が出た翌年に当たる三四年の論文「法学的思惟の三種類」でシュミットは、「制度 Institution」の代わりに、「具体的秩序 die konkrete Ordnung」という言い方をしています。法実証主義的な法理解では、「法秩序」は、数学や論理学が命題と命題の抽象的な関係から成り立っているように、法規範と法規範の間の抽象的な関係としてしか捉えられていなかったのに対して、歴史的に形成されてきた民族・共同体の生活形態や思考形態に根ざしており、具体的な形を備えた「秩序」であるという意味で、「具体」と言っているわけです。その「具体的秩序」が、法を具体的に動かす「制度」として現われてきている、ということになるわけです。

「制度的保障 die institutionelle Garantie」は、シュミットの『憲法論』(一九二八)に出てくる概念で、東大の憲法の先生である石川健治さんがこれについて本を書かれています。一般的に憲法は個人の基本的権利を保障するものだと考えられていますが、そうした個人の権利の直接的な保障とは別に、ある一定の法的制度の存続を保障することを通して、間接的に関係している人々の権利を保障している側面もあるのではないか、と考えられます。それが、「制度的保障」です。具体的には、職業官僚制とか、地方公共団体の自治、家族の相続権、学問及び教授の自由などです。「制度的保障」という言い方をすると、制度によって個人の権利を保障するという話のようにも聞こえますが、石川さんは、「制度」それ自体を保障するという意味合いを強調するためか、「制度体保障」という訳語を使っておられます。

日本国憲法についての詳しい解説書を読むと、それほど大きな扱いではないですが、制度的保障論についての一応の説明があります。シュミット起源の概念であるという形で、シュミットの名前にも言及されています。それらの本によると、日本国憲法でも、政教分離、私有財産制、学問の自由、地方自治などに関する規定が、「制度的保障」と見ることができるようです。ただ、個々の人間ではなく、「制度」それ自体、しかも様々な慣習を通して形成されてきた「制度」を、憲法で保障するというのは、何となく近代の個人主義に反しているような感じがしますね。宗教とか大学などを「制度（体）」として保護するとなると、それは特権ではないのかという疑問が生じますし、「家族」を制度として保護すると、その内部で抑圧が生じやすくなるのではないか、という懸念も生じます。コミュニタリアン（共同体主義者）なら、歓迎するかもしれませんが、あくまで個人をベースに考えるリベラルには、抵抗感があるのではないでしょうか。そういうことがあって、「制度的（体）保障」論に批判的な憲法学者も少なくないようです。「制度体保障」は、前近代の（身分的な特権を伴った）身分制の名残であるという見方もあります。シュミットの「制度的保障」論は、法秩序維持のため古くからの身分制的な仕組みを重視する議論だと見ることができます。

九頁に、シュミットの「制度的保障」論の参考になった制度論を展開した人として、「モリス・オリアス」という人の名前が出てきますね。この人はフランス人で、名前の綴りは〈Maurice Hauriou〉なので、読み方がまずいと思います――最後に「ス」を付けているのは、原文では姓の〈Hauriou〉に所有の二格を示す〈s〉を付けて、〈Instituionstheorie Maurice Haurious〉（＝〈Maurice Hauriou〉の制度論）としているので、〈Haurious〉という姓なのだと勘違いしたのではないかと思います。法学の本では、「モーリス・オーリウ」と表記するのが一般的です。オーリウ（一八五六－一九二九）は、フランスの公法学者・社会学者で、公法的秩序についての法制史的な研究を行い、「制度 institution」論で知られています。彼にとって「制度」とは、社会的環境の中で法的に実現し、持続する営みあるいは企ての観念で、権力による組織化と、その実現に関心を持つ社会集団のメンバーたちの間の関係性という二つの側面を持っています。彼は、「国家」を「制度の制度 l'institution des institutions」と定義しています。先ほど読み上げたところで、純規範主義者は非人格的（unpersönlich）に規則に従って思考するのに対して、決定主義は、人格的な主体が諸般の事情を考慮に入れたうえで、「判定＝決断 Entscheidung」を貫徹する思考だという風に対置しています。この対比は分かりやすいですね。「規範主義」は、予め決まっている規則を機械的に組み合わせて、自動的に答えを出すような感じですね。それに対して、「決定主義」では、「判定」する主体の人格が前面に出てくる。この二つに対して、制度的思考は「超人格的 überpersönlich」というわけです。こういう場合の「超- über-」は意味がとりづらいですが、恐らく、個々人の人格を超えた――ある意味、神のごとき――存在による〝決定〟というようなニュアンスを出すために、こういう言い方をしているのだと思います。

そして、規範主義者が、その堕落形態において、法をたんなる国家的官僚制の機能方式に化し、決定主義者が、つねに、瞬間的時点を重視して、いかなる大きな政治運動にも含まれている静的な存在を捉えそこなう危険をもつのに対し、孤立的制度的思考は、主権不在の封建的‐身分的成長である多元主義へといきつく。こうして、政治的単位の三領域・三要素――国家・運動・国民――が、法律的思考の三類型に、その健全な現象形態においても堕落した現象形態においても、帰属させられるのである。

「規範主義」と「決定主義」が、それぞれ堕落したらどうなるか、想定しているわけですね。「規範主義」は、規範を予め決まったやりかたで適用する態度ですから、堕落したら、官僚主義になる、というのは分かりやすいですね。官僚が、自分の主体的な考えを差し挟むことなく、決まったこと、命令を粛々と実行するだけ、というイメージと、「規範主義」には親和性がありそうですね。「決定主義」は、「決定」の瞬間にだけ集中し、あたかも、真空の中で「決定」が成されるかのような考え方をする傾向がある。自分たちが「決定」できるのは、変化することがない「静的」な秩序が持続しているおかげであることを理解せず、独善的になる恐れがある。

これらに対して、「制度的思考」は高く評価しそうですが、これも、「規範」や「決定」などの要因を抜きにして、前近代的な封建制・身分制をそのまま延長したかのような、多元主義に陥る、という。封建制や身分制には様々な「制度」が備わっていましたが、近代国家に見られるような統一的な法体系はないし、統一的な決断主体＝主権者もいない。つまり、まとまりに欠けて、多元主義的になるわけです。

シュミットの三位一体思考――「国家 Staat」「運動 Bewegung」「民族 Volk」

シュミットは、これらの三類型に、「国家 Staat」「運動 Bewegung」「民族 Volk」の三要素が対応していると見ているわけですね。「国民」は〈Nation〉の訳語に当てられることが多いので、区別するために、〈Volk〉は「民族」と訳した方がいいでしょう。〈Nation〉は、政治的自覚、アイデンティティ意識を共有する――ある意味、近代的な――共同体ですが、〈Volk（民族）〉は、必ずしもそういう自覚を伴っていないけれど、伝統やライフスタイルを共有する、古くからの〝共同体〟のようなニュアンスを伴っている語です。

「国家」は、法規範の体系と、それを遵守する官僚組織から成り立っている。「運動」というのは、政治・社会的な運動、例えば、ナチスのようなものを指していると考えればいいでしょう。「運動」は、多くの場合、人格的な指導者に率いられており、様々な局面において、指導者を中心とした「決断」を行い、それによって自らの在り方を変容させる。「民族」は、様々な歴史的・慣習的な「制度」に従って思考するが、体系性や統一性に欠けている。そう考えれば、三者は本来、相互補完的な関係にある。

二〇年代のシュミットは、価値中立性に拘り、規範主義的に物事を処理しようとする官僚的国家の閉塞性を打破すべく、「独裁官＋憲法の番人」としての大統領の「決断」に期待をかけていました。だから、［規範主義vs.決定主義］の図式だけでよかったわけですが、三〇年代に入ると、ナチスという「運動体」に、秩序再生への期待を寄せるようになり、更には、ナチスが基盤とする「民族」共同体に本来備わっているはずの「具体的秩序」に焦点を当てるようになります。そこで、「制度的思考」もしくは「具体的秩序思考」が問題になり、三項図式になるわけです。共和国の一機関としての大統領は、「決断」は下しますが、必ずしも「運動体」を従えてはいませんし、民族の「具体的秩序」に根ざして判断しているわけではない。ヒンデンブルク大統領の死後、「国家」を率いる「総統＝指導者 Führer」になったヒトラーは、「民族」を再生させることを目指す「運動体」を率いています――ヒトラーの称号である〈Führer〉は、日本語では「総統」と訳されることが多いですが、本来の意味は「指導者」です。シュミットの三位一体思考は、彼のナチスへの傾倒の現われであると見ることができます。

法の「中立性」批判

ヴィルヘルム時代およびワイマール時代のドイツの国家・法学説の、いわゆる実証主義および規範主義は、――自然法ないし理性法に基づくのではなくして、たんに実際に「通用している」諸規範に依拠するものであるが故に――堕落した、したがって内部矛盾に満ちた規範主義であって、それに、たんに、法的に盲目的な、真の決定ではなく、「事実的なものの規範力」に依拠する堕落した決定主義である実証主義の混入したものであるにすぎない。

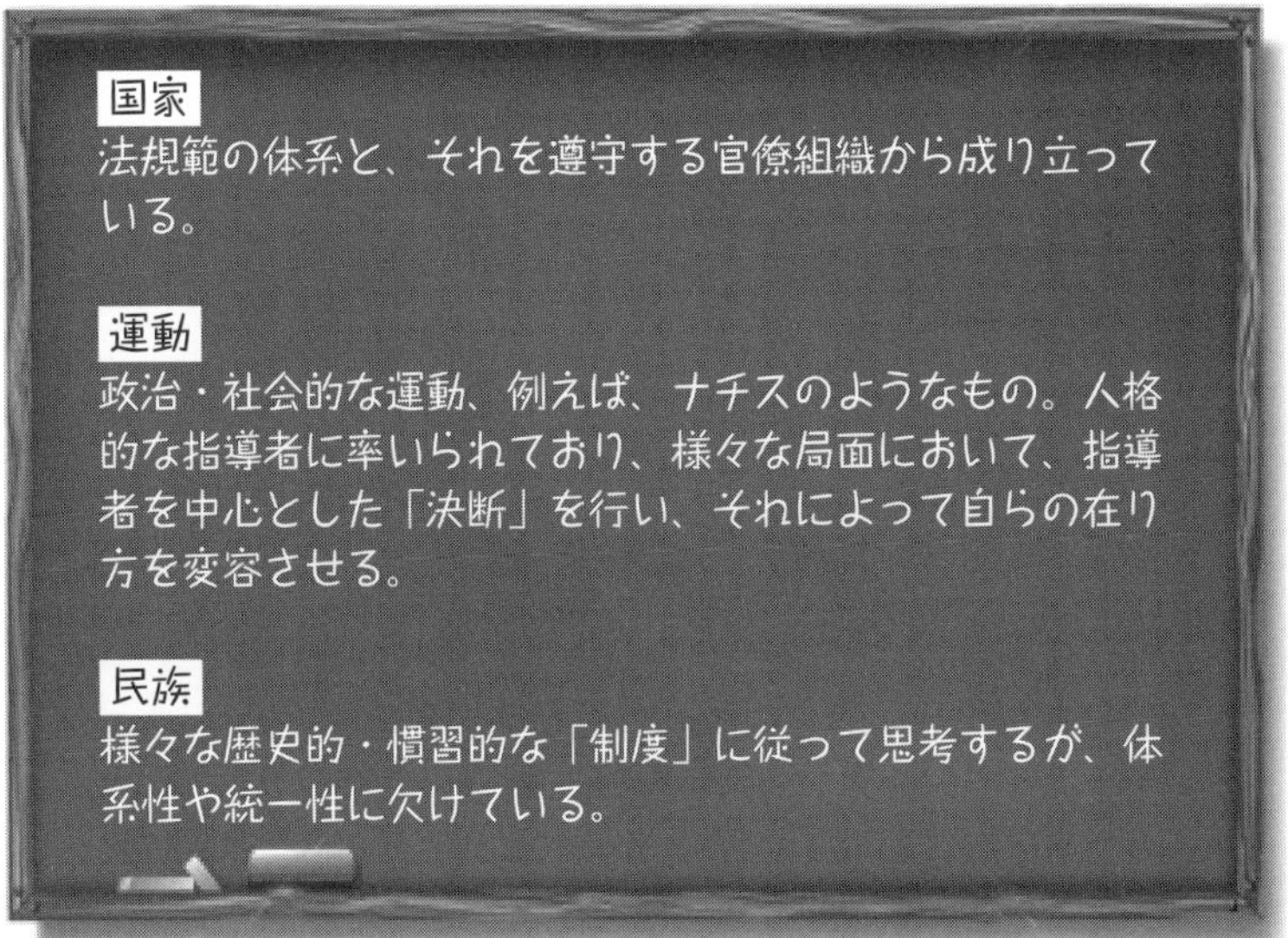
国家
法規範の体系と、それを遵守する官僚組織から成り立っている。
運動
政治・社会的な運動、例えば、ナチスのようなもの。人格的な指導者に率いられており、様々な局面において、指導者を中心とした「決断」を行い、それによって自らの在り方を変容させる。
民族
様々な歴史的・慣習的な「制度」に従って思考するが、体系性や統一性に欠けている。

ヴィルヘルム時代というのは、皇帝ヴィルヘルム二世（一八五九－一九四一）の時代ということです。ヴィルヘルム二世が即位したのは一八八八年ですが、二年後の九〇年に、それまでドイツ帝国の事実上の支配者であったビスマルク（一八一五－九八）を解任し、自ら政治を行うようになりました。九〇年から第一次大戦末までを指します。ビスマルクが、他の西欧列強との間での力の均衡を重視したのに対し、ヴィルヘルム二世は、帝国主義政策を強化し、英仏との間に緊張関係を生み出し、第一次大戦の遠因を作り出します。帝国の威信を示すような建造物や文化財が多く生産され、それに見合った振る舞い方が推奨されたのも、この時代の特徴です。森鷗外（一八六二－一九二二）が、小説「かのやうに」（一九一二）で主人公の目を通して描いたのは、この時代のドイツです――鷗外自身がドイツに留学したのは、ヴィルヘルム時代が始まる直前、八〇年代後半です。

「規範主義」と並んで言及されている、「実証主義 Positivismus」というのは、「法実証主義 Rechtspositivismus」のことです。「実証主義」というのは一般的には、文字通り、具体的に確認できる事実のみに基づいて考えるということです。自然科学で当たり前になっている発想を、人文・社会学にも持ち込むわけです。歴史学、心理学、民族学、社会学、経済学などには、浸透しやすい考え方です。「法実証主義」は、少し違っていて、抽象的な道徳観念に依拠することなく、現に制定されている法律や、判例など、「実定法 positives Recht」を基準に考えるという意味です。「実定法主義」と言ってもいいでしょう。

解釈者の道徳感情や主観を交えず、実定法だけに基づいて考えようとする「(法) 実証主義」は、予め与えられた「法規範」を機械的に適用する「規範主義」とは、相性がいいわけです。ヴィルヘルム時代やワイマール時代の「国法学 Staatsrechtslehre」では、「実証主義＋規範主義」が支配的だったけど、シュミットは、それが堕落した形態だと言います――田中さんたちは、〈Staatsrechtslehre〉を「国家・法学説」と訳していますが、ドイツ系の法学では、国家の基本的法構造に関わる法体系、広い意味での「憲法 Verfassungsrecht」を、「国法 Staatsrecht」と呼ぶので、「国法学」と訳した方がいいでしょう。何故堕落しているのかというと、「自然法」あるいは「理性法」について考えることを放棄し、もっぱら、現実的に『通用＝妥当している』諸規範 „geltende" Normen」に依拠して考えようとするからです。「法規範」が「妥当している gelten」というのがどういうことか厳密に定義しようとすると結構難しいですが、この場合は、単純に、社会の中で通用している、ということだと考えていいでしょう。

つまり、現に通用している法規範を無批判にそのまま適用しようとする傾向、言い換えれば、単純に現状を維持しようとする傾向が、国法学で支配的になっており、それは堕落している、とシュミットは主張しているわけです。「事実的なものの規範力 die „normative Kraft des Faktischen"」というのは難しそうな言い方ですが、それほど難しくはありません。「事実」がそのまま「規範」としてまかり通っている、ということです。哲学では、ルソーやヒューム（一七一一－七六）以来、「事実」から「規範」を導き出すことはできない、と散々言われてきたわけですが、法学者や官僚は、「現に通用している」からそれが「正しい」と自動的に判断しようとする。シュミットは、それを堕落だと言っているわけです。

「真の決定ではなく、『事実的なものの規範力』に依拠する堕落した決定主義である実証主義」という言い方が少し分かりにくいですね。「真の決定 echte Entscheidung」ではない、と言うからには、似非決定ということですね。「法実証主義」は、似非決定主義だというわけです。どうして似非決定なのかと言うと、「事実として妥当している規範」をそのまま適用する、という〝決定〟をしているように見えるからです。あるいは、本当のところは、「現状を維持したい」、という自らの願望や感情に基づいて、恣意的に判断しているのかもしれないけど、「実証主義」的な装いを前面に出して、それを誤魔化している。そういう意味で、堕落した「実証主義＋規範主義」には、中途半端な似非決定主義的な側面があるわけです。

シュミットの言うような意味での「実証主義＋規範主義」は、今日の法哲学では、「リーガリズム」と呼ばれることが多いです。「私は現行の法やルールに従っている〝だけ〟です」という、一見客観的・中立的な態度を装いながら、実際には、それらの法やルールの背後にある秩序や価値に固執する、法律家や法学者の振る舞いを意味します。簡単に言うと、現行法を守ろうとする態度自体が、一つのイデオロギーになっているわけです。シュミットは、「決定」は重要だけど、自分が〝決定〟していることを隠そうとする「実証主義＋規範主義」の体質は批判するわけです。「決定」を前面に出すべきだと考えているわけですね。

このようにシュミットは、法実証主義に象徴される、「法」の中立性の装いを批判し、その背後にある価値観や決断を表に引きずり出そうとします。何故、シュミットがわりとポストモダン左翼に好かれるのか分かりますね。ポストモダン左翼も、近代法や市民社会的道徳の〝中立性の仮面〟をはぎ取って、その背後にある権力関係やイデオロギーを露わにしようとします。そこがシュミットと似ているわけです。無論、〝中立性の仮面〟を壊した後、どのようにしたいのかは、違います。ポストモダン左派だったら、これまで抑圧されてきたあらゆる「差異」を生き生きと解放しようとするでしょうが、シュミットはむしろ、独裁者的な主体を最終審級とする秩序、具体的秩序を再建しようとするでしょう。

「主権者」の本質

ここで、本文に入ることにしましょう。第一章のタイトルは、「1　主権の定義」となっています。もう一度一一頁の冒頭の文をご覧下さい。

主権者とは、例外状況にかんして決定をくだす者をいう。

印象的な一文ですね。しかも、この一文を一つの段落にしていますので、更に印象が強まります。先ほどお話ししたように、「独裁官」や、ワイマール憲法四八条で規定されているライヒ大統領の非常大権についての議論の延長線上で出てくることですが、ここでは議論がより哲学的な次元に移行しています。四八条では、例外状況＝非常事態が発生した場合に、大統領が特別な権限を行使できるということが規定されていたけれど、ここでは、主権者が「例外状況にかんして決定をくだす」、つまり、主権者が「何が例外状況であるか」を決定できることが示唆されているわけですね。

「例外状況であるか否か」を、誰がどのように決定するのか、というのは、法哲学上の難問です。「法」とは関係なく、権力者が、暴力で実行支配しているだけであれば、その権力の裁量次第で、「普通の状況 Normalzustand／例外状況」をいかようにも判定していいわけですが、「法」によって国家体制が枠付けられていて、その枠の中でのみ、「独裁官」が「法」を守るために、通常の法規範を超えた権限を発揮できるということであれば、誰がどうやって「例外状況」の発生を認識し、どのような手続きを経て、「独裁官」を任命するか、ということが問題になります。

ワイマールの場合、大統領が自分で状況認識し、自分で自分に独裁官として授権していたのではないか、という気がしますね。事実としてはそうなのですが、自分の裁量だけで「例外状況」をいかようにでも認定できるとすれば、実力支配している僭主と同じことになってしまう。自分で状況認識しているのだとしても、何らかの法的制約がないとおかしなことになる。しかし、普通の法規範が通用するのが不可能な例外的な状況だから、例外状況だと言っているのに、その例外状況とは何かを、（普通の）「法」の枠組みを使って、どう認識するのか？　例外が例外であることを判定するための、非例外＝通常の基準を求めねばならない、という逆説が生じてくるわけです。

近年、イタリアの現代思想家の代表格として日本でも注目されているジョルジョ・アガンベン（一九四二－　）は、『例外状態 Stato di eccezione』（二〇〇三）――邦訳は、未來社から刊行されています――で、シュミットとベンヤミンの議論を参照しながら、この哲学的にややこしい問題を詳細に論じています。法制史的にもかなり掘り下げて論じています。後でもう一度お話ししますが、アガンベンも、シュミットを高く買っている現代思想家の一人です。ベンヤミンの「暴力批判論」とシュミットの『政治神学』の関係に注目している点が興味深いです――「暴力批判論」については、拙著『ベンヤミン』で論じましたので、関心があれば読んで下さい。

それに加えて、シュミットは「主権者」の本質は、「普通の状況」ではなく、「例外状況」で明らかになる、という〝普通〟とは逆の発想をしていますね。〝普通〟は、「普通に法が妥当している状況」において、「主権」を定義したうえで、それが「例外状況」ではどの程度まで例外的に拡張され得るかを考えると思

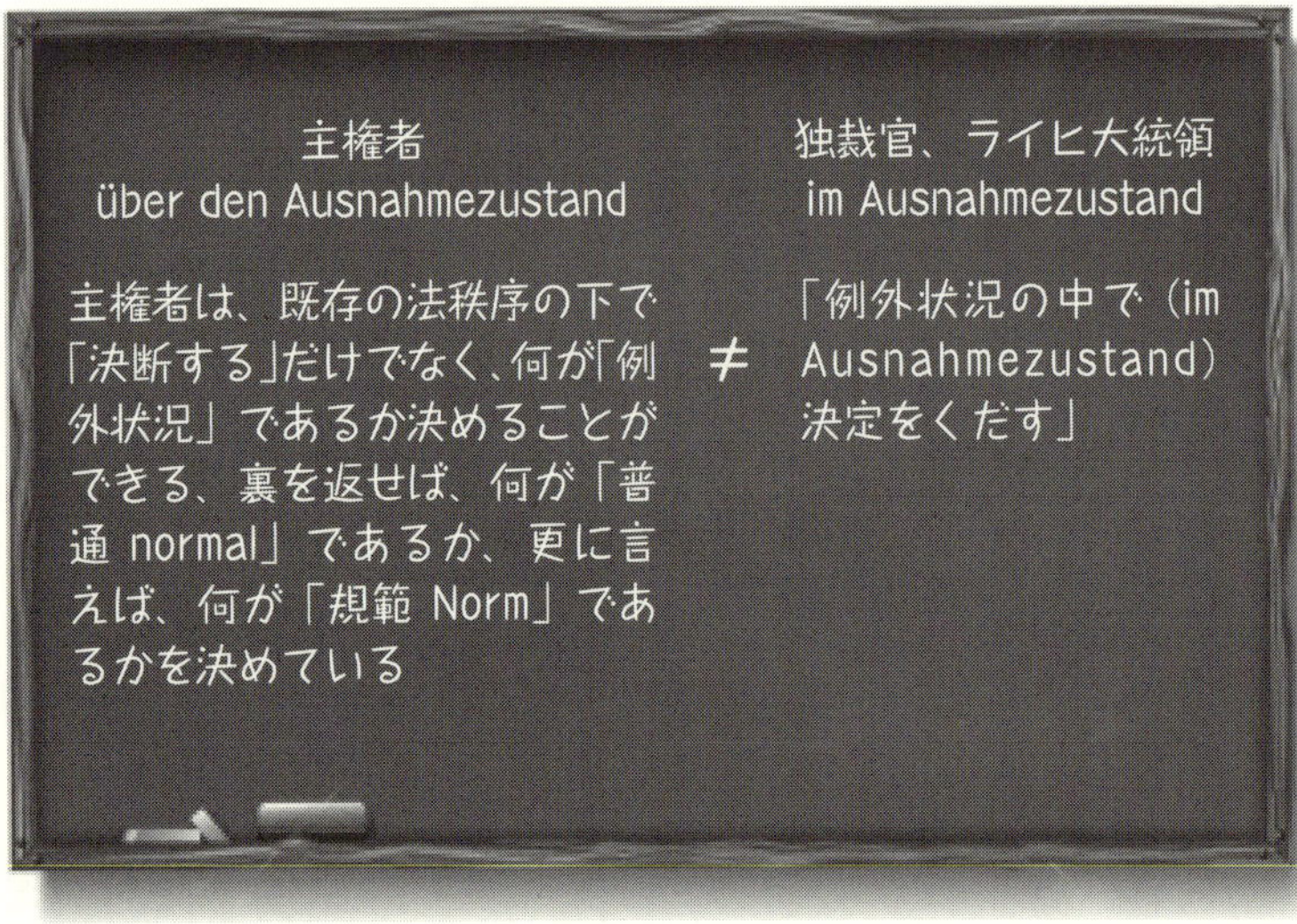
主権者
über den Ausnahmezustand
主権者は、既存の法秩序の下で「決断する」だけでなく、何が「例外状況」であるか決めることができる、裏を返せば、何が「普通 normal」であるか、更に言えば、何が「規範 Norm」であるかを決めている
≠
独裁官、ライヒ大統領
im Ausnahmezustand
「例外状況の中で（im Ausnahmezustand）決定をくだす」

いますが、シュミットは、「例外状況」においてこそ、主権の本質が露わになる、と言っているわけです。

少しヘンな感じもしますが、彼が言っている「主権」というのが、法典化された「憲法」によって規定される国家の意志のようなものではなく、憲法秩序がいかなるものかを規定する、憲法制定権力的な次元の力を含んだもの、法を超えた権力だとすれば、それなりに辻褄が合います。憲法をはじめとする法規範が〝普通〟に機能している間は、国家最高の意志としての主権の所在をあまり考える必要はないけど、普通の法規範が通用しない「例外状況」、法のゼロ状態になると、何が妥当すべき法規範であるかを決定する「主権」の力が顕在化し、その意義が再認識される。そういう風に考えることができます。

問題の一文は、原文では〈Souverän ist, wer über den Ausnahmezustand entscheidet.〉となっています。〈über〉という前置詞は、英語の〈about〉に当たる「～について」という意味の他に、英語の〈above〉に相当する、「～の上に（へ）」という意味、あるいは、〈over〉に相当する「～を越（超）えて」という意味もあります。普通に読めば、「例外状況について～」ですが、「例外状況を超えて～」というニュアンスも加わっていると見ることができないわけではない。大学でドイツ語を習った人は知っているはずですが、「～を越えて」あるいは「～の上に（へ）」という意味での〈über〉は三・四格支配です。三・四格支配の前置詞は、後ろに来る名詞、代名詞が三格の場合は、単純に場所を指し、四格の場合は、運動・移動の方向を指します。〈den Ausnahmezustand〉は四格なので、「例外状況を超えた（次元にまで及ぶ）決定をくだす」というニュアンスも含まれているように見えます。深読みかもしれませんが、先ほどお話しした「例外状況」をめぐる逆説のことを念頭に置くと、そういう深読みをしたくなります。

もう少しドイツ語の文法に絡めた話をすれば、もしここで「主権者」と呼ばれている存在が、独裁官やライヒ大統領と同じレベルの権限しか持っていないとすれば、恐らく、「例外状況の中で（im Ausnahmezustand）決定をくだす」という言い方になっていたと思います。〈im〉ではなくて、〈über〉という前置詞を使うことで、暗に、主権者は、既存の法秩序の下で「決断する」だけでなく、何が「例外状況」であるか決めることができる、裏を返せば、何が「普通 normal」であるか、更に言えば、何が「規範 Norm」であるかを決めている、ということを示唆しているように見えます。ちょっとした言葉のチョイスによって、重大な政治的主張をしているわけですね。それがシュミットのうまいところです。

「極限領域 die äußerste Sphäre」あるいは「限界状況 Grenzfall」

この定義は、限界概念としての主権概念についてのみ妥当しうる。なぜなら、限界概念とは、通俗書の粗雑な用語にみられるような混乱した概念ではなく、極限領域の概念を意味するものだからである。その定義が、通常のばあいでなく、限界状況とのみ関連しうるものであることは、これに対応している。

先ほどもお話ししたように、「主権」を、「通常の場合 Normalfall」から理解するのではなく、「極限領域 die äußerste Sphäre」あるいは「限界状況 Grenzfall」における「限界概念」として理解しようとしているわけです。これは、ある意味、当然のことですね。「通常の場合」には、その「通常性」を根底において規定している、「主権」という力の本質は明らかにならない。その〝通常性〟が攪乱されて、無秩序が拡がり、「何が普通なのか？」を、誰かが改めて決めねばならないような「限界状況」でこそ、「主権」が明らかになる。

「限界」とか「極限」といった文学的な表現が難しそうに聞こえるかもしれませんが、これは少し抽象度を落として、私たちが、「国家権力」による治安維持の本質を、どのように認識するのか、という問題に即して考えれば、分かりやすくなるでしょう。私たちは普段（＝通常の場合）、警察がどの程度の機能を担っているのか、あまり意識しません。警察の治安維持機能と言われても、ピンと来ません。しかし、何か事件が起こって（＝例外状況）、警察が出動し、人々の動きをコントロールし、犯人を確保すべくいろんな手を打っているところを見ると、「これが警察の力なのか」、と改めて感じるわけです。マスコミの報道で、日本の主権が具体的に話題になるのは、中国やロシアとの間の領土問題や、ＴＰＰを締結した場合の主権の制限のような問題に関してですね。主権が通用するかしないかのギリギリの状況に接して、初めて、「主権」が意識されるわけですね。「主権」を最も強く意識するのは、恐らく、革命が起こった時か、戦争に負けて国家自体が消滅しかかっている時でしょう。「限界状況」になって初めて、普通の日常では感じにくい、「主権」の働き方が分かるわけです。

ハイデガーと並ぶ二〇世紀ドイツの最大の哲学者で、妻がユダヤ人であったためナチス政権時に大学から追放されたヤスパース（一八八三－一九六九）は、逃れることのできない「限界状況 Grenzsituation」において、人間の「実存 Existenz」が顕わになる、ということを起点に、自らの実存哲学を展開したことはよく知られています。シュミットがヤスパースの哲学を意識してこの冒頭部を書いたかどうか分かりませんが、「限界」においてこそ、物事の隠された本質が明らかになる、という発想を両者が共有していたということは明らかでしょう。ヤスパースと同じく、「実存」の問題を追求したハイデガーも同じような発想をしていた、と見ることができるでしょう。

ここにいう例外状況とは、国家論の一般概念として理解すべきものであり、なんらかの緊急命令ないし戒厳状態の意味でないことは、以下で明らかとなろう。例外状況が、すぐれた意味において、主権の法律学的定義に適したものであることには、体系上または法論理上の根拠がある。すなわち、例外にかんする決定こそが、すぐれた意味において、決定なのである。なぜなら、平時の現行法規があらわしているような一般的規範では、絶対的例外はけっして把握しえず、したがってまた、真の例外事例が存在しているという決定は、完全には根拠づけられないからである。

ヤスパース

「例外状況」は、「緊急命令 Notverordnung」や「戒厳状態 Belagerungszustand」などと意味的にイコールではなく、「国家」の本質に関わる概念であり、主権の法学的定義に対応しているわけですね。先ほどもお話ししたように、「平時の現行法規 der normal geltende Rechtssatz」の形を取って現われる「一般的規範 eine generelle Norm」では、「絶対的例外 eine absolute Ausnahme」を予め把握し、それへの対応措置を規定することは定義上不可能です。その逆に、

「真の例外事例 ein echter Ausnahmefall」をしっかりと把握し、それへの対処の仕方を「決定」できるとすれば、「一般的規範」の体系を超越した、秩序維持の力を有している、と言えそうです。

「例外にかんする決定こそが、すぐれた意味において（im eminenten Sinne）、決定なのである」という文は、抽象的で取っつきにくい感じがしますが、逆を考えれば、分かりやすくなります。「例外」ではなく、「通常の場合」における「決定」は、何らかの形で、「一般的規範＝平時の現行法規」に縛られています。言い換えれば、予め与えられたルールに基づく〝決定〟です。それは、ある意味、ルールを機械的に適用している――シュミットの理屈からすれば、純粋に機械的な適用というのはあり得ず、何らかのプチ決定は伴っているはずですが――だけなので、自らの意志と判断能力を備えた存在による「決定」とは言えません。「絶対的例外」になると、そうした参照基準となる「規範＝普通さ」はなくなります。本当の意味で、「決定」するしかない。「絶対的例外」と対峙することで、「主権」の本質が、（一般的規範を超えた、純粋な）「決定」であることが明らかになる。「絶対的例外についての決定」という限界的な状況を抜きにして、「主権」を定義することはできないわけです。

「最高で（それ以外のものから）演繹することができない支配権力 höchste, nicht abgeleitete Herrschermacht」

次に、そうした「例外状況」の法学的意義を否定する学者の見解が批判されています。

モール（論集、六二六ページ）が、現に緊急状態であるかないかの検証は、なんら法律学的検証たりえない、と論じるばあい、かれは、法的意味における決定は、規範の内容から完全に演繹されるものでなければならない、という前提に立っている。だが、この点が問題なのである。モールが唱えるような一般的な形では、この定言は、法治国家的自由主義の表明にすぎないのであって、かれは、決定ということの自立的意味を見落としているのである。

ロベルト・モール（一七九九-一八七五）は、一九世紀のドイツの国家学者で、一八四八年のフランクフルト国民議会の議員に選ばれた政治活動家でもあります——フランクフルト国民議会というのは、統一と自由を求めるドイツ諸邦の知識人たちが、自主的に作った議会です。「警察国家」に対置する形で、「法治国家」の概念を広めたことで知られています。彼は、「法的意味での決定 eine Entscheidung im Rechts-sinne」は、「規範の内容から完全に演繹されるものでなければならない」という、法実証主義的な考え方をしているわけですが、先ほどお話ししたような、シュミットの「決定」理解からすれば、ナンセンスです。自由主義者は、誰か特別な人の「決定」ではなく、価値中立的に設定されている「規範」から論理的に導き出されると主張したがるわけですが、シュミットに言わせれば、「規範 Norm」が「普通 normal」に通用していることと、主権的な「決定」が表裏一体の関係にあることを無視している、非論理的な願望の表明にすぎない。

主権の定義としてたてられる抽象的図式（主権とは最高で演繹しえない支配権力である）は、これを承認しようがしまいが、そこには、一般に、論争、とくに主権の歴史における論争はないであろう。争われるのは、具体的運用についてであって、それはつまり、公共ないし国家の利益、公共の安全および秩序、公共の福祉等々が、どこに存するかについての決定を、紛争時には、だれがくだすのか、ということにかんしてである。例外事例すなわち現行法規に規定されていない事例は、せいぜいのところ、極度の急迫、国家の存立の危急などとあらわされうるにとどまり、事実に即して規定されることはない。このような事例があってはじめて、主権の主体の問題、つまりは主権一般の問題が現実化するのである。いかなるばあいに急迫事態が存在するといえるかを推定可能な明白さで挙示することもできなければ、またもし、現実に極度の急迫事態となり、その除去が問題とされるばあい、このような事態で、なにを行なうことが許されるのかを、内容的に列挙することもできない。権限の前提も内容も、ここでは必然的に無限定のままなのである。

ここは分かりやすい話ですね。取りあえず、「主権」を「最高で（それ以外のものから）演繹することができない支配権力 höchste, nicht abgeleitete Herrschermacht」と定義することについては、ほとんど議論の余地がないけれど、具体的に運用される際には、誰が「決定」するのかが問題になります。「実証主義＋規範主義的」な発想からすれば、「法」によって判定基準が予め定められているのだから、適用する主体が誰であるかというのは瑣末な問題にすぎない、ということになりそうですが、シュミットは、特定の誰かが、「△△のような場合は、○○という規範を適用すべきである」という主権的な決定をしないと、法規範は実効的なものにならず、宙に浮いてしまうと見ているわけです。普段は、誰が「決定」するのかについてあまり考えず、官僚的に処理していればいいだけかもしれないけど、「例外状況」では、そうはいかない。定義からして、「例外状況」では、法規範を自動的に適用するのは無理で、誰かが、「これが規範だ！」と「決定」しなければ何も始まらない。その「決定」ができるものが、「主権者」です。

細かい表現上の問題ですが、「～、事実に即して規定されることはない」という所の、「事実に即して」は原文では、〈tatbestandsmäßig〉となっています。〈Tatbestand〉は、普通は、「事実」とか「情況」といった意味ですが、法学用語としては、犯罪の「構成要件」とか、（特定の「法律効果」を生じさせる前提としての）「法律要件」といった意味になります。簡単に言えば、ナマの事実ではなく、法律上考慮に入れるべき「事実」、法的判断の根拠となるべき「事実」ということです。ここでは、そうした厳密な法学用語として使われているわけではありませんが、問題になっているのが、「例外事例 Ausnahmefall」の「要件」を定めることができるか否かですので、その点が分かるような訳にしておいた方がいいでしょう。「要件事実に即して」とか、あるいは、意訳して、「要件を示す形で」とか。

「現実に極度の急迫事態となり、その除去が問題とされるばあい、このような事態で、なにを行なうことが許されるのかを、内容的に列挙することもできない」、という文を見る限り、ここでの主権論は、憲法四八条の大統領の大権の枠を超えていますね。ライヒ大統領の権限は、それなりに具体的に列挙されているわけですから。

主権者は、平時の現行法秩序の外に立ちながら、しかも、憲法が一括停止されうるかいなかを決定する権限をもつがゆえに、現行法秩序の内にある。現代の法治国家的発展の傾向はあげて、この意味での主権者を排除する方向を目ざしているのである。

主権者が、「法秩序の外に立ちながら」、「法秩序の内にある」というのは、禅問答めいていて、深そうな表現ですね。厳密に言うと、「外に立つ」の方は、原文で〈～ steht außerhalb ～〉で、文字通りそういう表現なのですが、「内にある」の方は、〈～ gehört …zu ～〉で、通常は、「～の一部を成す」と訳します。主権者自身は、「法秩序の外」にあるけれど、それは法秩序と関係ないということではなくて、主権者の存在が、法秩序が法秩序であるための必要不可欠の条件である、ということです。言い換えれば、法を超越し、何が法であるか決定できる存在、法のゼロ点とも言うべき特別な存在がいないと、法は法として機能しないわけです。

アガンベン――ホモ・サケルと例外

アガンベンは、『ホモ・サケル Homo sacer』（一九九五）の第一章「主権の逆説」の冒頭で、この箇所を引用して、それを「例外」と「規範」をめぐる彼独自の議論の起点にしています。彼によると、「例外」を意味する英語の〈exception〉、イタリア語の〈eccezione〉などの語源である、「排除する」という意味のラテン語の動詞〈excapere〉は、語の作りから見て、〈ex-capere（外に（で）・捉える）〉が原義です。つまり、「例外」は、「普通＝規範 norma」の範疇から「外」へ押し出されているけれど、「普通＝規範＝内部」と無関係になっているのではなくて、「外」側にありながら、「内部」と関係付けられる形で把握されており、その構成要因になっているわけです。

アガンベンは、「主権者」と、その対極にあるように見える、「ホモ・サケル（＝聖なる人）」、つまり、その「生 bios」が法的支配（あるいは保護）の範囲外に置かれている宙ぶらりんの存在は、共に「例外」的な存在であり、そういう「例外」があるからこそ、「法」が成立している、という趣旨の議論を展開しています。「主権者」は、（「法の外」という意味での）「例外状態」において、「ホモ・サケル」に対する法外な支配を行使することのできる力を持っています。それによって、「法」が機能するわけです。それがこの著作の基本線になっています。それほど難しい理屈ではありません。「外」がなければ「内」を規定できない、「異常」がなければ「正常」を規定できないのと同様に、「例外」がなければ、「普通」は規定できないわけです。「例外」との対比で、「普通」の状態における、法＝権利の本質が明らかになるわけです。

シュミットに言わせれば、「憲法」を、一括停止＝宙吊り（toto suspendiert）状態にする決定権を持つ「主権者」がいることで、法秩序は保たれているのだけれど、現代の「法治国家」は、その〝事実〟を躍起になって否定しようとする。認めてしまえば、いつ主権者の「決定」によって、現行の法規範が停止されるか分からない、という不安が蔓延するし、主権者がまともな判断をしてくれるとは限らないからです。シュミットは、そうした主権者をめぐる〝事実〟を直視すべきだと主張している

主権概念の発展の歴史的叙述はいくつかあるけれども、それらは、教科書風に索引風に主権の定義を含んでいる究極的抽象的公式の集約の域をでていない。だれひとりとして、最高権力という、果てしなくくり返されるまったく無内容なきまり文句を、主権概念の著名な論者たちについて、さらに精確に研究する努力を払ったようには思えないのである。この概念が、危機にさいしての、つまり例外事例に即したものであることは、すでにボダンにおいて明白である。しばしば引用されるボダンの定義（主権とは、国家の絶対的かつ永久的権力をいう）よりはむしろ、「主権の真義」（国家論、第一部、一〇章）についてのかれの論説こそ、かれを近代国家論の始祖たらしめるものである。かれは、かれの概念を、多くの実際例に即して論じ、そのさい、くり返し次のように問い続ける。すなわち、主権者は、どの程度まで法律に拘束され、諸身分に対しどの程度まで義務を負うのかと。この究極的な、とくに重大な問いに、ボダンは次のように答える。すなわち、約束というものは拘束力をもつ。それは、約束の拘束力が自然法にもとづくものだからである。ただし、急迫事態においては、この拘束は、一般的・自然的法則にしたがって解消するのである、と。一般的に、かれはこうのべる。諸身分ないし領民に対し王侯が義務を負うのは、かれの約束の履行が、領民の利益にそうかぎりにおいてのみであり、緊急のばあいにはかれは拘束されるものではないのだ、と。

ボダンの主権論

ここでボダンの名前が出てきましたね。ボダンの主権論が、近代の国家論の嚆矢になったというのは、よく聞く話ですが、シュミットは特に、ボダンが「主権者（＝国王）は、どの程度まで法律に拘束され、諸『身分』に対しどの程度まで義務を負うのか」という問いを立てたことを重視しているようですね。世界史の本に出ていることですが、絶対君主制の時代に入る前の国王は、絶対的支配者ではなく、貴族、騎士、教会、都市などの諸身分との間でいろんな取り決めを行い、それに基づいて支配を行っていました。それにどれくらい縛られるか、という話です。

ボダンは、約束は「自然法 Naturrecht」に基づくものなので、通常は、主権者を拘束するけれど、緊急時には、（「自然法」の根拠でもある）「一般的・自然法則 allgemeine natürliche Grundsätze」に従って、その約束にはもはや縛られない、という見解を示したわけですね。これはまさに、「例外状況」論ですね。しかも、「例外」における「主権」の源泉として「一般的・自然法則」を引き合いに出している。一六頁では、『独裁』での議論を援用する形で、一七世紀の自然法論者も、「主権の問題は、例外事例にかんする決定の問題として理解されていたことを論じた」と述べられていますね。「主権」を「例外」と結び付ける考え方は、シュミットの専売特許ではなく、近代初期の主権論で既に示唆されていたわけです。

ボダンは、高校の世界史の教科書、あるいは大学の政治思想史の授業では、「王権神授説」、すなわち、神がそれぞれの王を――教会を介することなく――直接任命したがゆえに、王の権力は不可侵であるという議論の先駆けとしてほんの少しだけ言及されることが多いのですが、シュミットは、そうした宗教的な権威付けよりも、「主権」と「例外」の関係をめぐる哲学的考察の端緒を作り出したということを重視しているわけです。

ボダンは一応、生涯を通じてカトリックですが、法皇の権威が世俗の政府の権力をしばしば凌駕していることに対して批判的で、主権者である王の下に全ての権力を集約すべきことを主張しました。そういうボダンを評価していることからも、シュミットは必ずしも、カトリックの教え自体を、自らの政治・法哲学の基盤にしているわけではなく、カトリック文化の中で培われた、「秩序」観を重視しているのだということが分かります。ド・メーストルやボナールも、オーソドックスなカトリック神学自体に基づく政治を目指したわけではなく、教会と国家の理念的結び付きを強化することで、政治の秩序を再建しようとしたわけです。

「法－秩序 Rechts-Ordnung」

一九頁から二〇頁にかけて、例外状況と法秩序の関係について議論を展開しています。

> 例外状況であるためにはむしろ、原理的に無制限の権限が、すなわち現行全秩序の停止が必要なのである。この状態が出現したばあい、法は後退しながらも国家はいぜんとして存続するということが明白である。例外状況といえどもなお、無秩序および混乱とは別物なのであるから、法律学的意味においては、法秩序ではないにしても、いぜんとして秩序が存続するのである。国家の存立は、ここにおいて、法規の効力に対する明白な優越性を実証するのである。決定はいかなる規範的拘束からもまぬがれ、本来の意味で絶対化される。例外事例において、国家は、いわゆる自己保存の権利によって法を停止する。

ボダン

ここでのポイントは、純粋な「例外状況」においては、「法秩序 Rechtsord-nung」は全面停止するけれど、「秩序 Ordnung」がなくなることはないという

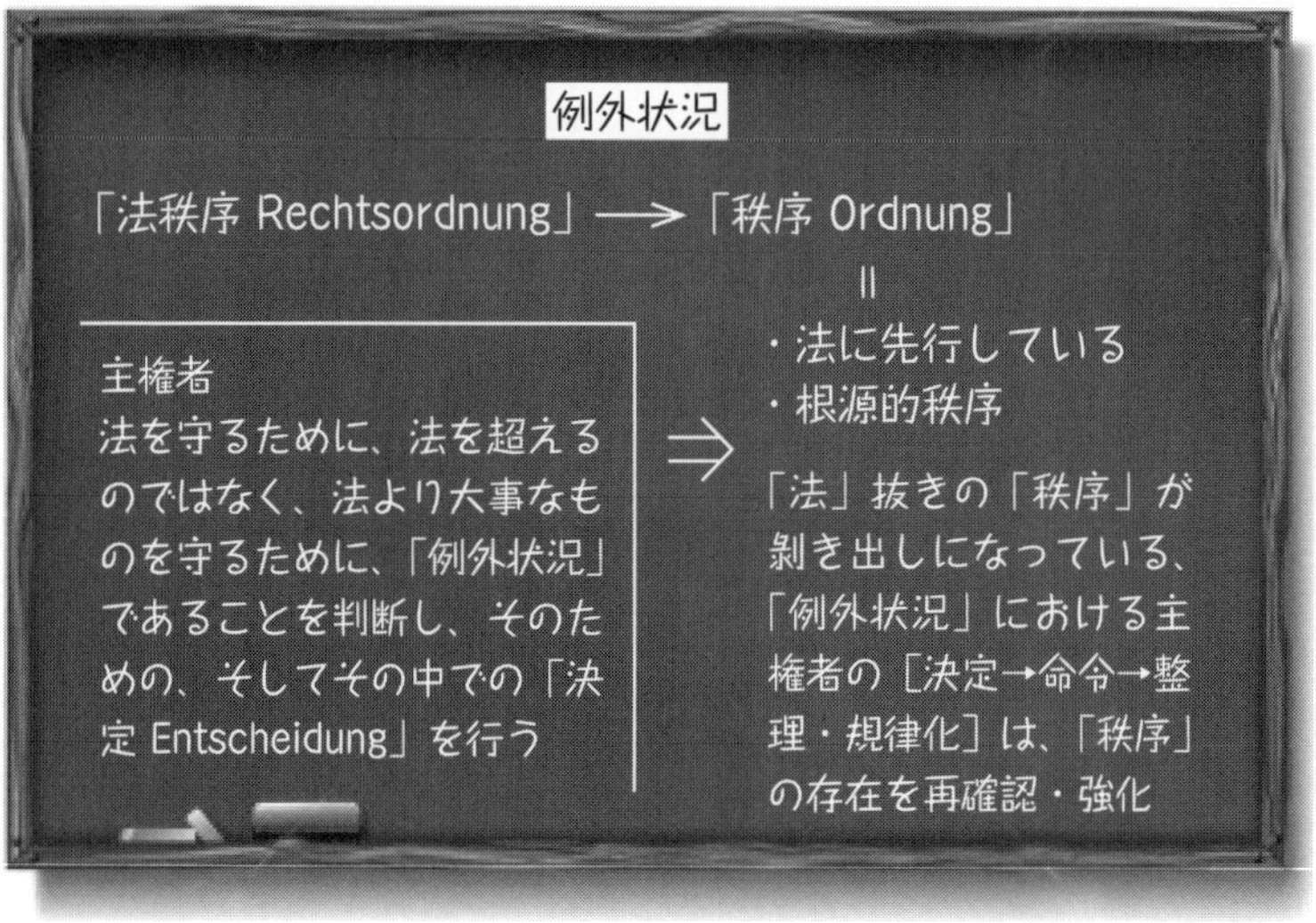
例外状況
「法秩序 Rechtsordnung」⟶「秩序 Ordnung」
=
・法に先行している
・根源的秩序
主権者
法を守るために、法を超えるのではなく、法より大事なものを守るために、「例外状況」であることを判断し、そのための、そしてその中での「決定 Entscheidung」を行う
⇒
「法」抜きの「秩序」が剝き出しになっている、「例外状況」における主権者の［決定→命令→整理・規律化］は、「秩序」の存在を再確認・強化

ことですね。「国家」を存立せしめている「秩序」それ自体は、「法」に先行しているわけです。法学的な見方をすれば、法規範を体系化した「法秩序」こそが、国家を成り立たしめる根源的な秩序であるわけですが、シュミットは、それよりももっと深い、あるいは本質的な「秩序」の層があると言っている。そう断言してしまうところは、法学者っぽくないです。主権者は、法を守るために、法を超えるのではなく、法より大事なものを守るために、「例外状況」であることを判断し、そのための、そしてその中での「決定 Entscheidung」を行うわけです。

因みに、「秩序」を意味する英語の〈order〉、フランス語の〈ordre〉などは、「命令」あるいは「指図」という意味も持っています。ドイツ語の〈Ordnung〉には、命令という意味はありませんが、「(生活の)規律」とか「配列」という意味があります。動詞形の〈ordnen〉は、「整理する」とか「配置する」といった意味合いになります。「法」抜きの「秩序」が剝き出しになっている、「例外状況」における主権者の［決定→命令→整理・規律化］は、「秩序」の存在を再確

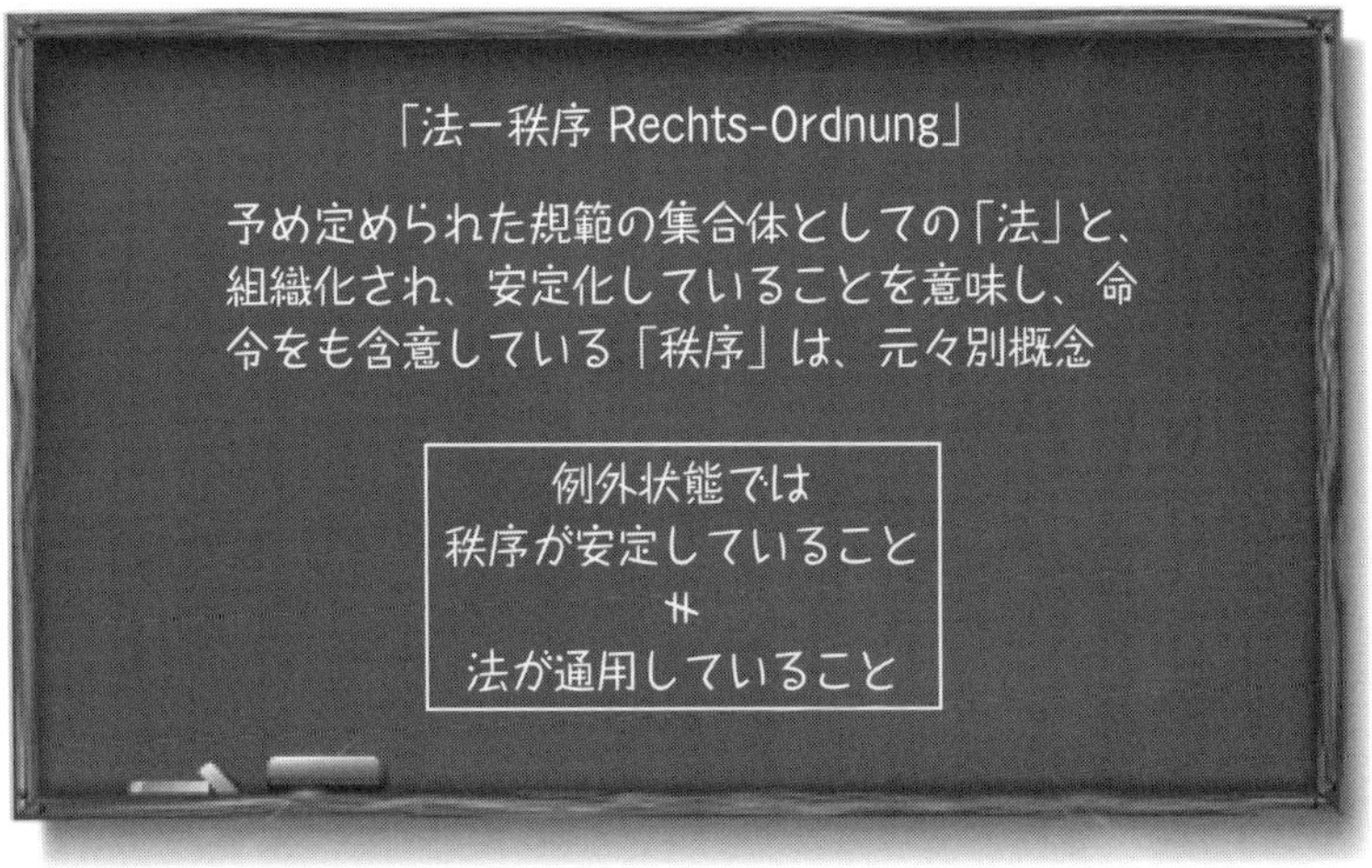
「法ー秩序 Rechts-Ordnung」
予め定められた規範の集合体としての「法」と、
組織化され、安定化していることを意味し、命
令をも含意している「秩序」は、元々別概念
例外状態では
秩序が安定していること
≠
法が通用していること

認・強化し、その一部になると考えられます。

> 「法－秩序」なる概念を構成する二要素が、ここにおいて相対立し、それぞれの概念的独立性を表明するのである。

ここはややピンと来にくいかもしれませんが、言いたいことは分かりますね、ドイツ語の〈Rechtsordnung〉は法律用語ですが、それほどきっちり定義されているわけではなく、法の専門家でない人でも、少し硬めの文章とか演説とかで、割と普通に使います。日本語の「法秩序」も、そういう感じですね。頻繁に使われる言葉なので、あまり意味について考えません。法学者や法律家も、基礎理論に関心がない限り、「法秩序とは何か？」、なんて考えないでしょう。しかし、この言葉の意味を分析的に考えてみると、いくつか疑問が出てきます。様々の「法」規範が論理的に整合性・一貫性があるように体系化されていることを「法秩序」と言うのか、それとも、国家などの「秩序」を守るために組織化された法の集合体のことか、あるいは、法によって守られている「秩序」のことか、という問題があり

ます。最後の場合、「法」を守ることと、「秩序」を守ることの間に齟齬は生じないのか、という新たな疑問が出てきます。

そういう関係を一言で表現するため、「法-秩序 Rechts-Ordnung」とハイフンで繋いだわけです。ハイフンを入れることで、普通に使われている言葉に含まれる異質性を際立たせ、そこから独自の解釈を展開するのは、現代思想でよく使う手法ですが、シュミットもそういうのが得意です。予め定められた規範の集合体としての「法」と、組織化され、安定化していることを意味し、命令をも含意している「秩序」は、元々別概念であることを、シュミットはこのハイフンで示唆しているわけです。通常は、「法」は、社会の秩序を守るために制定されるものだと考えられていますが、いったん制定されると、規範として固定化され、自立化するので、それに従うことが、秩序維持に繋がるとは限らなくなる。例外状態においては、秩序が安定していることと、法が通用していることが別だということが明らかになるわけです。

決定

通常の状態において、決定の独立的要素が最小限に抑えられうるのとまったく同様に、例外事例においては規範が無視される。にもかかわらず、例外事例さえもが、法律学的認識の対象たりうるのは、両要素すなわち規範も決定もともに、法律学的なものの枠内にとどまるがゆえにである。

先ほどの議論を踏まえると、ここは分かりやすいですね。「通常の状態（ケース）Normalfall」では「規範 Norm」が自動的に適用されるので、「決定」は目立たないけど、「例外事例（的ケース）Ausnahmefall」では、「規範」が通用しないので、「決定」が前面に出る。ただし、後者が法学的に認識不可能というわけではない。既に、『政治神学』よりも初期の論文『法律と判決』（一九一二）でシュミットは、裁判において裁判官が法を適用する際、不可避的に何らかの形で「決定」を行なっていることを示唆しています。規範は、具体的事例に自動的に適用されるわけではなく、「このケースには、○○という法規範を適用する」という「決定」がなければ、判決を下すことはできません。「例外」においては、〝普通〟に法規範を適用することができないので、「決定」が前面に出てくるわけです。

例外には、法律学的意味はない。したがって、それは「社会学」に属する、というような主張は、社会学と法律学との機械的分離の粗雑な適用といえよう。例外とは、推定不可能なものである。それは、一般的把握の枠外にでる。しかし、同時にそれは、決定という純法律学的形態要素を、絶対の純粋さにおいて明示するものである。

一見先ほどと違うことを言っているように見えますが、これは訳の問題です。「例外には、法律学的意味はない」というところに句点がありますが、原文では、「粗雑な適用といえよう」までが一つの文章になっています。〈die schematische Disjunktion〉を「機械的分離」と訳すのも少し不正確なので、以下のように訳し直しておきましょう。「例外には法学的意味はない、だから『社会学』に属する、と言う人がいれば、それは、社会学と法学を図式的に分離する考え方を粗雑に適用したものにすぎないだろう」。一般的には、社会学は経験的事実を扱う学で、法学は規範の体系を扱う学というイメージがありますが、シュミットはそう簡単に分けてしまうのは、まずいと見ているわけです。

ついでにもう一つ訳の話をしておきますと、「推定不可能なもの」は、原語では、〈das nicht Subsumierbare〉です。元になった〈subsumieren〉という動詞は、「包摂する」とか「従属させる」という意味です。

つまり上位のカテゴリーに含ませるということです。「例外」というのは、〝定義〟からして、何かの上位カテゴリーに「包摂」し、その中で位置付けることができないわけです。その「例外」の中で顕わになるわけですから、「決定」もまた、一般的に把握することのできない、法の構成要素ということになるでしょう。

「生の諸関係における正常性＝秩序」

例外事例が、その絶対的な姿で出現するのは、法規が有効となりうる状況が作りだされたうえでのことである。いかなる一般的規範も、生活関係の正常な形成を要求するのであって、一般的規範は、事実上それに適用されるべきであり、かつそれを規範的規制に従わせるのである。規範は、同質的媒体を必要とする。この事実上の正常性は、たんに「外的前提」として、法律学者の無視しうるものではなく、それはむしろ、規範の内在的有効性の一部を構成するのである。混乱状態に適用しうるような規範などは存在しない。法秩序が意味をもちうるためには、秩序が作りだされていなければならないのである。

「法規（Rechtssätze）が有効となりうる状況」という表現が少し分かりにくいですが、これは、その後に出てくる「生活関係の正常な形成 eine normale Gestaltung der Lebensverhältnisse」、及び「正常性 Normalität」に対応しています。要は、「普通」ということです。どういうのが「普通＝正常 normal」であるかが確定されることによって、「法規」が「通用 gelten」するようになるわけです。「例外状況」は、「法規」が通用しなくなる状況であると同時に、「法規」が通用するための新たな条件が創出される状況でもあるわけです。

「いかなる一般的規範も、生活関係の正常な形成を要求する……」という表現は、言葉遊びになっています。既に何度か出てきましたが、「規範 Norm」と「正常 normal」の言葉遊びです。この言葉遊びによって、「規範」というのは、道徳や法における抽象的な理念であるだけではなく、社会生活における「正常性」も含意していて、人々が「異常」ではなく、「正常」に振る舞うように誘導する、ということが示唆されます。

フーコーや、ジェンダー・スタディーズあるいはカルチュラル・スタディーズ系の議論では、「規範」が各人の内面に定着し、「標準＝正常」から外れないように振る舞わせる、ということが強調されます。それが、フーコーの言う「生・権力 bio-pouvoir」です。シュミットは、その手の文化左翼的な議論はしそうにないイメージがありますが、「生活関係の正常な形成 eine normale Gestaltung der Lebensverhältnisse」に言及したり、そこから生じる「事実上の正常性 faktische Normalität」が、「規範」の「内在的有効性 immanente Geltung」の一部になっていると言っているあたり、意外と近い発想をしているように見えますね。無論、ポストモダン左派が「規範＝正常性」を解体しようとしているのに対し、シュミットはそれを維持したいわけですが。

「一般的規範は、事実上それに適用されるべきであり、……」という箇所の「事実上」は先ほども出てきた、〈tatbestandsmäßig〉なので、「要件に即して」と訳し直した方がいいでしょう。「一般的規範」が、自らの要求に基づいて「正常に形成された生活関係」に対して、問題となる要件事実に即して、適用されるわけです。「一般的規則」と訳されているところの原文は、〈normative Regelung〉です。〈Regel〉という単純な名詞なら、「規則」でいいのですが、〈regeln〉という動詞になると、「制御する」とか「調整する」という意味になります。英語だと〈regulate〉に相当します。日本語だと、「規範」と「規則」の区別がつきにくいこともあるので、「調整」と訳しておいた方がいいでしょう。「あらゆる一般的規範は、生活関係の正常な形成を要求する。一般的規範は、事例ごとに要件となる事実に即して、(自らの要求に基づいて正常化された)生活関係に適用されることになり、それらの関係を規範的に制御する」。

その次の「同質的媒体 ein homogenes Medium」という表現は、これだけだと、何を指しているのか分かりにくいですが、文脈からしてすぐ後ろに出てくる「事実上の正常性 die faktische Normalität」を指していると考えるべきでしょう。つまり「規範」は、「正常性」と呼べるような事実の連関があって初めて、適用可能になるということです。何が、正常なのかが見当がつかないほど、規則性が欠如したカオスにあっては、「正常性」の核となるべき「規範」を適用しようがないわけです。だから、自ら「正常性」を作り出そうとする。ますますフーコーっぽいですね。

先ほどからシュミットが「法秩序」と区別して、「秩序」それ自体と呼んでいるのは、議論の流れからして、「生の諸関係」の中に出来上がり、「規範」が通用するための媒体となる「正常性」のことでしょう。そういう「正常性＝秩序」があって初めて、「法」が機能するわけですね。これは、法規範相互の論理的関係だけで、「法秩序」が自己完結的に形成されていると考える法実証主義とはかなり発想が違いますね。「例外状況」において、「(法)規範」が普通に通用しなくなった時、「規範」が通用するためには、「生の諸関係における正常性＝秩序」が不可欠だということが浮き彫りになるわけです。

ロックの法治国家の学説および合理主義的一八世紀にとっては、例外状況とは、考量不能のものであった。一七世紀の自然法に支配的であった、例外事例の意義についての生々しい自覚は、比較的に永続的な秩序が作りだされた一八世紀において、やがてまた失われたのである。カントにとって、緊急権は、もはや、そもそも法ではない。こんにちの国家論は、興味深い現状を呈しているのであって、緊急事態に対する合理主義的無視と、本質的にそれとは逆の理念より発する興味という両傾向が、同時に相対立している。ケルゼンのような新カント学派が、例外状況について体系的になんらあつかうすべを知らないのは当然である。

ちょっとだけ一六頁に戻って下さい。「例外状態」を論じた一七世紀の自然法論者として、ドイツのサミュエル・フォン・プーフェンドルフ（一六三二－九四）が挙げられていますね。プーフェンドルフはロック（一六三二－一七〇四）と同じ年に生まれたわけですが、シュミットから見ると、「例外状態」の扱いという点で全然違うわけです。プーフェンドルフは、人民が国家を創設する社会契約と同時に、国王に服従する服従契約を結ぶという二重契約説を提唱した人で、そのことをルソーは『社会契約論』で批判しています。

一八世紀は末期になると、フランス革命やナポレオン戦争のような戦乱が続きましたが、三十年戦争や清教徒革命があった一七世紀に比べると、一八世紀の大半は相対的に安定し、「例外状態」についてあまり考える必要がなかった。「例外状態」は、定義からして、合理的な法理論が通用しない状態なので、哲学者や法学者は、必要もないのに「例外状態」について考えたくなかったわけです。

ここでケルゼンの名前が出てきました。ここでシュミットが述べているように、ケルゼンは新カント学派の影響を受けていると見なされています。新カント学派というのは、一九世紀後半から台頭してきた、マルクス主義やヘーゲル主義に対抗してカント哲学を復興させようとした哲学的運動の総称で、因果律の支配する「存在 Sein」の領域と、「当為 Sollen」の領域をはっきり分け、後者の領域における精神的法則を探求することが特徴だとされています。カントの認識論を応用して数学や自然科学を論理学的に基礎付けすることに力を入れたマールブルク学派と、カントの価値論に基づく文化科学や歴史研究の基礎付けに力を入れた西南学派に分かれます。ケルゼンは、マールブルク学派の方に近いとされています。彼の「純粋法学」が、(概念としての)法規範相互の論理的関係を探究するものであることからすると、彼がマールブルク学派の影響を受けているというのが何となく分かりますね。

どうしてここで新カント学派の話が出てくるかというと、彼らの元祖であり、合理主義者であるカントが「緊急権 Notrecht」を法と認めていなかったので、新カント学派の一員としてその影響を受けているケルゼンもまた、論理的に「構成」することができない、「例外」を扱えていない、という点を強調したかったからでしょう。シュミットに言わせれば、「例外状況」における「決定」は、「法規範」と、その媒体としての「正常な生活関係」の繋がりを明らかにする、重大な契機であり、法学はそれを無視できないはずです。

主権という名の「権力 Macht」

第二章の「法の形式および決定の問題としての主権の問題」に入りましょう。「主権 Souveränität」とはどういう「権力 Macht」かについて論じられています。シュミットは先ず、「主権とは、法的に独立した、演繹できない最高の権力 (höchste, rechtlich unabhängige, nicht abgeleitete Macht) である」という昔ながらの主権の定義は無意味である、と言って切り捨てます。二六頁をご覧下さい。

それは、現実の存在をあらわすものとして、「最高権力」という最高級を用いてはいるものの、その実、因果律に支配される現実のなかから、このような最高級のあらわしうるような個別の要素を、なにひとつとりだしているわけではない。自然法的な確実さで機能し、さからうことの不可能な、最高の、すなわち最大の権力などというものは、政治的現実のなかには存在しないのである。権力は、法についてなんの証拠にもならない。それはしかも、ルソーが、かれの生きた時代を背景にして、次のようにまとめた平凡な理由からである。すなわち、力は物理的権力であるし、強盗の発射するピストルもまた権力である（社会契約論、第一編、第三章）のだから。事実上の最高権力と法的最高権力との結合こそが、主権概念の根本問題である。この点に、主権概念のすべての難関があり、それは、一般的な同義反覆的述語によってではなく、法律学的本質の明確化によって、法律学上のこの根本概念をとらえるような、ひとつの定義を発見するという課題なのである。

ここも日本語だとピンと来にくくなりますが、ドイツ語の〈Macht〉は、英語の〈power〉と同じで、「権力」という意味の他に、物理的な力という意味もあります。従って、「主権」のことを、〈höchste Macht〉と言う場合、それが現実的に「最高の力」であるという意味で言っているとしたら、あり得ない話だと言っているわけです。

それに加えて、現実的な力、実力としての〈Macht〉は、「法についてのなんの証拠にもならない」わけです。ここは意味的に、「力は、法についてなんの証拠にもならない」、とした方が良かったと思います。その後のルソーからの引用――原文では、フランス語のまま引用されています――も、趣旨が摑みにくいですが、この第一編第三章でルソーが論じているのは、実力による事実上の支配がいくら長く続いても、法＝権利（droit）には転化しない、ということです。実力支配だったら、別のもっと強い奴が出てきたら、交替になるし、その新しいボスは目上の者を打倒したからといって、制裁を受けることはない。その時点では一番強いわけですから。そういう実力による既得権益のようなものは、法＝権利とは関係ないのではないか、法＝権利の根拠はもっと別のところにあるのではないかと示唆し、そこから、自発的な「合意」こそが、法＝権利の根拠であるという自らの主張に移行するわけです。

「力は物理的権力である」というところの「力」は、〈force〉というフランス語で、意味は英語の〈force〉とほぼ同じで、「能力」とか「力量」のような意味で使うこともありますが、基本的には、物理的な力、強さ、戦力などの意味で使われることが多いです。「物理的権力」の原語は、〈la puissance physique〉で、〈puissance〉は、物理的な「力」とか「強さ」の意味もありますが、「権力」とか「支配力」といった意味でも使われます。これと同じ語源の〈pouvoir〉は、先ほどの〈pouvoir constituant（構成的権力）〉がそうであるように、法的な権力の意味で使われることが多いです。「力」は、物理的な支配力にはなっても、「法的権力」ではないわけです。

結局のところ、この箇所でシュミットが言いたいのは、主権とは、「事実上の最高権力 faktisch höchste Macht」と「法的最高権力 rechtich höchste Macht」の結合したものである、ということです。どちらか一方からの定義だけでは不十分なわけです。

最近数年間にでている詳細をきわめた主権概念の論攻についていえば、まず社会学対法律学という対立をうちだし、安易な二者択一から、純社会学的なものと純法律学的なものをとりだすということによって、より簡単な解決を試みている。ケルゼンは、その著書『主権の問題と国際法理論』（チュービンゲン、一九二〇年）および『社会学的および法律学的国家概念』（チュービンゲン、一九二二年）で、この方向をたどっている。社会学的要素をすべて法律学的概念から分離することによって、諸規範に対する、かつ究極的・統一的な根本規範に対する帰属の体系を、まじりけのない純粋さで獲得しようとする。存在と当為、因果的考察と規範的考察という、むかしながらの対置が、すでにゲオルク・イェリネクやキスチャコフスキィにみられる以上の入念さと厳格さで、ただしかれら同様、なんの証明もともなわない自明さで、社会学対法律学という対置に置き換えられている。

ここでシュミットが批判している最近数年間の傾向というのは、「主権」には、社会学によって探究すべき事実的側面があると認めたうえで、それと法学的な側面を分離して、それぞれ別に探究しようとするということです。「根本規範 Grundnorm」というのはケルゼンの「純粋法学」の用語で、数学の公理のように、そこから全ての法規範が論理的に導き出されてくる、大本の規範です。そこには政治とか道徳とか経済とか、他の領域からの影響を受けることなく、一貫した法の論理だけで導き出されるはずと考えるわけです。だから、「純粋」と呼ぶわけです。「法実証主義」の究極の形態です。

当然、では、その大本の「根本規範」はどうやって措定されるのか、主権者の価値観や現状把握が反映するのではないのか、という疑問が出てきますが、ケルゼンはそれは問題にしません。いったん主権者の意志によって、「根本規範」が措定されたとしたら、それ以降は、法以外の要素が入ってくる余地はないと考えるわけです。

ゲオルク・イェリネク

ゲオルク・イェリネク（一八五一—一九一一）は、一九世紀を代表するドイツの公法学者で、国家を社会学と法学の両面から研究し、国家法人説に基づいて国家学を再建しようとした人です。国家を構成する三要素として、主権、領土、人民を挙げたことでも有名です。ボグダン・アレクサンドロヴィッチ・キスチアコフスキー（一八六八—一九二〇）は、現在はウクライナになっているキエフに生まれ、ドイツやフランスで学んだロシアの法学者・社会学者です。ドイツでは、新カント学派系の理論社会学者のゲオルク・ジンメル（一八五八—一九一八）や西南学派の中心的哲学者であるヴィンデルバント（一八四八—一九一五）に学んでいます。ロシアに帰ってからは、モスクワやキエフで教鞭をとり、ロシアの新カント学派の代表格になりました。
シュミットに言わせれば、主権の核には、例外状況について決定する主権者がいるはずなのに、ケルゼンの純粋法学にはそういう人格的存在はなく、ただ非人格的でありながら、首尾一貫した体系があるだけです。

はたして〝純粋な法の論理〟は、現実の秩序と一致することができるのか。

国家すなわち法秩序は、究極的帰属点かつ究極的規範に対する、帰属の体系なのである。国家内部に行なわれる上位および下位秩序は、統一的中心点より発して最下位段階にいたるまで、権限や権能が及んでいくことにもとづく。最高権能は、一人格ないしは社会学的心理学的権力複合体に帰着するのではなく、ひとえに、規範体系の統一として、主権的秩序そのものに帰着するのである。法律学的考察にとっては、現実の、あるいは虚構の個人は存在せず、ただ帰着点のみが存在する。国家とは、帰属の最終到達点であり、この「点」において、法律学的考察の本質である帰属が「終止しうる」のである。この点は、同時に、「これ以上演繹しえない秩序」である。

ケルゼンの体系は、数学のような統一性・体系性を目指しているので、理論的に美しい感じがします。日本の法学者にも、そういうケルゼン理論の美しさに魅せられる人がいます。シュミットはそれでは納得がいかない。どうしてそういう（恐らくケルゼンのような法学者が想定しているだけにすぎない）〝純粋な法の論理〟だけで出来上がっている非人格体系が、現実の秩序と一致することができるのか。

体系的統一は、ケルゼンによれば、「法律学的認識の自由な行為」である。いま、興味深い数学的神話、すなわち、点は秩序であり体系であり、規範と同一たるべし、という論はさておいて、次のことを問うてみよう。すなわち、さまざまな帰属点への、さまざまな帰属の、思考上の必然性および客観性は、もしもそれが実体的な規定すなわちひとつの命令にもとづくのでないとしたら、なんにもとづくのであるか、と。まるで自明至極のことであるかのように、くり返しくり返し、一貫した統一と秩序なるものが論じられる。まるで自由な法律学的認識の結果と、他方ただ政治的現実においてのみ統一体として結合されている複合体との間に、予定調和が成り立つものででもあるかのように、高次の秩序と低次の秩序という段階が論じられ、法律学の俎上にのせられるすべての実体的規定に、それがみいだされるのだという。

「体系的統一 die systematische Einheit」が、「法律学的認識の自由な行為 freie Tat der juristischen Erkenntnis」であるというのは、直観的に分かりにくいですが、基本的に、文字通りの意味に取ればいいです。判決とか、現実社会における法の運用などを調べて、経験的・帰納的に体系を推定するのではなくて、そういう経験的事実から相対的に「自由」に、法律学の論理に従って、統一的に体系を構成するということです。それだったら、体系的に統一されているのはある意味当然ですが、そういう体系を論理的に（再）構成することが、法理論にとって重要だとケルゼンは見るわけです。この「法律学的認識の自由な行為」の話は、先ほどの『社会学的および法律学的国家概念』の第九章「国家概念からの権力要素の排除」で、「国家人格」説を主張するマックス・ヴェンツェル（一八八二―一九六七）が、法秩序それ自体と、法律学的な認識を混同していることを批判する文脈で出てきます。

「点は秩序であり体系であり、規範と同一たるべし」という部分は、これだけでは何のことか分かりませんが、この場合の「点」というのは、先ほど出てきた「国家とは、帰属の最終到達点」という場合の「点」です。つまり、法規範ａはより上位の法規範ｂから導き出され、ｂはより上位の法規範ｃから……という風に遡っていくと、それ以上遡ることができない根本規範という点に至り、その演繹の系列全体が「国家」あるいは「法秩序」であるわけですが、その「点」から全てが自動的に導き出されるとすれば、「国家」＝「法秩序」自体が、その「点」だと言ってもいいことになる。それは神話じゃないか、とシュミットは示唆しているわけです。

その次の部分は、比較的分かりやすいですね。ａがｂに帰属する、ということに何か客観的な必然性があるのか、ということです。ケルゼンは、「自由な認識行為」だと言っているけれど、当然、ケルゼンや他の法律家の頭の中にある〝法規範〟の相互関係を論じても、それは、現実の法ではないですね。どうして、「自由な法律学的認識の結果」と、国家の「政治的現実」が対応していると言えるのか？ 法学が扱う個々の規範は、実在する法規範ではないといけないし、その相互関係も、国家の政治的現実に対応していないと意味がない。物理学で、物理的な諸関係を数学的に表現しますが、それらの式が数学的に正しくても、現実の物体同士の相関関係に対応していることを示せなかったら、無意味なわけです。物理学であれば、数式があるのでまだいいですが、純粋法学の場合、それに相当するものさえない。帰属関係を客観的に証明する公式のようなものがない。シュミットに言わせれば、人格的な主体による意志的な「(解釈→適用→) 命令」がなかったら、ある命題を他の命題に「帰属 zurechnen」させ、それを更に現実に対応させることなどできない。

最後の「実体的な規定 positive Anordnungen」という言い方には、皮肉が効いていますね。ケルゼンたちの立場は、「法実証主義 Rechtspositivismus」で、名称からすると、実在的（postitiv）な法だけを問題にするはずですが、実際には、国家を現実に成り立たしめている規範の複合体とは対応しているという保証がない。法規範を相互に結び付けている「秩序」を把握していないのに、どこが「実証」なのか、ということです。

ケルゼンが法律学をどこまでも純粋に高めて到達しようとする規範的科学なるものは、法律家が自己の自由な行為にもとづいて評価するという意味においての規範的なものではありえない。法律家はただ、みずからにとって所与の（実定的に与えられた）諸価値を基盤としうるのみである。これによって、ひとつの客観性が可能となるようにみえるのだが、しかし実定性との必然的関連は、なんら可能とならない。法律家のもとづいている諸価値は、なるほど法律家にとって所与のものであるが、法律家はそれらに対し、相対的優越性をもって臨む。なぜなら法律家は、「純」法律家の域に留まるかぎりにおいて、みずからが法律学的に関心を寄せるすべてのことがらからひとつの統一を構成しうるのであるから。だがしかし、統一性と純粋性とは、本来の難問をきっぱりと無視し、形式的根拠にもとづいて、体系と矛盾するものすべてを不純なものとして排除する、ということによって安易に獲得されているのである。

ここでは、ケルゼンの主張の内在的矛盾が指摘されています。ケルゼンが志向する純粋な「規範科学 die normative Wissenschaft」としての法律学においては、「法律家」は、自由な認識行為として価値評価を行い、諸規範の間の階層構造を構成するわけですが、シュミットに言わせれば、それは文字通りの意味で、「自由な行為」ではあり得ない。どうしてかと言うと、法律家は自分で法的価値を作り出すことはできず、自分にとって所与の価値と見えるものに基づいて、法規範の階層構造を再構成することしかできないからです。本当は、そうした所与の価値に従って思考するしかないのに、それらを超えているかのように振る舞うことになる。
主体としての法律家が自ら認識の〝対象〟となる〝法秩序〟を構成するので、その認識が客観的であるとケルゼンは考えるわけですが、先ほどもお話ししたように、それが実在する法秩序、実定法の体系に対応しているという保証はない。結局のところ、純粋法学は、実在する法秩序を構成する様々な要素を捨象し、自らの関心のみに基づいて、それを再構成することで、〝統一的な体系〟を作り上げているかのように見せかけているだけです。
そうやって法律家が〝自由〟に認識した規範相互の論理的帰属関係だけを問題にする「純粋法学」は、規範が通用しない例外状態においてその本質を現わす「主権」概念を扱うことができない。

ケルゼンは、主権概念の問題を無視することによって、それを解決する。かれの演繹の結論は「主権概念は断固排除されなければならない」(主権の問題、三二〇ページ)である。これは、事実上、旧来の自由主義的な、法のまえに国家を否認することであり、法の実現という独自の問題の否認である。このような考えの重要な論述は、H・クラッベにみいだされる。クラッベの法主権説(一九〇六年、再版の一九一九年増補ドイツ語版の表題は『現代の国家理念』)は、主権者は、国家ではなく法である、という命題にもとづいている。ケルゼンはこれを、みずからの国家と法秩序との同一説の先駆をなすものとのみ、みているらしい。

ここは比較的分かりやすいですね。「国家」の「法」について論ずるには、法を実現する「主権」を論じざるを得ないはずですが、主権は物理的実力を含んだ概念であるので、純粋法学は無視したい。シュミットに言わせれば、それは事実上、「国家」の存在を無視して、法規範だけで全てが決定されているかのような、非現実的な理論を作ることです。

ここで法主権説（Lehre von der Rechtssouveränität）の一応の提唱者として紹介されているフーゴー・クラッベ（一八五七－一九三六）はオランダの公法学者で、国家論についての仕事で知られています。ケルゼンは、クラッベを自分の先駆者と見ているようですが、三一頁から三四頁にかけてシュミットが解説しているように、クラッベはむしろ、国家は様々な利害関係から成る複合体であり、「法」を作ることによって、それらの諸利益を法的価値として確定することが、国家の役割であると主張した人です。法自体が、価値の源泉になるという話ではありません。彼の主権論は、多元的主権論に分類されることが多いようです。三四頁では、クラッベを、国家＝団体論の系譜に位置付けたうえで、団体論（Genossenschaftstheorie）を詳しく分析しています。シュミットにとって、団体論は不十分であるものの、ケルゼン流の法実証主義よりは見るべきところがあるようです。

団体論（Genossenschaftstheorie）

中央集権的官憲国家に対し共通に反対している、という点で、クラッベは団体理論に近い。官憲国家に対する、そして官憲国家の法律家に対するクラッベの闘争は、フーゴー・プロイスの有名な諸著述を想起させるものがある。団体理論の創始者であるギールケ自身、みずからの国家概念を次のようにまとめている。すなわち、「国家の、ないし統治者の意志は、法の究極的根源なのではなく、民衆生活から生じた法意識の表明のために設けられた民衆の機関なのである」（『国法学の根本概念』三一ページ）と。統治者の個人的意志は、有機的全体としての国家に組み入れられる。

「団体理論」というのは、家族、氏族、地域共同体、都市共同体など各種の同胞的で、メンバーが有機的に結び付いている「団体 Genossenschaft」ごとに発展した法・権利関係に注目し、「国家」もそうした「団体」の拡大したものと見る法理論です。〈Genosse〉というのは、「同胞」「仲間」「同志」といった意味です。「国家」が「団体」だとすると、「法」は、その団体の——中でのみ通用する、慣習的に形成されたルールにすぎないわけですから、特別視する必要はなくなるわけです。ケルゼンのように、抽象的な法規範の体系（＝法秩序）が、自立した価値を持っていると考える余地はないわけです。フーゴー・プロイス（一八六〇—一九二五）は、国法学者で、ワイマール共和国初期の連立与党の一角を占めるドイツ民主党（DDP）の共同創設者の一人であり、ワイマール憲法の主要な起草者です。

オットー・フォン・ギールケ（一八四一—一九二一）は、一九世紀の法制史家で、「団体権 Genossenschaftsrecht」の研究に力を入れた人です。国家を、民衆によって構成される一つの有機的全体であり、法は民衆の生活意識の表明だと見ることで、官僚による中央集権的支配に対抗しようとしたわけです。ギールケによれば、民衆の意志を全体として表明する「法」と、統治のための組織である「国家」は、対等の関係にあるということが述べられていますね。

> ギールケによれば、国家による立法とはただ、国家が法に対して押印する「究極的形式的印章」にすぎず、この「国家による刻印」は、たんに「外的形式的価値」をもつにすぎない。すなわち、クラッベが法的価値のたんなる確定とよんだものでなく、だからこそギールケによれば、国際法も国家法ではないが法でありうるのである。国家がこのようにして、たんに宣言するだけの布告者の役柄に押しやられるばあい、国家はもはや主権者でありえない。現にプロイスは、団体理論を論じつつ、主権概念を官憲国家の残滓として否定しえたのであり、団体として下から築きあげられる共同体のなかに、

支配権の独占を必要とせず、したがってまた、主権なるものなしですむ組織体をみいだしえたのである。

「クラッベが法的価値のたんなる確定とよんだものでなく」となっているので分かりにくいですが、これは恐らく誤訳だと思います。原文を見ると、〈nur das ist, was Krabbe eine bloße Feststellung des Rechtswertes nennet〉となっていて、否定ではないので、「クラッベが法的価値のたんなる確定とよんだものにすぎず」というのが正しいです。つまりギールケ、プロイス、クラッベの団体理論の系譜では、国家は、民衆の生活意識に根ざした団体、共同体であって、法というのは、人々の生活意識や利益を、公的に「宣言 deklarieren」するだけで、国家の権力機構＝官憲国家には、何が法であるか実質的に決定する権能はないわけです。そうすると、主権概念はいらないことになり、主権的な決定主体なしに生成する国際法が法であることに、矛盾はなくなるわけです。

団体理論は、人々の生活と法を結び付けて考えている点で、ケルゼンよりは、シュミットに近い感じがしますが、団体の中で「法」の中身が既に形成されていて、それが国家の公式の機関によって確定もしくは宣言されるだけだと考えるので、「主権」の問題をスルーできるし、むしろそれを官憲国家（Obrigkeits-Staat）――〈Obrigkeit〉というのは、「当局」とか「お上《かみ》」というような意味です――の残滓として排除するわけです。こっちの方が、シュミットにとっては手ごわそうな気がしますね。

次に、クルト・ヴォルツェンドルフ（一八八二－一九二一）という人が出てきますね。彼はもう少し若い世代、シュミットに近い年代の団体理論家です。三六頁に挙げられているもの以外に、『国家権力の違法な行使に抗しての人民の抵抗権における国家法と自然法』（一九一六）という著作があります。彼は、「国家」は、諸団体や個人の自由な活動を保障するために、（民衆の生活意識を反映させる形で）「法」を制定することに自己限定すべきである、という立場を取っていたようです。

> ボルツェンドルフの純粋国家は、その秩序機能だけに限定される国家である。それには、法の形成も含まれる。法はすべて、同時に、国家的秩序の存立にかかわるからである。国家は法を保持すべきものである。国家は、「番人であって命令者ではない。」ただし番人であるとしても、たんに「盲目的な下働き」ではなく、「責任を負い、究極の決定権をもつ保証者」なのである。労兵協議会《レーテ》思想を、ボルツェンドルフは、国家を「純粋に」それに帰属する機能だけに限定しようという、団体自治へのこの傾向の現われとみる。

「労兵協議会 Räte」というのは、第二帝政が崩壊し、ワイマール共和国が正式に発足する前にドイツ各地にできた、評議会組織です。〈Räte〉というのは、評議会を意味するドイツ語〈Rat〉の複数形で、ロシア語の「ソヴィエト」のドイツ語訳です。ヴォルツェンドルフは〈Rat〉を、「団体」として捉えたうえで、それぞれの〈Rat〉による自治を守るために「法」を制定する機能を担うのが、「レーテ」思想における「国家」と見なしたわけです。現実のソ連の歴史を見ると、あまりそういう風には思えませんが、「ソ連」というのは元々、各「ソヴィエト（評議会）」ごとの自治のための意志決定を、より大きな単位でまとめあげ、最終的に人民の意志を決定する仕組みと考えられていたわけです。

「最終審級」

ボルツェンドルフが、「究極的決定権をもつ保証者」という言い方をすることによって、団体的および民主的国家観とは正反対の権力的国家論に、いかにはなはだしく接近してしまったかは、かれ自身、自覚していなかった、とわたくしは思う。クラッベおよび団体理論の前述の代表者たちに対して、ボルツェンドルフのこの最後の著述は、それゆえにとくに重要なのである。これは、論議を決定的概念へ、すなわち実質的意味における形式の概念へとすすめる。秩序の力それ自体がきわめて高く評価され、保証機能が独立の存在とされるために、国家はもはや、法理念のたんなる確定者ないしは「外的・形式的な」切り替えスイッチではなくなる。

ポイントは分かりますね。シュミットはヴォルツェンドルフが、「究極的決定権を持つ letztentscheidend」という言葉を使っていることに注目しているわけです。現代思想で、「最終審級」と訳されている言葉です。従来の団体理論では、人々の有機的な結び付きに根ざしたそれぞれの団体の自治を重視し、一番大きな団体である国家についても、全体としての意志を決定する主権という審級はいらないという態度を取っていたわけですが、ヴォルツェンドルフは、それらの団体の自治の「保証者 Garant」としての「国家」が、同時に最終的決定権を持たねばならない、と言ってしまったわけです。しかも、そうした秩序を保障する機能を持った「国家」が、諸団体の結合体とした大きな団体ではなく、その役割だけに特化した独立した機構として描かれているので、「最終決定権」を持った「秩序の保証者」であることが、かえって際立つ。シュミットが、「ライヒ大統領」について論じた内容に近いわけです。ヴォルツェンドルフは、「レーテ＝団体」の民主制を完全なものにしようとする議論をしているうちに、図らずも、「主権者」による決定を重視するシュミットの考えに近付いてしまったわけです。

「決定的概念」の原語は、〈der entscheidende Begriff〉で、「決定（決断）する」という意味の〈entscheiden〉を含んでいます。ここでは、比ゆ的に「決定的」と言っているだけですが、シュミットはこの言葉をチョイスすることで「決断」概念への移行の可能性を示唆しているわけです。「実質的意味における形式 Form im substantiellen Sinne」については、すぐ後でまた出てくるので、そこで説明します。『外的・形式的な』切り替えスイッチ der „äußerlich formale" Umschalter」というのは、既に各種団体において実質的には決まっている民衆の意志を、「法」という形式へと変換するスイッチということです。ヴォルツェンドルフの理論において、「国家」は、そういう意味でのスイッチから、独立の最終決定権を持った機関へと変質しているわけですね。

シュミットはケルゼンを批判する時のように、最初から否定するのではなく、相手の懐に入り込み、その論理を自説に有利な方向に利用しているわけですね。ポストモダン系のテクスト解釈でよくあるように、テクストの中に生じるズレ、差異に注目し、それをぐっと広げていくような議論の進め方も、シュミットは得意としています。

法と形式

あらゆる確定および決定のうちに、どの程度まで法論理的必然性をもって構成的要素が、すなわち形式のもつ固有の価値が含まれているのか、という問題が生じる。ボルツェンドルフが論ずる形式とは、「社会・心理学的現象」としてのもの、すなわち、歴史的-政治的生活において作用する要素としてのものであって、その意味は、この要素が相互に作用し合う政治的諸力に対し、国家体制の思想構造を、構造的予測の固定的な要素としてとらえることを可能にする、という点にある（公法論叢三四巻、四七七ページ）。すなわち国家は、生活形式という意味でひとつの形式と化する。予測可能の機能性という目的に奉仕する形成と、他方たとえば、ヘルマン・ヘーフェレが用いているような美学的意味における形式とを、ボルツェンドルフは明確には区別していない。

ここでは、「形式 Form」の意味が問題になっています。「形式」と言うと、何となく表面的で、実体を伴っていないような感じがありますが、シュミットは、「形式」が、何らかの実体的な作用を及ぼすこともある、あるいは、そういう意味合いで「形式」という言葉が使われることもあると示唆しているわけです。

法的な「確定 Feststellung」あるいは「決定」は、一定の「形式」を備えていることによって、効力を発揮します。そういう場合の「形式」はどういう価値を持っているのかをシュミットは問題にしているわけです。

「社会・心理学的現象」としての「形式」が「歴史的-政治的生活において作用する」というのが少し分かりにくいですが、その後に続く「国家体制の思想構造を、構造的予測の固定的な要素としてとらえることを可能にする」とか、「生活形式」という説明に注目すると、少し分かりやすくなりますね――「生活形式」の原語は、〈Lebensgestaltung〉なので、正確には、「生活の形態化」と訳すべきでしょう。もう少し簡単に言うと、自分の生きる国家が、どのような考え方に基づいて動いているのかについての類型化された物の見方、見え方ということです。社会の一般的な考え方、価値判断の基本的パターンを、ある程度客観的に認識可能な「形」にまとめ、可視化することによって、どのように振る舞ったら、どういうことになるか予想しやすくしておく、ということでしょう。

ヘルマン・ヘーフェレ（一八八五-一九三六）というのは、ドイツのラテン文学・文学史・歴史の研究者で、ペトラルカ（一三〇四-七四）の作品を翻訳したり、マキャベリ論を書いたりしています。

次にマックス・ウェーバー（一八六四-一九二〇）の法社会学における「形式」の三概念について述べ

られています。第一に、法的内容の概念的確定（die begriffliche Präzisierung des rechtlichen Inhaltes）＝規範的規制（die normative Regelung）。これははっきりしていますね。第二に、対象領域の分化（Differenzierung der Sachgebiete）に関わる場合として、「合理化されていて、専門化した訓練を経ており、予測可能になっている」、という意味で、「形式的 formal」という言葉が使われる、と述べられています。この意味での「形式化」は、今日の社会学、特にシステム論系の議論でもよく聞きますね。「社会的分化」については、社会進化論で知られるハーバート・スペンサー（一八二〇–一九〇三）やジンメル、デュルケイム（一八五八–一九一七）などによって理論的に洗練されていきました。この第二の意味と第一の意味、及び、第三の意味、「合理主義的 rationalistisch」という意味合いでの「形式」の繋がりをシュミットは重視しているようです。三者の繋がりについて述べている箇所を見ておきましょう。

　形式的に発達した法とは、自覚された決定準則の複合体であり、かつ社会学的には、訓練された法律専門家、法の行使者である役人などの協力がそれに必要である。専門的訓練、すなわち（！）合理的訓練は、交渉の必要が増大するとともに不可欠となり、そこから法のすぐれて法律学的なものへの近代的合理化と、そして「形式的性質」の形式とがでてくるのである（法社会学Ⅱ、第一章）と。したがって、形式という語の意味は、第一には、法律学的認識の先験的条件であり、第二には、練習の反覆と専門的考究とから結果として生じる一様な規則性であって、これはその一様性と予測可能性のゆえに、第三の「合理主義的」形式へ、すなわち、交渉の不可避性と法律的教養をもつ官僚の利害とかからくる、予測可能性を目ざす技術的完成へと移行するものであって、これは円滑な機能発揮という理念に支配されているのである。

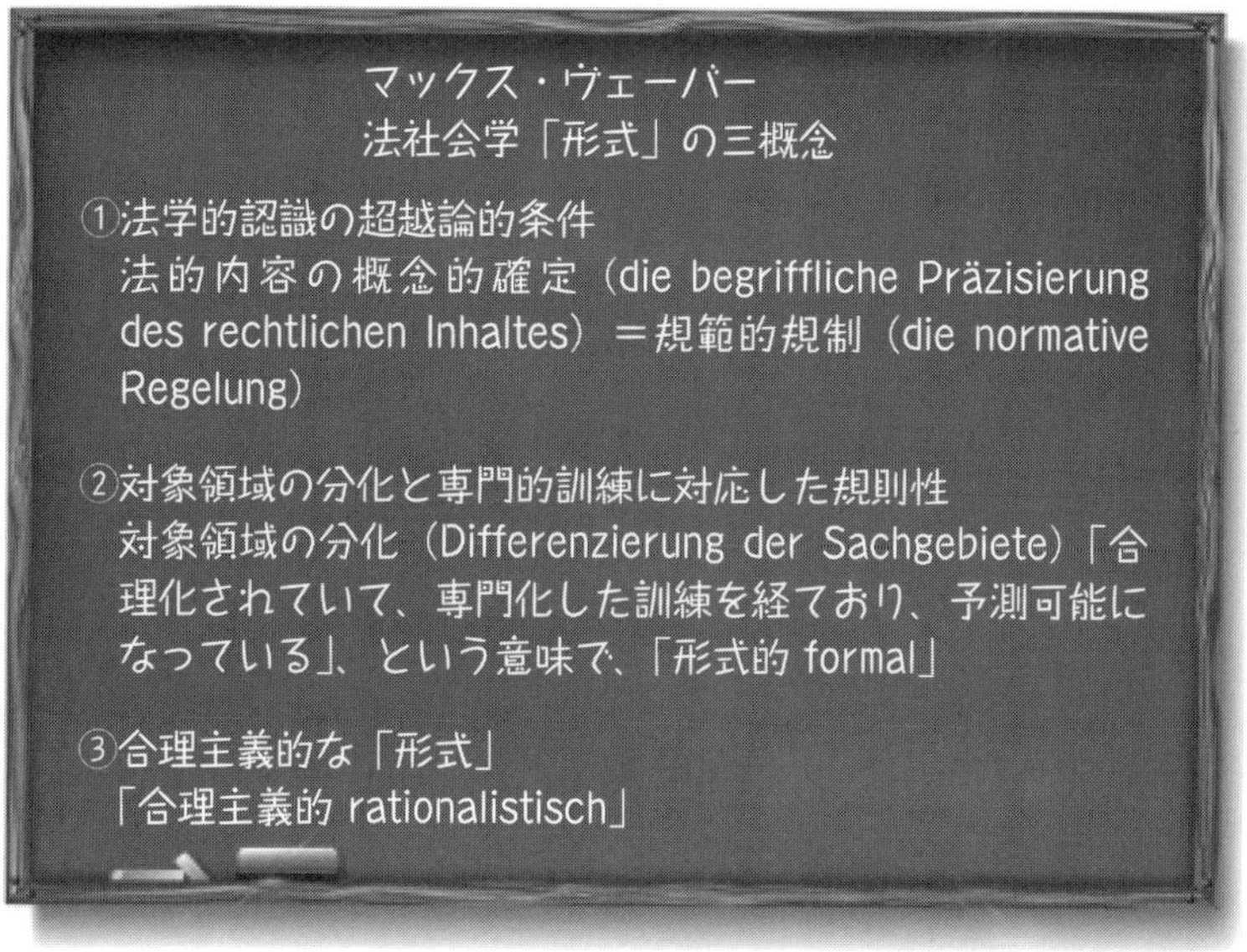
マックス・ヴェーバー
法社会学「形式」の三概念
①法学的認識の超越論的条件
法的内容の概念的確定（die begriffliche Präzisierung des rechtlichen Inhaltes）＝規範的規制（die normative Regelung）
②対象領域の分化と専門的訓練に対応した規則性
対象領域の分化（Differenzierung der Sachgebiete）「合理化されていて、専門化した訓練を経ており、予測可能になっている」、という意味で、「形式的 formal」
③合理主義的な「形式」
「合理主義的 rationalistisch」

ここでは先ほどの第一の意味が、〈die traszendentale „Bedingung" der juristischen Erkenntnis（法律学的認識の超越論的「条件＝制約」）〉と言い換えられています。〈transzendental〉は、先験的＝アプリオリと意味的に近いですが、厳密には、認識を成立せしめている基本的枠組みに関わる、という意味で使われるので、やはり「超越論的」と訳しておくべきでしょう。法哲学では、主としてこの意味での「形式」を問題にします。

第二の意味は分かりやすいですね。職業的に慣れてきて、物事を「形式」的に処理できるようになる、ということです。時事ネタで、官僚や法律家、大企業の幹部、教師などの〝形式主義〟が批判される時、念頭に置かれているのは、主としてこの意味での形式ですね。第二の意味での「形式」は、個人ベースのものなので、批判を招きやすいですが、社会全体で一定の「形式」化されたパターン、フォーマットが共有されると、物事を合理的に処理できるようになるので、いい面もある。例えば、物を売り買いしたり、契約者を書く時の形式化されたパターンが社会全体に共有されると、合理的ですね——「疎外だ！」と言って、そういうのを嫌がる人もいますが。近代「法」は、そうした合理＝形式化を促進する媒体の役割を担っています。〝現実〟的に考えれば、第二の意味での「形式」が発達する中で、第三の意味での、より普遍的な「形式」が形成され、それらに根ざして、第一の「形式」が理念的に形成されてくるわけです。理論社会学や、法社会学の基礎理論部門では、この三つの「形式」の関係が研究されるわけです。

「形式」という言葉は、普通に考えれば、法実証主義、特に法規範を純粋に——先ほどの分類だと第一の意味で——「形式」的に扱う、ケルゼンの「純粋法学」と親和的な感じがします。「決定」や「権威」を重視するシュミットの法理論は、「形式」とは相性が悪そうですが、［ヴォルツェンドルフ↓ウェーバー］の「形式」概念を掘り下げていきながら、「法」の「形式」の秩序維持作用や、生活の合理形態化を指摘し、「形式」を自分の議論に都合のいい概念に仕立て直しているわけです。こういう、概念の意味内容を、一定の文献的根拠を伴いながら、ズラしていくやり方も、ポストモダン系の批評の先駆みたいな感じがしますね。最後に四〇頁をご覧下さい。

> 法の形式を支配するものは、法理念であり、また法思想を具体的事例に適用する必然性、すなわち最広義における法の実現である。法理念そのものは、みずから実現化しえないものであるから、現実性へ転化するにはすべて、特殊な形態化および形式化を必要とする。このことは、実体的な法律の形での一般的な法思想の形式化のばあいにも、また司法ないし行政という形での実定的な一般的法規範の適用のばあいにも当てはまる。法の形式の特性を論じるには、この点から出発すべきものなのである。

ここでシュミット自身の議論が前面に出てきます。「法の理念 Rechsidee」が、具体的事例に適用されるという意味で、「現実化 verwirklichen」されるには、特殊な「形態化 Gestalrung」及び「形式化 Formung」が必要とされるということですね。つまり、「形式」は単に、「理念」を表現するだけであって、いかなる実体も持たないものではなく、それを個別事例において現実化することを念頭において形態化された、媒介項だというわけですね。日本語で、「形式化」というと、抽象的になるようなイメージですが、ドイツ語で〈Formnug〉と言うと、造形とか形態化とか、より具体的になる感じがします。明らかに、具体的形を与えることを意味する〈Gestalrung〉と並べることで、そのニュアンスが強まります。何度も言っているように、シュミットは、そういう言葉のイメージを操るのが得意です。

本日はここで終わりにしておきましょう。

Q　「第二版のまえがき」についてですが、〈Bewegung〉のイメージがつかめません。

A　抽象的に「運動」として捉えようとすると、よく分からなくなりますが、ナチスのような具体的「運動体」、あるいは、その背景にある、秩序を（再）創造しようとする、「構成的権力」としての民族全体の運動のようなことを想定しているのではないか、と思います。その民族の運動を代表して、主権者が「正常性」を作り出すために「決定」すると考えればいいでしょう。

今回お話ししたようにシュミットが、法実証主義に代表される規範主義に論争を挑んだのは確かですが、自分自身は何を積極的に目指すのかというところで、揺れていたのではないかと思います。決断主義に徹するか、歴史的に形成されてきた具体的秩序を拠り所にするか。そこにナチスの台頭という政治的事情が加わって、シュミットが自分の主張をアレンジしているので、彼の本当の考えが分かりにくくなっているふしがあります。ナチス自体にも、民族秩序再生という要素と、指導者＝総統による主体的決断という要素を両方持っているので、余計にややこしいです。

Q　即物的な質問ですが、例外状況の発生の際の原因とは何なのでしょうか。「例外状況」がないと、主権を中心とする法の本質が見えてこないというシュミットの議論の趣旨は分かるのですが、どういう風にどういう形で「例外状況」が生じるのか、はっきりさせておく必要はあるんじゃないでしょうか。

Ａ　法的に規定できないのが「例外状況」だという前提があるので、直接的に「例外状況」の要件を列挙しているわけではありませんが、ワイマール共和制自体が、次第に「例外状況」に陥りつつあるということが暗黙の前提になっていたのではないでしょうか。大統領の非常大権を頻繁に使わないと、政権運営できない状況になっていたわけですから。国際法関係の仕事では、ヴェルサイユ体制やアメリカ一極支配を批判しているので、世界大戦のような、国家の存亡をかけた戦争が、「例外状況」をもたらすと考えていたのかもしれません。

Ｑ　先ほどの「形式化」のお話を伺っていて、シュミットは厳密に定義するところと、概念を曖昧に使って、自分に都合よく流用しているところがあるのではないかと思いました。法学と社会学も境界がはっきりしていたり、してなかったり。私は社会科学にあまり明るくないので、基本的なことをお伺いしたいのですが、社会学は事実を扱う学問であるのに対して、法学は規範を扱う学問だという理解でいいでしょうか。

Ａ　大雑把に言うと、そうです。ただし、先ほどもお話ししたように、社会学も、純理論部門では、規範の生成とか、規範に基づく社会設計を研究することもありますし、法学でも、法社会学では、法の現実的な作用を研究します。でも、法学のメインは実定法学で、実定法学では、条文や判例に書かれている法規範の解釈が主要な仕事ですから、大筋では、規範科学と言っていいと思います。分けるのが普通です。ケルゼンたちは、その分けるという慣習に従って、国家の実力行使的な側面を分離しようとしたわけですが、シュミットは、「例外状況」を分析しようとする限り、「事実」と「規範」を分けることはできないことを指摘し、それを「形式」の話に繋げているわけです。

Q 「法実証主義」の「実証」というのがどうも分かりません。一般的に実証的科学と言われている自然科学、物理学とかでは、理論を立てた後で、実験して「実証」するわけですよね。法学ではどうやって〝実証〟するんですか。

A それは言葉の問題で、法学では、条文とか判例とか、あるいは判決文で引用される道徳規範とか、具体的な根拠があることを〈positiv〉と表現します。ざっくり言ってしまうと、法律家・法学者の世界の中だけ、いや、その世界を哲学的に再構成しようとする一部の学者の頭の中だけでの〝実証性〟です。シュミットはそこを批判しているわけです。規範と規範を論理的に繋いだだけでは、法は「現実」化しない。では、シュミットにとって「法」の実証性の基盤はどこあるのか？　「決定」が基盤になりそうですが、では、何に基づいて「決定」するのか？　その問題を考えていくと、この本のタイトルになっている「政治神学」にまで行き着くわけです。

Q ジョン・ケージ（一九一二―九二）は、偶然性、不確定性を生み出す「形式」を探求していたことが知られています。「形式」で枠を規定することによって、その枠の中に偶然性を呼び込むわけです。音楽だけでなく、造形芸術にもそういう発想がありますね。ケージはアメリカ出身ですが、恐らく、ドイツ音楽、特にドイツのロマン派の音楽から影響を受けているのではないかと思います。アドルノ（一九〇三―六九）やドイツ・ロマン派についての先生の本でも、「形式」の中から、不確定性が生じてくる、という議論を紹介されていたと思うのですが、そうした芸術における「形式」の創造性の話と、シュミットの言っている「形式化」は関係あるのでしょうか。

A　具体的にどう繋がっているのか明言できませんが、「形式化」を「形態化」という創造的な側面から捉え直す、という論法は、ある意味、ドイツ観念論、ドイツ・ロマン派以来、ドイツ思想のお家芸の一つです。理想、理念や願望、現実を繋ぐ役割を「形式 Form」に期待するわけです。新カント学派のカッシーラー（一八七四－一九四五）は、有名な『シンボル形式の哲学』（一九二三－二九）で、象徴的な諸「形式」の創造性について論じています。そのような考え方は、おっしゃって頂いたように、ベンヤミンやアドルノも共有しています。「形式」によって何が生み出されると見るかはまちまちですが。シュミットも、カント以来、ドイツ思想史に根付いている、美学的な「形式」論の影響を受けているのかもしれません。

Q　例外状況を秩序をある状況にするために、主権者が決断するということですが、絶対的な真理や神がその決断の根拠になるのでしょうか。カトリックの人にとっては、教会の教義や真理があると思いますが、違う民族や宗教の人はそれを共有できないんじゃないでしょうか。

A　前回のロマン主義批判の文脈でも出てきましたが、シュミットが秩序の根底に、神学的構造があると見ていることは間違いないでしょう。ただし、それは実在するカトリック教会の教えとあまり重なっていないのではないかと思います。聖母や聖人の位置付けとか、教皇の無謬性とか、そういうことは少なくとも表面的には、シュミットの秩序論には出てきません。中世のオーソドックスな神学の議論を参照するわけでもない。ド・メーストルやボナールは決して正統なカトリック神学者ではありません。

そもそも、ドイツのカトリック人口は三分の一程度なので、ドイツという国家でカトリック神学に基づく秩序を〝再建〟するのは無理です。その三分の一だって、フランス革命以前のような、強い結束を持っているわけではない。そういう現実を、シュミットはよく分かっていたはずです。むしろ、教会の中で培われた「秩序」観をモデルにして、ドイツ、ひいては、ヨーロッパに安定をもたらす具体的秩序について考えようとしたのではないでしょうか。次回以降、そのイメージが次第に明らかになると思います。

例外状況は、法律学にとって、神学にとっての奇蹟と類似の意味をもつ。このような類似関係を意識してはじめて、ここ数百年間における国家哲学上の諸理念の発展が認識されるのである。

『政治神学』

ケルゼン批判

前回の最後で、シュミットが、新カント学派の影響を受けたケルゼン等の法実証主義者による「形式」的な法概念を批判すると同時に、「形式」という言葉には、法実証主義的な意味でのそれとは異なる意味があることを示唆している、という話をしましたね。少し復習しておきましょう。

三八頁でマックス・ウェーバーに従って、法的な「形式 Form」には三つの意味があることが指摘されています。①法学的認識の超越論的条件、②対象領域の分化と専門的訓練に対応した規則性、③合理主義的な「形式」。法実証主義は、①の意味でしか「形式」を捉えていないわけですが、それを可能にしている社会の現実的なプロセスがあるわけです。シュミットは、そこを起点にして、法的理念に具体的な「形」を与え、具体的に現実化するための媒体として「形式」を捉え直そうとします。四〇頁をもう一度見ておきましょう。

法の形式を支配するものは、法理念であり、また法思想を具体的事例に適用する必然性、すなわち最広義における法の実現である。法理念そのものは、みずから実現化しえないものであるから、現実性へ転化するにはすべて、特殊な形態化および形式化を必要とする。このことは、実定的な法律の形での一般的な法思想の形式化のばあいにも、また司法ないし行政という形での実定的な一般的法規範の適用のばあいにも当てはまる。法の形式の特性を論じるには、この点から出発すべきものなのである。

ここで抽象的な思想や理念としてしか存在しない「法」を、「現実」に「適用 Anwendung」する際には、「形式」が必要であることが指摘されていますね。日本語で言うと、「形式」というよりは、むしろ「形」あるいは「型」ですね。日本語で「形式化」すると言うと、具体性をなくして漠然としたものにするようなニュアンスがありますが、ここでは「形式」は、一定の方向に特殊化するというニュアンスを持っていますね。「実定法 Positives Recht」という時の、「実定性」はまさに、現実に存在しているとか、事実として疑うことができないということですが、そうなるには、「形」を付与して、現実に対応させるという操作が必要になります。芸術の「フォルム」の話だと考えると、分かりやすくなるかもしれません。シュミットは、芸術家的なセンスで「法」を語っているような感じがします。

こんにちの国家論において、新カント派の形式主義が排斥されながら、しかも同時にまったく別の側面から形式が要請されるということは、なにを意味するのか。それは、哲学の歴史を単調ならしめている、あのたえまない取りかえひきかえの事例であるのか。いずれにせよ、ただひとつ、現代国家論のこの追求において確実に認識すべきことは、形式というものが、主観的なものから客観的なものへ置きかえられようとしている、ということである。ラスクの範疇論の形式概念は、依然として、認識批判的立場のすべてがそうならざるをえないように、主観的である。ケルゼンといえば、かれが、いったんは、このように批判的に獲得された主観的形式概念から出発し、法秩序の統一性を法律学的認識の自由な行為としてとらえておきながら、そのつぎには、しかし、かれがひとつの世界観を信奉することを公言する段になっては、客観性を要求し、ヘーゲルの団体主義に対してすら国家主観主義という非難をするということは、自己撞着なのである。かれが自説について要求する客観性はつまるところ、かれが人格的要素をすべて回避し、非人格的規範が非人格的効力をもつということに法秩序を還元する、ということに尽きる。

この箇所は何を問題にしたいのか、ここだけ見ている限り、分かりにくいですね。ただ、この「形式」の話が、元々、ヴォルツェンドルフの団体論的国家論において、「民衆の生活 Volksleben」に「形式」を与えるものとして位置付けられており、「社会・心理学的現象」であるというところから入ったことを思い出すと、脈絡が見えてきます。これをある程度評価したうえで、「法」における「形式」概念を仕分けしているわけです。無論、ケルゼン流の「形式」概念を打破することに主眼があります。

これまでの話の流れからすれば、シュミットは、「形式」概念が客観的な性格を帯びることを歓迎しそうですが、どうも単純にそうではないようです。ケルゼンが自分の理論の客観性を主張するような意味での、〝客観性〟は拒否したいようですね。

エミール・ラスク（一八七五－一九一五）は、オーストリア出身で、リッケルト（一八六三－一九三六）やヴィンデルバントに学んだ、西南学派に属する哲学者です。ヴィンデルバントの下で、教授資格論文『法哲学』（一九〇五）を書いています。ケルゼンと並ぶ、新カント学派系の法哲学者であるグスタフ・ラートブルフ（一八七八－一九四九）もラスクの影響を強く受けていることが知られています。そのラスクの「範疇論 Kategorienlehre」における「形式」概念が、「依然として、……主観的である」とシュミットは言っているわけです。ラスクの「形式」は、「客観的」と言われているけれど、シュミットからしてみれば、まだ「主観的 subjektiv」だということですね。

ややこしいので、先ず「主観的／客観的」の通常の意味を確認しておきましょう。カント以降の近代哲学においては、認識や判断の「形式」は、「主体 Subjekt」である人間の側に備わっているものと想定されています。その意味では、「形式」は常に、「主観的」だと言えます。ラスクは、「主体」だけではなく、「客体 Objekt」の側にも「形式」が備わっていて、主体と客体の間で、何段階かの「形式」が階層構造を成しているという論を展開しました。その意味で、ラスクの「形式」は、従来のカント哲学、新カント学派のそれに比べて、「客観的」であると言えます。少なくとも、「主体」が勝手に「客体」の「形式」を決められるということではない。しかし、そのラスクの議論も、「認識批判」、つまり、「主体」による「認識」の構造について、主観的に分析する形を取るので、その意味での「主観性」を免れることはできません。

では、ケルゼンについてはどうか。彼は法哲学者なので、「客体」が「法」です。物質を客体とする場合とは、少々話が異なってきます。前回もお話ししましたが、ケルゼンがその典型である「法実証主義 Rechtspositivismus」は、あるのかないのか分からない自然法とか道徳ではなく、「実定法 positives Recht」だけを「客体」として扱います。当然、法学者が、客体としての「実定法」を勝手に構成できるわけではない。その意味で、法実証主義の「形式」概念は、「客観性」が高くなりそうです。しかし、ケルゼンの場合、「法秩序の統一性を法律学的認識の自由な認識としてとらえる」という立場を取ります。個々の実定法の規範がどのように「秩序」を形成しているかについて、法学者が自由に想像力を働かせて、再構成するということです。無論、「自由」だと言っても、何でもいいということではなく、先ほどラスクについて述べたような意味で、認識批判を通して〝獲得〟される「主観的形式概念」によって、「秩序」を認識するわけです。

本当に「実証主義」的な立場に徹するのであれば、法秩序とか、根本規範を中心とした体系といった、あるのかないのかはっきりしない、抽象的な〝もの〟ではなく、個別の制定された法律や判例だけ調べれ

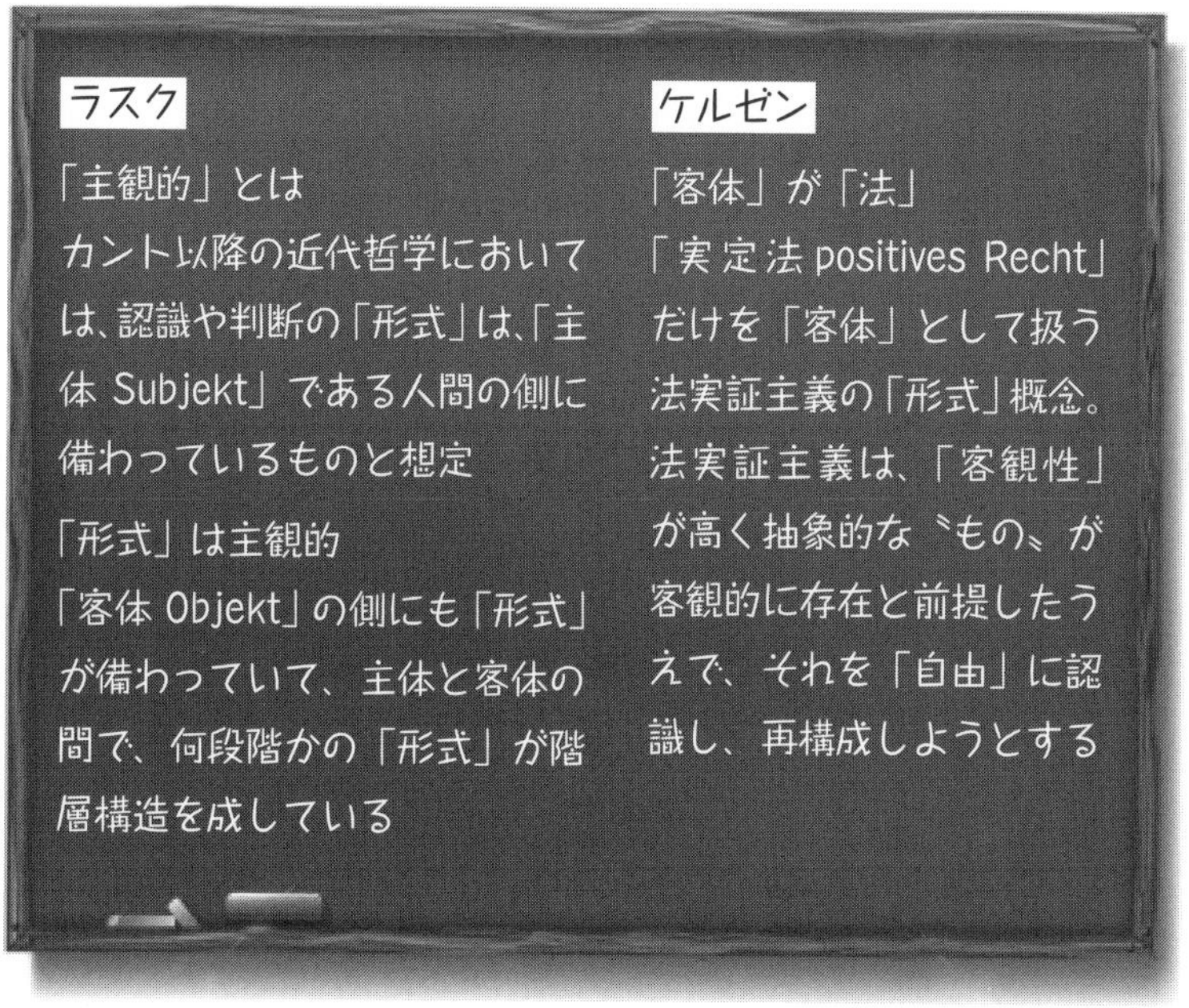
ラスク
「主観的」とは
カント以降の近代哲学においては、認識や判断の「形式」は、「主体 Subjekt」である人間の側に備わっているものと想定
「形式」は主観的
「客体 Objekt」の側にも「形式」が備わっていて、主体と客体の間で、何段階かの「形式」が階層構造を成している
ケルゼン
「客体」が「法」
「実定法 positives Recht」だけを「客体」として扱う法実証主義の「形式」概念。
法実証主義は、「客観性」が高く抽象的な〝もの〟が客観的に存在と前提したうえで、それを「自由」に認識し、再構成しようとする

ばよさそうですが、ケルゼンは、抽象的な〝もの〟が客観的に存在と前提したうえで、それを「自由」に認識し、再構成しようとするわけです。生物学で、生態系があるとか、言語学で、一つの言語体系があると見て、それを自由に構成すると言うのであれば、分かりますが、様々な法規範が一つの法秩序を形成しているという話になると、それほど〝客観的〟な感じはしませんね。為政者が恣意的に法律を制定しているかもしれないし、慣習的に何となく続いている法規範もあるかもしれません。にも拘わらず、統一的な法秩序が「ある」と断言するのであれば、かなり〝主観〟的な感じがしますね。シュミットはそれを皮肉っているわけです。

「自由な認識」と言いながら、ケルゼンは「かれがひとつの世界観を信奉することを公言する段になっては、客観性を要求」している、というわけですね。この「客観

的世界観」の話は、二七頁で触れられている、ケルゼンの初期の著作『主権の問題と国際法理論』（一九二〇）の終わりの方に出てきます。

ケルゼンは、一九三〇年からケルン大学で国際法担当の教授になり、ナチスによって教授職を追われてからも、ジェネーヴやチェコのプラハなどで国際法を教えています。当然、国際法関係の論文もたくさん書いています。二〇〇七年から〇八年にかけて、東京裁判で日本の戦犯たちが無罪であるとの意見書を書いたパル判事（一八八六－一九六七）の真意について、小林よしのりさん（一九五三－　）と、中島岳志さん（一九七五－　）や西部邁さん（一九三九－　）との間で論争があった際、ケルゼンの名前も挙がりましたが、それは、ケルゼンが国際法学者としてそれなりの影響があったからです。

「世界観 Weltanschauung」と「国際法 Völkerrecht」

この場合の「世界観 Weltanschauung」というのは、当然、「法」を中心とした世界観です。そして、「主観的」というのは、「主体」である「私」を起点として考えるということで、「客観的」というのは、客体として存在している法秩序を起点として考えるということです。該当の箇所で、ケルゼンは、「国際法 Völkerrecht」について考える場合、個々の主体＝主権国家の視点から出発すべきか、それとも、客観的に実在する普遍的な法秩序の視点から出発すべきかを論じています。この二つの視点の違いが、「主観的世界観」と「客観的世界観」の違いに対応しているわけです。彼自身としては、後者を選んでいるわけです。

常識的に考えると、国家には主権があり、法を制定し、強制する仕組みが整っているので、主権国家中心の「世界観」の方が、そういう仕組みが整っておらず、現実には国と国の間の雑多な条約の集積にすぎない、国際法を基準にした「世界観」よりも〝客観的〟であるような気がします。しかし、ケルゼンの用語法では、後者の方が「客観的」であることになるわけです。客観的に〝実在〟する法秩序を起点に考えているからです。ケルゼンに言わせれば、主権国家が自らを中心に世界を認識することを当然だと見なす「主観的世界観」が帝国主義に繋がるのに対し、客観的に実在する国際法秩序が、諸国家の法より優位にあるとする「客観的世界観」は、平和主義に繋がります。気持ちは分からなくもないですが、いかにも、リベラル左派の国際法学者が言いそうなことですね。こういう話が出て来ると、「主観的／客観的」という言葉自体にケルゼンの願望が入っているような気がしてきますね。

「ヘーゲルの団体主義」というのは、訳として少し不正確です。原文では、〈Hegels Kollektivismus〉なので、「集団主義」と訳すべきでしょう。「集団主義」は、一般的には、個人よりも、「集団」を重視するという意味です。この場合の「集団主義」は、諸個人の集団的な振る舞いや思考を想定し、それに基づいて考える、ということでしょう。ヘーゲル哲学に出てくる「人倫 Sittlichkeit」というのは、歴史的に形成された人々の慣習＝倫理的（sirtlich）な振る舞いの体系と見ることができます。「国家」は、「人倫」の発展の最終段階であり、「法」という形で自己展開し続ける「理性」が現実化したものです。

このヘーゲルの集団主義をめぐる議論は少し込み入っているので、『主権の問題と国際法理論』の該当箇所を見ておきましょう。六四節「帝国主義と平和主義」に出てきます。

Wenn der Imperialismus als ein Zwillingsbruder des subjektivistischen Primates der eigenstaatlichen Ordnung auftritt, so ist dabei immer wieder die Relativität des Gegensatzes von Subjektivismus und Objketivismus zu berücksichtigen. Zweifellos sind Hegel und sein Schüler Lasson Vertreter einer objektivistischen Weltanschauung. Aber Hegels Kollektivismus blieb bekanntlich im Staate stecken. Das Verhältnis des Staates – als Indiviuum gedacht – zur Menschheit ist besonders bei Lasson durchaus individualistisch konstruiert. Ist eine schärfere Zuspitzung des Staats- oder Volksindivualismus möglich als die Vorstellung einer „auserwählten" Nation, als die Hegelsche Idee, daß der Weltgeist in einer Nation allein seinen Thron aufgeschlagen habe? Welch schrankenloser Imperialismus muß von einer solchen Vorstellung ausgehen!

独立国の秩序の主観主義的優位の双子の兄弟として、帝国主義が登場してくるのだとすれば、主観主義と客観主義の対立が相対的なものであることを常に繰り返し想起すべきだろう。ヘーゲルとその弟子であるラッソンが、客観主義的な世界観の代表であることに疑いの余地はない。しかしヘーゲルの集団主義が、国家に留まったことはよく知られている。特にラッソンにあっては、（個として考えられた）国家の人類への関係は、個体主義的に構成されている。国家あるいは民族個体主義の先鋭化は、「選ばれし」国民の思想、言い換えれば、世界精神は一つの国民においてのみその王座を打ち立てるというヘーゲル的な観念として可能になるのだろうか？　そうした考えから、無制約の帝国主義が生じてくるのは明らかではなかろうか！

比較的分かりやすいですね。アドルフ・ラッソン（一八三二－一九一七）は、ヘーゲル主義の哲学者で、『国際法の原理と将来』（一八七一）という著作があります。プロテスタント神学者で、ヘーゲル全集を編集したゲオルク・ラッソン（一八六二－一九三二）は、彼の息子です。ラッソンは、国家の管轄を超える「国際法」なるものについて否定的な見解を取っています。ヘーゲルやラッソンは、実在する集合体を基準に考えるという意味で、客観主義的ですが、彼らの集団主義は、国家あるいは民族（Volk）レベルで留まります。国家あるいは民族を超える、より高次の集団が想定されていない。そのため、人類や世界との関係では、個別的な「主体」としての国家の視点に定位して、主観主義的な考え方をするわけです。そういう「国家主観主義 Staatssubjektivismus」を先鋭化していくと、選民思想とか、帝国主義のような考え方に繋がるわけです。

シュミットの自身の議論に話を戻しましょう。「法律学的な認識」が「自由な行為」であると指摘する一方で、国家中心の世界観と国際法中心の世界観の対立を論じる局面になると、国家中心の見方を「主観主義的」だと批判するケルゼンの議論は、シュミットからすれば、ダブルスタンダードで、矛盾しているわけですが、強いて整合的に解釈すれば、ケルゼンの言う「主観的」というのは、「人格的要素を含んでいる」、ということではないかとシュミットは見ているわけです。この場合の「人格」というのは、法を解釈したり適用したりする判断主体としての個人の人格ということです。

「非人格的規範が、人格的効力をもつ」というのは、法規範というのが数学の定理や物理の法則のように、人間が介入しないでも、自動的に作用するということです。その場合、人間は単なる情報伝達の媒体のようなものになるでしょう。法実証主義というのは、裁判官等の恣意的な裁量によって、実定法とは異なる要素を法的判断に持ち込むことを排除する思想なので、それを極限まで追求するケルゼンの理論が、そうした意味での主観的要素を排除しようとするのは、当然のことです。しかしシュミットから見れば、人格的なものの関与なしに、様々の法規範が自動的に組織化され、統一的な「秩序」を形成しているという見方はおかしいわけです。

仮に、そうした数学のように美しい法秩序が形成されているとしたら、その法秩序を、「自由な認識」によって、（「主観的」にではなく）「客観的」に把握できる主体とは、一体何者なのか？　シュミットでなくても、そういう疑問が出てきます。そんなのがいるとしたら、恐らく神のような存在でしょう。神の

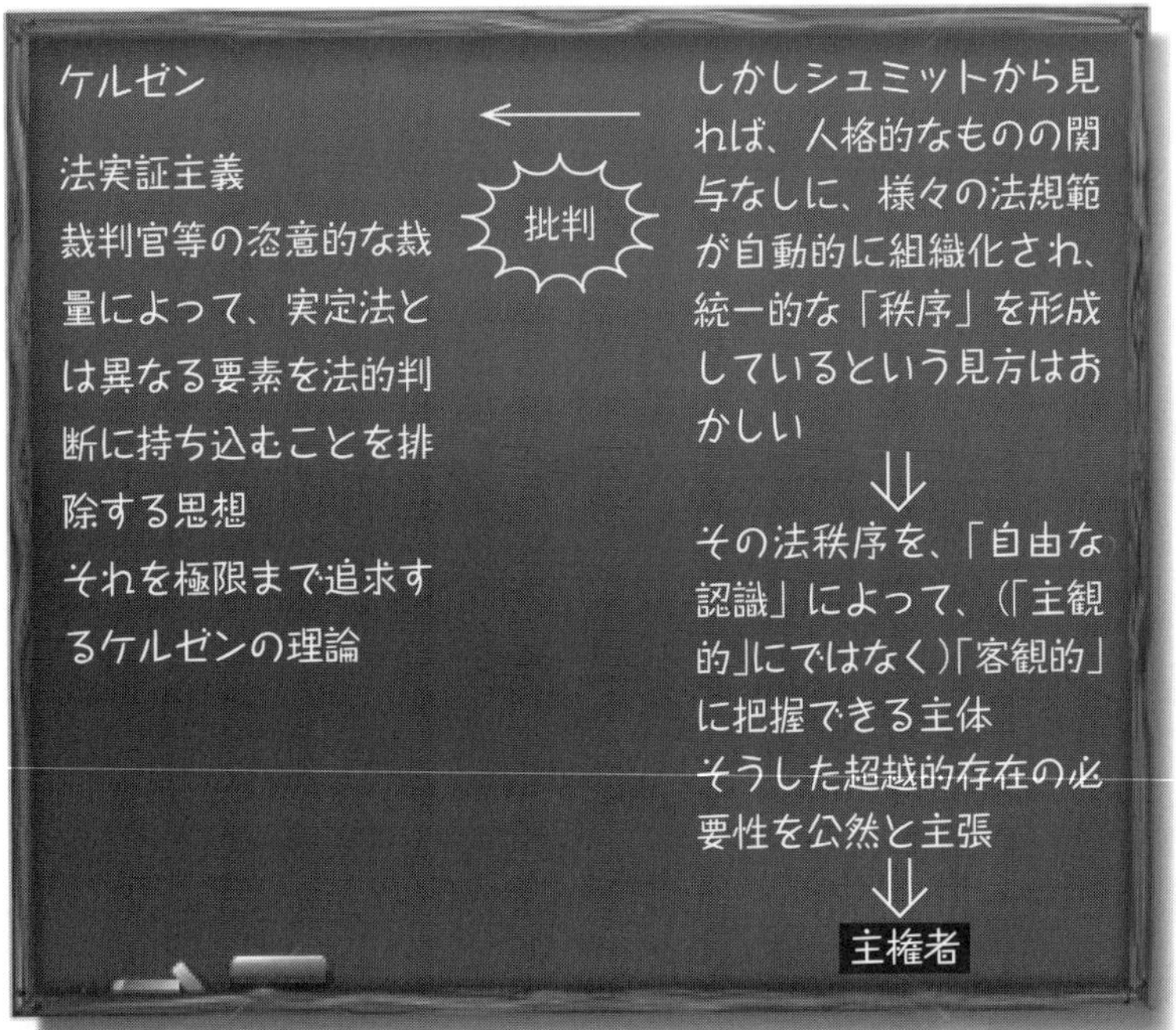
ケルゼン
法実証主義
裁判官等の恣意的な裁量によって、実定法とは異なる要素を法的判断に持ち込むことを排除する思想
それを極限まで追求するケルゼンの理論
批判
しかしシュミットから見れば、人格的なものの関与なしに、様々の法規範が自動的に組織化され、統一的な「秩序」を形成しているという見方はおかしい
その法秩序を、「自由な認識」によって、(「主観的」にではなく)「客観的」に把握できる主体
そうした超越的存在の必要性を公然と主張
主権者

ごとき超越者が、人知を超えたやり方で法秩序を創造したのであれば、その超越者が、自分の作った法秩序を「客観」的に把握できるのはある意味当然ですが、ケルゼンは法学にそういう形而上学的前提を持ち込むことを断固として拒否します。『政治的ロマン主義』で見たように、シュミットは、そうした超越的存在の必要性を公然と主張するわけです。それが「主権者」だと考えれば、法実証主義や団体理論の批判を通して、彼が言わんとしていることが分かりやすくなると思います。

　本文に戻りましょう。四一頁の先ほどの続きを見て下さい。

　主権概念についてのさまざまな諸説——クラッベ、プロイス、ケルゼン——は、このような客観性を要求しているのであり、そのさい、それら諸説の共通点は、人格的なものはすべて、国家概念より消失しなければならない、ということである。人格と命令とは、かれらにとって明らかに共通性をもつ。ケルゼンによれば、人格的命令権という概念こそ、国家主権にかんする諸説の根本的誤謬なのである。国家的法秩序の優位説を、かれは「主観主義的」とよび、法理念の否定――客観的に通用する規範のかわりに、命令という主観主義がすえられているという理由によって――であると断じる。

ここで名前が挙がっている三人の共通性として、「人格性 Persönlichkeit」と「命令 Befehl」を「主観的」と見なして、それを排除しようとしているというわけです。「国家的法秩序の優位説」というのは、先ほどから話題になっている、「国家的法秩序 die staatliche Rechtsordnung」と「国際法秩序 Völkerrechtsordnug」を対比して、国家法の方が優位にある、という説のことです。

先ほども言いましたが、国際法秩序の方が客観的だとか、優位にあるというのは、どうもしっくりきませんね。当時の「国際連盟 League of Nations」は、現在の「国際連合 United Nations」に比べると、組織も整っていなかったし、紛争を解決するために軍事介入するための枠組みを持っていなかった。それでも、国際法秩序の優位が客観的だとするケルゼンの議論は不思議な感じがします。

「法的決定 die rechtliche Entscheidung」

それはさておき、「人格的なもの」を、「国家」から完全に排除するとすれば、国家はどのように、統治されていることになるのか？「法それ自体が支配している」、ということになるのでしょうが、改めて考えるとイメージしにくいですね。ＳＦで、自分で考えることができるようになったコンピューターが、アーキテクチャを駆使して支配するという設定がよくありますが、コンピューターのプログラムではなく、

「法」がその役割を果たしていると考えると、少しはイメージしやすくなるかもしれません。「法」がプログラムのように、自動的に自らのコードに従って、個別のケースに自らを適用し、問題を処理していくような感じでしょう。立法機関や司法は、そうした法の自動作用が着実に進行するよう、補助する役目を担っているだけということになるでしょう。ただ、現実の「法」は、コンピューターのプログラムではないので、自分で自分を自動的に執行することはできません。そう考えると、やっぱりイメージしにくいですね。

このように、人格的命令を、抽象的規範の客観的効力と対置するということは、法治国家的伝統をうけつぐものなのである。一九世紀の法哲学において、このことをとくに明瞭かつ興味深く敷衍したのは、たとえば、アーレンスであった。プロイスやクラッベにとって、人格的表象とはすべて、絶対君主制時代からの歴史的遺物なのである。これら異論のすべてが見落としていることは、人格表象および形式的権威とその関連というものが、すぐれて法律学的関心から生まれてきたものであること、すなわち、法的決定の本質を構成するものについての、とくに明白な意識から生まれたものである、という点である。

ハインリッヒ・アーレンス（一八〇八―七四）は、一九世紀の有力な法哲学者で、若い時に自由主義的な青年運動のメンバーになり、ハノーファー王国のゲッティンゲン市での革命の企て（一八三一）に参加して、ベルギーに亡命したり、四八年のフランクフルト国民議会の議員に選出されたりしています。独自の自然法理論を展開したことが知られています。

「法治国家」論においては、どうしても、「抽象的規範の客観的効力 die sachliche Geltung einer abstrakten

Norm」が重視され、「人格的命令 der persönliche Befehl」をできるだけ排除しようとする傾向が支配的になります。その流れを汲むプロイスやクラッベは、国家の法秩序を、人格的に表象するのは、絶対君主制時代の遺物、つまり、ルイ一四世の「朕が国家である L'État, c'est moi」という言葉に象徴されるように、国王の「人格」こそが「国家」の本質であるという考え方の名残だと見ていたわけです。それに対してシュミットは、「人格表象 Persönlichkeitsvorstellung」とそれに付随する「形式的権威 die formale Autorität」は、旧時代の遺物などではなく、「法的決定 die rechtliche Entscheidung」について法学的に考えるうえで不可欠だと主張しているわけです。裁判官とか、大統領とか、その地位に伴う「権威」を持った「人格」の「決定」だからこそ、法的に通用するわけです。

ルイ一四世「朕が国家である L'État, c'est moi」

> 最広義におけるこのような決定は、およそすべての法的知覚の一部を成すものである。なぜなら、いかなる法思想もすべて、その純粋性においてはけっして現実化されることのない法理念を異なった凝集状態に移しかえ、かつ法理念の内容からも、またなんらかの一般的な実定的法規範の適用にあたって、その内容からも引きだすことのできない、一要素を付加するものだからである。具体的な法律学的決定にはすべて、内容にかかわることのない一要素が含まれる。なぜなら、法律学的結論は、その前提から完全に残りなく導きだされるものではないし、また決定が不可避であるという状況が、あくまで独立の決定的要素であるのだから。

我々が、「これが法だ」と知覚する時には、必ず「決定」という要素が伴っている、逆に言えば、「決定」がなければ、「法」として「知覚」

できない、とシュミットは言っているわけです。何故かと言えば、いかなる「法的理念 Rechtsidee」も自動的に現実化することはないからです。「法的理念」自体は、具体的な「形」を持たない、漠然とした〝もの〟です。「実定法的な規範」も、それ自体としては抽象的な〝もの〟です。それらが、「決定」という新たな要素を付加されて、個別のケースに適用された時に初めて、具体的に認識可能になります。法的理念から自動的に、結論が導き出されるわけではありません。

こういう言い方だとピンと来ないかもしれないので、少しだけ具体的に考えてみましょう。AさんとBさんの間で、土地の境界線とか、債権・債務をめぐる紛争が生じたとします。紛争の類型ごとに、民法などの関係する法律によって、「法的に正しい考え方」が示されています。しかし、その考え方が、当該のケースにどのように適用されるか、自動的に決まって、何が正しい解決になるのか自動的に決まるわけではありません。自動的に決まるようだったら、裁判はいりません。裁判所に持ち込んで、双方がいろんな争点を出し、それを聞いた裁判官が、「○○法の△△条を適用する」と「決定」し、判決文を示した時点で初めて、「法的理念」が現実化するわけです。「決定」という要素によって、法的理念が、異なった「凝集状態 Aggregatzustand」、より具体的な形へと移行すると見るか否かが、カギになっているわけです。

こういう風に「決定」とか「具体性」を強調すると、紛争の勃発から法的裁定に至るまでの様々の社会的な出来事の連鎖とか、当事者の心理とかの話をしているように聞こえるかもしれませんが、そういう話ではないということです。

ここで問題となるのは、このような決定の因果的かつ心理学的成立のことではなく――抽象的決定それ自体は、このばあいでも重要であるけれども――法的価値の決定なのである。

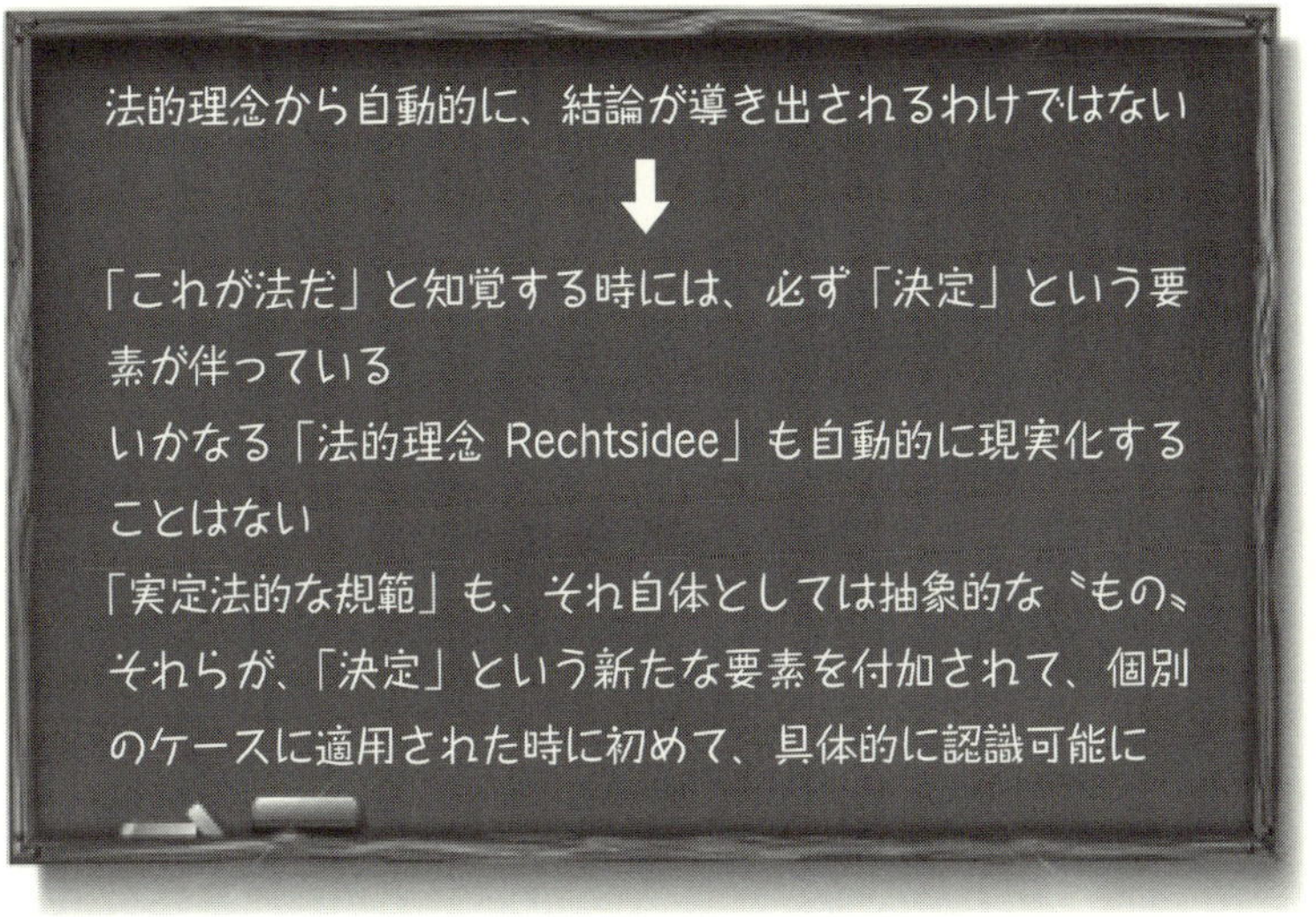
法的理念から自動的に、結論が導き出されるわけではない
「これが法だ」と知覚する時には、必ず「決定」という要素が伴っている
いかなる「法的理念 Rechtsidee」も自動的に現実化することはない
「実定法的な規範」も、それ自体としては抽象的な〝もの〟
それらが、「決定」という新たな要素を付加されて、個別のケースに適用された時に初めて、具体的に認識可能に

「法的価値の決定 die Bestimmung des rechtlichen Wertes」というのが少し分かりにくいですが、争点となっている事実に対する法的評価のことを言っているのだと考えれば、いいでしょう。「○○のようなケースでは、法的に△△と考えるべきだ」、という評価です。

> それは規範的なものの特性に根ざすことであって、そこからでてくるのは、たとえ判定の基準としては法的原理が普遍的一般性において存在するにすぎないとしても、具体的事実は具体的に判定しなくてはならない、ということである。こうして一例ごとにつねに変形が生じるのである。法理念それ自体としては変形しえないことは、だれがそれを適用すべきかについて、法理念がなにひとつのべていない、ということだけからして明白である。すべての変形には、権威の介入がある。いかなる個人ないしいかなる具体的な機関が、このような権威をおのれのものとして主張しうるかについての弁別規定は、法規のたんなる法の性質からは引

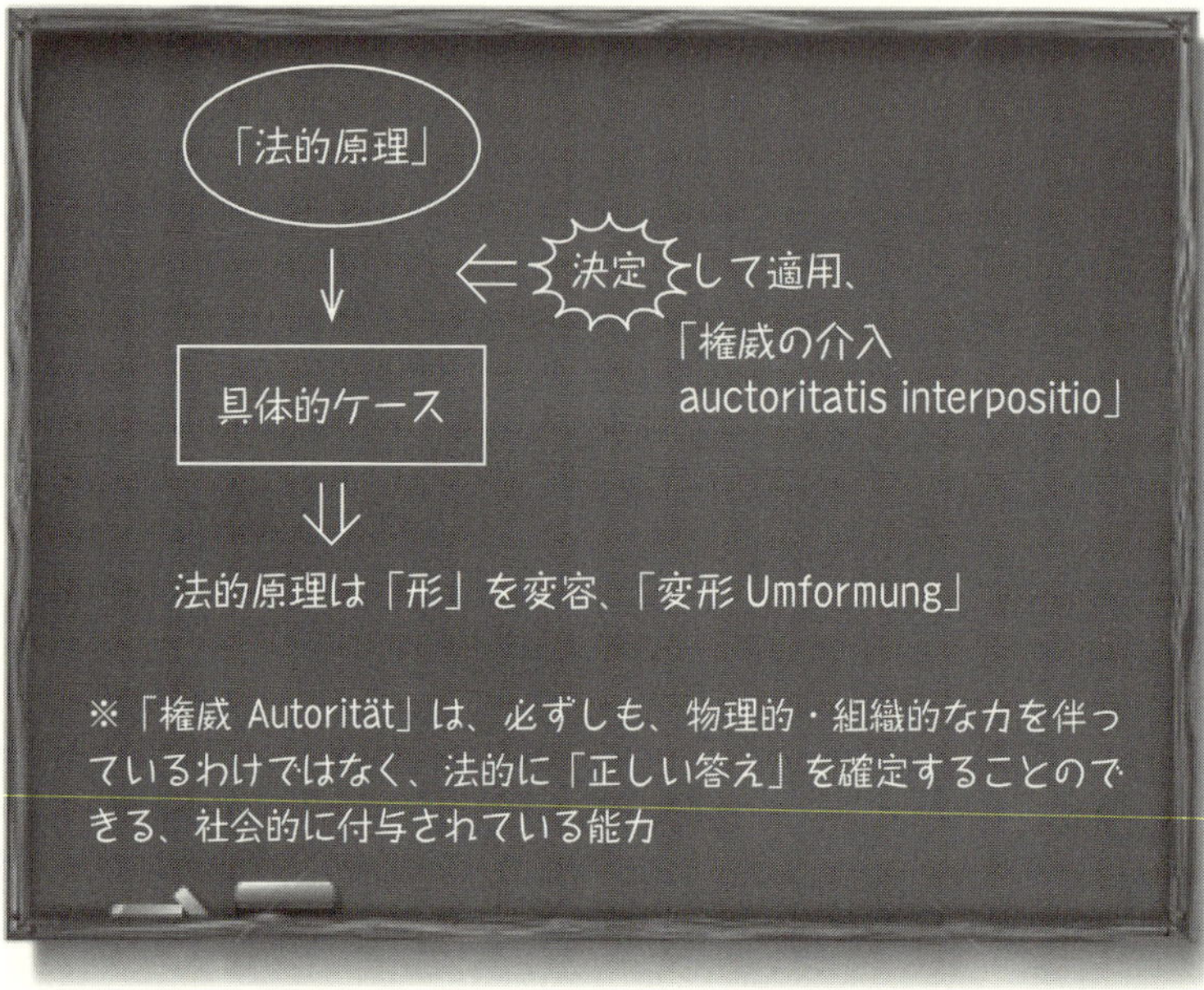
「法的原理」
↓
決定
⇐ して適用、
「権威の介入
auctoritatis interpositio」
具体的ケース
⇓
法的原理は「形」を変容、「変形 Umformung」
※「権威 Autorität」は、必ずしも、物理的・組織的な力を伴っているわけではなく、法的に「正しい答え」を確定することのできる、社会的に付与されている能力

きだしえない。

「変形 Umformung」という言葉に注目して下さい。前回から話題になっている「形 Form」の問題がまた出てきたわけです。普遍的一般性として存在している「法的原理」が、「決定」を付加されて、具体的ケースに適用される際、「形」が変わるわけです。「形（式）」は固定されているわけではなく、適用に際して変容するわけです。

当然、そうした「変形」は誰がやってもいいというわけではありません。「権威の介入 auctoritatis interpositio」が必要になるわけです。日本語の日常語だと、権威と権力が同じ意味に取られることが少なくありませんが、法哲学で問題になる「権威 Autorität」は、必ずしも、物理的・組織的な力を伴っているわけではなく、法的に「正しい答え」を確定することのできる、社会的に付与されている能力というような意味で使われます。神学者と

か聖職者が持っている、教義上の「権威」とのアナロジーで考えると、イメージしやすくなると思います。通常は、法律によって、誰に「権威」があるか決められているわけですが、当該の法命題の性質によって、誰が「権威」を持って判定するのが相応しいかが自動的に決まるわけではありません。確かに、何で裁判所に「権威」があるのか、その理由を、純粋法理論的に説明するのは難しいですね。精々、裁判官は教育を受けて、実務経験が豊富だから……、といったような経験的な理由しか思いつきませんね。では、裁判官が受ける教育内容や、個々の判決に際しての法的判断ガイドラインは、どのような「権威」によって正当化されるのか、という突っ込んだ問いを立てると、何らかの法的論理に基づく答えを出すのは難しいでしょう。

ホッブズとシュミット——「真理がではなく、権威が法を作る」

少し先に進んで、四六頁をご覧下さい。

法律科学には、おそらく二つのタイプがあり、それは、法的決定の規範的特性にかんする科学的意義がどの程度まですすんでいるかによって区別される。（あえて新語を作るなら）決定主義的タイプの古典的代表者は、ホッブズである。「真理がではなく、権威が法を作る」（『リヴァイアサン』第二六章）という対置の古典的定式をみいだしたのが、かれであって、もう一方のタイプでなかったことは、やはりこのタイプの特性からして当然である。

「第二版のまえがき」にも出ていましたが、『政治神学』の第一版を書いていた頃のシュミットは、規範主義と決定主義の二分法で考えていました。その話がここで出て来たわけです。規範主義の代表格が、法実証主義者のケルゼンです。ただ、単純に、［規範主義＝法実証主義］と見なすわけにはいきません。法哲学の教科書には、ホッブズを「法実証主義」の元祖と記述してあるものもあります。いったん国家が成立した後は、主権者が制定する「(実定) 法」のみが、法として妥当する、という立場をホッブズが鮮明にしているからです。その意味では、ホッブズは、法実証主義を代表するケルゼンの思想的元祖になるわけですが、シュミットは、［道徳・自然法 vs. 実定法］という対立図式ではなく、［規範主義 vs. 決定主義］という別の対立図式で考えることで、ホッブズを自分の側に引き寄せているわけです。

「真理がではなく、権威が法を作る」という『リヴァイアサン』からの引用は、ラテン語になっています。〈Auctoritas, non veritas, facit legem〉。一六六八年に刊行されたラテン語版からの引用です。細かいことを言うと、原文では、〈auctoritas〉ではなくて〈authoritas〉になっています。〈authoritas〉の方が近代に入ってからの綴りです。『リヴァイアサン』は元々英語で書かれ、一六五一年に刊行されていますが、英語のオリジナルではこれに該当する部分は少し長めの文で、一つの文として完結しておらず、引用する際に前後の文脈も入ってきてしまって、シュミットの意図とずれてしまうので、ラテン語の方を使ったのでしょう。

念のために、ラテン語と英語の該当する箇所を確認しておきましょう。

In civitate constituta, legum naturae interpretation non a doctoribus et scritoribus moralis philosophiae dependent, sed ab authoritate civitatis. Doctrinae quidem verae esse possunt: sed authoritas, non veritas facit legem.

設立された国家においては、自然の諸法の解釈は、道徳哲学の学説や書物に依拠するのではなく、国家の権威に依拠することになる。学説は確かに正しいかもしれない。しかし、真理ではなく、権威が法を作るのである。

つまり、国家自体が制定した法ではなく、自然法を解釈して、「法」として通用させることについて論じている箇所なので、文脈的にやや微妙な感じになりますね。英語だともっとずれます。

The interpretation of the Lawes of Nature, in a Common-wealth, dependent not on the books of Moral Philosophy. The Authority of writers, without the Authority of the Common-wealth, maketh not their opinions Law, be they never so true.

国家においては、自然の諸法の解釈は、道徳哲学の書物に依拠することはない。著述家たちは自らの意見を、それがどれだけ正しくても、国家の権威を伴わず、自らの権威だけで法にすることはできない。

これだと、一つの文にまとまっていないので、「法」と「権威」をうまく結び付けられませんね。シュミットは戦略的に、自分に都合がいい方のテクストから引用しているわけです。こういうことを、私のようにあまり権威がない学者がやると、手口が見破られた時に、ひどく批判されることになります――別に、さほど強引な解釈でもないのに、自分で勝手に決めたルールに従って、「仲正はいいかげんだ！」とネットで吠えている、自称在野知識人もいますが（笑）。シュミットは、主権者の「権威」によって「法」が作り出されるというホッブズの議論が、近代の法学における「決定（断）主義」の出発点になったと示唆しているわけです。

権威対真理という対置は、多数ではなくして権威、というシュタールの対置よりも、根源的でありかつ明確である。ホッブズはさらに、この決定主義と人格主義との関連にも言及し、また具体的国家主権に代えて抽象的に通用する秩序を置こうとするすべての試みを退ける、決定的な論点を提出した。かれは、宗教的権力の方が一段上の秩序であるから、国家権力は宗教的権力に従属すべきものであるという要請について論じ、そのような理由づけに対して、次のように答える。すなわち、ひとつの「権力」(Power, potestas) が他の権力に従属させられるべきであるとすれば、それはただ一方の権力の保持者が他方の権力の保持者に従属させられるべきだ、ということを意味するにすぎない、と。秩序に上位と下位の別をいい、他方同時に抽象的立場を維持しようと努めるなどということは、ホッブズにとって理解しえない ("We cannot understand") ところである。「なぜなら、従属・命令・権利および権力は、諸人格の属性であって、諸権力の属性ではないからである」(第四二章)。

フリードリヒ・ユリウス・シュタール(一八〇二-六二)は、一九世紀の法哲学者で、ヘーゲルの合理主義的な法理論に反発して、シェリングやサヴィニーに依拠しながら、神の摂理を中心とする歴史の展開の中に「法」の基礎を見出そうとしました。一八四〇年にベルリン大学の教授に就任し、プロイセンの国法学の発展に大きな影響を与えることになります。三月革命に繋がるような、革命的な動きに抗して、保守主義的な思想を展開し、保守党を創設します。シュミットが高く評価する法学者の一人です。

具体的主権と抽象的秩序の対比は分かりやすいですが、「権力」の話が少し分かりにくいですね。要は、「権力」自体には、上下とか優劣の関係はなく、もっぱら、その権力を保持している「人格」相互の関係だということです。当たり前と言えば当たり前の話ですが、ホッブズがこの話をしている四二章は、キリスト教国における教会権力と国家権力の関係を論じる章です。彼は、主権者である国王がその国の教会権力の頂点に位置するという立場を取っているのですが、カトリック教会の反宗教改革の論客のベラルミン枢機卿（一五四二－一六二一）は、「国家権力は教会権力に従属する」という論を展開していました。それを論駁するために、先ず、この文の意味を分析してみよう、ということで、この話をしているわけです。どうしてそう言えるかというと、「権力 power = Gewalt」自体には人格がないので、どちらかが他方に、命令したり、従属させたり、権利を持ったりするような関係にないからです。日本語で「権力」というと、人格的な感じがしますが、〈power〉、「力」のことだと思えば、なるほどそうか、という感じがしますね。「秩序」の話が出て来るのは、秩序維持のための〈power〉だからです。「抽象的立場を維持する abstrakt zu bleiben」というところが少し分かりにくいですが、これは、「〈power〉という抽象的なもの、あるいはそれによって守られるところの『秩序』というやはり抽象的なものについて語っているという立場を維持する～」と補って理解すればいいでしょう。

一七世紀の抽象的自然科学主義のもっとも首尾一貫した代表者のひとりが、これほどまでに人格主義的な立場をとる、ということは、注意をひく。これはしかし、ホッブズが、哲学者としてまた自然科学的思想家として、自然界の現実相をとらえようと心がけるのとまったく同様に、法律学的思想家としてのかれが、社会生活の効果的な現実相をとらえようとしているのだ、ということで説明がつくのである。かならずしも自然科学的実在という現実ではないような、法律学的現実ないし具体性というものが存在するということ自体は、ホッブズは自覚していなかった。同時に、数学的相対主義や唯名主義も、たがいに影響しあっている。かれは、しばしば、国家という単一体を、任意に与えられたいかなる基点からでも構成しうるようにみえる。一方、当時にあっては、法律学的思考は、まだ、ホッブズの科学性がいかに強いからといって、そのためにかれが、法の形式のなかにある法生活独特の実在をのんきにみすごしてしまいうるほどには、自然科学的思考に圧倒されていなかった。

ホッブズの議論、例えば、自然状態論などに、自然科学的な発想が反映されているという話は、政治思想史や倫理の入門書でよく見かけます。一七世紀は、哲学と数学や自然科学がまだ完全に分離されていない時代です。ホッブズとほぼ同時代人のデカルトは、数学者でした。ホッブズ自身も、物体の運動についての論文を書いています。自然科学や数学と哲学が完全に分離するのは、一八世紀の後半くらいのことです。ホッブズが、哲学者であると同時に自然科学的思想家であるというのは、そういうことです。英国の保守主義の哲学者マイケル・オークショット（一九〇一―九〇）は、ホッブズの議論が、自然科学主義的な発想に基づいているという見方には否定的で、むしろ人間の精神活動から生まれてくる人為的な制度、公民的な関係性を重視すべきだという立場を取っています。

シュミットは、その「自然科学的 naturwissenschaflich」というのを、自然科学の方法論や基礎理論を応用するということではなく、自然科学者兼哲学者として「自然界の現実相 die Wirklichkeit der Natur」を見る時と同じような精神で、法学者として「社会生活の効果的現実相 die effective Wirklichkeit der Gesellschaft」を見ようとした、という意味で理解しようとしています。

その後でシュミットは、「自然科学的実在性という現実」と、「法律学的現実ないし具体性」は違うのだけど、そのことをホッブズ自身は自覚していなかった、と断っていますね。ホッブズにとって、「自然科学的認識」と「法学的認識」が同質のものだということになると、シュミットの議論にとって都合が悪いからです。近代の自然科学は、古代や中世の自然学と違って、人格神とは関係のない、機械的に作用する抽象的な法則を探究するようになったので、そこがホッブズの法学に反映されているとすると、「人格」の話をしにくくなるので、ホッブズ自身は自覚していなかったけど、彼の発見した「法律学的現実」は、自然科学のそれとは異なる性質のものだったのだ、と説明しているわけです。「具体性」と訳されている部分の原語は〈Lebendigkeit〉で、これは直訳すると、「生き生きしたもの」になります。

唯名主義というのは、中世のスコラ哲学にもあった「唯名論 Nominalimus」のことで、個別具体的な事物が存在するだけで、それらに共通する「人間」とか「動物」「植物」「石」といった普通名詞に対応する普遍概念は実在せず、人間が勝手に名前を付けているだけ、と見る立場です。「数学的相対主義」というのは、その後の説明からも分かるように、物体の間の位置関係、力関係は、数式によって形式的に再現、再構築できるという考え方、我々が中学や高校の数学や物理で習うように、方程式や座標軸で世界を表現するのと同じような発想ということでしょう。つまりホッブズが、「国家」を、本当に実在するものというよりは、数式で表わすことのできる関係性として捉えていたということです。

「法の形式 Rechtsform」の中にある「法生活独特の実在 die spezifische Realität des Rechtslebens」に言及しているのは、ホッブズにおいて「自然科学的認識」が「法学的認識」に浸透しているとしたら、ホップズの議論がむしろ、人格的な要素を排除する法実証主義に近いことになってしまい、シュミットにとって都合が悪いからです。シュミットは、ホッブズが、「法生活」の生き生きした現実をちゃんと観察し、本質を見抜いていたことだけを強調したかったわけです。

法生活の現実にとって肝要なのは、だれが決定するか、である。内容の正しさを問うのとは別に、決定権の所在を問う必要がある。決定の主体と内容の対置という点、およびその主体の固有の意味という点にこそ、法律学的形式の問題がある。法律学的形式は、まさに法律学的具体性から生まれるものであるからして、超越的形式の先験的空虚さをもたない。

数学や自然科学などと違って、法学では、内容が正しいかどうかだけでなく、「誰が決定するか？」が重要だという話ですね。裁判を考えると分かりやすいと思います。法的論理として正しい判断だからといって、妥当性を持つわけではありません。法的手続きに基づいて、権威を与えられている裁判所の決定でなければなりません。法学的形式は、「主体」を必要とするわけです。

「超越的形式」は、原語では〈die tranzendentale Form〉なので、「超越論的形式」と訳した方がいいでしょう。前回も出てきましたが、「認識を成り立たしめている前提条件に関わる」という意味で使われる形容詞です。数学や理論物理学、あるいは、新カント学派の哲学、ケルゼンの純粋法学では、「超越論的形式」を問題にするけれど、シュミットに言わせれば、本来の法学的認識における「形（式）」は、決定の主体の問題を含んだ極めて具体的なものである、というわけです。

誰が決定するか？

では、四九頁以降の第三章に入りましょう。タイトルがこの本全体と同じ「政治神学」であることから分かるように、この章での議論が、全体の核心です。

現代国家理論の重要概念は、すべて世俗化された神学概念である。たとえば、全能なる神が万能の立法者に転化したように、諸概念が神学から国家理論に導入されたという歴史的展開によってばかりでなく、その体系的構成からしてそうなのであり、そして、この構成の認識こそが、これら諸概念の社会学的考察のためには不可欠のものである。

『政治的ロマン主義』で既に示唆されていましたが、シュミットはここではっきりと、神学の諸概念が、国家理論の中に入り込んでおり、国家理論の構成が神学のそれに似ていると主張しているわけですね。全能の神に代わって、立法者が全能の存在であるかのようにイメージされることになるわけです。

例外状況は、法律学にとって、神学にとっての奇蹟と類似の意味をもつ。このような類似関係を意識してはじめて、ここ数百年間における国家哲学上の諸理念の発展が認識されるのである。

冒頭で出てきた、「例外状態」における「決定」を、神による「奇蹟 das Wunder」とのアナロジーで説明しているわけですね。全能の神が、世界を創ったけど、創った後は、世界の運行に直接関与せず、自分が定めた自然や歴史の法則に任せている。その例外が、奇蹟が起こる瞬間です。世界を支配している通常の法則を遮断する形で、神が直接的に世界に介入するのが、「奇蹟」です。それによって、この世界の創造者は神であることが、人々の目に明らかになるわけです。それとパラレルに、普段は、実定法が、客観的な法の論理に従って動いているように見えるので、「法」を「法」として妥当させている究極の「決定」の主体のことを考えなくていいけれど、「例外状況」になると、「主権者」が表に出てきて、「法」の本質が明らかになるわけです。これで、シュミットがこの本のタイトルを、「政治神学」と名付けた理由がはっきりしましたね。シュミットにしてみれば、ケルゼンたち法実証主義者は、神の立場にある主権者が表に出てこないですむ、「通常状態」だけを見ているせいで、「法」の本質が分からなくなっているわけです。

五〇頁では、シュミットは、そうした神学と法学の類比について自分は、教授資格論文である『国家の価値』や『政治的ロマン主義』、『独裁』などで示唆してきたと述べています。そして、そういう自分の考え方に影響を与えた思想家として、フランス革命時のカトリックの保守哲学者であるボナールとド・メーストル、二月革命期のスペインの政治家で国家哲学者のドノソ・コルテスを挙げています。コルテスもカトリック保守主義の人で、全ての政治的問題の核には神学的問題があると指摘し、問題解決のためにカトリック教会の権威が不可欠であることを強調しました。『独裁論』（一八四八）や、『カトリシズム、自由主義、社会主義に関する試論』（一八五一）といった、いかにもシュミットが関心を持ちそうな論文を書いています。

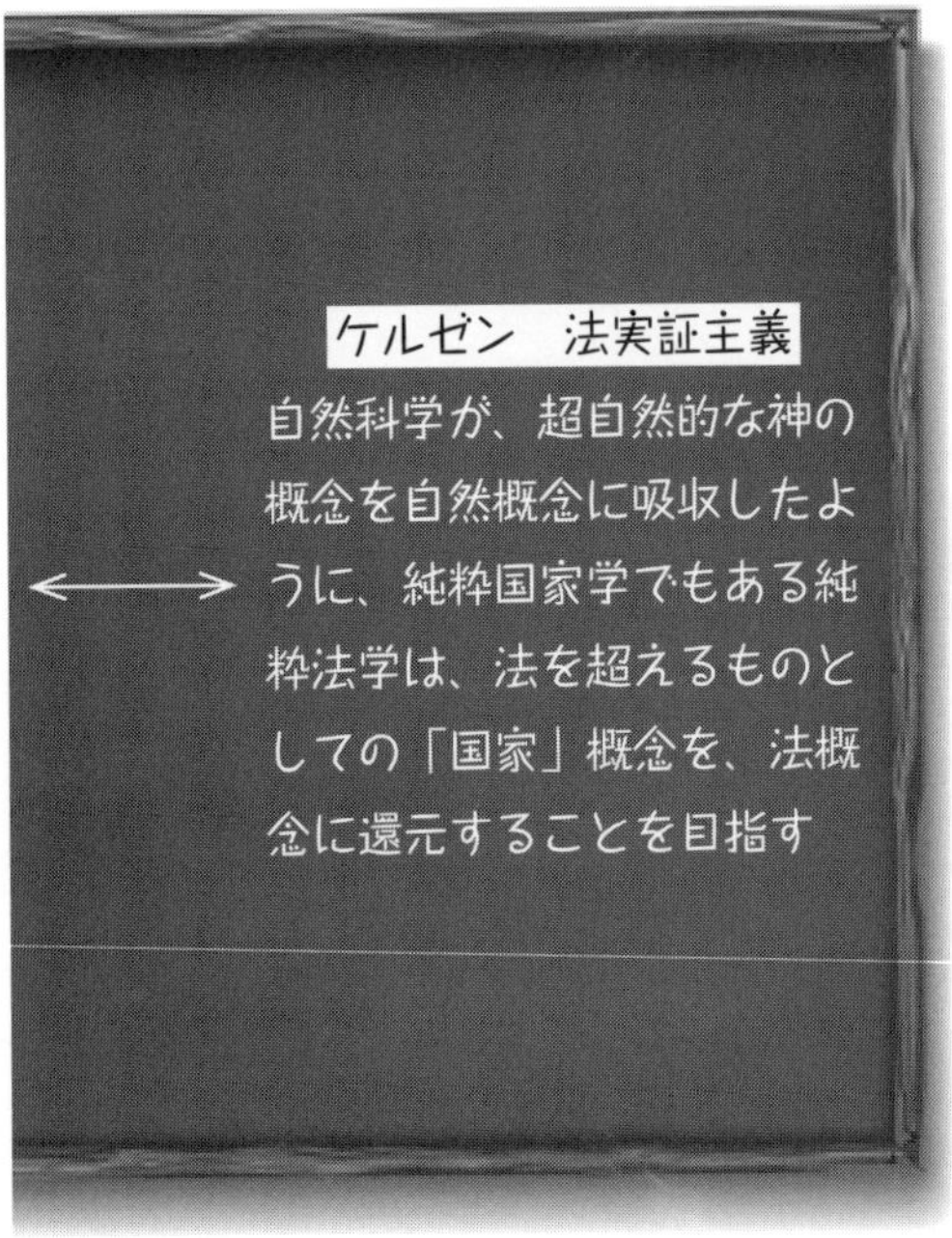
ケルゼン　法実証主義
自然科学が、超自然的な神の概念を自然概念に吸収したように、純粋国家学でもある純粋法学は、法を超えるものとしての「国家」概念を、法概念に還元することを目指す

シュミットに限らず、法学と神学の類似性を指摘する人は少なくありません。そもそも中世後期に誕生した西欧諸国の大学では、法学は神学、医学と並ぶ専門の学部でしたし、中世に法学を体系化したのは、聖職者たちだったので、神学と法学が似ているのはある意味当然です。両者の共通性は、「教義学 Dogmatik」を中核に発展してきたところにあると言われます。神学の「教義学」とは、啓示に基づく信仰上の教義を、全体として論理的整合性があるように体系化することを目指す学問です。「法学」でも、それに相当する「法教義学 Rechtsdogmatik」という分野が、伝統的に重要な役

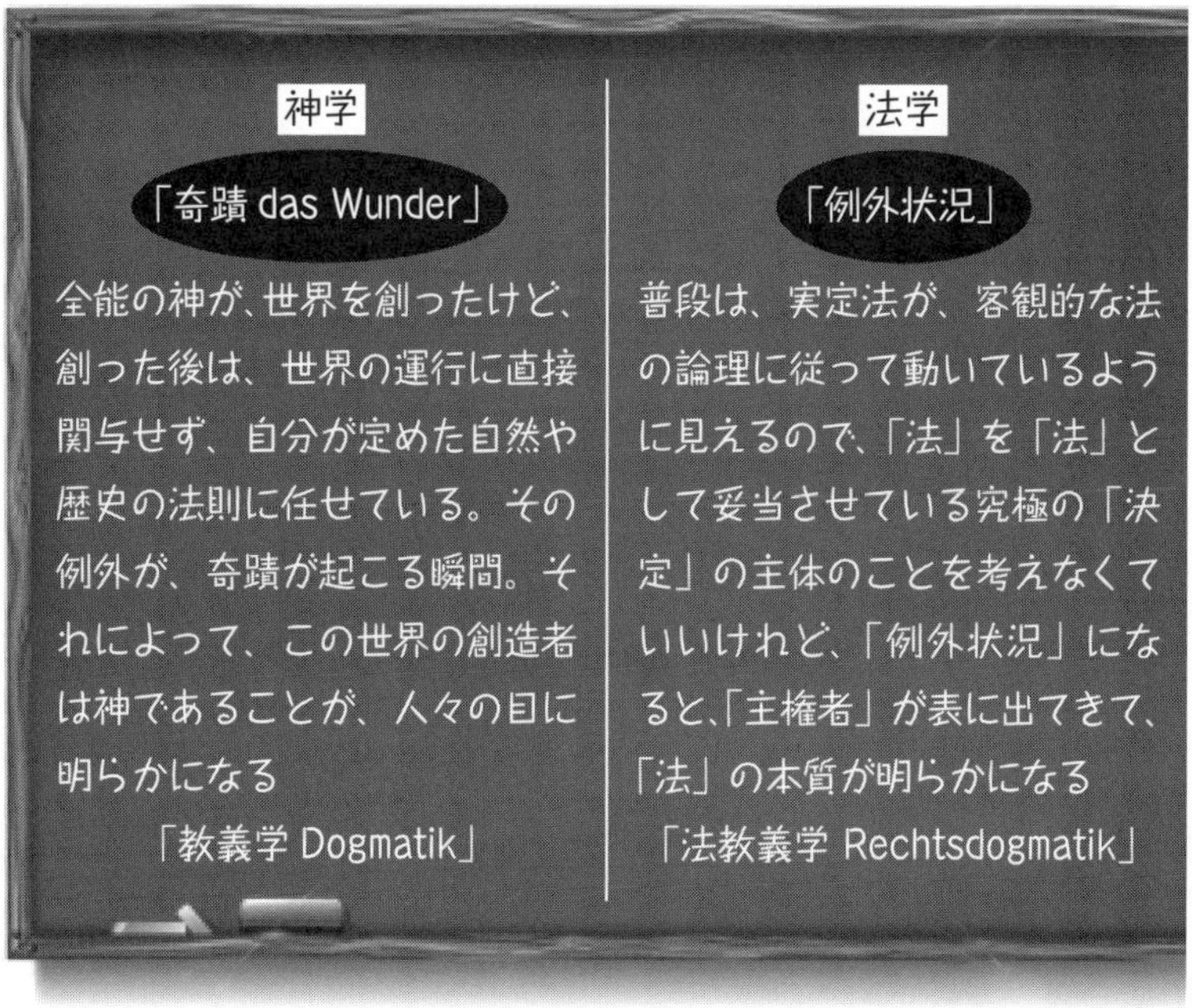

神学	法学
「奇蹟 das Wunder」	「例外状況」
全能の神が、世界を創ったけど、創った後は、世界の運行に直接関与せず、自分が定めた自然や歴史の法則に任せている。その例外が、奇蹟が起こる瞬間。それによって、この世界の創造者は神であることが、人々の目に明らかになる	普段は、実定法が、客観的な法の論理に従って動いているように見えるので、「法」を「法」として妥当させている究極の「決定」の主体のことを考えなくていいけれど、「例外状況」になると、「主権者」が表に出てきて、「法」の本質が明らかになる
「教義学 Dogmatik」	「法教義学 Rechtsdogmatik」

割を果たしてきました。

科学性を標榜する実証主義系の法学者であれば、神学との類似性はあまり認めたくないところでしょう。面白いことにケルゼンも、前回出てきた『社会学的および法律学的国家概念』で、法秩序を超えたものとして、人格的な存在としての主権国家を想定する国家理論の考え方は、自然を超えるものとして神を想定する神学のそれと似ていると指摘しています。国家理論が、国家にあると見なしている、法外な力は、奇跡に相当するとも述べています。そのうえで、自然科学が、超自然的な神の概念を自然概念に吸収したように、純粋国家学でもある純粋法学は、法を超えるものとしての「国家」概念を、法概念に還元することを目指す、と述べています。同じような認識をしていたにも関わらず、全く逆の方向に法学を発展させていこうとしたわけですね。だからこそ、シュミットも執拗にケルゼンに拘るのかもしれません。

五二頁では、国法学の教科書では、現代の「立法者」の「全能 Omnipotenz」という言葉が使われているが、こうした言葉遣いがなされるのは、神学の名残であると指摘されていますね。

大部分はもちろん、論駁のためにである。実証主義の時代には、学問上の敵に対して、そのやり口は神学ないし形而上学である、という非難がこのんでなされる。この非難が、たんなる誹謗にとどまらないばあいには、このような神学的ないし形而上学的逸脱の傾向がそもそもなにに由来するのか、という問いが少なくとも関連して生じえたはずであり、それらが歴史的に、おそらくは有神論的神を国王と同一視した君主論的国家理論のなごりとして説明しうるものであるのか、あるいはまた、おそらくは体系的ないし方法論上の必然性がそれらの根底にあるのではなかろうか、を研究する必要があったはずである。

これはもっともな話ですね。「神学的!」、「形而上学的!」、というレッテルを貼って、それで批判したことになったつもりになるのではなく、それがおかしいと思うなら、どうしてそういう発想が出てくるのかと問うべきである、というわけです。哲学や思想史、理論社会学などであれば、こういう発想をするのは、当然でしょう——分析哲学系には、バカな議論の背景を掘り下げるのは無駄と考える人も結構いますが。法学が、そういう掘り下げをすべきかというと、少し微妙な感じがしますが、シュミットは、法学は、法学的な考え方の根源を掘り下げて、神学との共通の根っこを再発見すべきだと考えているわけです。こういうところがハイデガーと似ていますね。

シュミットは、「神学的」とか「形而上学的」といった、実証主義者たちからのレッテルを逆手にとって、自分に有利な方に議論を進めているわけです。五四頁をご覧下さい。またケルゼンの話が出てきます。

法と自然法則

ケルゼンに帰すべき功績は、かれが一九二〇年以後、かれ特有のかたよりをともなってではあるが、神学と法律学との方法論的親近性を指摘していることである。社会学的および法律学的国家概念にかんするかれの最後の著書において、ケルゼンは、もとより混乱した類推をうんともちだすのではあるが、しかし、いちだん深く理念史的洞察を加えるならば、ここに、かれの認識論的出発点と、かれの世界観的・民主的結論との内的異質性を読みとることができるのである。なぜなら、かれが、国家と法秩序とを法治国家という形で同一化する根底には、自然法則と規範法則とを同一化する形而上学が存在するのであるから。

「最後の著書」――これは、「一番最近の著書」と訳すべきでしょう――というのは、先ほどお話しした、『社会学的および法律学的国家概念』のことです。ケルゼンは、法学と神学が類縁関係にあることを、シュミットから見ると不満足なやり方ではあるけれど、ちゃんと捉えていたというわけですね。それが、シュミットから見たケルゼンの「認識論的出発点」です。「かれの世界観的・民主的結論」という表現は、もう少し正確に訳しておいた方がいいでしょう。原文は、〈～ seines weltanschauungsmäßigen, demokratischen Resultates〉となっているので、「彼の世界観に即した、民主主義的な結論」と訳すべきでしょう。ケルゼンは、法や国家の本質を価値中立的に捉えたうえで、近代社会においては人々の価値観が異なり、対立しているので、国家の意志決定は、相対主義的世界観に対応する議会制民主主義によってなされるべきだとの立場を取っていたことはよく知られています。ケルゼンは、『民主主義の本質と価値』（一九二〇）で、自らの民主主義論の世界観的背景について述べています。そうした彼の実践的な結論と、認識論的前提の間に矛盾があるというわけです。

そうした矛盾は、ケルゼンが「国家」と「法秩序」を同一視している点に端的に現われている、とシュミットは見ているわけです。この同一視は、「自然法則 Naturgesetzlichkeit」と「規範法則 Normative Gesetzlichkeit」の同一視であるということですが、これは直接的には、先ほどお話しした神と国家の消去の話を指します。自然科学が、自然界から超越した存在であり続けた「神」を自然法則に還元したように、純粋法学が、法秩序から超越した存在であり続けた「国家」を、規範的法則としての「法法則 Rechtsgesetze」に還元しようとしているとケルゼンは明言します。そして、国家や法の社会的現実としての側面については、自然科学的な方法に基づく国家・法社会学──「社会学」が自然科学的だというのは、少しヘンな感じがしますが、ケルゼンは、経験科学は、自然科学的な性質を持っていると考えていたようです──によって解明すべきだとしています。

つまり、ケルゼンは、「自然法則」と「規範法則」を二つの意味で〝同一視〟──ケルゼン自身は、同一視しているとは思っていなかったでしょうが──していたわけですね。自然界における自然法則と、規範の世界における規範法則が対応しているという意味での同一視と、自然科学的法則によって支配される国家の現実と、規範的法則によって支配されている国家＝法秩序が、一つの統一体をなしているという意味での同一視です。シュミットは、そうした同一視は、形而上学的前提に基づいていると指摘しているわけです。法学と神学の根源的同一性を想定する、国家神学的な形而上学を拒絶しながら、ケルゼンはもう一つの形而上学を暗黙の内に前提にしていたわけです。

シュミットの他の法学者に対する批判、特にケルゼンに対する批判は、読者が既にケルゼンの議論を知っていることを前提にして、細かく引用せず、大雑把にキーワードだけ示して、それを皮肉るように話を進めるので、ケルゼンを知らない人はついて行きづらいです——日本人のあまり権威がない法哲学者がこういう書き方をしたら、文章が下手だ、と叱られると思います（笑）。原文を読んで確認しようにも、直接的にどの本のどの箇所のことを言っているのか自体が分からないところが少なくないですし、日本語訳がないのもありますから、なかなか大変です。『民主主義の本質と価値』は岩波文庫に入っているので、比較的入手しやすいです。『社会学的および法律学的国家概念』も晃洋書房から翻訳が出ています。この本では、イエリネク、キスチアコフスキーやクラッベの国家論も紹介されているので、これを参考にしながら、『政治神学』を読むと、シュミットの拘りが結構分かりやすくなります——面倒な作業になりますが。

本文に戻りましょう。

> この形而上学は、もっぱら自然科学的思考より発し、あらゆる「恣意」の廃棄にもとづいて、人間精神の領域から、いかなる例外をも排除しようとする。

ケルゼンの依拠する「形而上学」は、自然科学的思考を起源とするもので、法則性に従わない「例外」を、「恣意 Willkür」として排除しようとする、というわけですね。「例外」を排除するということは当然、「例外状況」においてその本質を現わす、人格的な「主権者」を排除することに対応しています。自然科学のように、擬人化と偶然性を排するということが、シュミットから見たケルゼンの「形而上学」の特徴のようですね。

かの神学と法律学との並行の歴史において、このような確信がもっとも所をえたのは、おそらく、J・S・ミルにおいてである。ミルもまた、客観性の観点から、また恣意を恐れるがゆえに、あらゆる種類の法則の例外なき有効性を強調するのであるが、しかしながら、ミルは、ケルゼンとちがい、法律学的認識という自由な行為が、いかなる任意の実定的法律集塊からも、その体系の諧和を作りだしうるとは、おそらく考えていなかった。なぜなら、それによって、客観性がふたたび廃棄されることになるからである。

ジョン・スチュアート・ミル（一八〇六－七三）は、ベンサム（一七四八－一八三二）の功利主義を、「自由」や「正義」を質的に高く評価するという方向で修正した、あのミルのことです。「法律集塊」というのは、ちょっと分かりにくい表現ですね。原語は〈Gesetzmasse〉で、文字通り、法律の塊という意味です。この場合の「塊」というのは、法則性があって相互に体系的に繋がっているのかどうか分からないけど、とにかく複数のものがごちゃごちゃとくっつき合いながら、存在している、ということです。

ケルゼンは、「法律学的認識という自由な行為」によって、その塊を分析することで、体系的に調和が取れた「法秩序」を導き出せると考えていたわけですが、ミルは、それは無理だと分かっていた。様々な法律の「塊」にすぎないものから、予定調和的な体系を描き出そうとすれば、〝客観的な認識〟ではなくなってしまうからです。「ミルもまた、客観性の観点から、また恣意を恐れるがゆえに、あらゆる種類の法則の例外なき有効性を強調する」という部分は、法学の話ではなく、経済学や論理学、科学方法論など、様々な学問領域におけるミルの──自然科学的な意味での──「法則」志向のことを言っているのだと思います。ミルは、他分野では、「例外なき法則」を求めたけれど、法理論に関しては、ベンサム、その影響を受けた分析法学者のオースティン（一七九〇－一八五九）などとは違って、「法実証主義」の方向には行きませんでした。オースティンは、法実証主義の創始者とされています。

無条件の実証主義が、法律に直接依拠するか、それとも、まずもって体系を作るべく努めるかは、客観性の情熱のなかへ突如として侵入する形而上学のまえには、なんらの区別をも保証しないはずである。

これは抽象的で分かりにくい感じですが、シュミットが言いたいことはそれほど複雑ではありません。構文の面から考えてみましょう。「Aであるか、それともBであるかは、……何らの区別をも保証しないはずである Ob A, oder ob B, sollte …… keinen Unterschied rechtfertigen」という形になっています。「区別を保証しない」――正確に訳すと、「区別を正当化しない」――という抽象的な表現になっているので、とまどってしまいますが、要は、「区別し切れない」、あるいは、「区別できたとしても、あまり意味がない」ということです。

法実証主義は、形而上学的前提に寄りかかることなく、法律、あるいは法律の中核にある「法規範」に直接依拠している、ということを自らの建前にしています。その法実証主義が、実体法を一つ一つきちんと分析する前に、自らに都合の良い、恣意的な体系を構成しているということになると、おかしいですね。しかし、体系の探究を放棄してしまったら、法規範を体系的に研究する意味がなくなり、法学は単なる個別の法律知識の塊になってしまいます。そのため、「法実証主義」は、実在する個々の法律と、体系のどちらに重点を置くかで苦慮することになるわけですが、シュミットに言わせると、どっちになってもあまり意味がない。ケルゼン

ジョン・スチュアート・ミル

に代表される法実証主義の「客観性」に対する情熱の中に、「形而上学」が潜んでいて、それが突如として表に出て来るからです。

ややこしいことを言っているようですが、これは学問の「実証性」とはそもそも何かと突きつめて考えると、必ず出て来る問題です。実在する個別具体的対象を観察して、そこから論理的に整合性のある体系を導き出すわけですが、両者がちゃんと一致するという保証はない。自然科学だったら、観察や実験を繰り返して、うまく一致しているように見えるところまで持っていけなくはないですが、法の場合、自然科学と同じように客観性を設定することはできません。シュミットやケルゼンを離れて現実的に考えると、法というのは、一貫性があるのかよく分からない多くの人間の意志が複雑に絡んで出来上がっているので、個々の法を観察したからといって、個々の法を支配している普遍的法則、それに基づいて形成される体系を見出せるとは限らない。法則性とか体系性という意味での「客観性」なんて最初からないかもしれない。

改めて考えてみれば当たり前のことですが、シュミットが、ケルゼン自身がある種の形而上学を前提にしていることを指摘しようとしているので、ややこしそうな展開になっているわけです。

「法学概念の社会学」

ケルゼンが、その方法論的批判を一歩踏み越えるとたんに、こんどは、まるきり自然科学的な原因概念を操作するという事実は、ヒュームやカントの実体概念批判を、そのまま国家理論に適用しうるものと、かれが信じ（国家概念、二〇八ページ）、スコラ的思考におけるそれとは全然別物であるという点を、かれが見落としている、ということに、もっともあざやかにあらわれるのである。

「方法論的批判」というのは、他の法学、具体的には、国家を人格的に捉える法学の方法論の批判ということです。ケルゼンは、他人の方法論を批判する時は鋭いけれど、自説を展開する段になると、自然科学的な発想が法学でも通用するという形而上学に囚われてしまう。「自然科学的な原因概念を操作する」というのは、法秩序の中に、自然界の［原因－因果］関係のような作用が働いていると想定している、ということでしょう。「操作する」の原語は〈operieren〉で、これは「作用する」とも訳せます。カントやヒュームが批判した「実体概念 Substanzbegriff」というのは、様々な物質的な対象の根底にある、究極の「実体」のことです。ヒュームが、因果法則、自我、物質などは、慣習化された経験によって構成されたものであり、実体はないという議論をしたことは御存じですね。カントが、実体としての「物それ自体」は認識することはできない、と主張したことは有名ですね。

「国家概念」と省略されているのは、『社会学的および法律学的国家概念』のことです。この本の該当箇所では、カント、ヒュームの他に、経験論の哲学者であるロック、物理的現象を感覚による直接経験へと還元しようとしたことで知られる物理学者のマッハ（一八三八－一九一六）、主体／客体の分離以前の「純粋経験」に立ち返って、「自然的世界概念」を再興しようとし、マッハやフッサール（一八五九－一九三八）に影響を与えたドイツの哲学者アヴェナリウス（一八四三－九六）などの名前が挙がっています。いずれも、「経験」について批判的な考察を加え、究極の「実体」を想定することを、形而上学として退けた認識論あるいは認識批判の哲学者たちです。

該当箇所の少し前では、（当時の）現代物理学では「力 Kraft」、心理学では「魂 Seele」のような「実体」概念が消去されている、という話が出ています。ケルゼンはそうした実体批判の考え方を国家理論に適用し、「実体」としての国家を消去しようとしたわけですが、シュミットは、ケルゼンは重要なことを見落としていると言っています。問題は、その見落としている内容ですが、訳が不正確なので、少々分かりにくくなっています。「スコラ的思考におけるそれとは全然別物である」に相当する原文は、〈daß der Substanzbegriff des scholastischn Denkens etwas ganz anderes ist als der des mathetisch-naturwissenschaft.ichen Denkens〉です。抜けているうえに、主語と比較対象になる補語が入れ替わっていますね。ちゃんと訳すと、「スコラ的思考の実体概念は、数学・自然科学的な思考のそれ（実体概念）とは、全く別物である（こと）」となります。

これで少しすっきりしましたが、どうして「スコラ的思考」が出て来るのか、よく分かりませんね。恐らく、神学と法学の結び付きが生まれたのは中世のスコラ哲学の時代であり、スコラ哲学の影響下で「国家」が神とのアナロジーで理解されるようになったのだけれど、スコラ的思考における「実体」概念は、近代の数学や自然科学的な思考における「実体」概念とは異なった役割を担っているということを言いたいのでしょう。だとすると、数学や自然科学と同じ要領で、法の根底にある「実体」としての「国家」を消去しようとするのは見当外れである、ということになるわけです。

> ケルゼンが、その民主政への信仰告白に付した理論づけにおいて、かれの体質的に数学的・自然科学的な思考様式が明白に表現されているのである（社会科学論叢、一九二〇年、八四ページ）。すなわち民主政とは、政治的相対主義の表われであり、かつ奇蹟や教義より解放され、人間の悟性と批判的懐疑とを基盤とする、科学性の表われである、と。

この「社会科学論叢」に掲載された論文というのは、先ほどお話しした『民主主義の本質と価値』のことです。最初、《Archiv für Sozialwissenschaft und Politik》という雑誌に掲載され、同じ年に書籍として刊行されています。先ほどもお話ししたように、ケルゼンは、国家や法を非人格的、価値中立的なものとして理解したうえで、そうした国家に相応しい統治は、多数決による民主主義だと考えました。ケルゼンの理解する民主制は、法を超えて作用する主権とか、神学的な教義のようなものの支配を受けないわけです――第一回目でお話ししたように、シュミットが『現代議会政治の精神史的地位』で展開した民主主義論は、その対極にあります。

主権概念の社会学にとっては、法律学的概念の社会学一般についての理解が、不可欠の前提である。かの神学的概念と法律学的概念との体系的類似は、法律学的概念の社会学が首尾一貫した根本的なイデオロギーを前提とするものであるからこそ、ここで強調する必要がある。

「主権概念の社会学」とは、具体的には、ケルゼンの『社会学的および法律学的国家概念』の社会学的な側面を指します。「法律学的概念の社会学」の方は、法律学的概念がどのように形成され、社会の中で形成されてきたかについての「社会学」ということです。そういう社会学的研究をする場合、「法学」自体が「首尾一貫した根本的なイデオロギー」を前提にしないといけない、ということですね。概念に一貫性がなくてバラバラに出来上がっているとすると、「概念の社会学」をやる意味がないからです。その際に、神学と法学が体系的に類似していることを視野に入れざるを得ないというわけですね。西欧の法学は、歴史的に神学と結び付きながら、発展してきたわけですから。つまり、ケルゼンたちのように、純粋法学と、法の社会学を分けて考え、前者で神学や形而上学を放逐したとしても、後者で、「法学概念の社会学」という形で、神学との関係を考えざるを得なくなる、という議論です。神学を振り切ることはできないわけですね。

「唯心論的歴史哲学」と「唯物論的歴史哲学」

ここに唯物論的な歴史哲学と対立する唯心論的なそれがひそんでいる、と考えるのは、ひどい誤解であろう。もっとも、極度に唯物論的な歴史哲学に対しては、同じく極度に唯心論的なそれを確固として対置しうるのだという、マックス・ヴェーバーが、シュタムラーの法哲学批判で論述したところについては、復古時代の政治神学が、すばらしい例証となっている。なぜなら、反革命的著述家らは、政治的変革を世界観の変化によって説明し、フランス革命の起因を啓蒙主義哲学に求めたからである。

「唯心論的歴史哲学 eine spiritualistische Geschichtsphilosophie」というのは、「唯物論」の「物質」を、「霊 Spiritus」に置き換えたかのように、「霊」的なものを中心に歴史が動いているという見方のことですが、シュミットは、自分はそういうことを信じているわけでも、主張したいわけでもないことを一応確認しているわけですね。そのうえで、ウェーバーを引き合いに出しながら、「唯心論的歴史哲学」と「唯物論的歴史哲学」は二項対立関係にあり、一方の立場を批判的に捉え返す形で、他方の立場を主張することが常に可能であることを、示唆しているわけです。シュタムラー（一八五六‐一九三八）というのは、新カント学派の法哲学の創始者で、唯物史観を批判して、社会の在り方は経済的現実ではなく、各人の行為を規制する法的規範であると主張した人です。ウェーバーは、論文「ルドルフ・シュタムラーにおける唯物史観の『克服』」（一九〇七）で、シュタムラーの議論の一面性を指摘しています。「反革命的著述家ら」というのは、ド・メーストル、ボナール、ドノソ・コルテスたちのことです。『政治的ロマン主義』でも出てきたように、彼らは、革命の帰結を否定的に捉えたうえで、その原因を、キリスト教の一神教的な世界観から、神なき啓蒙主義の世界観の転換に見たわけですね。

これとは逆に、急進的革命家たちが、思考における変化を政治的および社会的諸関係の変化に帰したことは、明瞭な反定立であったにすぎない。宗教的、哲学的、芸術的、文化的な諸変化が、政治的および社会的状況と密接に関連するものであるということは、一九世紀の二〇年代においてすでに西欧とくにフランスにおいて広く行きわたった信条だったのである。マルクス主義的歴史哲学にあっては、同時にまた政治的・社会的変化についても起因点をさぐり、それを経済的なものにみいだすことによって、この関連は、経済的なものへと徹底化され、かつ体系的に厳格にとらえられたのである。この唯物論的説明は、イデオロギー的一貫性を、個別的に観察することを不可能ならしめる。

シュタムラー

これは、マルクス主義の歴史観をある程度知っている人にはお馴染みの図式ですね。ヘーゲルに代表される唯心論あるいは観念論の歴史哲学は、精神の運動によって歴史が発展すると考えるけど、唯物論系の革命家たちは、政治や社会状況の変化によって、思考が変化すると考える。ヘーゲルの時代には既に、政治や社会状況の変化によって、宗教、哲学、芸術、文化など精神的な領域における変化が引き起こされるという見方が一般化していたということですね。マルクス主義は、それを更に〝掘り下げ〟て、政治や社会の変化は、下部構造である「経済」によって引き起こされる、という徹底した唯物論の歴史観を確立した。無論、それを更にひっくり返して、いや、そうした経済の変化は、主体である人間の精神によって引き起こされる、と論じることもできるので、最終的な決着は付きません。

ジョルジュ・ソレルのアナルコ‐サンジカリスト的社会主義は、このようにして、マルクスの経済的歴史把握とベルグソンの生の哲学とを結合しえたのである。

初回にもお話ししましたが、ジョルジュ・ソレルには、両極にあるように見えるベンヤミンとシュミットが強く関心を持っています。ソレルの「アナルコ・サンディカリスム anarcho-syndicalisme」の〈syndicat〉というのは、「組合」という意味のフランス語です。ソレルは、議会での活動に重きを置くようになった当時のフランスの社会主義政党や労働組合の主流派を批判し、労働者の間で自然発生的に起こるゼネストによって、ブルジョワジーの権力機構を解体し、生産手段をプロレタリアートが取り戻すべきことを主張しました。彼は、下部構造によって歴史の発展が規定されているとする正統派マルクス主義の考え方とは一線を画し、革命の原動力になるのは、人民の生活の中に根付いている「神話」だという考え方を取っていました。革命的な「神話」という観点から、フランス革命の伝説とか、キリスト教が元々持っていた好戦的な精神なども評価します。

彼は、同時代人であったベルグソン（一八五九－一九四一）の哲学から強い影響を受けていたことが知られています。ベルグソンは、創造的進化を引き起こすものとして「自由意志」や「直観」に注目します。ソレルのような人もいますが、通常は、ベルグソンは唯物史観の敵と見なされます。シュミットは、ソレルの歴史観の中で、マルクス主義とベルグソン主義が同居していることを、唯物史観と唯心史観の構造的な類似性の証拠と見ているわけですね。

物質的事象の唯心論的説明と精神現象の唯物論的説明とは、いずれも因果的連関をさぐろうとするものである。それらは、最初に両領域を対置し、次いで一方を他方に還元することによって、ふたたびこの対置を無に帰する。

ここは、言い回しが抽象的で難しそうですが、これまでの話の要約だということは分かりますね。人間に関しては、物質的事象を精神の面から説明することができるし、その逆も可能である、ということです。精神／物質をはっきり二分して、これを原因／因果関係と重ね合わせると、どっちの議論もできるわけです。そういう二項対立構造が分かってくると、二項対立が無効化するわけです。現代思想でよく見かける議論ですが、それをシュミットが展開しているところが興味深いですね。

六〇頁を見て下さい。少し前に、「法学的概念の社会学」の話が出てきましたが、それのあるべき方向性についてシュミット自身の考えを示しています。その前の五八頁と五九頁では、エンゲルスのように、全ての理論を下部構造に還元するような〝社会学〟は論外だし、ウェーバーの法社会学のように、法曹関係者の職業的イデオロギーを研究するのも、「法学的概念の社会学」ではないとしています。

ジョルジュ・ソレル

世界観と社会の基本構造

……これのみが、主権概念のような概念に対して、ただひとつ科学的成果への展望をもつ。この社会学には、法生活のもっとも身近な実用的利益を志向する法律学的概念性を越えでて、究極的な、徹底的に体系的な構造を発見し、かつ、この概念構造を、特定の時期の社会構造による概念的変容と比較する、ということが含まれている。ここでいう、徹底的な概念性という理念的なものが、社会的現実の反映であるか、あるいは社会的現実が、一定に思考様式、したがってまた行動様式としてとらえられるものなのかは、このさい問題とならない。むしろ、精神的でありながらも実質的なふたつの同一物が立証されなければならないのである。したがって、たとえば、一七世紀の君主政が、デカルト流の神の概念に「投影された」現実である、というばあい、それは、主権概念の社会学ではない。むしろ、君主政の歴史的‐政治的存立が、西ヨーロッパの人間の当時の総体的な意識状況に対応していたこと、そして、歴史的‐政治的現実の法律学的形態化が、形而上学的概念と合致する構造をもつ、ひとつの概念を発見しえたこと、を示すのが、かの時期の主権概念の社会学に属するのである。これによって君主政は、当時の意識にとって、のちの時期にとっての民主政がもちえたのと同じ明証性を獲得したことになる。

この社会学は、法生活における実用的な関心という次元を超えて、法学概念の「究極的な、徹底的に体系的な構造 die letzte, radikal systematische Struktur」を発見し、その時代の「社会構造」との対応関係を明らかにすることを目指すわけです。「社会構造による概念的変容」と訳されている部分の原語は、〈die begriffliche Verarbeitung der sozialen Struktur〉です。〈Verarbeitung〉は「加工」とか、「情報処理」とかいう意味です。「社会構造」の変化に応じて、概念が加工し直され、新しい形を取って現れる、ということです。それを意訳（?）省略して、「社会構造による概念的変容」としたのでしょう。そういう関係があることを前提として、どういう社会構造であれば、どういう法学概念が形成されるか探究することを、概念の社会学の課題にするわけですね。その際に、さっき出てきたような、社会的現実が先か、概念が先かというような二項対立問題はあまり関係ないわけです。

一七世紀の君主政がデカルト流の神の概念に「投影 spiegeln」されている、という話は真偽は別として、主旨は分かりやすいですね。『政治的ロマン主義』でも、ボナールやド・メーストルが、歴史的・政治的現実と、その社会を支配している「神」観を対応させて考えていたという話が出てきましたね。シュミットは、そこから議論を発展させて、その社会の「歴史・政治的現実」を法学の概念として「形態化 Gestaltung」したものが、その社会を支配している形而上学的概念と対応していると言っているわけですね。そういう意味での、形而上学的概念と法学的概念の関係を探ることが、「主権概念の社会学」の主要課題になります。言い換えると、「主権」概念を核とする法学的概念は、形而上学的概念と歴史的・政治的現実を媒介しているわけです。

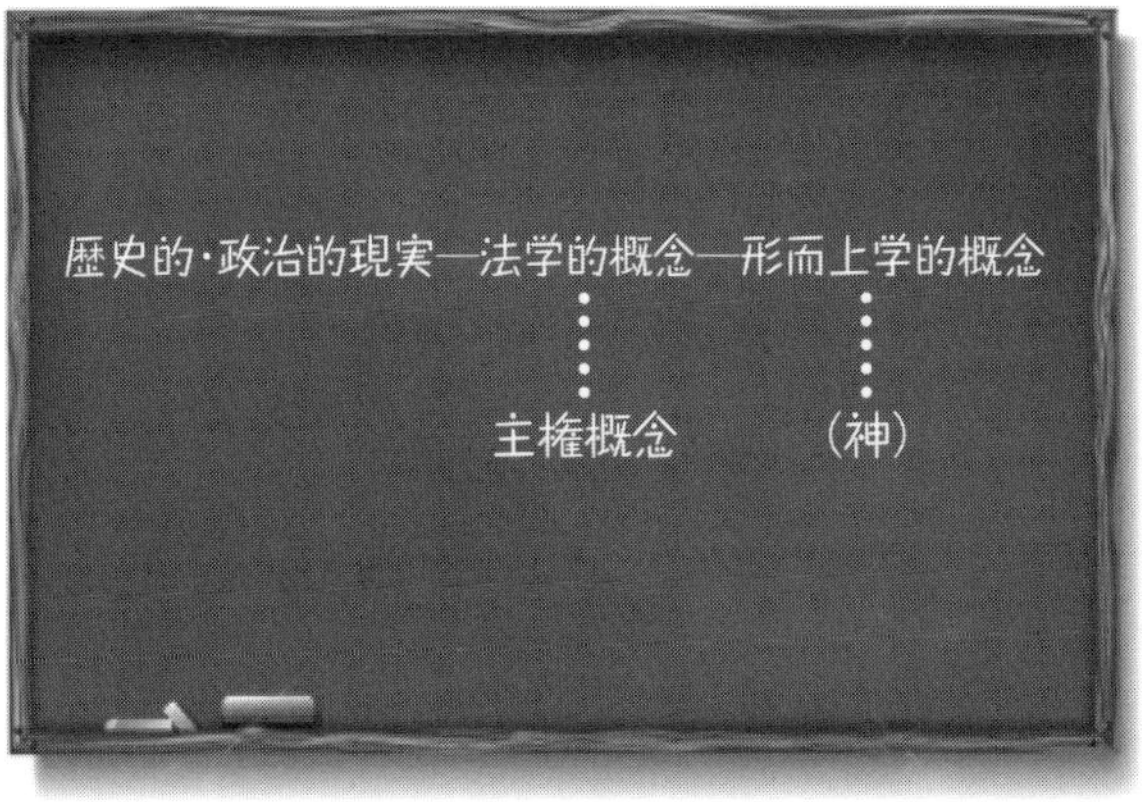

この対応関係があるからこそ、神が消滅したアナーキーな時代に民主主義が適していたように、デカルト的な神観の時代には君主制が適していたと言えるわけです。

法律的概念のこういった社会学の前提となるのは、それゆえ、徹底的な概念性、すなわち形而上学や神学の領域にまで押しすすめられる論理一貫性である。特定の時代が構築する形而上学的世界像は、その政治的組織の形式として簡単に理解されているものと、その構造を等しくする。このような同一性の確認こそが、主権概念の社会学なのである。これは事実、エドワード・ケアードが、オーギュスト・コントについての著書でのべているように、形而上学こそ、ひとつの時期のもっとも強烈かつ明瞭な表現である、ということを証明するものである。

「徹底的な概念性 radikale Begrifflichkeit」の論理的一貫性が、形而上学や神学の領域にまで推し進められるというのが、どういうことか分かりにくいですが、シュミットが、あらゆる社会には、その社会の構造に適合する形而上学や神学がある、という前提で考えていることを念頭におけば、ぐっと分かりやすくなると思います。法学的諸概念は、社会的現実を反映して形成されるわけですから、その「根底」――〈radikal〉の語源は「根っこ」を意味するラテン語〈radix〉です――にまで遡って、それらの間の論理的一貫性を探求すれば、形而上学や神学に通じる層に到達することになるわけです。それが、形而上学的世界像が、それらの法学的概念によって構成される政治的組織の同一性です。

エドワード・ケアード（一八三五―一九〇八）は、グラスゴー大学で教えていたスコットランドの新ヘーゲル主義の哲学者で、『スコットランド哲学とコントの宗教』（一八八五）という著作があります。オーギュスト・コント（一七九八―一八五七）は、フランスの哲学者で、「実証主義 positivisme」の基礎理論を打ち立てた人です。恐らく、ケルゼンたち「法実証主義者」への当てつけの意味も込めて、コントの名前を出したんでしょう。コントには、社会と科学の進歩に関する「三段階法則 la loi des trois états」というのがあります：神学的段階→形而上学的段階→科学的段階。神学的段階というのは、神のような超自然的原理によって物事を理解しようとする段階ということで、形而上学的段階は、その延長で、例えば、社会契約のような実在しない形而上学的原理で理解しようとする段階、実証的段階は、科学的・実証的に物事を把握できるようになった段階です。神学的段階は更に、フェティシズム・フェーズ、多神教フェーズ、一神教フェーズに分かれます。ケアードは、「形而上学的段階」に相当する啓蒙主義の時代について語っているわけです。

コントの議論は、社会の進歩に伴って、神学や形而上学が衰退することを必然視していますが、社会の基本構造が、神学や形而上学のような世界観に対応しているという見方をしている点は、カトリック保守主義者たちやシュミットに似ています。

一八世紀合理主義が、無造作に自明のこととした、国家的法生活の理想は、「神に由来する不易の定めを模倣すること」であった。この表現は、ルソーの論説『政治経済論』にでてくるが、ルソーにおいて、神学的概念の政治化は、とくに主権概念については顕著なのであって、かれの政治的著作に本当に通じている人の目にとまらずにはいなかった。

ルソーの『政治経済論』（一七五五）はもともと、ディドロ（一七一三‐八四）やダランベール（一七一七‐八三）が編集した『百科全書』（一七五一‐七二）の一項目として書かれた論文で、「一般意志」という言葉は出てきますが、まだ概念としてそれほど鮮明になっていません。神学的概念の政治化というのは、『社会契約論』で、主権者である「人民」の「共同的自我」の意志としての「一般意志 volonté générale」が、元々神学的概念であったことを指しているのでしょう。この言葉を最初に使ったのは、ジャンセニスムの哲学者・神学者であるアントワーヌ・アルノー（一六一二‐九四）や、パスカル（一六二三‐六二）です。ジャンセニスムというのは、オランダの神学者コルネリウス・ヤンセン（一五一〇‐七六）に始まるカトリック教会内部の運動で、アウグスティヌス（三五四‐四三〇）の恩寵論を基盤にしています。アルノーやパスカルは、神の恩寵の重要性を強調する文脈で、神の意志の意味で、「一般意志」と言っています。そうした語源的問題に加えて、ルソーは、純粋な意味で、「一般意志」が成立するには、神々の力が必要だということを示唆しているので、その点でも、神学的性格を帯びていると言えます──社会契約論と「神々」の関係については、拙著『今こそルソーを読み直す』（ＮＨＫ出版）で、論じましたので、関心があれば、ご覧下さい。

神なき時代——「民の声は神の声」〈Vox populi, vox Dei〉

六一頁の後半から六三頁にかけては、一七世紀からフランス革命期までの時代では、立法者である君主が、創造主である神に似た位置を占めていたことがデカルトやホッブズに即して論じられています。革命の時代には、「民衆 Volk」が、国王に取って代わりますが、不特定多数の人から成る「民衆」は、統・的な決定主体ではないので、完全に「神＝国王」の役割を果たすことはできない。そのせいで、国家や政治の存在根拠をめぐる、近代の「政治的形而上学」にとって、次第に「神」は理解できない存在になっていきます。

なるほど、なおしばらくは、ひき続き神の表象の余効が認められはする。アメリカでは、それは、民衆の声は神の声であるとする、理性的－実用的な信仰と化し、この信仰が一八〇一年のジェファースンの勝利の基礎をなしている。トクヴィルは、アメリカ民主主義の叙述においてなお、こうのべていた。すなわち、民主主義的思考においては、民衆は、国家生活全体の上に位する。あたかも、世界に君臨する神のように、万物がそこより発し、そこに帰着する万物の起因および帰結として、と。これに対し、こんにちでは、ケルゼンのような重要な国家哲学者が、相対的な、非人格的な科学性の表現として、民主主義をとらえうるのであって、これは事実、一九世紀の政治神学ないし形而上学においてとげられた発展に対応するものである。

「民の声は神の声」というのは、中世からラテン語（〈Vox populi, vox Dei〉）の形で伝承されてきた格言で、元々は、神の意志が「民衆」の素朴な意見表明を通して現われる、という文字通りの意味で使われていましたが、近代に入ってから次第に、人民の意志は神の意志のように絶対である、という比ゆ的な意味で使われるようになりました。トーマス・ジェファーソン（一七四三－一八二六）は、アメリカの建国の父の一人で、第三代の大統領です。一八〇一年は彼が大統領に当選した年です。トクヴィル（一八〇五－五九）は、フランスの歴史家・政治家で、アメリカを訪問して、アメリカに根付いている民主主義と自由の精神を高く評価して、『アメリカの民主主義』（一八三五、四〇）という有名な著作を書いています。トクヴィルの民主主義論には、まだ「民衆」を神になぞらえる発想があったけれど、脱神学・形而上学化が更に進んだ二〇世紀に生きるケルゼンの民主主義論では、人格的な決断主体を感じさせる要素は、少なくとも表面的には全面的に払拭されている、ということですね。

ハルマゲドンの闘い――独裁 VS. 民主主義、アナーキー

六五頁から六六頁にかけて、一九世紀には、「神」やそれに相当する超越論的審級を消去するプロセスが進行し、コントの影響を受けたフランスの社会主義者プルードン（一八〇九－六五）や、ロシアの無政府主義者バクーニン（一八一四－七六）が神に対する闘いにコミットしたという話が出ています。そして、第三章の末尾に近い六七頁で、一九世紀の国家論の特徴がまとめられています。

一九世紀の国家論的展開は、ふたつの特徴的な要素を示す。すなわち、あらゆる有神論的・超越的表象の除去と、新しい正統概念の形成とである。伝統的な正統性概念は、明白にあらゆる明証性を失う。（…）すなわち、君主政的な正統性観念に代わって、民主主義的なそれが登場するのである。したがって、決定主義思想のもっとも偉大な代表者のひとりである、かつ、みごとな急進性を示して、すべての政治の核心が形而上学的なものであることを意識していたカトリック系国家哲学者であるドノソ・コルテスが、一八四八年の革命をみて、王権主義時代は過ぎ去ったという認識に到達したことは、

はかり知れないほどの意義をもつ事件なのである。もはや王が存在しないのだから、王権主義ももはや存在しない。したがってまた、伝統的な意味での正統性も存在しない。

コルテスは、常に何らかの形で「正統性 Legitimität」を必要とする「政治」の本質が、形而上学的なものであることを意識していたけれど、同時に、一八四八年の二月革命で、王権を支えていた、従来的な意味での「正統性」はもはや消滅したことを認識していたわけです。フランスに始まった二月革命は、ドイツ諸邦、ハンガリーやチェコなど東欧地域を領有していたオーストリア、イタリア、ポーランド、デンマークなどヨーロッパ諸国に拡がりました。パリでは立憲王制に代わって共和制が成立し、オーストリアではメッテルニヒ体制が崩壊します。『共産党宣言』がロンドンで刊行されたのも、この年の二月です。（通常の意味での）「民主主義者」であれば、新たな「正統性」を「民衆」に求めるところですが、カトリック系の保守主義者であるコルテスは当然、そういう発想はしません。

このようにして、コルテスにとって残される道はただひとつ、すなわち独裁しかないのである。これは、ホッブズもまた、決定主義的思想を、同様に——ただし数学的相対主義をまじえつつ——つきつめることによって到達した結論であった。「真理ではなくして、権威こそが法を作る」のである。

王権の正統性が失われたことが、どうして「独裁」に繋がるのか、話が少し飛んでいる感じがしますが、次のように補って考えればいいと思います。王位が、歴代の王から王へと自然と継承されている間は、正統性の問題は表面化しない。しかし、いったん王の権力の根拠が疑われ、王権に神の名で承認を与えてきた教会の権威まで疑われるようになると、「正統性」を調達することはできなくなる。「民衆」を新たな

〝正統性〟の源泉と認めることができないのであれば、王や教会の正統性の根源に位置する「神」の権威を直接持ち出すことはできない。従来の正統性の系譜が途切れてしまっている以上、「これこそが神の意志である」と、正統な立場から主張できる者はいない。そこで、あたかも神自身が奇蹟という形で世界に直接介入するかのように、これこそが「神の意志である」と決定し、新たな正統性、それに基づく秩序を、自ら作り出す存在、言わば、神を代理する存在が必要になります。それが「独裁者」です。

「独裁者」は、自らの「権威」で法を作るわけですが、正統性の系譜は途絶えているし、民衆の意志に依拠することもできないとすれば、自分で、神の代理としての権威を作り出すしかありません。考えようによっては、アナーキズムと紙一重です。シュミットは、コルテスのそういうラディカルさを評価しているわけです。六八頁の終わりの方では、コルテスが、中世的思考の枠から抜け出していないことや、一九世紀の数学的自然科学主義とは無縁であることを一応断っていますが、そういう古い人だからこそ、ラディカルな発想ができるのだとシュミットは示唆したいのかもしれません。

バクーニン

プルードン

第四章「反革命の国家哲学について」は、副題から分かるように、ド・メーストル、ボナール、コルテスの三人の国家哲学が再びまとめて論じられています。彼らに共通する考え方は、革命によって政治における正統性が失われ、もはや伝統的なやり方で、正統性を確立するのは不可能であることを認識したうえで、それでもなおかつ、民主化に伴うアナーキー――彼らは、民主化はアナーキーをもたらすと考えます――を受け入れることができず、決断主義によって、新しい正統性、権威を打ち立てようとするところです。冒頭の六九頁で、『政治的ロマン主義』の議論を繰り返す形で、彼らと、「政治的ロマン主義者」

との違いが確認されていますね。フリードリヒ・シュレーゲルやアダム・ミュラーは、ロマン主義的なポエジーの現われとしての「無限の対話」を称揚するけれど、ド・メーストルたちは、ブルジョワ的なおしゃべり＝民主主義を全く信用していない、ということですね。

七三頁から七五頁にかけて、コルテスの独裁論の背景には、彼の人間観があったという議論が展開されていますね。彼は、原罪を背負っているがゆえに、人間の本性は悪であるというカトリック的な考え方を、かなり先鋭化した形で持っていたということです。七五頁をご覧下さい。

もとより、かれが、人間の天性の極悪性と低俗性についてのべるところは、これまで、絶対主義的国家哲学が、厳格な支配の理由づけのためにもちだしたいかなる論議よりも、さらに恐ろしい。（…）かれの人間蔑視は、もはや、とどまるところを知らない。人間の盲目的な悟性、その薄弱な意志、その肉欲のこっけいな躍動は、コルテスの目には、いかにもみじめに映り、この生物の低劣さの全容を表現するには、あらゆる人間の言語のいかなる語彙をもってしても足りないのである。もしも神が、人間と化さなかったとしたならば――「わたくしの足が踏みつぶすトカゲも、人間ほどに軽蔑の対象ではあるまいものを。」（…）かれの歴史哲学によれば、悪の勝利は、自明であり自然であり、ただ神の奇蹟のみがそれを防止するのである。人間の歴史からうけた印象を対象化したかれの比喩は、恐怖と驚愕にみちみちている。

「もしも神が、人間と化さなかったとしたならば――」というところは、神の子であり、神の三つのペルソナの一つであるイエスが、人間になったという話です。コルテスによれば、人間の本性は悪なので、「奇蹟」が起こらない限り、人間の歴史はどんどん悪の方に流れて行くということですね。どんどん悪くなって革命が起こってしまったので、「奇蹟」に相当する「独裁」が必要になるわけです。下劣な人間の多くは、神の意志が分からなくなっているので、否応なく、神の意志を実現する「独裁」が必要になるわけです。七七頁で、もう一つ興味深いことが述べられています。

しかし、典型的なのは、こんにち、カトリックと無神論的社会主義との間に燃えあがっている血なまぐさい決戦という、もうひとつの比喩である。

コルテスは、無神論者との闘いを、ハルマゲドンの闘いのようなイメージで捉えているわけですね。その闘いに勝たねばならない。典型的な二項対立思考をしているコルテスにとって、闘うのではなく、話し合いをしようとするブルジョワ民主主義は、見当外れなわけです。彼が、ブルジョワジーを「論議する階級 eine diskutierende Klasse ＝ una clasa discutidora」と定義したという話が紹介されていますね。彼にとっては、ブルジョワジーは「決断」を回避し、埒があかない論議を延々と続けている。神や君主を愛しながら、同時にそれらを無力に留めようとし、自由と平等を要求しながら、選挙権を有産階級に限定しようとするブルジョワジーの態度は宙ぶらりんで、どうしようもないわけです。

八二頁をご覧下さい。

（…）自由主義なるものは、政治的問題の一つ一つをすべて討論し、交渉材料にすると同様に、形而上学的真理をも討論に解消してしまおうとする。その本質は交渉であり、決定的対決を、血の流れる決戦を、なんとか議会の討論へと変容させ、永遠の討論によって永遠に停滞させうるのではないか、という期待を抱いてまちにまつ、不徹底性なのである。

討論の対極は、独裁である。いかなるばあいにも極端な事例を想定し、最後の審判を期待する、ということが、コルテスのような精神での決定主義には含まれている。それゆえ、コルテスは、一方で自由主義者を軽蔑すると同時に、他方、無政府主義的社会主義は、不倶戴天の敵としてではあるがこれを尊敬し、それに悪魔的偉大さを認めるのである。プルードンを、コルテスは、魔性とみなす。当のプルードンは、これを一笑に付し、宗教裁判にひっかけながら、まるで火刑のまきの上にすえられてしまった気持だとして、さあ火を放て！　と、コルテスに呼びかける（『一革命家の告白』、新版における追加）。

「最後の審判」とは、言うまでもなく、歴史の最後に全ての人が復活し、神による裁きを受けるという、キリスト教の教義の「最後の審判」のことですが、ここでは、闘いの決着を付ける、という比ゆ的な意味で使っているのだと思います。最終決戦を望み、それに向けて「決断」することの重要性を説くコルテスにとって、無駄におしゃべりする自由主義者＝ブルジョワジーよりも、真正面から闘いを挑んでくる、プルードンのような無神論者・無政府主義者を「敵」（＝悪魔）として認めていたというわけですね。

『一革命家の告白』（一八四九、五二）というのは、プルードンが一八四八年の革命に際しての自分の行動や心情を回想したものです。作品社から、『革命家の告白』というタイトルで訳が出ています。「回想」とか「記憶」とかでも良さそうですが、わざわざ「告白 confession」という言葉をタイトルに使っている時点で、キリスト教を意識している感じがしますね。「告白」というタイトルの本としては、アウグスティヌスの『告白 Confessiones』（三九七-四〇一）と、それを模したと思われるルソーの『告白 Les Confessions』（一七六四）が有名ですね。アウグスティヌス-ルソー-プルードンと並べると、意味ありげな感じがしますね。

「新版における追加」というのは、五一年に出された第三版の第一二章「七月三一日、社会主義の新たな表われ」のある箇所にプルードン自身が付けた注です。二月革命直後の政治的プロセスで労働者による蜂起が起こり、社会主義に対する恐怖が拡がり、その指導者であるプルードンがいろんな人の非難の的になった、と述べられている箇所です。その箇所に、プルードンは元々、サタンに苦しめられる、旧約聖書の義人ヨブのような心境になった、という主旨のことを書いていました。ヨブの信仰が本物であることを明らかにするために、神が、サタンにヨブに苦難を与えることを許すという話です。

元々キリスト教の信仰の試練のパロディーみたいな書き方をしている箇所だったのですが、コルテスが『カトリシズム、自由主義、社会主義に関する試論』で、自分のことを、悪魔（démon）に憑かれた者、ほとんど悪魔そのものとして描いていることを知って、それに対して挑発的なコメントを付け加えたわけです。該当個所を引用した後で、以下のようにコメントしています。作品社の訳（二二八―二九頁）から引用しておきましょう。

わが読者は、私の本を読んでも地獄の香りをかぐのを恐れず、安心されるがよい。ドノソ・コルテス氏が私について語ったことは、一語一語、エルサレムの「イエズス会派」たちが、ほぼもう一九〇〇年前にイエスについて語っていたこと――「彼の体には悪魔がいる」である。ユダヤ人の後では、異教徒たちは同じ議論を初期キリスト教徒たちを虐待するために利用し、教会は異端者と魔女を火刑に処すために用いた。ドノソ・コルテス氏は、見たところ、他の宗教についても彼の国についても同様であって、怠りなくこうした手本を見習った。彼が彼である限り、彼は黄色い地獄服で私を被い、そして次の火刑で死刑執行人に叫ぶだろう、「火をつけろ！」と。

彼は若い時に聖書の印刷工の仕事をしている間に、かなり広範な聖書の知識を得たとされています。それで、こういう風に、キリスト教の歴史を引用して、神学を振りかざして、自分を攻撃するコルテスの態度を皮肉っているわけですね。プルードンはプルードンで、神学的な二項対立図式を意識していそうな感じですね。

本文に戻りましょう。八四頁では、神学に対する闘志という点では、プルードンよりもバクーニンの方が徹底していて、支配欲や所有欲に起因する一切の権力や権威、家父長制などを解体して、「自然」に回帰することを目指していた、という話が出ていますね。そしてコルテスは、徹底した無神論が秩序を解体して、「肉体 Leib」性それ自体を復活させようとするに至ることを見抜いていたとも述べられていますね。キリスト教は、「肉体」の誘惑を抑えて、神の「霊」に従って「精神」的に生きることを重んじる宗教ですから、それを否定すれば、「自然」や「肉体」の称揚に至るのはある意味当然です。

反神学的な独裁論

この論文の最後に当たる部分を読んでおきましょう。八六頁から八七頁にかけての箇所をご覧下さい。

ドノソは、最後の戦いのときがきたことを確信していたのである。過激な悪に直面しては、独裁以外にはない。そして、継承という正統性の理想は、このようなときにあっては、空虚な自己正当化となる。こうして、権威と無秩序という対極は、絶対的な明確さを示して相互に対立し、上述の明瞭な反定立を形成しえたのである。いかなる統治も、必然的に絶対的である、とドゥ・メーストルがいうのに対して、無政府主義者も、それと一語一句ちがわないことをいうのであって、後者はただ、善良な人間と腐敗した統治というみずからの公準を援用して、実際的には逆の結論、つまり、いかなる統治

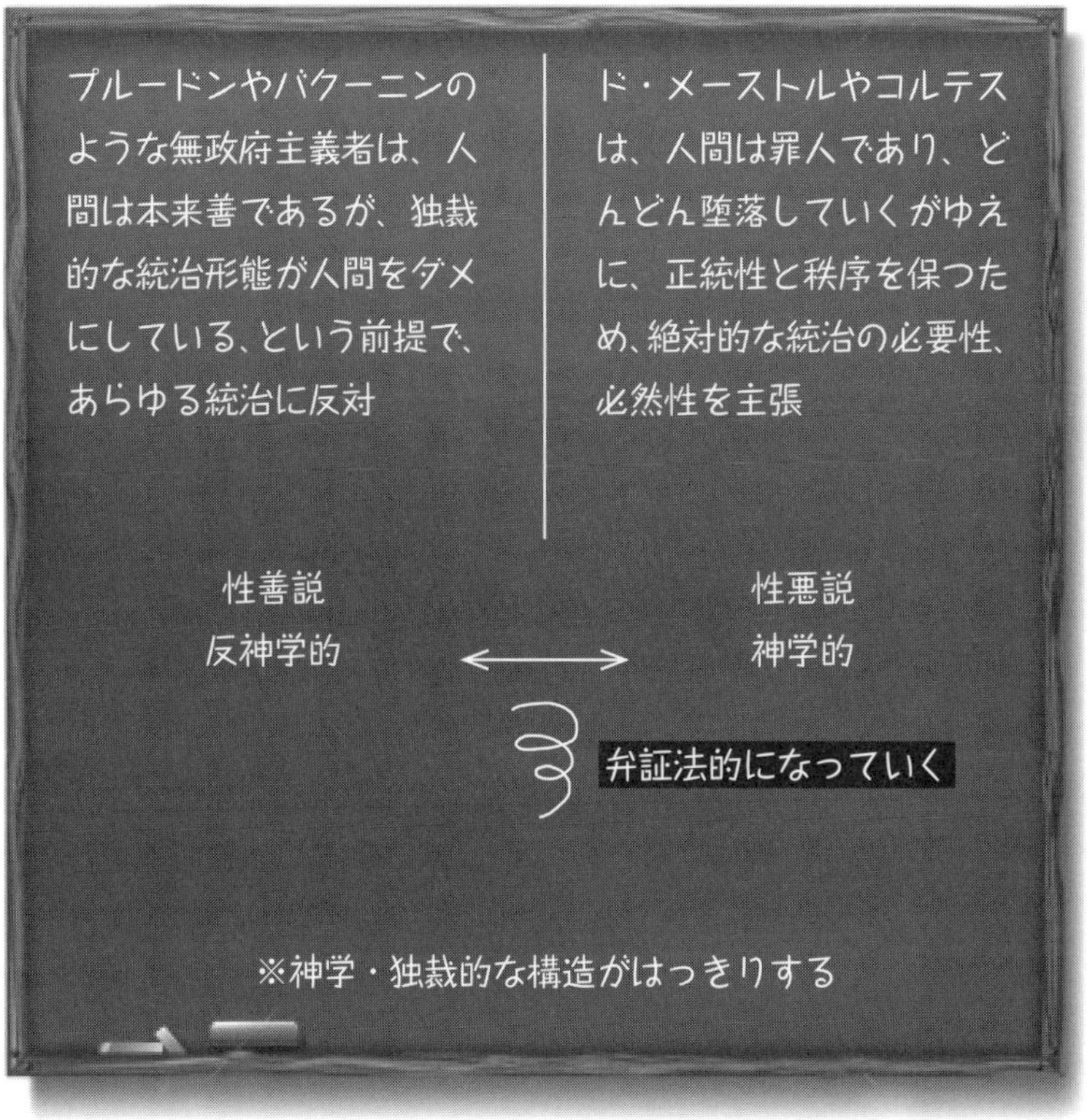
プルードンやバクーニンのような無政府主義者は、人間は本来善であるが、独裁的な統治形態が人間をダメにしている、という前提で、あらゆる統治に反対
ド・メーストルやコルテスは、人間は罪人であり、どんどん堕落していくがゆえに、正統性と秩序を保つため、絶対的な統治の必要性、必然性を主張
性善説
反神学的
性悪説
神学的
弁証法的になっていく
※神学・独裁的な構造がはっきりする

も独裁である、というまさにそのゆえに、いかなる統治も打倒されなければならない、という結論をひきだすのである。(…)もちろん、この過激な反定立は、無政府主義者に対して、決定に反対のはっきりとした自己決定をするよう強いるものであって、一九世紀最大の無政府主義者バクーニンにあっては、かれが理論では、反-神学の神学者に、実行面では、反-独裁の独裁者にならざるをえなかった、という奇妙な逆説を産みだしているのである。

極右と極左が次第に似てくるという話はよく聞きますが、シュミットはここで、独裁をめぐる二項対立の構図が生じるメカニズムを分析しています。ド・メーストルやコルテスは、人間は罪人であり、どんどん堕落していくがゆえに、正統性と秩序を保つため、絶対的な統治の必要性、必然性を主張する。それに対して、プルードンやバクーニンのような無政府主義者は、人間は本来善であるが、独裁的な統治形態が人間をダメにしている、という前提で、あらゆる統治に反対します——右が性悪説的で、左が性善説的だというのは、今でもよくある構図ですね。ただし、左の方は、統治が悪いと言っても、放っておいたら、悪しき独裁統治がのさばるだけなので、それに対抗しようとすれば、それを打倒するための強力な独裁を打ち立てねばならない。更に、相手方が強烈な神学的なイデオロギーを背景としているので、自分たちはそれに対抗する反神学的な人間中心の世界観で思想武装しないといけない。そうやって、無神論者が反神学の〝神学者〟に、反独裁の独裁者になっていく。それに対応して、神学・独裁陣営は更に極端な態度を取る。そういう定立(テーゼ)対反定立(アンチテーゼ)という図式の弁証法的なせり上げによって、どんどん神学-独裁的な構造がはっきりしてくるわけです。

それを考えると、はっきりと敵対してくれる左翼はありがたいわけです。シュミットはそうした文脈で、マルクス主義のプロレタリアート独裁も、ある意味評価します。考えようによっては、反神学的な独裁論が台頭してくることこそ、政治神学の証明でさえあるわけです。この議論が、次回読む『政治的なものの概念』での「友／敵」の対立構図へと発展していくわけです。

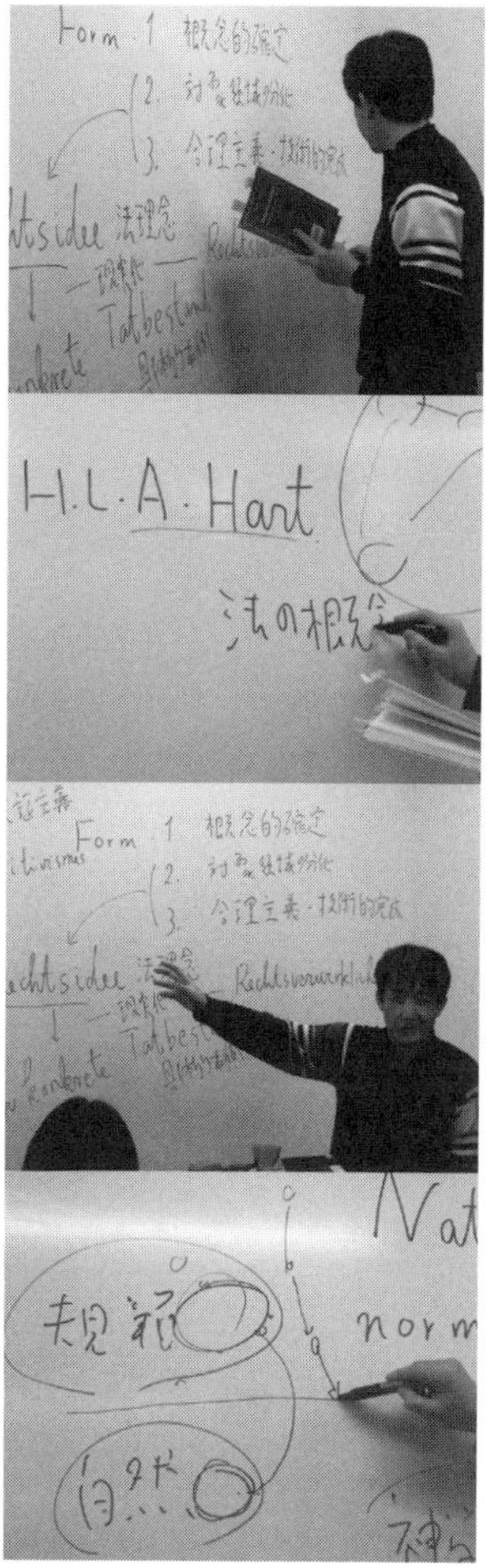

Q　「法」という概念の根本的な意味に、客観的対象の記述という要素と規範的な要素の二重性が潜んでいるのでしょうか、という質問です。何故そのように思ったかと言うと、カール・ヘンペル（一九〇五―九七）という論理実証主義系の哲学者が、ケプラー（一五七一―一六三〇）の惑星運動の法則を譬えに出して、「自然法則というものは、たとえば惑星にこのように動くべきだと指示し、法則が惑星を動かしているのではなく、惑星がそのように動いているというものを記述したものが法則なのである。でも我々は何故か法則が惑星を動かしているかのように感じてしまう」と言いました。その惑星を動かしている力の「法則」から、規範的な要素が出てくるんじゃないかという気がします。

そうすると、自然科学は、神を締め出していくプロセスであったわけですが、科学が自然法則として想定しているものを遡っていけば、神の決定あるいは命令を読み取れるのではないかとも考えられます。自然法則と規範法則を同一視している、とシュミットはケルゼンを批判するわけですが、自然法則そのもののなかにも、二重性、なにかを記述しているに過ぎないものであるというレベルと、我々に何かを指示し命令するようなニュアンスを含んだ規範的要素の二重性があるのではないか。そのあたりに関心がありま す。私の理解は正しくないかもしれませんが、マルクスが歴史法則を自然法則的に考えている。でもそれが自然法則であれば、放っておけば革命は成就するはず。けれど、我々が主体的にかかわり、何か規範的要素を持ち込まないと運動は起こらない。そこらへんに少々矛盾を感じます。法の場合も、そうした二重性を根本的にはらみながら、そこに無自覚なまま人が動かされているということもあるんじゃないでしょうか。

A　法実証主義の元祖とされるホッブズは、法の本質を、主権者の命令であると考えていました。ベンサムの影響を受けたオースティンも、主権者命令説を取りました。そこからシュミットは、「命令」する人格的主体の決定を重視する「決定主義」の理論を引き出しました。それに対して、ケルゼンは、「規範」としての「法」を、自然科学の「法則」と同じようなものと見なし、人格的要素を排除しようとしたわけですね。ケルゼンの方が一見理性的に見えますが、法律を解釈しようとすれば、どうしても、立法者がどう考えたか、人格的なものを想定しながら、妥当な立法趣旨を考えざるを得ないところがある。数学みたいに、最初にいくつかの公理を定めたら、どういう定理が導き出されるか決まる、ということにはならない。自然科学の法則も、根底においては人格的なものを想定しているのかもしれないけど、現代の自然科学のように、複雑な体系になってくると、人格的なものの所在を特定しにくい。法学は、法を創造した立法者や、法を解釈して適用する裁判官の人格がより直接的に前面に出て来ます。シュミットがマルクス主義をある意味評価するのは、プロレタリアート独裁という形で、「決定」する主体のことを問題にしたからです。シュミットは、ケルゼンが客観的に捉えようとした「規範」の影に隠れている、人格者の命令という要素を引き出そうとした、と言えるでしょう。

Q　五五頁に「自然法則と規範法則とを同一化する形而上学が存在するのであるから。この形而上学は、もっぱら自然科学的思考より発し、あらゆる『恣意』の廃棄にもとづいて、人間精神の領域から、いかなる例外をも排除しようとする」、という表現がありますね。私から見ると、むしろこのような自然科学的思考を否定することの方が形而上学ではないか、という気がします。この言い方だと、形而上学の恣意性を肯定しているように見えますが、これってどうなんでしょう。自然科学には、自然法則と規範法則を同一化するという考え方はないと思います。

A　シュミットは、別に自然科学自体の本質を論じているわけではなくて、「自然科学的思考」と言っています。

Q　そこがミソなんですね。

A　ケルゼンのような法実証主義から見た「自然科学的思考」です。

Q　自然科学では、新しい理論が出てきて、その大前提が変わることがあります。神のような絶対的なものを想定する形而上学だったら、神の意志が絶対になるので、変わりようがないのでは。

A　「形而上学」の意味が違います。シュミットが言っている形而上学というのは、現代思想などで、形而上学と呼ばれているものと同じで、人間が言語によってコミュニケーションをする時に、暗黙の内に想定している、あるいは想定せざるを得ない決まりごとです。世界の理解の仕方についての最低の共通理解がないと、話が通じない。社会がある限り、必ず形而上学はある。その意味での形而上学に、神が出て来るとは限りません。自然科学だって、話を通じさせるための最低限の共通前提はあるはずです。あと、いくら神を核とする形而上学的世界観でも、「神」のイメージは、時代や地域によって異なります。「神」のイメージが変われば、「形而上学」も変わる。それが、「政治」の基本構造に反映されると、政治神学が生まれる。

Q シュミットの言う「神」、カトリック的な神のイメージを共有していない国や地域では、どうなるんですか。

A シュミットは、西欧のキリスト教諸国以外の国のことは念頭においていないでしょう。そもそも彼は、「世界」がどういう風に出来上がるのかというような次元の問題を論じているのではなくて、法や政治の基礎になっている「世界観」がどうなっているのかを問題にしているわけです。法や政治が違えば、「世界観」、その基礎にある形而上学が異なるのは当然です。

Q 自然科学も、おっしゃる意味で「形而上学的前提」を置いています。パラダイムと呼ばれるやつですね。でも、それは少なくとも、どこかの地域や文化に相対的なものではないですよね。文化ごとに神観が異なることを指摘しても、自然科学的思考を批判することにならないと思います。

A 肝心のところで誤解されていると思うのですが、シュミットは別に「自然科学」自体がどうのこうのと言っているわけではありません。ドイツやフランスの大物の哲学者の中に、自然科学に対する偏見を抱いていて、自然科学の宗教性を暴こうとする人がいますが、シュミットはその手の話は全然していません。私も、そういう次元の話にはあまり興味ありません。哲学者共通の偏見があるという前提で、この手の議論にいちいち目くじらを立てていると、議論のポイントを見失ってしまいます。

Q 自然科学主義と、人格に基づく決定を対比されましたが、私が思うに、矛盾はしない。

A　自然科学の一番の成り立ちまで考えると、確かに矛盾しません。決定しないと、公理を固定化させて、論理を展開できないですから。ただ、通常の科学の営み、例えば、実験だったら、誰がやっても同じ結果が出ることを前提にするでしょう。最初に実験のやり方を決める時は、誰かの決定という要素が働くかもしれませんが、その後は、人格的決定という要因を排除しないといけない。法的決定のように、「誰が〜」ということが、常に問題になってはならない。そこは違うと思います。

Q　秩序に内在する法則性が正常に機能し、政治がスムーズに進行している状態では、法治主義でオーケーなわけですね。法治主義の場合は、誰が決定しているかあまり考えないで進む。しかし、いつしか「例外状況」が生じ、神の奇蹟に相当する「決断」が必要になるということでしょうか。

A　そういうことです。本当は、裁判官が判決を下す時も、「このケースには○○という法規範を適用する」という「決定」が行われているし、我々が日常生活でいろんな社会的ルールを解釈している時も、「決定」しているんだけど、決定に際してあまり摩擦が生じないので、あまり意識されません。

Q　法の存在そのものについて「決断」が成されているだけでなく、法を適用したり、当てはめたりする、細かい場面でも、「決断」が成されているということですか。

A　そうです。ミニ例外状況は常に生じています。細かく観察すれば、決断を必要とする例外状況は、いろんな場面で再現している。ただ、法を規定している根源的な「決断」の瞬間はなかなか現われない。

Q　社会的な危機状態になって、「正常＝規範性」を新たに規定する「決断」が必要になるというお話でしたね。

A　そう、普段は、表に出て来ない「主権」が前面に出て来て、法の根源を今一度示さねばならなくなるわけです。社会が危機に瀕した時に、神が直接その力を見せ、人々を正しい、本来の法へと導くように。

Q　手品を見せられている印象があります。「形式」の話なんかまさにそうですね。〈Form〉の意味を分析してみせながら、自分の都合のいい方に引っ張っていく。そして、法学と神学の共通性を指摘し、神の「奇蹟」にまでもっていく。法学は科学ではないのか、と思います。

A　確かに手品っぽいですが、必ずしもインチキではないと思います。実際に使われている言葉の意味を掘り下げて、人々がそれまで曖昧に諒解していたことを明らかにしようとしているわけですから。ハイデガーやデリダも、この手の手品をよく使います。シュミットは、法学を、実証主義的な意味での「科学」だとは考えていないと思います。

Q　法実証主義者は、実証主義的でも、自然科学的でもないと理解していいですか。

A　そう思います。シュミットに言われるまでもなく、「法」というのは実際に運用されるに際して、常に「決定」を伴います。権威がある人の決定によって、客観的に妥当するようになるという側面がある。実証主義が、人間の主観に一切左右されない証拠によって、普遍的法則の存在を証明することを目指すものだとすれば、法についての研究が、実証主義的になりようがない。無理に自然科学並みの実証性を、法学に持たせようとしたのが、ケルゼンの試みだったのではないと思います。ただ、戦後、主として英米圏で発展し続けている「法実証主義」では、「実証性」が強調されることはほとんどありません。「法実証主義」の有効性をめぐる現代的な議論では、「法」を価値観抜きで記述することができるか否かに焦点が当てられています。

Q　本当の実証主義的な科学者であれば、自分たちの依拠している根源的な仮説を反証する例が見つかれば、仮説を変えます。パラダイム転換が起こります。それに比べて、法実証主義者とか、社会科学の領域における科学主義の人たちは、あるのかないのか分からない、抽象的な法則の存在に拘っているような気がするんですが。

A　多分、ルーマン（一九二七-九八）のシステム理論とかをしきりと引き合いに出すようなタイプの理論社会学系の人を念頭に置いておられるのだと思います。「私の言っていることには、科学的な裏付けがあります。それが分からないのは、理性的な思考ができない人です」とか「それは、〇〇十年前に既に反証された理論です。それを未だに言い続けるのは、かなり遅れている証拠……」みたいな物言いをする人のことですね（笑）。当然、社会科学でも法学でも、反証された仮説は捨てて、新たな仮説を打ち立てねばならないはずですが、社会科学では何をもって反証というのか曖昧です。今言ったような意味で、「実証主義」っぽい構えを取る人は、当然何らかの普遍的法則を仮定しますが、その法則があまりに抽象的で、現実にどうやって適用したらいいのか分からないことが多いです。例えば、法が自己完結的なシステムを形成しているとか、AとBの間で協力ゲームが成立しているとかいった問題については、データの解釈次第で何とでも言えます。何とでも言えるような抽象的理論を扱っているくせに、妙に頑張る人がいる。ジャーナリズム的に目立っている人に、そういうタイプが多いです。そういう人が目立っているせいで、社会科学にインチキ実証主義が蔓延していると思われているのかもしれませんが、ああいうのは、ごく少数です。芸能人じゃないんだから、対外的に目立っている人を代表とすべきじゃないと思います（笑）。ＴＶに出て、どんなテーマにでも軽いノリでコメントしている精神医学者や脳科学者を、その世界の代表扱いしたら、その業界の人は不快でしょう（笑）。あと、それほど有名人ではなくても、エリート意識の強い人が、実証主義っぽい感じの物言いをすることがありますが、あれも、ごく一部です。嫌味な学者に出くわしたら、その分野の人がみんなそうであるような気がするものですが、そこはちゃんと、〝客観的〟な証拠に基づいて考えないといけない（笑）。

横道にそれた感じになりましたが、ケルゼンやシュミットの議論はそんな低レベルではないと思います。彼らが論争していた時代は、社会科学や法学における「実証性」や「客観性」とは何か、本気で論争されていた時代です。ケルゼンやシュミットの議論には、今から見ると、独断的な決めつけとしか思えないことが多々含まれていますが、思い込みのぶつけ合いをちゃんと通過しないと、学問は発展していかないと思います。

政治的な行動や動機の基因と考えられる、特殊政治的な区別とは、友と敵という区別である。この区別は、標識という意味での概念規定を提供するものであって、あますところのない定義ないしは内容を示すものとしての概念規定ではない。

『政治的なものの概念』

「第三帝国の桂冠法学者 Kronjurist des Dritten Reiches」

今回と次回読むのは、『政治的なものの概念』です。未來社から出ている翻訳の「凡例」によると、Duncker & Humblot 社から一九三二年に出版されたものの全訳で、六三年に同出版社より再刊されたものも参照しているとのことです。ちなみに Duncker & Humblot 社は、戦前からカール・シュミットの主要著作を出し続けている出版社で、現在でもあります。今私の手元にあるのは、二〇〇九年に出された第八版です。

一九六三年版には、シュミット自身による新しい序文がついています。元になった第二版が刊行された一九三二年から既に三一年経っていることを踏まえて、この本を書いた当時の問題意識と、第二次大戦後の冷戦状況の中で、どのような新しい理論的課題が生じてきたかが説明されています。初版は、一九二七年に『ハイデルベルク社会科学・社会政策論叢』という学術雑誌に掲載され、それが五年後に単行本として刊行されたのが、第二版です。つまり、本としては初版です。翌年、第二版もしくは第三版にあたるものが刊行されますが、既にナチスが政権を取っていたので、戦争やユダヤ人問題に関連して〝政治的〟配慮がかなり施されたテクストになっています。この修正については、ハイデガーの弟子で、東北帝国大学で教鞭を執ったこともある、ユダヤ系ドイツ人の哲学者カール・レーヴィット（一八九七－一九七三）が、「カール・シュミットの機会原因論的決定主義」（一九三五、六〇）という論文で詳細に論じています。これは、前回読んだ、未來社から出ている『政治神学』に付録として収められています。六三年の再刊に際しては、変更前の三二年版が使われました。シュミットは、三三年版についてはそんなものなどなかったかのように沈黙していますが、シュミット研究ではしばしば、そうした彼の態度が問題にされます。

一九三二年は、三三年のナチスの政権掌握の一年前で、ワイマール共和制の末期です。『政治神学』が刊行されたのは、ワイマールの初期でしたが、それから一〇年経っています。世界恐慌のドイツ経済への影響、政党間の対立の激化による内閣の不安定化、連邦と州の関係の緊張などによって、共和国がこのままではもたない、という雰囲気が強まっていました。そのような時期に書かれたテクストです。

この著作で有名なのは、「友 Freund／敵 Feind」の区別です。カール・シュミットが現代思想で引き合いに出されるのが、『政治神学』のメインテーマだった「決断主義」、正確に言うと、例外状況における主権者の決断の問題と、「友／敵」理論です。ナチスと、「友／敵」という言葉が結び付くと、いかにもアーリア人と、ユダヤ人の対立図式を煽っているような感じがしますね。そこに、「決断」という言葉が加わると、絶滅計画の決定を示唆しているような感じさえしてきますね。

確かにシュミットは、ナチス時代に反ユダヤ主義的な発言をしていますので、「友／敵」理論に反ユダヤ主義的な背景があったと見ることができないわけではない――シュミットと反ユダヤ主義の関係については、佐野誠さん（一九五四－　）の『近代啓蒙批判とナチズムの病理』（創文社）で詳しく論じられています――ですが、初回から見てきたように、シュミットは単純に自分の保守的な思想に固執しているわけではなく、その根底にある世界観を解明することを目指して議論を進めていきます。仮に反ユダヤ主義的な考え方が彼の中で強くなっていたとしても、それを正当化するために、適当な事を言っているのではないことは確かです。『政治的なものの概念』を最後まで読み通せば、非常に抽象的な話なので、あまりプロパガンダの役に立ちそうにないことだけは分かります。

シュミットはナチスの「第三帝国の桂冠法学者 Kronjurist des Dritten Reiches」と呼ばれることがありますが、シュミットがナチスの代表的法学者として重用されていたのは、一九三六年くらいまでです。三六年末に、親衛隊（ＳＳ）の機関誌で彼の思想の非ナチス性が批判され、立場が悪くなったことで、ナチス法擁護者同盟（Nationalsozialistischer Rechtswahrerbund）の大学教官専門部会の会長の地位を退きました。ベルリン大学の教授には留まりましたが、ナチスの中枢に思想的影響を与えることのできる立場にはありませんでした。三六年はまだ政権の初期です。

三五年九月には、ニュルンベルク法でユダヤ人の市民権が剝奪され、ユダヤ人との婚姻も禁止されましたが、絶滅計画が決定されるのは、第二次大戦が始まってからしばらく経った、一九四二年一月のことです。ベルリン近郊のヴァンゼーという湖の湖畔に、ナチスのユダヤ人問題担当幹部が集まり、ユダヤ人問題を「殲滅する」形で解決するという方針が決定されました。それを「最終解決 Endlösung」といいます。ヒトラーは、『我が闘争』（一九二五、二六）などで、ユダヤ人はアーリア人の進化を邪魔する敵であると明言していますが、どのようにユダヤ人との闘いに決着を付けるか、具体的には決めていませんでした。一九三八年から四〇年にかけては、ヨーロッパのユダヤ人をマダガスカルに移送するという「マダガスカル計画」が検討されています。ナチス・ドイツの現実的な国家戦略にとって重要なのは、東欧にドイツ人を進出させるために、ユダヤ人をどこかに移動させること、及び安価な労働力として利用することであって、絶滅させること自体にはそれほど大きなメリットはありません。絶滅を前面に出すと、抵抗が激しくなる恐れもあって、余計に厄介なことになるかもしれません。

カール・レーヴィット

大量虐殺することによって、ユダヤ人問題を解決するという方向性が出てきたのは、東欧での戦線が拡大するにつれて、占領地のユダヤ人を管理するのが困難になり、抹殺することで処理するという方針が浮上してきたためだとされています。そうなるのが、必然だったかどうかについては、研究者の間で議論があります。

そして、ナチス・ドイツの対外的膨脹が本格的に始まるのは、三八年三月のオーストリア併合以降です。その後、三九年三月のチェコスロヴァキアを事実上併合し、三九年九月のポーランド侵攻に伴って第二次大戦が勃発し、どんどん戦線が拡大していきます。

話をシュミットに戻しましょう。その頃のシュミットは政治から遠ざかって、法学の研究に専念するようになっていました。ホッブズの『リヴァイアサン』の再解釈や、国際法に関する著作『差別化する戦争概念への転換』（一九三八）などと取り組んでいます。

この『政治的なものの概念』の後半にも国際関係の話が出てきますが、シュミットは三〇年代に入ってから、国際法・国際政治に仕事の重点を移していきます。ケルン大学で国際法を担当していたケルゼンとの対抗関係を意識していたでしょうし、ドイツを苦しめるヴェルサイユ体制や、英米中心の国際連盟への反発もあったでしょう。それから、国政政治や憲法について論じると、ナチスのイデオロギーとの違いが余計に際立つ恐れがあるのに対し、反ヴェルサイユという視点から国際政治を論じれば、さほどクレームは付かないという判断があったのかもしれません。

第二次大戦後には、ニュルンベルクの国際法廷で告発された経済人の依頼を受けて書いた鑑定書で、戦争犯罪について論じています。一九五〇年には、それまでの国際法研究の集大成とも言うべき『大地のノモス』、六三年には『パルチザンの理論』を発表します。『大地のノモス』では、それまでヨーロッパ諸国の間の戦争を、対等の「敵」同士の関係として一定の法的枠組みの内に留めていた「ヨーロッパ公法秩序」が崩れた後、ヴェルサイユ体制の下で、「人類」とか「普遍性」の名において、人類の敵に対する制裁を仕掛ける、新しい戦争形態が登場したことを問題にしています。『パルチザンの理論』では、「パルチザン」の登場によって、従来は、国家と国家の間の関係だけで考えられていた「友／敵」関係が、新たな様相を呈するようになったことが指摘されています。

「正しい敵 hostis justus」と「ヨーロッパ公法 Jus publicum europaeum」

これらの『政治的なものの概念』以降の著作を見ると、「友／敵」概念がはっきりしていた方が、戦争が枠付けされ、無限にエスカレートしていくことが妨げられるということが強調されています。その仕組みが、「ヨーロッパ公法 Jus publicum europaeum」です。それは、大航海時代以降、植民地争奪戦争を展開するようになったヨーロッパ諸国が、お互いの間の関係を制御するために作り出した秩序です。ヨーロッパ諸国同士の間では、変な言い方ですが、お互いを「正しい敵 hostis justus」、自分と同じく、正規の戦争をする資格を持った「敵」として認知したうえで、ルールを遵守しながら闘う仕組みが出来上がったということです。その裏返しとして、植民地化の対象となる地域は、対等の相手ではなく、それらの地ではヨーロッパ諸国同士も、制約のない戦闘を繰り広げたということです。そうした「ヨーロッパ公法」から、「国際法 Völkerrecht」が発展してきたわけです。我々は何となく、グロティウス（一五八三－一六四五）などによって、普遍的な理念としての国際法が考え出され、それが二〇世紀になって国際連盟が出来たことから本格的に実現し始めたというようなイメージを漠然と持ちがちですが、シュミットによれば全く逆で、ヨーロッパの大地に限定しての国家間関係の秩序があって、そこに戦争に関する法が備わっていたのだけど、一九世紀末から、アメリカの台頭に

ニュルンベルクの国際法廷

グロティウス

よって、ヨーロッパ公法秩序の土台が揺らぎ始め、第一次大戦後は、戦勝国を中心に、明確な空間秩序を持っていないにも関わらず、表面的には〝普遍性〟を標榜する〝国際秩序〟が出来上がり、ケロッグ＝ブリアン条約（一九二八）などによって戦争禁止を原則として、疑似的な平和状態を作り出し、その〝平和〟を破るものを犯罪者扱いし、刑法的な意味で制裁を加えることを正当化する体制が出来上がった。その体制が、ヨーロッパの大地の秩序を壊してしまったわけです。

論文のタイトルになっている「差別化する戦争概念」とは、相手を対等な、「正しい敵」として認めることなく、無法者として成敗する〝正しい戦争〟という意味です。我々は、自分が〝正義の味方〟で、相手を無法者として成敗するという構えを取るというのは、どこの国でもやりそうなことだと考えがちですが、シュミットに言わせれば、それは、中世末期の十字軍の話で、一六世紀以降のヨーロッパでは、お互いを敵として認め合っていたわけです。

ヨーロッパ諸国は、自分たちの「大地」に適合した「法＝ノモス Nomos」を採用することで、それなりにうまくやっていたわけですが、世界全体を——どこかの国や地域にとって都合のいい——〝普遍的正義〟によってコントロールし、平和を乱す悪を正義の名において打とうとすると、戦争はどんどんエスカレートしていく。シュミットはそう考えます。犯罪者宣告された側が極端に弱ければ、すぐに収まるかもしれませんが、それなりに武力があり抵抗する力を持っている国であれば、おとなしく受け入れるはずはありません。悪魔扱いされているのだから、屈服したら何をされるか分からないからです。徹底抗戦する し相手の方こそ悪魔だと宣言する。それで戦争がエスカレートしていく。東西冷戦というのは、全面戦争には至らなかったけど、お互いに善悪対立図式を描いていたので、一色触発の状況だったわけです。そのヘンがシュミットの理屈だと、「友／敵」構造がはっきりしないからこそ、無限の応酬になるわけです。その彼の面白いところです。

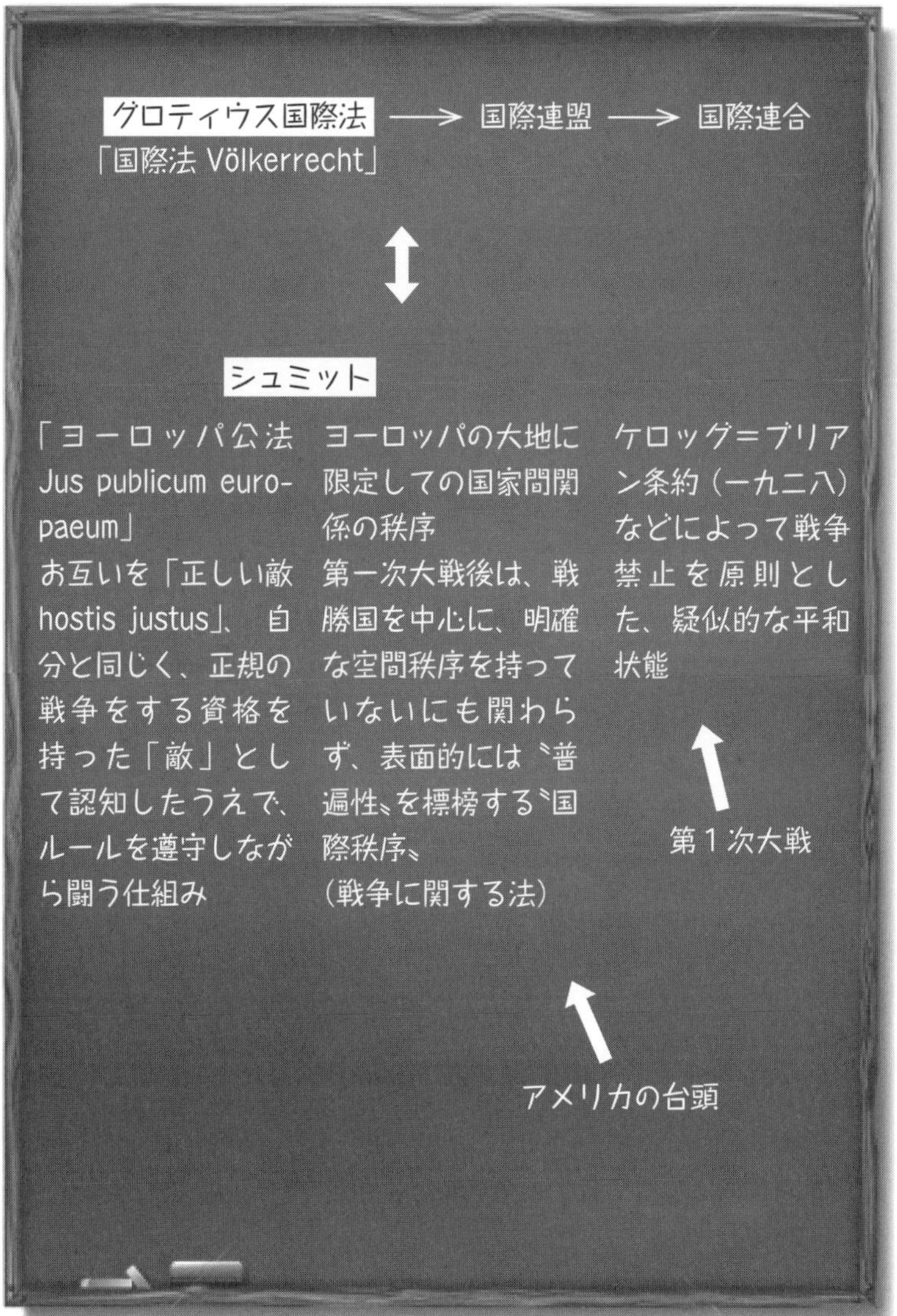
グロティウス国際法
国際連盟
国際連合
「国際法 Völkerrecht」
シュミット
「ヨーロッパ公法 Jus publicum europaeum」
お互いを「正しい敵 hostis justus」、自分と同じく、正規の戦争をする資格を持った「敵」として認知したうえで、ルールを遵守しながら闘う仕組み
ヨーロッパの大地に限定しての国家間関係の秩序
第一次大戦後は、戦勝国を中心に、明確な空間秩序を持っていないにも関わらず、表面的には〝普遍性〟を標榜する〝国際秩序〟
（戦争に関する法）
ケロッグ＝ブリアン条約（一九二八）などによって戦争禁止を原則とした、疑似的な平和状態
第１次大戦
アメリカの台頭

シュミットが一九九〇年代以降に再評価されるようになったきっかけの一つとして、湾岸戦争などに見られる、アメリカの普遍主義的な装いの下での一極支配に対する反発が高まったということがあります。普遍的正義の名の下に、世界の秩序を乱す〝無法者〟に対する正戦を仕掛けると、地域紛争が余計にもつれ、アメリカと、現地の武装勢力の果てしない闘いへと発展していく、ということが言われるようになりました。そうしたアメリカ流普遍主義を批判する左派の間で、友／敵論の視点から、普遍的正義の問題に早くから注目していたシュミットが再評価されるようになったわけです。

『政治的ロマン主義』や『政治神学』でシュミットは、「秩序」の重要性を強調していましたが、『大地のノモス』でシュミットは、ヨーロッパ諸国の間の法的関係を支える「ラウム秩序 Raumordnung」について論じています。〈Raum〉は、「空間」という意味なので、「空間秩序」と訳してもいいのですが、物理的空間のことだけではなく、地理的、民俗的、法的、政治的、あるいは、存在論的な意味も含んでいるので、シュミット研究の専門家は「ラウム」と訳していることが多いです。

まとめると、三〇年代後半以降のシュミットは、「友／敵」図式を延長する形で、戦争を枠付ける空間的秩序について探究するようになったわけです。無論、近代のヨーロッパに戦争を枠付ける仕組みは本当に実在していたのか、ヨーロッパ史のいくつかの大きな戦争に即して具体的に考えると、怪しい気もします。三十年戦争のように、かなりエスカレートして、多くの死者を出した戦争もありますし、ポーランドのように大国に分割されて消滅した国もあります。ただ、ヨーロッパ大陸における戦争のルールが出来上がっていく仕組みについて、法制史、法思想史、軍事史、経済史の文献を駆使して論じているので、読み応えがあります。

「友／敵」の対立図式は、シュミット批判の議論で必ず強調されます。「友／敵」の対立を煽っている、ということで。しかし、その一方で、シュミット擁護のために、「友／敵」論が引き合いに出されることもあります。和解して一つの立憲体制を共有することが難しい「友／敵」対立という現実が「政治」の根本にあることを認識したうえで、それがせん滅戦にまで至らないようにするにはどうすればいいか考えることが、法の役割であり、そのことを指摘したことがシュミットの功績だというわけです。グローバル化した世界で、様々なアイデンティティの間の対立が激化していく状況にあって、リベラル左派のように、話せば分かるという建前を取るのではなく、シュミット的な認識を持つことが必要だと、ポストモダン左派系の民主主義論では主張されます。

「政治的 politisch」とは？

では、『政治的なものの概念』を具体的に読んでいきましょう。

国家という概念は、政治的なものという概念を前提としている。国家は、こんにち的用語法によれば、あるまとまった地域内に組織された国民の政治的状態である。ただしこれは〈国家という語を〉、さしあたって〈他の語で〉おきかえたにすぎないのであって、国家についての概念規定ではないが、ここでいま政治的なものの本質を問題とするばあいには、そのような概念規定は必要でない。国家とは、本質的にはなにか、機械なのか、有機体なのか、人格なのか制度なのか、利益社会なのか共同社会なのか、経営体なのか巣箱〈のなかの蜜蜂集団〉なのか、あるいはそれどころか「手続きの基本的系列」なのかは、そのままにしておいてさしつかえない。

文章としては比較的分かりやすいですが、何が言いたいのかピンと来にくい冒頭ですね。「国家」という概念は、通常、「政治的 politisch」という形容詞によって説明されているけれど、それは、単に別の言葉に置き換えているだけで、「国家」の「概念規定」にはなっていない、というのがポイントです。

ただ、ここではその「政治的」という形容詞が指しているものの「本質」が主題なのだから、「国家」の方を概念規定する必要はない、とも言っていますね。では、どうしてそんな必要のない話をするのか？冒頭からわざわざ〝必要ない話〟をしているのが、腑に落ちませんね。その後に書かれているように、「国家」が、「機械 Maschine」か「有機体 Organismus」か、「人格 Person」か「制度 Einrichtung」か、「利益社会 Gesellschaft」か「共同社会 Gemeinschaft」か、といったありがちの問題設定に即して何らかの定義を与え、説明すると、「政治的」という形容詞との関係が分かりにくくなるので、そういう意味での概念規定はしないでおこう、「政治的」との関係に絞って話を進めよう、というわけです。「国家」と「政治的」の本質的繋がりというシュミット的な設定に即して、話を進めていこうとしているわけです。

ドイツ語で「国家」は、〈Staat〉ですが、これは英語の〈state〉と同様に、ラテン語の〈status〉から派生した言葉です。これの原義は「状態」です。英語の〈state〉には、「状態」という意味もありますね――ドイツ語の〈Staat〉にはそういう意味はないです。「あるまとまった地域内に組織された国民の政治的状態」は原語では、〈der politische Status eines in territorialer Geschlossenheit organisiertes Volkes〉です。つまり、〈Staat〉の通常の定義の中に、その元の意味の〈Status〉が入っているわけです。

この定義には、「領域」と「人民 Volk」という二つの要素が付け加えられていますね――これまで何度か話題にしましたが、〈Volk〉には、「民族」「民衆」「人民」などの意味がありますが、この場合は、「主権・人民・領土」の「人民」を指していると考えるべきでしょう。「領域」と「人民」の特別な「状態」が、「国家」だというわけですね。では、どう特別な状態か？「政治的に組織されている」状態です。この「政治的に politisch」がどういうことかはっきりさせないと、「国家」の本質は分かりません。

国家とは、その語義および歴史的発生からするならば、国民の特別な状態であり、しかも、決定的なばあいに決定力をもつ状態であって、したがって、多くの考えうる個人的および集合的状態にくらべて絶対の状態なのである。

「決定的なばあいに決定力をもつ」の原語は、〈der im entscheidenden Fall maßgebenden Zustand〉です。訳からすると、「決定 Entscheidung」という言葉がここで二回繰り返されているように見えますが、実際には、〈Entscheidung〉の形容詞形が一回使われているだけで、繰り返してはいません。ただ、繰り返していないとしても、『政治神学』での「決定」をめぐる議論を念頭に置くと、この言葉がこれからの議論の方向性を示していることが分かると思います。〈maßgebend〉は、直訳すると、「尺度を与える」です。『政治神学』では、「規範 Norm」が効力を失う、「例外状態」（＝「通常 normal」でない状態）において「決定」し、「規範」を作り出すことの意味を論じたわけですから、「尺度を与える」という言葉は、「決定」と深く関わっているわけです。国家は、「決定的な状態」であるわけですから、個人や集団の他の「状態」が相対的な意味しか持たないのに対し、絶対的な意味を持っているわけです。

上記の表象のすべての標識――状態にせよ国民にせよ――は、さらに政治的なものという標識を加えて意味をもつのであって、政治的なものの本質が誤解されると理解できなくなるのである。

これは、先ほど私が説明したことです。「政治的 politisch」という形容詞によって、「人民」の「絶対的状態」としての「国家」がどういう状態かが明らかになるわけです。このテクストのタイトルが、『政治という概念』ではなく、『政治的なものの概念』という妙なタイトルになっているのは、国家の定義に使われているけど、実際にはどういう意味かよく分からないこの〈politisch〉という形容詞の意味論的探究が主題だからです。

政治的なものについての明確な定義はほとんどみあたらない。たいていは、この語は、たんに消極的に、さまざまな他の概念と対置させて——たとえば、政治と経済、政治と道徳、政治と法律、さらには法のうちでも、政治と私法などのように——用いられる。このような消極的で、多くはまた論争的な対置によっても、文脈ないし具体的状況しだいで、十分明確なものを特色づけられるけれども、それではまだ特殊性の規定がなんらなされていない。一般に、「政治的」とは、なんらかの意味で、「国家的」と同一視され、あるいは少なくとも国家に関連づけられる。そのばあい、国家とは、政治的なものであるとされ、政治的なものとは、国家的なものであるとされる。これは、明らかに不満足な循環論法である。

要するに、辞書などを見ると、「政治的」が「国家的 staatlich」によって定義され、「国家的」が「政治的」によって定義されているという循環的な関係になっていることが多い、ということですね。国語辞典ではよくあることですが、意味分析としてはよくないです。どうして循環しているのか、本当に互換的なのか分析しないといけない。「政治」と「私法」の対比が多少ピンと来にくいかもしれませんが、憲法や行政法などの「公法」だと、政治との関わりが強いのに対し、私人間の関係を制御する、民法や商法などの「私法」は、いったん法律として制定されると、なるべく政治情勢の影響を受けることなく、裁判官が客観的な基準に従って判断することが重要になります。

法律の専門書には、政治的ということの、このような〈他の語による〉おきかえが多くみられるが、それらのおきかえは、論争的・政治的意味をもつものでないかぎりは、個々の事例の法律的ないし行政的処理という実務上・技術上の観点からのみ理解できるのである。そのさい、それらは、既存の国家を当然のこととして前提し、その枠のなかで運用されることによって有意味なものとなるのである。たとえば、結社法における「政治結社」あるいは「政治集会」という概念についての判例・学説がその例であり、さらには、フランス行政法の実務が、政治的動機（"mobile politique"）という概念を立てようとし、それによって「政治的」な統治行為（"actes de gouvernement"）を、「非政治的」な行政行為から区別して、行政裁判上の制約からはずそうとしていることも、その例である。

この箇所も、何がポイントなのか少しピンと来にくいですね。「個々の事例の法律的ないし行政的処理という実務上・技術上の観点」から、「政治的」という形容詞が使われている、ということがポイントです。つまり、個々の問題に法律を適用したり、行政的な処理を行うに際して、「政治的／非政治的」の二分法が取られることがしばしばあるということです。「政治的」の方が、既存の「国家」の基本的在り方、方向性に関わることを指しているのに対し、そうでない場合は、「非政治的」とされるわけです。「政治結社」や「政治集会」は、国家の在り方についての特定の意見や主張を持った人たちの集まりなので、それを法的にどう扱うかということは、「国家」の基本的な在り方に関わる問題です。国家にとって重要な問題なので、特別に保護したり、あるいは、逆に、特に厳重に取り締まったりするわけです。

最近、日本ではあまり聞かなくなりましたが、反体制のために犯罪を犯す人のことを「政治犯」と呼ぶことがあります。七〇年代に左翼の活動が盛んな時期には、革命のために爆破事件とか立てこもり事件などを起こして有罪判決を受けた人のことを、ジャーナリズムで「政治犯」と呼んでいたことがあります。

当時まだ子供だった私は、そういう言い方に何となく違和感を覚えていました。左翼の人は正義のためにやっていたんでしょうが、日本の法律は行為を罰しているんであって、思想を罰しているわけではない、少なくとも、そういう建前になっているはずだからです——そういう難しい言葉で厳密に考えていたわけではありませんが。

八頁の注に日常的業務と政治的業務の区別について言及されていますが、これも、国家の基本的在り方に関わる事柄と、そこまで重大ではないので、法の下での通常業務として処理できる事柄を区別しているわけですね。このようにシュミットは、法学的テクストでの「政治的」という言葉の使われ方を検討することを通して、「政治的」の意味を徐々に明らかにしようとしているわけです。取りあえずは、「国家」の本質に関わるような法解釈や適用が、「政治的」と呼ばれているらしいことは分かったわけですが、それらのテクストは便宜的に区別しているだけですから、そこからただちに、「政治的」の意味が明らかになるわけではありません。

法実務の必要に対応しようとするこのような規定は、要するに、国家内部での、その法実務において生じる諸事実を区分するための実務的な方便を求めているにすぎないのであって、政治的なものについての一般的な定義などを目指すものではない。したがって、国家および国家の諸機構が自明であり確固たるものとして前提されうるかぎり、それらの規定は、国家あるいは国家的なものと関連づければこと足りるのである。また「国家」への関連づけないし還元以外のなにものをも含まぬような政治的なものの一般的な概念規定も、理解しうるものであるし、また、国家が現実に、明確な一義的に規定された存在であって、非国家的な、まさにそれ故に「非政治的な」諸集団、諸業務と対立しているかぎりは、すなわち、国家が政治的なものを専有しているかぎりは、学問的に正当でもある。

最初の文は分かりやすいですが、二つ目以降の文が、何を言いたいのか分かりにくいですね。まず、「国家および国家の諸機構が自明であり確固たるものとして前提されうるかぎり、それらの規定は、国家あるいは国家的なものと関連づければこと足りるのである」という文ですが、これは、どうやったら物事をうまく定義できるか、という話です。「定義」というのは、通常、意味がいまいちはっきりしないものを、意味が既にはっきりしているもの、安定しているものに何らかの形で結び付けることで、分かりやすくすることとです。無論、AよりBがはっきりしていると思って、「Aとは、○○なBである」と定義してみたはいいものの、よく考えてみたら、Bが実は何だったかよく分からなくなる、ということはよくあります。そのため、辞書の循環定義のようなことが起こるわけですが、少なくとも、Bと関係付けることで、取りあえず分かった気になるわけです。「実定法」というと分からないけど、立法機関によって制定されたり、裁判の判決で適用されている、現実の「法」である、と言うと、一応分かった気になりますね。立法とか、裁判とか、法とかは、どういうものか、はっきりしているという気がするからです。

「国家」がはっきりしているという前提があれば、「政治的」を「国家」の本質に関係付ける形で定義しておきさえすれば、それ以上、掘り下げなくても、それで事足りるわけです。シュミットはそれを承知で掘り下げたいわけです。

最後の長い文が分かりにくいですが、それは原文の構造がややこしくて、うまく訳せていないからです。原文はこうなっています。

Auch die allgemeine Begriffsbestimmungen des Politischen, die nichts als eine Weiter- oder Rückverweisungen an den „Staat“ enthalten, sind verständlich und insofern auch wissenschaftlich berechtigt, solange der Staat wirklich eine klare, eindeutig bestimmte Größe ist und den nicht-staatlichen, eben deshalb „unpolitischen" Gruppen und Angelegenheiten gegenübersteht, solange also der Staat das Monopol des Politischen hat.

「〜する限り、〜」を意味する〈solange〉以下が、その前の部分全体にかかっています。二つ目の〈solange〉以下の部分は、その言い換えです。訳だと、最初の「〜理解しうるものである」という部分には、かかっていないように見えますね。それで最初の部分が唐突な感じになっているわけです。〈insofern auch wissenschaftlich berechtigt〉という部分の〈insofern〉は英語の〈so far〉とほぼ同じ意味で、「その限りで」とか、「その点で〜」ということです。「その限り」というのは、その前の部分、つまり、この引用の最初の部分を前提にして、ということですね。

分かりやすくするために、最初の〈solange〉以下を先に出して、訳し直してみましょう。「政治的」という形容詞の意味が問題なので、「政治的なもの」には、〈 〉を付けておきましょう。「政治的なもの」というのは、「『政治的』という形容詞で形容されてしかるべき性質を持っているもの」という意味だと考えて下さい。

また、国家が現実に明確な一義的に規定された、大きな単位であり、非国家的な、まさにそれ故に「非政治的な」諸集団や営みと対立しているのだとすれば、言い換えれば、国家が〈政治的なもの〉を独占しているのだとすれば、「国家」への関連付け、あるいは「国家」への還元以外のなにものも含まないような形で〈政治的なもの〉を一般的に概念規定するというのは、理解しうることだし、その限りで、学問的にも正当である。

要は、「国家」が、「政治的」と呼ばれる要素を独占する実体的な単位として実在しているのだとすれば、「政治的」を「国家」と結び付ける形で説明するのは、別に不当な話ではない、ということです。「戦争」を行うのがもっぱら、「国家」であるとすれば、「戦争とは国家が○○のために△△する営みである」というような形で定義することは、別におかしくないわけです。

「国家 Staat」と「社会 Gesellschaft」

この後の補足説明を見ると、もう少し分かりやすくなります。

国家が、（一八世紀のように）「社会」を対抗者として認めていなかったか、あるいは少くとも（ドイツの一九世紀から二〇世紀にわたってのように）、「社会」の上位に、安定した区別できる権力として存在していたばあいには、そうだったのである。

ドイツ語圏の政治・社会理論では、しばしば「国家 Staat」と「社会 Gesellschaft」が対比されます。「国家」と「社会」が異なっているのは当然です――私の勤めている金沢大学の法学類の学生は、しばしば「国家」と「社会」を混同したような答案を書きます。「国家」は、法的根拠を持った統治機構であるのに対し、「社会」は人間の集合体一般を指す言葉です。いろんな集団が「社会」であり得るわけですが、「国家 vs. 社会」という対立構図における「社会」は、「市民社会 die bürgerliche Gesellschaft」を念頭に置いているると考えていいでしょう。英米圏の議論では、「市民社会」は、自由な経済活動に従事する市民たちが独自の社会的規範を発達させ、自治を行い、政府の不当な命令に対抗するようになるというイメージで語られます。ドイツ語圏では、必ずしもそうではないです。

「市民社会」論は、アダム・スミス（一七二三–九〇）などのスコットランド啓蒙主義者たちによって展開されたというイメージがありますが、「市民社会」を最初に哲学的に定義したのはヘーゲルです。スミスたちの議論では、市場と結び付いた市民社会が、自立的なシステムを形成していることが強調されましたが、ヨーロッパの後進国で、統一国家もまだなかったドイツの哲学者であるヘーゲルは、「市民社会」

英米圏
≠
自由な経済活動に従事する市民たちが独自の社会的規範を発達させ、自治を行い、政府の不当な命令に対抗する

ドイツ語圏の政治・社会理論

「国家 Staat」
法的根拠を持った統治機構

「社会 Gesellschaft」
「社会」は人間の集合体一般を指す
「市民社会 die bürgerliche Gesellschaft」

ヘーゲル

「欲求の体系 das System der Bedürfnisse」であると同時に、「全面的依存の体系 das System allseitiger Abhängigkeit」
ベースが各人の私的欲求なので、公共性が十分ではない。私的利害の対立を完全に克服できない。だから市民社会は、より理性的な人倫の形態であり、公法の体系によって統治される「国家」によって指導・制御されねばならない
「国家」は「社会」より上位

の限界を指摘しました。『法哲学』（一八一七）で、「人倫 Sittlichkeit」の三形態として、「家族」、「市民社会」、「国家」を挙げています。

ヘーゲルによれば、「市民社会」は、「欲求の体系 das System der Bedürfnisse」であると同時に、「全面的依存の体系 das System allseitiger Abhängigkeit」です。「欲求の体系」であるというのは、市民たちが自らの欲求を追求しながら、相互に交渉している、ということです。「全面的依存の体系」というのは、各人が、交換という形でお互いの「労働」に依存しているということです。「市民社会」には、私法の体系や、お互いに助け合う職業団体などがあるけれど、ベースが各人の私的欲求なので、公共性が十分ではない。私的利害の対立を完全に克服できない。だから市民社会は、より理性的な人倫の形態であり、公法の体系によって統治される「国家」によって指導・制御されねばならない、というわけです。そうしたヘーゲル的な文脈では、「国家」は「社会」より上位にあると言えます。

これに反し、国家と社会とが滲透しあうのに応じて、国家的＝政治的という等置は正しさを失ない、誤った方向に導くものとなる。すなわち、民主的に組織された共同社会において必然的に生じるように、すべてこれまでは国家的な問題が、社会的なものとなり、逆に、すべてこれまでは「たんに」社会的な問題が、国家的なものとなるのである。そのばあいには、これまでは「中立的な」領域――宗教、文化、教養、経済――が、非国家的、非政治的という意味で、「中立」であることをやめてしまう。重要な諸領域のこのような中性化、非政治化に対する論争的な対立概念として、いかなる領域に対しても無関心でなく、潜在的には、すべての領域を掌握する、国家と社会との同一性としての全体国家が登場する。

ここでは、シュミットの独自の主張、歴史認識がかなり前面に出ています。一般的に、近代国家は、私的領域における人々の私的活動、宗教、文化、教養、経済には介入しないことになっています。「教養」の原語は〈Bildung〉で、人格を「形成」すること、広い意味での「教育」を指す言葉です。国家は、特定の宗教、特定の文化、特定の教養形態、特定の経済的利害に肩入れしない。そうした意味で「中立的 neutral」です。自由主義は、それを当然のことと見なします。というより、国家が中立的でなかったら、人々は自由に活動できません。それが、「国家」と「社会」の分離の原則です。

それに対してシュミットは、時代と共に、国家と社会が相互浸透する傾向が次第に進んでおり、そのために、［国家的＝政治的］と見なすことが難しくなっている、と主張しているわけです。「政治的なもの」をこれまでほぼ独占していたはずの「国家」が、「社会」と相互に影響し、浸透し合う関係にあるということになると、「政治的なもの」を理解するには、「国家」だけでなく、「社会」における力関係も視野に入れないといけないかもしれない。そういう理屈です。

『政治的なものの概念』と同じ年に刊行された『合法性と正当性』（一九三二）で、近代国家の機能的諸類型――立法国家、司法国家、行政国家等――と、その変容について詳しく論じられています。これの田中・原田コンビによる翻訳は、やはり未來社から刊行されています。『憲法の番人』でも、この問題が論じられています。中立性を志向していた近代国家、「中性国家 der neutrale Staat」が衰退した後に登場する、「全体国家 der totale Staat」については、その一年前に発表された短い論文「全体国家への転換」（一九三一）や、一年後の論文「ドイツにおける全体国家の更なる発展」（一九三三）などで詳しく論じられています。丸山眞男が、シュミットの「中性国家」概念にしばしば言及しますが、「中性国家」はこういう文脈で出てくるわけです。

「全体国家」というのは、文脈から分かるように、宗教、文化、教養、経済など、従来私的領域とされていたところに干渉し、管理しようとすると共に、それらの領域の力学、論理によって、国家の基本構造自体が変容するようになった国家ということです。シュミットは、「全体国家」への転換を積極的に評価しているかどうかここではっきりした態度を示していませんが、少なくとも、価値中立性を標榜する、法実証主義的・自由主義的な国家モデルを批判しているのは確かなので、その対抗モデルとして「全体国家」を相対的に肯定的に見ていると言えるかもしれません。

シュミットが「全体国家」について論じると、どうしても「全体主義 Totalitarismus」との関係を連想してしまいますが、両者は直接的には関係していません。アーレントなどの「全体主義」の定義によると、単なる独裁——歴史的な意味での「独裁」ではなく、普通の意味です——とか専制支配のことではなく、人民をイデオロギーや世界観によって同一化する政治体制です。ナチスとかソ連、現在の北朝鮮が典型です。シュミットの言う「全体国家」は、思想ではなくて、国家の機能の話です。無論、全体主義の国家は、宗教・思想・教育は完全に統制しようとしますし、経済も政府の管理下に置こうとすることが多いので、全体国家的になるので、結果的に、ほぼ同じものになる可能性は高いですが。

一一頁から一三頁にかけての字が小さくなっているところでは、一八世紀の絶対主義国家から、一九世紀の中性国家を経て、二〇世紀の全体主義に至る国家観の変遷が、主要な国家理論に即して論じられています。ヘーゲル、ロレンツ・フォン・シュタイン（一八一五–九〇）、ルドルフ・グナイスト（一八一六–九五）、ギールケ、プロイス、ヴォルツェンドルフ、ルドルフ・スメント（一八八二–一九七五）などのドイツの国家理論の大物たちが言及されています。国家を社会の上位に置くヘーゲルの理論が、ドイツの国家理論に大きな影響を与えたと述べられていますね。

シュタインは、ドイツで生まれ、長いことウィーン大学の教授を務めた国法学者・経済学者です。フランスの初期社会主義をドイツ語圏に紹介したことで知られています。社会主義の影響を受けた彼は、「法

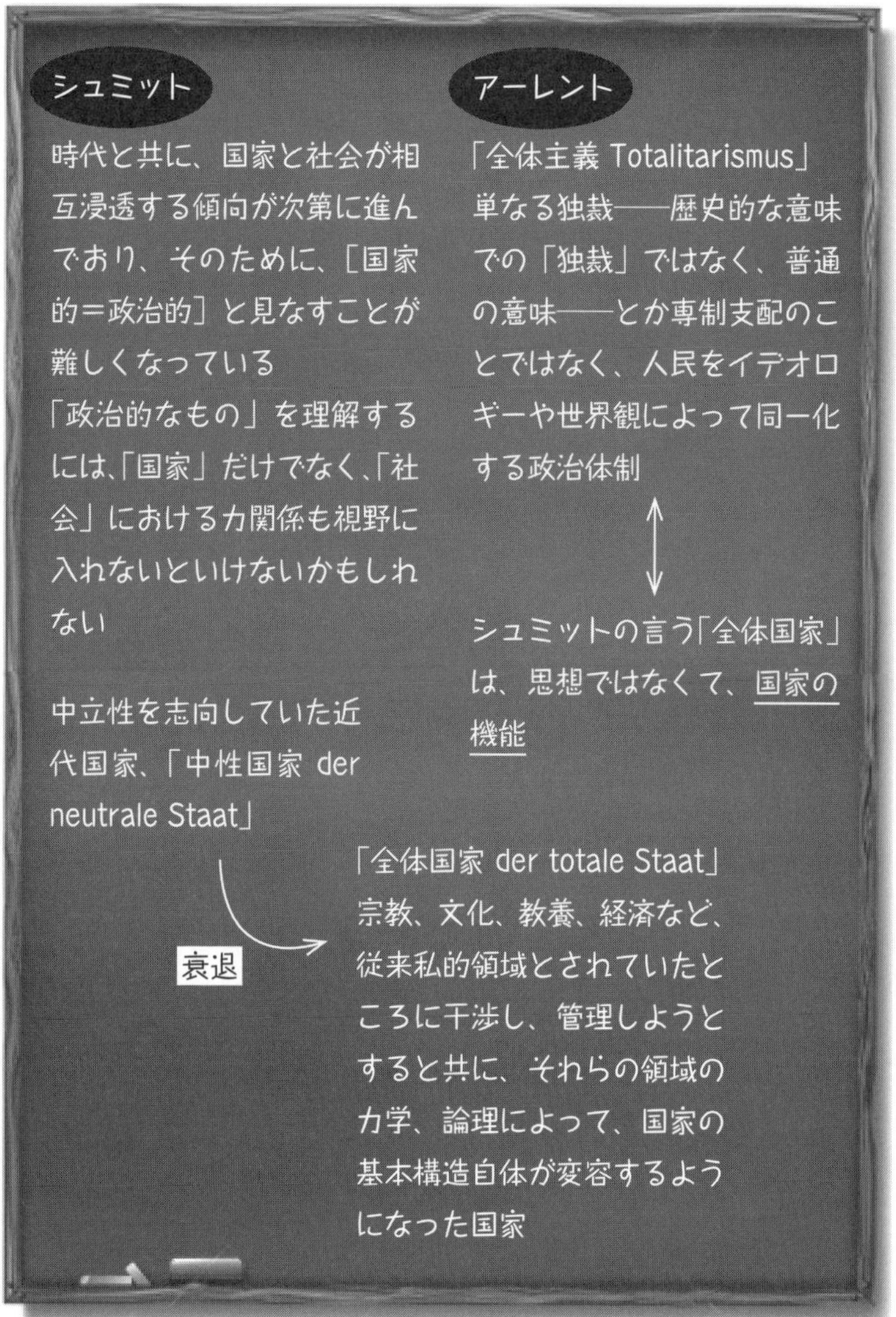
シュミット
時代と共に、国家と社会が相互浸透する傾向が次第に進んでおり、そのために、［国家的＝政治的］と見なすことが難しくなっている
「政治的なもの」を理解するには、「国家」だけでなく、「社会」における力関係も視野に入れないといけないかもしれない
中立性を志向していた近代国家、「中性国家 der neutrale Staat」
衰退
「全体国家 der totale Staat」
宗教、文化、教養、経済など、従来私的領域とされていたところに干渉し、管理しようとすると共に、それらの領域の力学、論理によって、国家の基本構造自体が変容するようになった国家
アーレント
「全体主義 Totalitarismus」
単なる独裁――歴史的な意味での「独裁」ではなく、普通の意味――とか専制支配のことではなく、人民をイデオロギーや世界観によって同一化する政治体制
シュミットの言う「全体国家」は、思想ではなくて、国家の機能

治国家」から「社会国家 Sozialstaat」への機能転換の必要性を主張しました――今のドイツ語では、〈Sozialstaat〉と言いますが、シュタイン自身は「社会的国家 der gesellschaftliche oder sociale Staat」という表現を使っています。明治初期に、憲法調査のために訪欧した伊藤博文（一八四一－一九〇九）が教えを受けたことで知られています。グナイストは、ベルリン大学で公法を教えた法学者で、プロイセン議会や帝国議会の議員にもなっています。国民自由党の指導者の一人で、プロイセンを立憲国家にし、司法を政治から独立させることの必要性を提唱しました。社会政策学会の創設者の一人でもあります。シュタインとグナイストの二人は、国家と社会の質的差異に拘った思想家として紹介されていますね。ギールケ、プロイス、ヴォルツェンドルフの団体理論については、『政治神学』の時にお話ししましたね。スメントは、シュミットとほぼ同年代の国家・教会法学者で、国家を規範的にではなく、人々の生のプロセスを統合する実体として社会学的に理解する「統合理論」で知られています。彼は、第二次大戦後の西ドイツの国法学にも影響を与え続けました。

「判断基準 Kriterien」

一四頁からの第二章を見ていきましょう。

> 政治的なものという概念規定は、とくに政治的な諸範疇をみいだし確定することによって獲得されうる。すなわち、政治的なものには、それに特有の標識――人間の思考や行動のさまざまな、相対的に独立した領域、とくに道徳的、美的、経済的なものに対して独自の仕方で作用する――があるのである。したがって、政治的なものは、特有の意味で、政治的な行動がすべてそこに帰着しうるような、それに固有の究極的な区別のなかに求められなければならない。

「政治的なもの」という概念規定が、「とくに政治的範疇」を見つけて確定することによって明らかになるというのは、禅問答みたいで分かりにくいですが、まず、この「とくに政治的範疇」の意味を確認しましょう。原語は、〈die spezifisch politischen Kategorien〉です。「政治に固有のカテゴリー」と訳した方が多少は分かりやすくなるでしょう。道徳とか芸術とか経済といった他の領域には見られない、政治に特有の「判断基準 Kriterien」――「標識」と訳されていますが、「判断基準」の方が適切でしょう――を見つける必要がある、ということですね。

この「判断基準」が、「究極の区別 letzte Unterscheidungen」と言い換えられていますね。領域ごとに、その領域特有の物事の区別、判定の仕方があり、その究極の形態があるということです。少し後に例が出ていますね。「道徳的なもの」の領域における善／悪、「美的なもの」の領域における美／醜、「経済的なもの」の領域における利／害などです。現代思想風に言うと、二分法コードです。ルーマンのシステム理論だと、社会の各領域ごとに固有の二分法コードがあり、それが適用されることによって諸事象に意味が付与されます。法だったら法／不法、経済だったらペイする／ペイしない、という感じで。シュミットは、「政治的なもの」の領域にも、そうした二分法コードがある、と言っているわけです。

「政治的な」、という我々が何気なく使っている形容詞の意味を細かく分析しながら、本質的な部分を引き出してくるシュミットのやり方は、分析哲学に似ているようにも見えますが、分析哲学と違って、分析対象になる概念と、社会的現実の実体的な対応関係を想定しています。少なくとも彼は、言葉を抽象的に弄んでいるとは思っていないでしょう。

「友／敵」の区別の本質

一五頁にいよいよ、彼の主張の核心が出てきます。

政治的な行動や動機の基因と考えられる、特殊政治的な区別とは、友と敵という区別である。この区別は、標識という意味での概念規定を提供するものであって、あますところのない定義ないしは内容を示すものとしての概念規定ではない。

これは、有名な箇所です。常識的な〝政治〟理解だと、「政治的なもの」の本質は、妥協とか和解とか、合意形成とか、共通の目的実現というようなことになりそうですが、シュミットは真逆の発想をして、「友」と「敵」をはっきり分けること、言い換えれば、対立もしくは闘争の図式をはっきり描くことこそ、「政治的なもの」の本質だと言っているわけです。こういうことを言えば、ナチスとの関係がなかったとしても、危ない学者のような感じがしますね。因みに「友／敵」は、原語では、〈Freund〉と〈Feind〉で、どちらもFで始まり、Dで終わる一音節の単語なので、厳密ではないですが、韻を踏んでいるような感じになっています。

友・敵の区別は、結合ないし分離、連合ないし離反の、もっとも強度なばあいをあらわすという意味をもち、上記道徳的、美的、経済的その他のあらゆる区別が、それと同時に適用されなければならない、などということなしに、理論的にも実践的にも存立しうるのである。

ここで「友／敵」の区別の本質が明らかにされています。「結合 Verbindeng／分離 Trennung」、「連合

Assoziation ／離反 Dissoziation」の最も「強い」現われということです。道徳、芸術、経済など、他の領域の区別も、何らかの形で、ある属性を共有する同じ種類の対象を一つにまとめ、それと対立する属性を持つ対象を一つにまとめて、対置するわけですが、シュミットによれば、「政治的なもの」においては最も強く「結合」と「離反」が行われる、ということです。論理的に適切かどうかは別にして、確かに言葉の意味合いからして、「友」と「敵」というと、全力で結合したり、反発したりする感じがしますね。

> 政治上の敵が道徳的に悪である必要はなく、美的に醜悪である必要はない。経済上の競争者として登場するとはかぎらず、敵と取引きするのが有利だと思われることさえ、おそらくはありうる。

ここで、シュミットは「敵」概念を純粋化しています。普通、私たちは「敵」が「敵」である理由として、道徳的に悪だとか、美的に醜悪だとか、経済的利害が対立しているからとか考えますが、シュミットに言わせれば、それは「敵」であることと直接関係ありません。そういう理由から「敵」だとすれば、「敵」と、その対極にある「友」は、「政治的なもの」に固有の区別ではなく、他の領域の区別から派生したもの、あるいは、他の領域の区別の複合体ということになってしまいます。純粋な意味での「敵」、無条件の「敵」がいる、ということが、「政治的なもの」が存在する前提になっているわけです。

> 敵とは、他者・異質者にほかならず、その本質は、とくに強い意味で、存在的に、他者・異質者であるということだけで足りる。したがって、極端なばあいには、敵との衝突が起こりうるのであって、この衝突は、あらかじめ定められた一般的規定によっても、また「局外にあり」、したがって「不偏不党である」第三者の判定によっても、決着のつくものではない。

正しい認識および理解の可能性、そしてそれにともなってまた、干渉し判定する資格は、このばあい、存在的に関与し参加することによってしかえられないからである。衝突という極端な事例は、当事者自身が相互間で決着をつけるしかない。つまり、具体的に存在する衝突事例において、他者としてのあり方が、自己流の、存在の否定を意味するか否か、したがって、自己流の、存在に応じた生活様式を守るために、それに抵抗しそれと闘かうか否かは、当事者のそれぞれが、自分で決定するしかないのである。

一気に純粋哲学的な話になりましたね。何かの理由があるから、「敵」であるわけではなく、私たち＝友にとって、「他者 der andere」あるいは「異質なる者 der Fremde」、つまり全く共通点のない相手、実存において対立している相手が「敵」なのです。「存在的」の原語は〈existenziell〉なので、「実存的」と訳した方が良さそうな気もしますが、シュミットは別に実存主義を意識してこの言葉を使っているわけではなさそうなので、あまり気にしなくてもいいかもしれません。要は、お互いの存在自体が根本的に異なっているので、一緒にいられないわけです。

そういう「全く異質な」相手とぶつかってしまうと、共通のルールや尺度がないので、第三者に公平に仲裁してもらうことができないわけです。自分たちで決着を付けるしかないわけです。

「他者としてのあり方が、自己流の、存在の否定を意味するか否か」という言い方が分かりにくいですね。訳としても少し不正確です。「他者としてのあり方」という部分の原語は、〈das Anderssein des Fremden〉です。少し難しい言い方になりますが、「異質なるものの異なる存在（の仕方）」と訳した方がいいでしょう。「他者」の異質なる在り方は放っておくと、「私たち＝友」の存在を否定することになるので、

「敵」

私たち＝友にとって、「他者 der andere」あるいは「異質なる者 der Fremde」、つまり全く共通点のない相手、実存において対立している相手が「敵」
「異質なるものの異なる存在（の仕方）」〈das Anderssein des Fremden〉
「私的 privat」に対立している相手ではなくて、「公的 öffentlich」に戦闘状態にある相手の総体、公的な闘いなので、個人的な好き嫌いとは関係ない

公敵　ラテン語〈hostis〉
ギリシャ語「ポレミオス polemios」

私仇　ラテン語〈inimicus〉
ギリシャ語「エヒトロス echthros」

⇓

独、英、日本語にはない。
〈Feind〉〈enemy〉

諦めるか、それに抵抗すべく闘うか、二者択一の決断を迫られる、ということになるわけです。具体的にどういう関係なのか想像しにくいですが、理屈は分かりますね。SF的なことを言えば、例えば、反物質の〝存在〟とか、一酸化炭素濃度が高い〝大気〟でないと呼吸できない異星人とかと、私たちが共存するのは難しいですね。強いて現実の人間に当てはめようとすると、どうしても、ユダヤ人とアーリア人の宿命の……というような、人種主義的なイメージが浮かんできてしまいます。シュミットがそういうことを念頭に置いていたかどうか分かりませんが。

「敵」——「公的 öffentlich」戦闘状態にある相手

一七頁から始まる三章の冒頭をご覧下さい。

友・敵概念は、隠喩や象徴としてではなく、具体的・存在論的な意味において解釈すべきである。すなわち、経済的・道徳的その他の諸観念を混入させて弱めてはならず、いわんや私的な個人主義的な意味で、心理的に個人的な感情ないし性向の表現と解してはならない。

先ほど説明したことの確認です。「友」とか「敵」とか日常用語を使っているので、どうしても隠喩や象徴として理解しがちです。「敵」というところを、「まるで敵であるかのように」と読み替えてしまう。それは誤解だと言っているわけです。とにかく、私たちの存在を決定的に規定している「友／敵」という基準があるのであって、それを利害関係とか、心理学的な好き嫌いの譬え、誇張表現のようなものだと思ってはいけないわけです。また、経済的な「競争相手 Konkurrent」とか、道徳的規範をめぐる「論争相手 Diskussionsgegner」でもない。経済的利害で競争しているだけなら、双方の利益が合致している状況が生まれたら、解消するし、論争なら、一方が考えを変えて、対立が解消する可能性がある。友／敵は、そういうわけにはいかない。

したがって、敵とは、競争相手とか相手一般ではない。また反感をいだき、にくんでいる私的な相手でもない。敵とはただ少なくとも、ときとして、すなわち現実的可能性として、抗争している人間の総体――他の同類の総体と対立している――なのである。敵には、公的な敵しかいない。

「抗争している」の原語は、〈kämpfend〉で、「闘い」を意味する〈Kampf〉を動詞化した〈kämpfen〉の現在分詞形です。『我が闘争＝マイン・カンプ』の〈Kampf〉です。相手を倒さなければ生き残れないような、本気の戦闘を現にしている相手、ということですね。

ここで重要なのは、「敵」というのは、「私的 privat」に対立している相手ではなくて、「公的 öffentlich」に戦闘状態にある相手の総体だということです。公的な闘いなので、個人的な好き嫌いとは関係ないわけです。

なぜなら、このような人間の総体に、とくに全国民に関係するものはすべて、公的になるからである。敵とは公敵であって、ひろい意味における私仇ではない。ポレミオス〈戦敵〉であって、エヒトロス〈私仇〉ではない。ドイツ語には、他の諸国語同様、私的な「敵」と政治的な「敵」との区別がないので、多くの誤解やすりかえの生じる可能性がある。

最初の文で、「公的」というのは、「人民」全体に関わる、という意味だということが分かりますね。傍点が付いている「公敵」は、原語では〈hostis〉、ラテン語です。傍点付きの「私仇」は、〈inimicus〉。「ポレミオス polemios」と「エヒトロス echthros」はギリシア語です。つまり、ラテン語やギリシア語には、公的な意味での「敵」と、私的な「仇」を区別するための二つの言葉があるのに、ドイツ語には〈Feind〉という言葉しかないので、混乱が生じやすいというわけですね。「英語」も〈enemy〉という一つの単語しかないので、区別できません。日本語だと、「敵」を「かたき」と読むと、「てき」と読む時と比べて、多少私的なニュアンスが出ますが、別の意味もくっついてくるので、公／私の区別にはストレートに繋がりませんね。

「独裁」をめぐる議論もそうですが、シュミットは、ハイデガーほどではないけれど、語源学的にひねりを加える議論が好きです。

よく引用される章句、「なんじらの敵を愛せ」（マタイ伝、第五章、四四節、ルカ伝、第六章、二七節）は、〈ラテン語では〉「なんじらの *inimici*〈私仇ら〉を愛せ」〈ギリシア語では〉、「なんじらのエヒトロスすべてを愛せ」であって、〈ラテン語の〉、「なんじらの *hostes*〈公敵ら〉を愛せ」ではない。すなわち、政治的な敵についてはふれていないのである。数千年にわたるキリスト教徒と回教徒との闘争においても、いかなるキリスト教徒であれ、サラセン人やトルコ人を愛するがゆえに、ヨーロッパを防衛するのをやめて、それを回教徒にゆだねなければならない、などと考えたことは決してなかったのである。政治的な意味における敵とは、個人的ににくむ必要はないものであり、私的領域においてはじめて、「敵」、すなわち、自己の反対者を愛するということをも意味をもつのである。さきの聖書の章句は、たとえば善悪や美醜の対立を放棄することを意味しないのと同様に、いやはるかにそれ以上に、政治的な対立にはふれていないのである。とくにそれは、自国民の敵を愛し、自国民にさからって敵を支持せよ、などとのべているものではないのである。

聖書を引用しているので、説得力がある感じがしますね。ただ、キリスト教に詳しい研究者からは、新約聖書全体を通して見ると、［echthros-inimicus］が「私敵」の意味だけで使われているわけではないという批判があるので、割り引いて考える必要があるでしょう。この点は、今回の冒頭で紹介した佐野誠さんの『近代啓蒙批判とナチズムの病理』の第三章で解説されています。

ここでのシュミットの議論のポイントは、イエスは「私仇」を愛せと言ったのであって、「公敵」については何も語っていないので、政治的に対立している「公敵」と闘うこと、例えば、十字軍を派遣することは全然矛盾しないのです。キリスト教は、あくまで自分の隣にいる「私仇」を愛せという教えであって、国家の利益に反してまで、公敵を愛し、闘うなという教えではない、ということになります。キリスト教国が、矛盾を感じないで戦争できる根拠は聖書に根拠があるという話ですが、さすがに、ここまで言うと、強引な感じがしますね。

「国家政治的 staatspolitisch」

政治的な対立は、もっとも強度な、もっとも極端な対立である。いかなる具体的な対立も、それが極点としての友・敵結束に近づけば近づくほど、ますます政治的なものとなるのである。国家は組織された政治単位として、全体としては、それ自身にとって、友・敵を区別するが、その国家の内部では、これに加えて、第一義的に政治的な区別のほかに、しかもこの区別に守られて、「政治的」という数多くの二次的な概念が生じてくる。

先ほどは、他の領域における対立と、「政治的なもの」における「友／敵」の違いが強調されていましたが、ここではむしろ、他の領域の対立でも、強度が高まってきて、実存的な対立のレベルにまで達すると、政治的な「友／敵」にまで至る、ということです。元々どういう原因で生じた対立であるかは、関係ないわけですね。

「国家」はこうした意味での「政治的なもの」として、つまり「敵」と対峙する、「友＝味方」の共同体として成立するわけです——日本語の「味方」は、英訳すると、通常〈friend〉になります。「国家」と、その外部との対立が最も基本であるので、一応、「政治的＝国家的」と考えていいわけですが、「国家」の内部でも、二次的な意味での「政治的なもの」が生じてきます。

この等値のあらわれとして、たとえば、「国家政治的」態度を、党派政治的態度に対置すること、国家自体の宗教政策、学校政策、地方自治政策、社会政策等々の語が用いられうることがある。

ちょっと分かりにくいですが、先ほどお話ししたように、「国家的＝政治的」だとすれば、国家が行う「政治」が本来の政治のはずです。にもかかわらず、国家内の諸党派はお互いに対して、まるで「友／敵」であるように振る舞う。そういう二次的な〝政治〟に対して、本来の「政治」とはこうだと示す形で、「国家政治的 staatspolitisch」という言い方をすることがあるわけです。

それから、「〜政策」となっているところは、ドイツ語では〈-politik〉です。英語だと〈policy〉で、〈politics（政治）〉とは少し違う形になっていますが、ドイツ語だと、「政治」も「政策」も、〈Politik〉です。これに理屈を付けて説明すると、「国家」がある領域において自らの意志で決めた方針が、「政策」ということになるわけです。それは当然、「党派政治的 parteipolitisch」な主張とは異なります。

「政治的決定 die politische Entscheidung」

二一頁から二三頁にかけて、こうした「政治的」という言葉の派生的な意味が説明されています。二三頁の終わりの方では、国内の党派的な対立でも激化していって、「国家」が「政治的なもの」を独占できなくなると、党派対立が本来の意味で、「政治的」な「友／敵」対立になるという話が出ていますね。それは、単なる党派対立ではなく、「内乱（戦）Bürgerkrieg ＝ civil war」です。〈Civil War〉と大文字で書くと、アメリカでは「南北戦争」、英国では「清教徒革命」を意味しますが、内乱が極限まで達し、国家が存立の瀬戸際に立たされると、「友／敵」対立の様相を呈するわけです。二五頁をご覧下さい。

というのは、敵という概念には、闘争が現実に偶発する可能性が含まれているからである。（…）ここでは、闘争という語は、敵という語とまったく同様に、その本来の存在様式の意味において解されなければならない。闘争とは、競合ではなく、「純精神的な」論議の戦いではなく、さらには、そもそも人生全体が「戦い」であり、各人すべてが「戦士」なのであるから、結局だれもが、なんらかの形でつねに行なっているような象徴的な「格闘」でもない。友・敵・闘争という諸概念が現実的な意味をもつのは、それらがとくに、物理的殺りくの現実的可能性とかかわり、そのかかわりをもち続けることによってである。戦争は敵対より生じる。敵対とは、他者の存在そのものの否定だからである。戦争は、敵対のもっとも極端な実現にほかならない。戦争はなにも日常的・通常的なものである必要はないし、また理想的なもの、望ましいものと感じられる必要もないが、ただ、敵という概念が意味をもち続けるかぎりは、戦争が現実的可能性として存在し続けなければならないのである。

ここで、「友／敵」と並んで、「闘争」もその本来の意味で取る必要があると確認されているわけですね。単なる「競合 Konkurenz」や「論争 Diskussion」であれば、当事者たちの生のごく一部にしか関わりませんが、「闘争」では存在全体がかかってきます。存在の根源的次元にまで及びます。しかも、それは単に観念的な、存在論的対立に留まっているわけではなく、現実の「戦争」に繋がる可能性を秘めているわけです。やはり、「戦争」なのか、という感じがしますね。

ただし、注意する必要があるのは、シュミットは、「友／敵」の根源的な「闘争」が極端な形で現実化したのが「戦争」だと考えているのであって、「戦争」それ自体を賛美しているわけではない、ということです。イタリアの作家で、ファシズムに共鳴した、未来派の詩人マリネッティ（一八七六－一九四四）あたりだと、最新兵器を投入する現代的な「戦争」を、美学的に捉えましたが、シュミットはそういうことは言っていません。「友」と「敵」の「闘争」が「戦争」に至る可能性を常に孕んでいるので、「友／敵」関係を本質とする「政治」は、「戦争」を視野に入れざるを得ない、というのがシュミットの主張です。

ここでのべた政治的なものの定義は、好戦的・軍国主義的ないし帝国主義的でもなければ、また平和主義的でもない。それはさらに、戦争での勝利や革命の成功を、「社会的理想」としてかかげようという試みでもない。なぜなら、戦争にしろ革命にしろ、「社会的なもの」でもなければ「理想的なもの」でもないからである。軍事的戦闘そのものは、それ自体としてみれば、たいていはまちがえて引用されるクラウゼビッツの有名な文句のように、「別の手段をもってする政治の継続」ではなく、戦争としての、独自の戦略的・戦術的その他の規則や視点をもつものであって、ただ、これらの規則・

視点はすべて、だれが敵なのか、という政治的決定がすでになされているということを、前提とするものなのである。戦争においては、敵同士はたいてい公然と敵同士として、通例はさらに「制服」という目印しさえおびて対立するのであって、したがって、友・敵の区別はもはや、戦う兵士が〔個々に〕解決しなければならないような政治問題ではなくなる。

マリネッティ

クラウゼヴィッツ

「戦争は別の手段をもってする政治の継続である」というクラウゼヴィッツ（一七八〇－一八三一）の定式は、軍事関係の議論でよく見かけますね。対仏戦争時代のプロイセンの軍人で、初代の参謀総長に就任したシャルンホルスト（一七五五－一八一三）の下で軍政改革案を作成したり、陸軍大学校の校長を務めたりしています。彼の死後出版された『戦争論』（一八三二）は、戦争論の古典として有名ですね。暴力の相互作用が次第にエスカレートして、殲滅にまで至る可能性のある「絶対戦争 absoluter Krieg」と、政治的、経済的、社会的、地理的要因の相互作用によって抑制される「現実の戦争 wirklicher Krieg」を区別したことで有名です。「現実の戦争」は、「政治」に従属しているので、「別の手段をもってする」その継続と見なすことができるわけです。「戦術 Taktik」と「戦略 Strategie」の区別も彼に由来します。『戦争論』は、エンゲルス、マルクス、レーニン（一八七〇－一九二四）の「戦争」理解に影響を与えたことでも有名です。「絶対戦争」概念は、現代思想系のテクストでも、たびたび参照されます。

言わずもがなですが、クラウゼヴィッツの定式の「政治」は、シュミットが言っている「友／敵」関係としての「政治的なもの」のことではなく、駆け引きとか妥協、合意形成とかを中心とする、普通の意味での「政治」です。「絶対戦争」だと、「友／敵」関係の様相を呈しますが、「現実の戦争」を制約するものとしての「政治」は、シュミットの言う「友／敵」関係にまで至らせないように作用します。

シュミットに言わせれば、「戦争」は、通常の〝政治〟とは根本的に異なった、独自の規則や視点を備えているわけですが、そうした様相を呈するのは、予め誰が「敵」かについての「政治的決定 die politische Entscheidung」が成されているからです。それに合わせて、制服を着るなどして、ビジュアル化するわけです。「友／敵」決定に従って、「公敵」として一定の様式の下で対峙したら、もはや個々の兵士がどう考えているかとは関係なく、それぞれの存在をかけた「戦争」へと向かっていくことになるわけです。ここで、『政治神学』のメインテーマであった「決定＝決断」と、「友／敵」が重なってくるわけです。注（10）にクラウゼヴィッツの『戦争論』についての説明がありますね。ちょっと見ておきましょう。

（…）戦争は、かれにとっては、「政治のたんなる道具」なのである。事実その通りであるけれども、しかし政治の本質の認識にとっての戦争の意味は、ここではまだつくされていない。ついでながら、よく考察すれば、クラウゼビッツにあっては、戦争は多くの道具のうちのひとつなどではなく、友・敵結束の「最後の切札」なのである。戦争は、それ自身の「文法」（すなわち軍事的・技術的特殊法則）をもちはするが、その「頭脳」は、いぜんとして政治なのであって、戦争「独自の論理」は存在しない。つまり戦争は、その論理を、友・敵という概念からのみ獲得しうるのであって、このあらゆる政治的なものの核心を明らかにするのが一四一ページの文章である。「戦争が政治に属するばあいには、戦争は政治の性格をおびることになる。政治が大規模となり強力なればたちまち、戦争もまたそのようになるわけだし、これが高じていって、戦争が絶対的形態に到達するということもありうる。」（…）

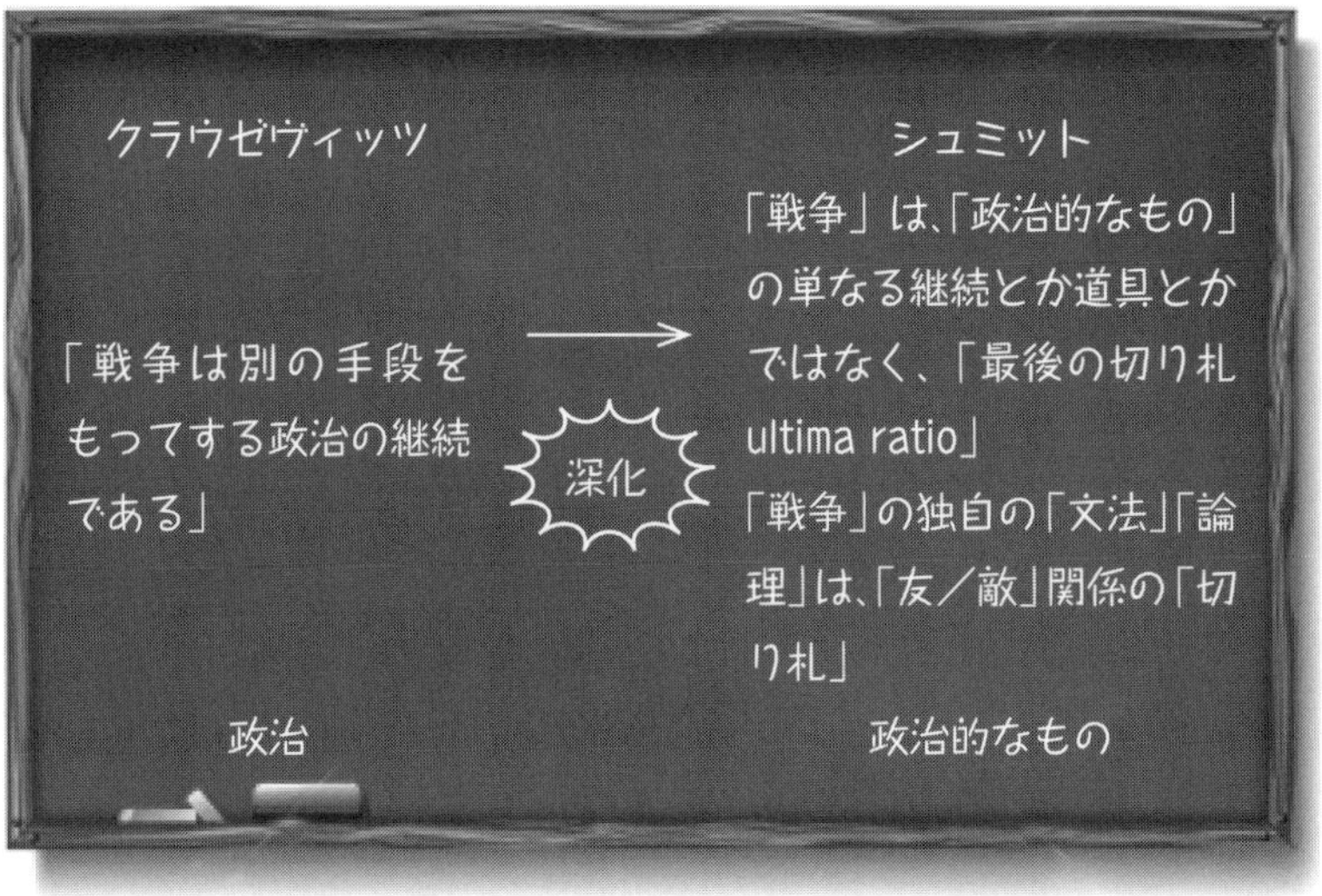
クラウゼヴィッツ
「戦争は別の手段をもってする政治の継続である」
政治
深化
シュミット
「戦争」は、「政治的なもの」の単なる継続とか道具とかではなく、「最後の切り札 ultima ratio」
「戦争」の独自の「文法」「論理」は、「友／敵」関係の「切り札」
政治的なもの

ポイントが分かりにくい文章ですが、要はシュミットが、「戦争とは別の手段をもってする政治の継続である」というクラウゼヴィッツの定式を、〝深い〟意味で再解釈しようとしているということです。先ほどお話ししたように、クラウゼヴィッツの言っている「政治」は、普通に理解すれば、通常の意味での「政治」ですが、その「政治」をシュミットの言う「政治的なもの」に置き換えると、定式をシュミット的に理解することもできます。「友／敵」対立の形を取る「政治的なもの」が、「戦争」という形で継続するのだとクラウゼヴィッツが言っているのだとすると、シュミット自身の主張とそれほど変わりません。

ただ、シュミットにしてみれば、それでは曖昧さが残ります。彼にとって、「戦争」は、「政治的なもの」の単なる継続とか道具とかではなく、「最後の切り札 ultima ratio」です。シュミットは、「戦争」の独自の「文法」「論理」は、「友／敵」関係の「切り札」であることに由来すると見ているわけです。そうした「戦争」と「政治的なもの」の相関関係についてのシュミットの見方と、『戦争論』の中の「戦争が政治に属するばあいには、戦争は……」という箇所で表現されているクラウゼヴィッツの見方が一致している。少なくとも、シュミットはそう見ているわけです。確かに、「政治的対立」が戦争を伴う形でエスカレートしていって、「絶対戦争」にまで至る可能性があるのだとしたら、この本でシュミットが主張していることにかなり近いですね。本文に戻りましょう。

だからといって、友・敵の区別という標識は、特定の一国民が、永久に他の特定の一国民の友または敵でなければならないだとか、あるいは中立ということが不可能であり、または政治的に無意味でしかありえないだとかを、意味するわけでは決してない。ただ、中立という概念は、政治的な概念がすべてそうであるように、これまた友・敵結束の現実的可能性という究極的な前提のもとに成り立つものであって、かりに地球上が中立ばかりになっているとすれば、そのときはしたがって、戦争ばかりか中立そのものもまた存在しなくなっていることであろう。それは、そもそも闘争ということの現実的可能性が消滅するばあい、闘争回避の政策をもふくめて、いかなる政治も存在しなくなっているのとまったく同じである。

これは、戦争をめぐる現代の哲学的議論でも、時々聞く話ですね。「中立 Neutralität」という概念は、「友/敵」の対立が現に存在するからこそ成立している、ということです。国際関係における「中立国」というのは、戦争があった場合、どちらにも、少なくとも積極的には味方しないということですから、戦争の可能性がなかったら、無意味な概念です。戦争の可能性と、中立を保てる可能性は、論理的には表裏一体の関係にある。世界中の全ての国や地域が、恒常的に全面〝中立〟になるということがあるとすれば、それはもはやどこにも「友」と「敵」の関係がない、従って「政治的」と形容される事態が消滅した世界です。逆に言えば、「友／敵」関係が現実的に生じる可能性がある限り、「政治」という営みは続くわけです。

「人類の最終究極戦争 der endgültig letzte Krieg der Menschheit」

三〇頁に入ると、『政治神学』のメインテーマだった「例外状態」と、「闘争」の関係が論じられています。

> この事態が、たんに例外的に生じるということは、その規定的性格を消し去るのではなく、むしろそれを確証するものである。戦争が、こんにちもはや以前ほど数多く、また日常的ではないにしても、戦争は、数的頻度や日常性の点で減少したと同じだけ、いや恐らくはそれをうわまわって、圧倒的・全体的な重みを増してきている。こんにちもなお、戦争という事態は、「危急事態」なのである。このばあいにもその他のばあいにも、例外的事態こそが、とくに決定的な、ことの核心を明らかにする意義をもつ、ということができる。なぜなら、現実の闘争においてこそ、友・敵という政治的結束の究極的帰結が露呈するからである。この究極的な可能性から、人間生活は、すぐれて政治的な緊張を獲得するのである。

この事態というのは、文脈からして「戦争」のことです。「その規定的性格 sein bestimmender Charakter」というのは、「戦争」が起こる可能性があることが、「政治的なもの」の本質を規定する要因になっているということです。少し後の、「例外的事態こそが、とくに決定的な、ことの核心を明らかにする意義をもつ」という文が、その言い換えになっています。こちらでは、「決定的な entscheidend」という現在分詞が使われています。普通に考えれば、「友/敵」関係があったとしても、それが実際に「戦争」に通じるのが、「例外的 ausnahmeweise」だとすれば、「戦争」が「友/敵」＝「政治的なもの」の本質とは言えない、ということになりそうですが、そうではない、というわけですね。「戦争」は、「政治的なもの」の「究極的帰結 die äußerste Konsequenz」なので、それほど頻繁には起こりませんが、「究極的帰結」だからこそ、その本質を端的に表現している、と言えます。〈äußerst〉というのは、もともと「外側の」という意味の形容詞〈außer〉の最上級で、「極度の」とか「極限的な」という意味で使われます。

これは、「例外状態」における「決定」を通して、「主権」の本質が顕わになる、という『政治神学』の論理とパラレルな関係にあることが分かりますね。日常的な「政治」には、それほど緊張感がないので、「友/敵」関係をあまり意識せず、「政治とは妥協だ」とか思っていることが多いわけですが、「究極的帰結」としての「戦争」の可能性を意識した時、「政治的なもの」の本質が見えてくる。

三二頁に、国際政治に関係した話が出てくるので、見ておきましょう。

なにものといえども、政治的なもののこの帰結をまぬがれることはできない。かりに、戦争に対する平和主義的反対が強力になり、そのため、平和主義者が非平和主義者を相手にして、戦争に、「戦争に反対する戦争」にかりたてられるほどになりうるとすれば、それは、人びとを、友・敵に結束させるに十分なほど強力なのであるから、現実に政治的な力をもっている、ということがそれによって証明されるであろう。

言い回しは多少難しいですが、現代思想の二項対立批判の文脈でよく聞く話ですね。「反戦・平和」運動が強まると、次第に「戦争」から遠ざかっていくような気がしますが、「反戦・平和」運動の人たちの間に、〝戦争勢力〟に対する憎しみが強まると、次第に「友／敵」的な様相を呈してきます。今ではあまり目立ちませんが、一昔前だったら、平和運動をやっている左翼が、国家権力や右翼に対する憎しみを募らせ、暴力闘争を仕掛け、場合によっては、命をかけた闘争にまで発展する。アメリカの中絶論議で、「生命の尊厳」の観点から中絶に反対するプロ・ライフ派の過激分子が、プロ・チョイス（中絶権擁護）派に対して、テロを仕掛けることがあります。平和や生命を脅かす勢力に対する反対行動が、自ら平和や生命を脅かすことになる、という逆説です。余談ですが、「対立を煽るようなことばかり言っている仲正のような奴は言論人の資格はない。ああいう輩を許してはいけない」、などとツブヤイテいる連中は、対話勢力のつもりなんでしょうか？（笑）

国際関係だと、平和を乱す勢力を抑え込もうとする勢力によって、「戦争に反対する戦争」が引き起こされる可能性もあるわけです。「ならず者国家 rogue state」に対するアメリカの〝警察〟行動がそれに当たるかもしれません。一昔前に、そういう議論が盛んでしたね。そういう、「戦争に反対する戦争」を仕掛けるアメリカに反発する国や集団が、具体的行動にでると、更に、対立がエスカレートすることになるわけです。

シュミットは、ヴェルサイユ体制や国際連盟の平和戦略のことを念頭に置いて、これを言っているのだと思います。第一次大戦の戦勝国である英米仏は、戦争勢力であるドイツを徹底的に抑圧し、弱小国にしようとしている。それは、戦争勢力に対する敵意に他ならない。それに対して、ドイツ人の側も敵意を抱く。それが、戦争に繋がるかもしれない。実際、次回読む予定の後半部では、そういうリアルな話が出てきます。

シュミットからしてみれば、〝戦争勢力〟に対抗して、「友」として結束している、英米仏などの態度こそ、国際政治における「友／敵」関係の例証になっているわけです。

現在では、これがとくに有望な戦争是認の方法であるように思われる。戦争はそのばあい、そのたびごとに、「人類の最終究極戦争」という形で展開される。

これは、皮肉ですね。不戦条約があるので、露骨に「戦争」を仕掛けるわけにはいかない。しかし、「戦争をなくすための戦争」、「平和のための戦争」だと言うと、立派な大義名分になる。「人類の最終究極戦争 der endgültig letzte Krieg der Menschheit」というのはかっこいい言い方ですね。一昔前のアニメとかヒーロー・ドラマでは、この手の台詞がよく使われていましたね。今では、むしろ悪役の台詞になっていますが。

「決断」――「主権」と「政治的なもの」

続く第四章ではまず、どのような対立もある限度を超えると、お互いの存在を否定しあうところまで行き、「政治的」対立になる、という先ほどの議論を繰り返したうえで、三四頁の半ばで、「マルクス主義的意味での『階級』さえも、それが、この決定的段階に到達するばあい、すなわち、それが階級『闘争』を真剣に行ない、相手階級を実際の敵として扱って、国家対国家であれ、一国家内部の内乱であれ、それと戦うばあい」には、「政治的勢力」になると述べられています。つまり、マルクス主義の階級闘争論を、マルクス主義の理論的根拠である唯物論、下部構造決定論とは全く別の、「政治的なもの」の視点から半ば認めているわけです。経済的な利害対立それ自体は、「友／敵」関係ではないが、マルクス主義者が「階級闘争」と呼んでいるものを激しく展開し、強度を上げていけば、結果的に、世界的な「友／敵」の政治的対立になる可能性はある、ということです。『独裁』や『政治神学』でもそうですが、シュミットは〃敵〃であるマルクス主義者やアナーキストの闘う態度を結構高く評価する傾向があります。

三六頁の段落の終わりのところに、他の領域での対立が強度をますことで、「政治的なもの」を生み出すという理屈のまとめとして、面白いことを言っています。

その結束は、それゆえ、つねに決定的な人間の結束であるし、したがって、政治的単位は、およそそれが存在するかぎりはつねに、決定的単位なのであって、かつ、例外的事態をも含め、決定的事態についての決定権を、概念上必然的につねに握っていなくてはならない、という意味において、「主権をもつ」単位なのである。

「決定的な」は原語で、〈maßgebend〉です。既にお話ししたように、〈Maß〉の元々の意味は「尺度」なので、「単位」にかけて、「単位を規定する」というような意味合いを込めているのだと思います。「主権をもつ」の方は、原語では、〈souverän〉という形容詞です。先ほど見た箇所では、「政治的なもの」と「例外状態」の繋がりが示されましたが、ここで、「主権」や「決定」との繋がりも示されたので、二つのテクストの連続性がかなり鮮明になります。『政治神学』の場合は、国家と法秩序の存在を前提としたうえで、法秩序に規範としての妥当性を与える、究極の決定者として「主権者」を定義したわけですが、ここでは、「政治的なもの」から、「主権」を定義しているわけです。「政治的なもの」に基づいて結束している「友」は、「公敵」と生存をかけて対峙する「単位」なので、「例外的事態」に際して、まとまって行為できるよう、最終的な決定の審級を備えていないといけない。それが「主権」です。「主権」を持っているということは、「政治的な単位」として、自らの「友／敵」関係を定め、究極の「例外事態」としての「戦争」が起こった際に、統一行動を取るための決定権を持っていることです。「主権」と「政治的なもの」は、「決断」という点で不可分に繋がっているわけです。

■質疑応答――

Q　öffentlich は politisch の意味に近いのでしょうか。

A　「政治的なもの」は、「公敵」な存在を前提にしていると言っているのですから、「政治的 politisch」と「公的 öffentlich」が不可分の関係にあることは間違いありませんが、シュミットは、「公的」に独自の定義は与えていません。恐らく、「公法／私法」という時の「公」の意味合いで使っていると思います。「公法」というのは、「国家」の活動に関わる法という意味なので、「公的」というのは、国家に関わるということだと理解していいかもしれません。「国家」という概念を間に挟んで、「政治的」と「公的」が繋がっているのではないかと思います。ハンナ・アーレントだと、「公開されている」とか「現われている」という意味を強く含んだ「公共的」と、「政治的」をほぼ等値し、「私秘的 privat」と対置しますが、シュミットの場合、「公的」に、そういう意味合いははっきりとした形では含まれていません。

Q　瑣末なことなのかもしれませんが、「友／敵」関係は、まず敵の認定が最初にあり、敵でないものとして友が定義されるのなら、「敵／友」になるのではないか、と思いました。アレルギーを起こす異物をまず認識し、そうではないものとして自己が定義づけられるのですから。

A　アレルギーで思い出しましたが、イタリアの政治哲学者のエスポジト（一九五〇－　）が、「抗体化 immunizzazione」を通しての自己の防御という視点から民主主義や自由主義を捉え直すことを試みていますね――講談社のメチエから、岡田温司さん（一九五四－　）の訳で、『近代政治の脱構築』という本が出ています。シュミットが、友／敵と言いながら、「友」の話をあまりしていない、というのはよく指摘されることです。全く語っていないわけではないけれど、友の積極的な定義は行おうとはしない。「敵」との抜き差しならない対立関係を強調して、それからの反射で、ネガティヴに「自己」＝「友」を規定するという感じだと思います。

「敵／友」という順序にしていない理由は、本当のところよく分かりませんが、恐らく、「友」と「敵」の対立関係を認識する「私」が常に「友」の側にいるからではないか、と思います。「私」は中立な観察者ではなく、「敵」に直面して、「友」と運命を共にせざるを得ない自己を発見する。

Q　今のことに関連して質問です。今日の講義の最後の方で、友／敵関係が完全に消滅する世界について言及していて、その世界では政治が存在しない、ということでしたね。政治が存在しないというだけではなくて、「自己」も成立しなくなるのではないでしょうか。自己を自覚するためには敵が必要ですね。外部がなければ、「私」もはっきり規定されない。となると、「私」というものが存在する限り、永遠に友／敵関係はなくなりはしないのではないか。シュミットはこの点を掘り下げて論じていませんか。

A　シュミットは純粋哲学者ではないので、「自己」についてそれほど掘り下げて論じていませんが、『政治的なものの概念』の理屈を突き詰めれば、「私」にとって共存が難しい「他者」がこの地上にいる限り、「政治的なもの」が発生する可能性がある、ということになるでしょう。

ただ、三〇年代後半以降のシュミットのテクストでは、「友／敵」概念の実存的・限界概念的な側面はあまり強調されなくなります。冒頭にお話ししましたが、『大地のノモス』になると、むしろ、「友／敵」関係をエスカレートさせていかない、「ヨーロッパ公法」に焦点が当てられます。「公敵」は、この秩序の中に位置付けられる「正しい敵」に変換されます。「正しい敵」として認定し合うことで、戦争のルールを適用することが可能になります。もはや、絶対的な「他者」ではありません。

「ヨーロッパ公法」があるおかげで、「敵」は、絶対的な脅威を与える他者でなくなるわけです。逆に言えば、国連のようなものが、〝戦争勢力〟を犯罪視するような体制になると、〝敵〟は「公敵」ではなくなって、完全に他者化され、戦争がどこまでもエスカレートしていく恐れが出てきます。〝犯罪者〟というのは、ある意味、「私たち」には把握できない「他者」です。シュミットは、純粋な敵対関係に至らないための枠組みを模索するようになった、と言えるかもしれません。戦争を全てなくそうとすると、かえって、「友／敵」対決が先鋭化するので、むしろ、「友／敵」を大地のノモスによって抑制しようとした。

ポストモダン左派がシュミットを評価するのは、アメリカ中心の国際秩序のように普遍的正義の名の下に、「敵」のない世界を作ろうとすると、〝敵〟が全面的に異分子化、非人間化され、それに対する闘いが余計に過酷になっていくことを、彼がいち早く見抜いていたからです。シュミットは、ある意味、他者の存在の不可避性をよく理解していた。そこがポストモダン左派と通じている。無論、敵対するものとしての「他者」を認識した後、どう振る舞うべきかについては、ポストモダン左派とシュミットは真逆の考え方をしているわけですが。

Q 戦争を完全になくしてしまおうという考えが、最終的には、戦争があってもいいという人たちを殲滅する最終究極戦争に至らざるを得なくする、ということですか。

A シュミットにとって、「敵」というのは、自分とは相容れない存在ですから、どういう名目であれ、「私たちはおまえを許容できない」、と言ってしまえば、その相手は端的に「敵」になってしまいます。現代思想でよく言われることですが、二項対立図式を解体するため、その一方の極を排除しようとすると、二項対立は更に強化されます。

Q　hostis について。どこかでホスピタリティの語源にもなっているという話を読んだ気がします。共同体が他の共同体の人間を迎える、つまり hostis を迎えるにあたっての歓待制度が古代ギリシアなどではあったらしいです。共同体が並存している状態で、「敵」が位置付けられるということでしょうか。

A　hospitality の語源を遡っていくと、〈hostis〉にまで行き着くことは確かですが、その間に、客を歓待する者、ホストを意味する〈hospes〉という単語が入っているようですね。〈hospes〉は、〈hostis〉と、「主」とか「力のある者」を意味する〈pot〉あるいは〈pet〉の合成語です。〈hostis〉には「よそ者」の意味もあるので、〈hospes〉は「よそ者を迎える主」ということになります。〈hospes〉に迎えられる者だから、［よそ者＝客人＝歓待を受ける者］ということになるでしょう。現代思想系の「歓待」論では、「歓待」を受けるのは本来、「他者」であることが強調されますね。

シュミットは、当然、「客人」としての「敵＝他者」については語っていません。歓待することが可能であれば、彼の言う「政治的なもの」は、生じてこないでしょう。〈hostis〉と共同体との関係もはっきりしませんが、「友＝私たち」と実存的に対立しているわけですから、具体的には、民族、国民、人種、宗派のようなものが想定されていると考えるのが普通でしょう。

シュミットには、「民族」なり「国民」なり「人民」なり、政治の単位になる共同体が一つのまとまった「生」を生きていて、そこには固有の「ラウム」の秩序がある、というようなイメージを持っているのではないかと思います。ある決まった生存様式、生態系を保ってきた集団均質的な空間に、別の生態系、異物が持ち込まれると、拒絶反応が起こり、不可避的に「友／敵」対立が起こる。先ほどの言い方で言えば、抗体化作用が生じる。

Q 確かに、「公敵」という概念を考えないとしたら、逆に抹殺などが起こりそうですね。「対立」を認めないのですから。

A 対立を認めないとなると、「対立」という事実を抹消するしかなくなる。つまり、対立している〝相手〟の存在を抹消するしかなくなる。その際に、抹消の決断をしている自分自身を、対立の一方の当事者ではなく、一段高いところにいて全体を見通し、判決を下す裁判官の位置に置くことになる。自分の立ち位置を批判的に見直すための審級も消えてしまいます。

Q 友／敵という概念があれば、まさに対立している当事者の並存状態が許容できる。

A そういうことだと思います。私は、必ずどちらかの当事者であり、決して「政治的なもの」から自由になることはできない。ある「敵」を倒すことができたとしても、この世界に生きている限り、何らかの対立の強度が増して、「友／敵」にまで至る可能性は常にある。「友／敵」の戦争で、「友」が勝てればいいけど、負けて自分たちの方がせん滅される恐れもある。そのことを事実として受け入れ、生き残ろうとすれば、徹底的なせん滅など目指さないで、「敵」との関係を枠付けする方がいい、と分かってくる。「友」が生き残るための戦略を模索するのであれば、絶えず脅威として浮上してくる「敵」との間に適当な距離を取ったり、「敵」と取引して、お互いに手を出さないようにする、といった選択肢もあり得る。

共存はできなくても、おっしゃって頂いたように、併存状態にはもっていけるかもしれない。（自分にとって）悪性の細菌がいない世界があればいいのだが、悪玉菌を完全に排除しようとすると、善玉の細菌も殺してしまうかもしれないし、強力な薬を使うことで、自分の身体そのものまで破壊してしまう恐れがある。だったら、適当なところで、悪玉を許容しながら生きることを考えないといけない。

Q　経済的な競争相手と公敵は区別されなければならないということですが、実際の戦争は、おそらく経済的な利害対立が引き金になって起こる場合が多いと思います。

A　それは別次元の問題です。先ほどもお話ししましたが、「政治的なもの」は、いろんな原因から生じてきます。経済や宗教の対立が、「政治的なもの」となり、「政治的なもの」が「戦争」に至る可能性がある。対立が一定の強度を超えて、生存をかけた対立になった時点で、「敵」になるわけです。シュミットは、分析哲学のように、「政治的なもの」の意味を分析し、そこから「戦争」の本質を抽出しているのであって、現実の戦争を観察しているわけではありません。

Q　「戦争」の在り方は状況によって変化するのですか。

A　この時点でははっきりしていませんが、歴史と共に変化する、という考え方に変容していったようです。何度か話題にしている『大地のノモス』なんか、技術の進歩による戦争の様式の変化がかなり詳しく論じられていますし、『パルチザンの理論』などもそうです。『パルチザンの理論』は、『政治的なものの概念』の論理の延長線上に書かれていて、「政治的なものの概念への中間考察」という副題が付いています。

意外かもしれませんが、シュミットは本来の意味の「パルチザン Partisan」を高く評価しています。「パルチザン」は、「党派に属している（者）」を意味するイタリア語〈partigiano〉から派生した言葉で、正規の軍隊に属していないけれど、外国軍に抵抗すべく武装した人たちを指します。ナポレオン戦争の時に、フランス軍に抵抗し続けたスペインのゲリラがその原型とされています。土地と結び付いた生存様式を守るために闘った人たちです。それが本来の「パルチザン」です。シュミットによれば、レーニンなどのマルクス主義者が、「パルチザン」を利用した革命戦略を展開するようになったことで、大きく意味が変わりました。共産主義のパルチザンは世界革命を目的にして世界各地で活動するので、土着性を持っておらず、どこに出てくるか分からない。本来のパルチザンは、自分のいるところで生存するための戦争をやるのですから、土地的に限定されているわけです。加えて、軍事技術の変化で、闘い方が変化し、心理的な要因も加味した、複合的な要素を呈するようになっている。

「友／敵」の対立が最も中心的な部分にあるわけですが、それがどのような形で現象し、展開するかに関しては、バリエーションがあります。国家が結束の焦点になる場合が多いが、民族や階級がそうなる場合もある。

Q 「共存できない」というのは、「混ざり合うことがない」と捉えていいですか。アメリカが全世界に紛争や人権侵害などを理由に戦争をふっかけていく前提にあるのは、人間は基本的には一緒で分かりあえるもの、という人間観をもっているからだと思います。個人間でも、基本的に「同じだ」と思っているもの同士の方が激しくやりあってしまいます。むしろ「全く異質だ」と思う人とは分かりあおうとしないし、どうつきあうかとも考えない。本質的に同じだと思える人とは、なんとか説得し、混ざり合おうとする。

根本的に混ざり合えないと相手を認識すると、共存ではなく、どう並立していくか、という戦略にいくと思います。そうすると、戦争は起きないのではないかと思います。

A　その場合でも、戦争が起きる可能性は否定できないでしょう。並立しているだけだったら、いつ均衡が崩れて、相手が攻めてくるか分からないので、不安を抱えたままになる。だからシュミットは、戦争は起こるものだという前提の下に、それを場所的に限定する仕組みを考えたのでしょう。

因みに、混ざり合って、他者同士の接触からハイブリッドなアイデンティティが生み出されるというのは、ポストモダン左派がよく言うことですが、シュミットはそうしたアイデンティティの変容のような話はしません。

Q　柄谷行人（一九四一－　）の論文「形式化の諸問題」（一九八一）の問題設定と似ていると思いました。徹底的に政治的なものや美的なもの、道徳などを形式化して考えるような思考のあり方を問題にしている論文だったと思います。政治の領域で、政治の根源をとことん形式化するとどうなるのだろう、ということを、シュミットは追求しているのかな、と思いました。

A　法実証主義とは別の形の「形式化」を目指していたんだと思います。法実証主義の典型であるケルゼンの純粋法学は、数学の公理系のように、「根本規範」からすべての法規範を導き出せるというように「形式化」します。シュミットはむしろ、純粋に「政治的なもの」の存在を示したうえで、そこから、友／敵、国家、主権、決定、秩序、例外／通常、法規範などの基本的な諸概念を導き出そうとしているように思えます。「政治的なもの」をいったん形式的に定義すると、その定義に忠実に、全体の論理を構築していく。ただ、前々回見たように、シュミットの「形式」は、理念を現実へと媒介する働きや性質を持っています。彼は、そうした意味での「法」の動的形式性を探究しているうちに、（「根本規範」を生み出す）「政治的なもの」という概念に行き着いたのだと思います。

Q そうしたシュミットの拘りが、国際法に向かっているわけですね。彼の思考のベースは、憲法というよりは、国際法的な議論に合っていると思いました。

A 国際法学者でもあるケルゼンなどは、根本規範から全ての法規範が導き出され、それが現実の法秩序と一致する、世界国家的なイメージで描こうとしますが、シュミットは、そうした普遍性志向はかえって危ない、と見ていたわけです。彼は、抽象化された「国際法」ではなく、歴史的に形成された「ヨーロッパ公法」について語ります。相手を「正しい敵」として認識し、自分たちの大地の秩序を壊さないように闘いの仕方を――大地の秩序に合うように――制限するための作法です。

Q ホイジンガ（一八七二―一九四五）が『ホモ・ルーデンス』（一九三八）で「遊びの一形態としての戦争」と言っていました。遊びのためのルールがあり、そのなかでは本気でやるのだけれど、遊んでいるときと遊んでいないときの区別をする。そのようなイメージに近いのでしょうか。

A シュミットはある箇所で、中世における騎士などの闘いをギリシア的な「闘技 agon」として捉えていて、ホイジンガも、おっしゃるように、戦争を「闘技＝遊戯」と見ているので、両者の共通性を指摘することはできます。シュミット研究者の古賀敬太さんがそのことを指摘されています。ただ古賀さんは同時に、シュミットの「友／敵」関係は、本質においては「遊戯」と異なると言っておられますし、私もそう思います。『政治的なものの概念』に描かれている「友／敵」関係がベースだとすると、一番根本にあるのは、互いの実存をかけた極度の対立で、「遊び」という要素は、その敵対関係を抑えるための秩序形成の過程で生まれてくるのだと思います。ホイジンガは、人間の本性に「遊び」という要素があることを前提にして議論を進めているわけですが、シュミットには、そうした人間本性論的な前提はありません。強いて言えば、ド・メーストルやコルテスなどを評価していることからして、原罪を負って生まれてきた、どうしようもない罪人と認めていたのかもしれません。「罪」と「遊び」がどういう関係にあるのかというのは、キリスト教思想史の観点から面白そうですが、あまりいい加減なことを言ってはいけないので、今後の課題としておきましょう。

三〇年代後半以降のシュミットは、何度もお話ししているように、戦争が絶対戦争へとエスカレートしないようにするための局地的な仕組みについて語るようになります。そこで、絶滅の危機が当面回避されると、ルールに基づく闘い、という、遊び的な要素が出てくる。

Q　そういう考え方は、ハーグ陸戦条約のなかに、民間人や捕虜の扱いなどで出てくるわけですね。

A　シュミットはむしろ、ハーグ陸戦条約あたりからおかしくなったと見ています。その頃から戦争を「犯罪」と見なす考え方が台頭し、第一次大戦後にヴィルヘルム二世を犯罪人として訴追するという話へと発展していきます。その過程で、「正戦」論が現代的な形で復活してくるわけです。シュミットは、歴史的に形成された大地の秩序と関係ない、普遍主義的な規範に基づいて、戦争自体を抑圧することには無理があると見ているわけです。

Q　敵と対立したときに、異質な他者に対する尊重だとか、無理に同一化せずそのままにしておくという同一性よりも差異を基盤にしているところが、ポストモダンの思想とマッチするわけです。シュミットの名前をポストモダン系の著作から知ったので、そのような路線で読もうとしてしまいます。実際のシュミットは、そのような読み方を拒否しますか。

A　それで基本的に間違いないと思いますが、「他者」を直視することが、非主体化された倫理を生み出すことに繋がると見て、シュミットを再評価しているふしがあるポストモダン左派と違って、シュミット自身はかなりドライに、「他者」を突き放しているような気がします。シュミットは、わざわざ不可視化された他者を探しだそうとするようなことはしていないと思います。

Q　ホストと hostis の語源が一緒ということから、他者をお客様として異質性を尊重するニュアンスがあるのかな、とつい期待してしまうのです。

A　取り込むことのできない、脅威を与える「他者」に対して、畏れの念を抱いていると言うことならできると思いますが、「歓迎」はしないでしょう。ブルジョワ民主主義者を、「政治的なもの」に目覚めさせるという意味では、〝歓迎〟するかもしれませんが。

Q　他者目線に立つことで、交渉相手として認めることになるわけでしょうか。

Ａ　シュミットは、「政治的なもの」を構成する他者の存在は認めていますが、他者目線に立つというのとは違うと思います。他者目線というのは、他者の立場に自分を置いて考える、ということですから。「他者」それ自体というより、「他者」と、私たちの距離を規定している秩序を注視したのだと思います。

正義が戦争の概念と相容れないものであることは、グロチウス以来一般に認められている。正戦を要求する〔論理〕構造は、それ自体が、通常さらに政治的な目的に奉仕するものである。政治的に統合された国民に対して、公正な理由にもとづいてのみ戦争せよと要求することは、つまりは、それが、ただ現実の敵に対してのみ戦争をせよという意味のことであるとすれば、まったく自明のことなのであるし、さもなければ、その背後には、交戦権の行使を他者の手にゆだね、正義の規範を発見しておいて、その内容や適用は、個々の事例において、国家自身ではなく、なんらかの第三者が決定する、すなわち、第三者が敵を定めるようにしようという政治的要求がひそんでいるのである。

『政治的なものの概念』

国家――多元的な政治の単位

前回は、「政治的なもの」という概念は、友／敵の区別や、主権、決断と深く結び付いているということを確認しました。友／敵というカテゴリーは、宗教的、経済的、あるいは文化的な対立とは別次元のものである、ということでした。もともとは宗教や経済から生まれた対立でも、それが生存をかけた強い対決になってくると、「政治」という別次元のものになってくるわけです。

三八頁では、シュミットの「政治的なもの」論と対立する視点として、「多元主義 Pluralismus」を挙げ、それを批判しています。現代の政治思想だと、多元主義と聞くと、価値多元主義や文化多元主義が念頭に浮かびやすいと思いますが、シュミットが問題にしているのは、国家が、多元的な政治の単位から成り立っている、という見方です。

> 国家内部における経済的諸団体にどれほど大きな政治的意味が生じるものかに気づき、とくに労働組合が成長して、その有する経済的権力手段、すなわちストライキに対して、国家の法律がかなり無力であることに気づいたとき、国家の死滅と終結ということが、少々早まって唱えられたのである。

比較的分かりやすいですね。労働組合をはじめ、各種の経済団体が行使する権力を、国家が法的手段によってちゃんと抑え込むことができない、という事態がしばしば生じるようになった。そのため、国家の最高権力としての主権とは一体何なのか、という疑問が出てきた。そこから「国家の終焉（死滅）Ende des Staates」ということが言われるようになったけれど、それは早計だというのが、シュミットの論点です。

これが本式の教説としてはじめてでてきたのは、著者の知るかぎりでは、一九〇六年および一九〇七年以来の、フランスのサンジカリストにおいてである。これに関連する国家理論家たちのうちで、もっとも著名なのはデュギィである。

「サンディカリスム syndicalisme」については、第四回の『政治神学』の時にお話ししましたね。〈syndicat〉は、「労働組合」という意味のフランス語です。前衛党中心の政治的革命を目指すのではなく、ゼネストなどの労働組合の直接行動によって経済運営の主導権を握り、組合の連合体による自治を拡大していこうとする路線です。最終的に無政府状態を志向している場合、「アナルコ・サンディカリスム」と言います。

つまり、「サンディカリスム」は、組合の権力を拡大することを通して、国家の主権を相対化していこうとする運動だと言えます。このような思想を評価する左翼系思想家にソレルがいます。注（11）に、ソレルの影響を強く受けた革命的サンディカリスムの理論家エドゥアール・ベルト（一八七五－一九三九）の発言が挙げられていますね。彼は、プルードンの影響も強く受けています。前にもお話ししましたが、ソレルの『暴力論』は、シュミットとベンヤミンに影響を与えています。

レオン・デュギィ（一八五九－一九二八）は、フランスの公法学者で、制度的保障論でシュミットに影響を与えたオーリウとはライバル関係にありました。コントの実証主義の影響を受けた、社会学的国家論を展開しています。デュギィ自身は革命的サンディカリストではなく、むしろサンディカリスムを批判していますが、彼の多元的国家観はサンディカリスムの考えに近いところがあるとされています。

かれは、一九〇一年以降、主権概念と国家人格の観念を論破しようと試み、無批判的な国家形而上学や、結局は、君主絶対主義の世界の残渣にすぎない国家人格説に対し、いくたびか適切な論難を加えているが、やはり本質的には、主権思想のもつ本来の政治的意味をつかみそこねている。

国家人格説とは、国家を、意志を持った人格であるかのように見なす考え方のことです。彼は、それを君主絶対主義の名残り、つまり、君主を国家の頭であるかのように表象していた時代の発想の名残りと見ていたわけです。『政治神学』では、ケルゼンもそれと同じような視点から国家人格説を批判していたという話が出ていましたね。それをシュミットは批判していたわけですが、今回も、「主権思想のもつ本来の政治的意味をつかみそこねている」と批判しています。国家を、抽象的な法規範の体系と見るケルゼンと違って、デュギィは、様々な団体の連合体として国家を捉えたわけですが、シュミットからみれば、いずれも見当外れであるわけです。

シュミットは更に、「アングロサクスン諸国に生じた、G・D・H・コールやハロルド・J・ラスキの、いわゆる多元的国家論についてもいえる」（三八頁）、とも述べていますね。

ラスキ（一八九三－一九五〇）は、ロンドン・スクール・オブ・エコノミクスの教授を務めた政治学者です。マルクス主義者で、労働党に属し、幹部として活動しました。日本だと丸山眞男が、影響を受けたことで知られています。ジョージ・ダグラス・ハワード・コール（一八八九－一九五九）も英国の政治学者・経済学者で、探偵小説家でもあります。彼は、協働組合運動を研究し、組合連合体から成る、国家なしの共和制を構想しました。

> かれらの多元論の実体は、国家という主権的単位、すなわち、政治的な単位を否定して、個々人が多数の異なった社会的結合・連携のなかで生きるものであることを、くり返し強調する点にある。たとえば、個々人は、宗教団体の、国家の、労働組合の、家族の、スポーツクラブの、その他多くの「諸団体」の成員であって、それらは、それぞれのばあいごとに、異なった強さで個人を規定し、「誠実義務・忠誠義務の多元性」という形で拘束しており、これらの団体のどれひとつとして、それが、無条件で決定的かつ主権的であるとはいえないのである。

ラスキ

ジョージ・ダグラス・ハワード・コール

これは比較的分かりやすいですね。人間は様々な「団体 Assoziation」に同時に属していて、そのメンバーとしてのアイデンティティを持っており、国家もその一つにすぎない、ということです——英語の〈association〉は、ドイツ語の〈Genossenschaft（団体＝仲間社会）〉や〈Verband（団体＝結合体）〉に比べて、自由な結び付きというニュアンスが強いですが、ここではあまり細かく分けて考える必要はないでしょう。それぞれの団体が、メンバーに対して「誠実義務・忠誠義務」を課しており、国家のそれだけが特別ではない、というわけですね。それに対してシュミットは、それらの団体の拘束力は、無条件で決定的ではなく、「主権的」だとは言えないことを指摘して反論しているわけです。

ラスキら（多元的国家論）
人間は様々な「団体 Assoziation」に同時に属していて、そのメンバーとしてのアイデンティティを持っており、国家もその一つにすぎない
それぞれの団体が、メンバーに対して「誠実義務・忠誠義務」を課しており、国家のそれだけが特別ではない

シュミット
それらの団体の拘束力は、無条件で決定的ではなく、「主権的」だとは言えない
肝心なのは、生存のかかった対立である「友／敵」関係を規定し、「政治的なもの」を生み出す単位

英語の〈association〉 ＞ ドイツ語の〈Genossenschaft（団体＝仲間社会）〉や〈Verband（団体＝結合体）〉

自由な結び付き

カトリック教会や労働組合は、国家の主権では包摂し切れない権力を持っている

「国家」の「全能 Allmacht」を主張したり、「人格」的なものとして表象するのは、神の「全能」を世俗化したイメージ。そういうイメージは、君主主権か人民主権かといった問題を曖昧にするために利用された、具体的に主権を握っているのは誰かという問題を曖昧にできる

この事例でとくに注意をひくのは、宗教団体と職業組合との並置であって、これは、両者がともに国家と対立することから、教会と労働組合との同盟にまで発展しうるのである。(…)ラスキがなんどもくり返し言及しており、明らかにかれに強い感銘を与えた歴史的事象は、ビスマルクが、カトリック教会と社会主義者とに同時に立ち向かい、どちらも不成功に終わったその政策である。

この事例と言っているのは、この少し前の箇所、三九頁で、シュミット自身が挙げている、教会への忠誠と労働組合への忠誠が相互に葛藤することがありうる、ということです。シュミットがこの二つを例として挙げたのは、両者とも、国家と対立する勢力と見なされることが多いからです。

前近代の西欧では、教会の権力が政治に強い影響力を及ぼしていましたし、近代に入ってからもそれなりの影響力を保持しています。一九世紀後半から労働組合が本格的に組織化され、これまで何回か話題になったように、労働・社会主義運動が、資本家階級が支配する国家権力と敵対するようになり、その一部、マルクス主義者やアナーキストは、国家打倒を標榜するようになりました。

教会と組合は全然異質な感じがしますが、世界史の教科書に出ているように、ビスマルクは、国家(=ドイツ帝国)の主権を強化するため、その両方に対して闘いを挑みました。カトリック教会の政治的影響をそぐため、一八七一年から七八年にかけて「文化闘争 Kulturkampf」を展開し、一八七八年に社会主義運動を抑圧する「社会主義者鎮圧法 Sozialistengesetz」を制定しました。労働者に対しては、厳しくするだけでなく、保険や年金などの福祉制度を導入し、懐柔することも試みました。それが、有名な「飴と鞭 Zuckerbrot und Peitsche」です。しかし、ビスマルクはいずれにも成功しませんでした。見方によっては、カトリック教会や労働組合は、国家の主権では包摂し切れない権力を持っているわけです。ラスキはそこに注目しているわけです。

この評価は、大部分当たっている。事実、国家の「全能」というような言い回しは、往々にして、神の全能という神学的公式の表面的世俗化にすぎないのであり、一九世紀ドイツ国家の「人格」説にしても、一面で「絶対」君主という人格に対する対抗提言であり、また一面では、君主主権か人民主権かというジレンマを避けるため、国家という「より高い第三者」へ逃げ込もうとするものなのである。

意外な感じがしますが、シュミットは、ある意味、ケルゼンや多元主義者たちと同様に、「国家」の「全能 Allmacht」を主張したり、「人格」的なものとして表象するのは、神の「全能」を世俗化したイメージと見ているわけですね。そういうイメージは、君主主権か人民主権かといった問題を曖昧にするために利用された、ということですね。「国家」自体が万能な人格神のようなものであるということにしておけば、具体的に主権を握っているのは誰かという問題を曖昧にできるわけです。

ただ、シュミットにとって、国家が領域内の全てを思いのままにコントロールできるか否かとか、国家自体が人格を持っているか否かといったことは、あまり本質的な問題ではありません。肝心なのは、生存のかかった対立である「友／敵」関係を規定し、「政治的なもの」を生み出すのは、どういう単位であるか、ということです。

「決定的単位」

教会であれ、労働組合であれ、さらには両者の同盟であれ、ビスマルク治下のドイツ帝国が戦争を行なおうとしたばあい、それを禁止ないし阻止はしなかったであろう。もちろん、ビスマルクは、教皇に向かって宣戦することはできなかったが、それはただ、教皇自身が、もはや「交戦権」をもたなかったからにすぎない。社会主義労働組合もまた、「交戦相手」として登場しようなどとは考えもしなかった。いずれにせよ、当時のドイツ政府が、重大事態にかんして判定を下すさい、みずから政治的な敵となり、この概念のあらゆる帰結を身にこうむることなしに、その判定に反抗しえた、もしくは反抗の意志をもちえたような、いかなる機関も考ええなかったであろう。事実、教会も労働組合も内乱を起こそうとはしなかったのである。このことは、主権および単位についての理性的な概念を基礎づけるのに十分である。政治的単位とは、それがどのような力から最終的な心理的動機を獲得するかに関係なく、まさにその本質上、決定的単位なのである。それは存在するか存在しないか、いずれかである。もし存在するのであれば、それは最高の単位、すなわち決定的事態において決定する単位なのである。

前回見たように、「友／敵」関係の最終的な現われは、「戦争」ですが、交戦権を持っているのは、国家であって、教会や労働組合はそれを阻止する権限は持ちません。また、ビスマルクは、労働組合や教会に対して戦争を仕掛けなかったわけですが、それは相手が強くて、戦争を仕掛けることができなかったからではなく、「交戦権」を持たない相手に対して戦争をすることは、論理的に不可能だからです――アメリカが対テロ戦争の開始を宣言した時に、国家でない国際的なテロのネットワークと戦争できるのか、ということが話題になりましたね。少なくとも、「政治的な敵 politischer Feind」でないと、「交戦相手」たりえない。『大地のノモス』での「正しい敵」としての相互承認の問題に繋がるような議論をしているわけですね。因みに、「交戦権」は原文では、ラテン語の〈jus belli〉で、「交戦相手」は、フランス語の〈partie belligérante〉で表現されています。

シュミットにとって「決定的単位」は、「友／敵」決定を行うことができる「政治的単位」です。「決定的単位」の原語は、〈die maßgebende Einheit〉です。〈maßgebend〉は、前回も出てきましたが、〈Maß〉の部分は「尺度」という意味で、英語の〈measure〉に当たります。直訳すると、「尺度を与える」です。従って、〈die maßgebende Einheit〉というのは、細かく意味を取ると、「友／敵」とは何であるか、その「尺度」を与えるような単位ということになります。ただ、〈maßgebend〉は通常は、そんな意味深な言葉でなく、「標準的な」とか「基準になる」、といったような意味で使われます。

その後の「決定的事態において決定する単位」の原語は、〈die höchste, d.h. im entscheidenden Fall bestimmende Einheit〉です。「決定的」の方で、「決定する」という意味の〈entscheiden〉の現在分詞形、もしくは形容詞である〈entscheidend〉が使われています。〈bestimmend〉は、「規定する」とか「決定する」という意味の、英語だと〈determine〉に当たる動詞〈bestimmen〉の現在分詞形です。〈maßgebend〉も〈entscheidend〉も普通は、英語の〈decisive〉と同じように、比較的軽い意味で使われますが、シュミットはこれらをわざと、言葉遊び的に重い意味で、「主権的決定」を含意していると見えるように使っているわけです。

「交戦権」

「友／敵」を最終的に確定できるのが、「政治的単位＝決定的単位」であって、そうでない、教会や組合は、国家主権に「政治的」に対抗する単位ではないわけです。

国家が単位であり、しかも決定的な単位であるのは、その政治的な性格にもとづく。多元的理論は、社会的諸団体の連合によって単位となる国家の国家理論であるか、さもなければ、たんに国家の解消・否定の理論にしかすぎない。もしもその理論が、国家の単一性に異論を唱え、国家を「政治団体」として、他のたとえば、宗教的・経済的諸団体と同列におくのであれば、それはなによりもまず、政治的なものの特殊的内容いかんの問いに答えなければならない。

ちょっと禅問答のような感じがしますね。「単位 Einheit」という言葉がミソです。その後の「単一性」も原語は、〈Einheit〉です。つまり、シュミットは、「国家」を「政治的な」性格を有する「単一の単位」と見なしているわけです。その前提に立って彼は、「多元論」は何が言いたいのか、と問いかけているわけです。「友／敵」を「決定」する「政治的な単位」は単一で、分割しようがありません。そうしたシュミットの立場からすれば、「政治的な単一の単位である国家」が、〝多元的〟であるとする多元論は理解不能なわけです。

シュミットの見地から見て、「多元論」に意味があるとすれば、①「単一体としての国家」がいかに成り立っているかについての理論である、②「国家」の存在自体を否定する理論である、③国家の「決定単位としての単一性」を否定する理論である――のいずれかだ、と言っているわけです。①だとシュミットの立場と矛盾しません。②は、シュミットの言う「政治的なもの」は実在しないということなので、シュミットと対立しますが、全否定なので、それなりに分かりすいです。③が、多元論の理解として、一番普通でしょう。ただ、③だとすると、「政治団体 politische Assoziation」である「国家」が、宗教団体や経済団体と並ぶことになりそうですが、その場合、〈politisch〉の意味が、シュミットの言っているのと違ってきます。「友／敵」を決定する力を独占していないわけですから。

そこでシュミットは、多元論は、まず、「政治的」の意味を明らかにすべきである、そうでないと、意味を成さないと言っているわけです。四五頁で述べられているように、ラスキは、「国家」の「主権」や

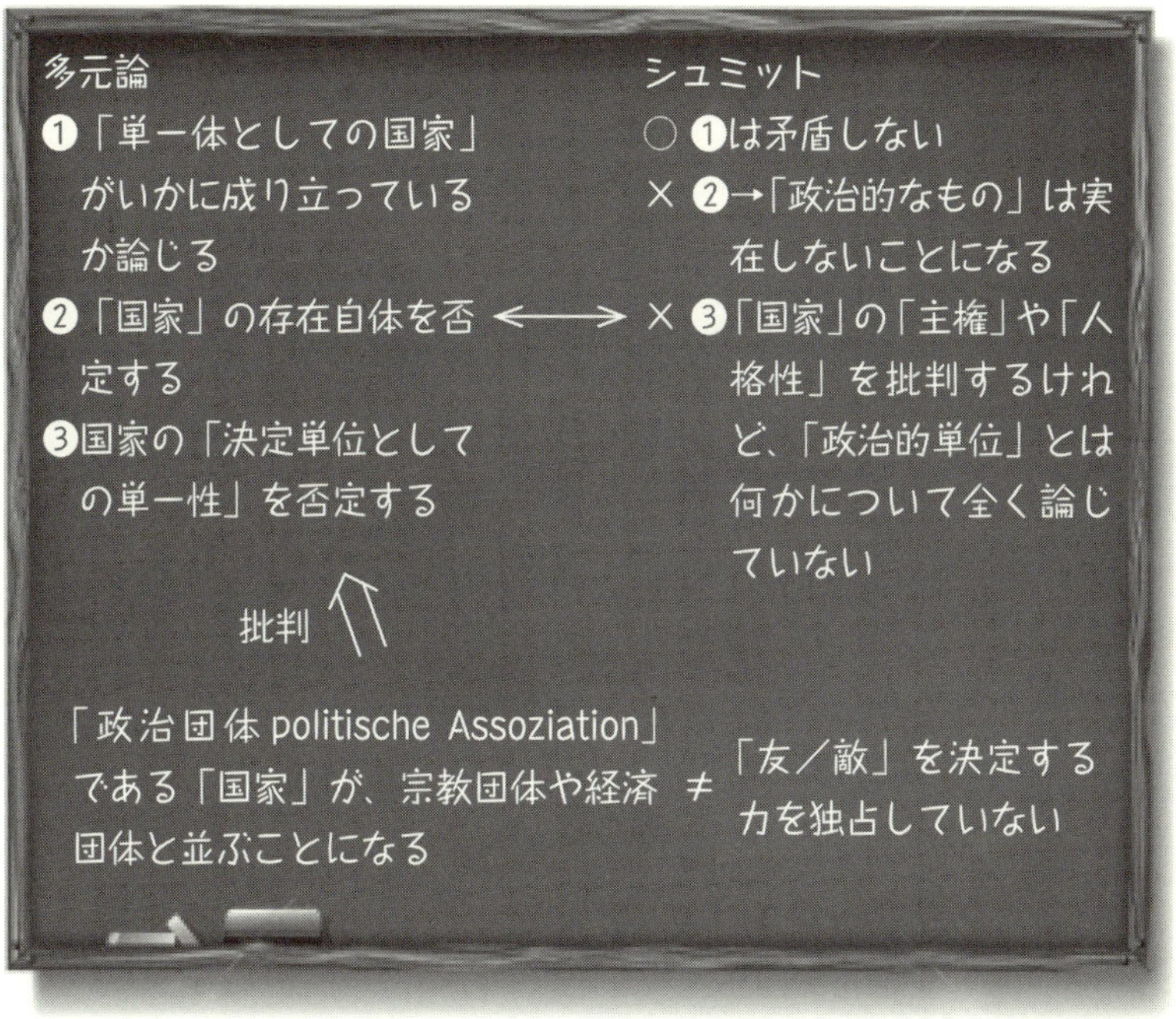
多元論
❶「単一体としての国家」がいかに成り立っているか論じる
❷「国家」の存在自体を否定する
❸国家の「決定単位としての単一性」を否定する
批判
「政治団体 politische Assoziation」である「国家」が、宗教団体や経済団体と並ぶことになる
≠
シュミット
○ ❶は矛盾しない
× ❷→「政治的なもの」は実在しないことになる
× ❸「国家」の「主権」や「人格性」を批判するけれど、「政治的単位」とは何かについて全く論じていない
「友／敵」を決定する力を独占していない

「人格性」を批判するけれど、「政治的単位」とは何かについて全く論じていない。

> ところで、なによりもまず解明されなければならないのは、いかなる理由から、人間が、宗教的・文化的・経済的その他の諸団体のほかになお政治的な団体、すなわち「統治団体」を構成するのか、また、この政治的団体のもつ特殊政治的な意味とはなんであるのか、である。

宗教的団体、文化的団体、経済的団体などは、それぞれ固有の目的を持った団体ですが、それらの団体は別に、「統治団体 governmental association」としての「政治的団体」が形成されるのは何故か解明できないと、多元論として成立しないというわけですね。シュミットの理論だと、「友／敵」を最終的に決定するのが「政治的なもの」だという定義があるけれど、多元論だと、目的がはっきりしている諸団体と並んで、「政治的団体＝統治団体」が存在する理由が説明できない。宗教団体や経済団体も、内部で〝統治〟を行っているけれど、それと政治団体による「統治」はどう違うのか。

この多元的国家理論は、第一にそれ自体が多元論的である。すなわち、そこには、統一的中心がなく、その思考上の契機を、実にさまざまな観念領域（宗教・経済・自由主義・社会主義等々）からえている。多元的国家理論は、あらゆる国家論の中心概念、すなわち政治的なものを無視し、諸団体という多元論から連合的に構成された政治的単位へといきつく可能性をすら論じていない。

「多元的国家理論」が「多元論 Pluralismus」であるというのは、字面だけ見ると、当たり前の話のようですが、そうではありません。多元的国家理論は、国家が複数の（plural）団体から成るという「理論」ですが、シュミットが言っているのは、その「理論」自体が「多元的 plural」である、つまり理論の中心がない、ということです。つまり、「理論」と言えるだけの核となる論理がないということです。国家が多元的な団体から構成されていると主張するのであれば、それぞれ別個の目的を持っているはずの団体が連合して、「政治的単位」を構成する際に、いかなる論理に従っているのかを明らかにすべきなのに、それが見当たらない、というわけです。「政治的なもの」に固有の論理を見出せない限り、説明できるはずがない、というのがシュミットの立場です。

四七頁から始まる五章の冒頭を見て下さい。

本質的に政治的な単位としての国家には、交戦権がある。すなわち、現実の事態のなかで、みずからの決定によって敵を定め、それと戦う現実的可能性である。

「交戦権」と聞くと、私たちは「戦争を始める権利」だということで納得してしまいそうですが、シュミットによれば「交戦権」の本質は、その前に先ず、「敵」とは誰かを現実的に定めることにあるわけです。つまり、「友／敵」を定める「政治的なもの」の端的な現われが、「交戦権」という形で可視化されるわけです。単に言葉で「敵」として規定するだけでなく、それを現実の闘いにするのが、「交戦権」であるわけです。

内敵と内乱

決定的な政治的単位としての国家は、途方もない権限を一手に集中している。すなわち、戦争を遂行し、かつそれによって公然と人間の生命を意のままにする可能性である。なぜなら、交戦権は、このような自由に処理する権能を含んでいるからである。それは、自国民に対しては死の覚悟を、また殺人の覚悟を要求するとともに、敵方に立つ人びとを殺りくするという、二重の可能性を意味する。ところで、正常な国家の機能は、なによりも、国家およびその領土の内部において、完全な平和をもたらし、「平静・安全・秩序」を確立し、それによって正常な状態を作りだすことなのであって、すべての規範が正常な状態を前提とし、逆に、完全に異常な状態には、いかなる規範も適用されえないのであるから、この正常な状態は、およそ法規範が妥当しうるための前提なのである。

「決定的な政治単位」である「国家」は、「交戦権」を持っているので、内外の多くの人の命を左右する力を持っていますが、その力によって、自らの「内部において innerhalb」、「正常な状態」を作り出す役割を担っています。ここで注意が必要なのは、「正常な」という言葉です。原語は、〈normal〉です。『政治神学』でも同じような言葉遊びがありましたが、「規範」を意味する名詞〈Norm〉の形容詞形です。この言葉の繋がりからすると、「正常な」というのは、「規範的な」ということです。普通に考えると、「正常／異常 abnorm」というのは事実関係であって、規範とは次元が違うような感じがしますが、シュミットやフーコーは、[Norm-normal] の言葉遊びによって、「規範」と、「正常である」（と社会的に見なされている）ことの間に不可分の関係があることを示唆するわけです。

「国家」は、「敵」を分離し、「友」にとっての「正常な状態」を作り出します。「その正常な状態」の中で、「規範」が通用するようになるわけです。新カント学派などが想定しているように、アプリオリに通用する「規範」があるわけではなく、「政治的単位」である「国家」が、「規範」を「規範」たらしめる、座標軸としての「正常性」を創出する、ということです。ここでのシュミットの言い方から分かるように、そうした「規範＝正常性」を創出することと、「友／敵」を分離することは、表裏一体の関係にあります。「友／敵」を分離することは、「規範」が通用し、「正常性」の基準が定まる「内部」空間を作り出すことだと見ることができます。

> この国家内部における平和の不可欠性からの結論として、危機的状況にさいして、政治的単位としての国家が存続するかぎり、それは、主体的に「内敵」をも決定する、ということがでてくる。それゆえ、ギリシア共和国の国法が、内敵宣言として、またローマの国法が内敵宣言として認めていたものが、なんらかの形で、あらゆる国家に存在するのである。

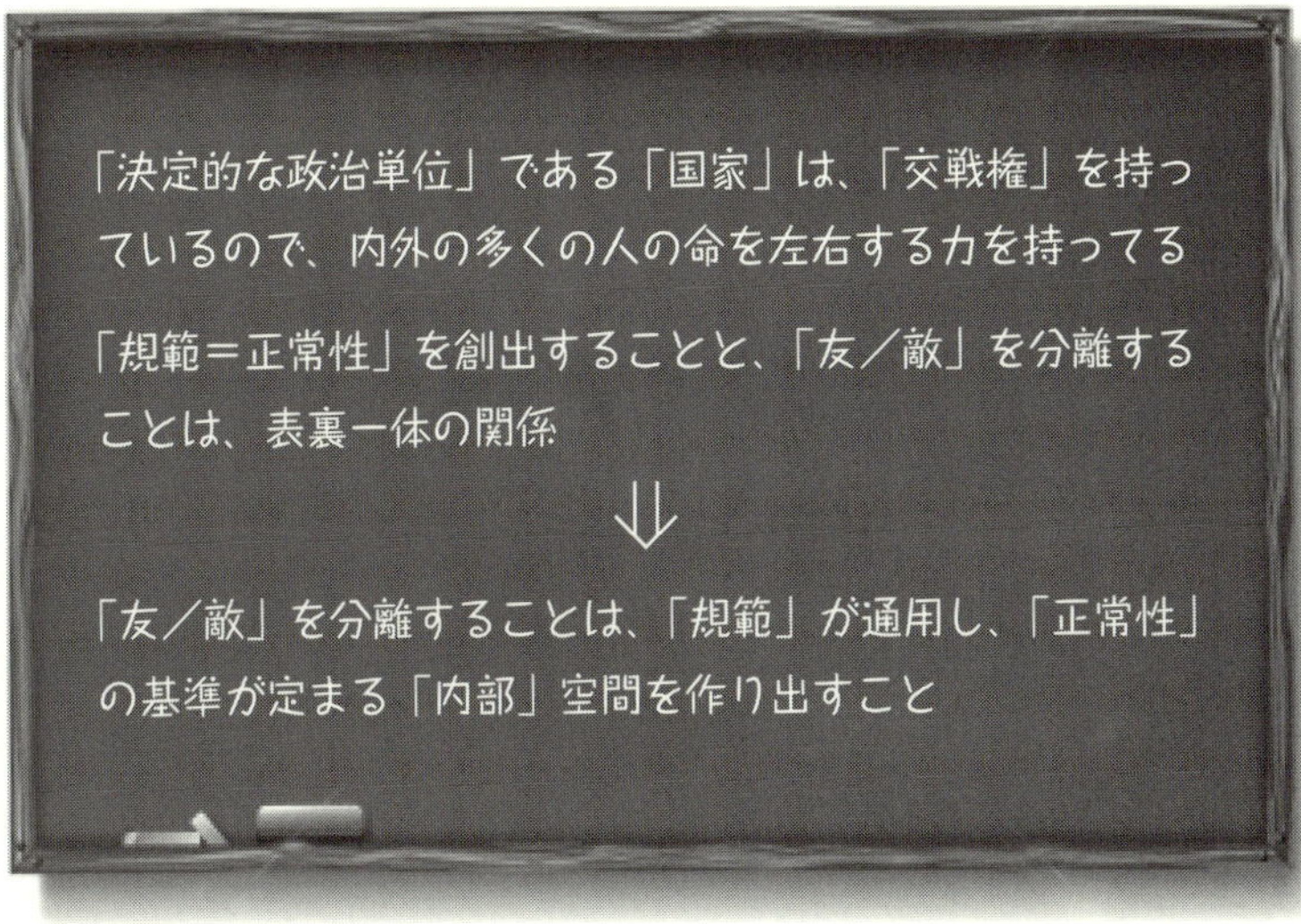
「決定的な政治単位」である「国家」は、「交戦権」を持っているので、内外の多くの人の命を左右する力を持ってる
「規範＝正常性」を創出することと、「友／敵」を分離することは、表裏一体の関係
⇓
「友／敵」を分離することは、「規範」が通用し、「正常性」の基準が定まる「内部」空間を作り出すこと

「内敵」とは国内における「敵」のことです。「内敵」と訳されていますが、原語は、ギリシアの方は〈polemios〉、ローマの方は、〈hostis〉で、前回読んだ箇所ではいずれも、「公敵」と訳されていた言葉です。内容を考えて、訳語を決めたのでしょう。国家の外部にいる敵の場合、「公敵」であることが分かりやすいですが、この場合は、国家の主権を握っている権力が、こいつが国内に潜んでいる「敵」だ、と公的に宣言することになるわけです。因みに、「ギリシア共和国」と出ているので、一瞬、現代の共和国のように聞こえますが、古代のポリスのことです。原語では、〈Republiken〉と複数形になっていますし、五〇頁から五一頁にかけての字が小さくなっている注的な箇所でも、古代ギリシアのアテネやスパルタのことを書いているので、古代の諸ポリスを指しているのは明らかです。因みに、ギリシアは一八三〇年に王国として独立し、一九二四年に一度共和制になって、三五年にまた王政に戻っているので、シュミットが『政治的なものの概念』を書いていた頃は、ギリシア共和国が現実に存在していたことになります。紛らわしいですね。誤

解が生じないよう、「ギリシアの諸共和国の国法」と訳した方がよかった、と思います。

この内敵宣言は、国家の敵と宣告された相手の出方《でかた》次第で、内乱のきざし（…）となる。次いでは、内乱によって、この単位の将来の運命が決するであろう。このことは、立憲的ブルジョア法治国家にとって、憲法による国家の諸制約にもかかわらず、すべての他の諸国家にとってと同様、いやむしろそれ以上に、当然のこととして当てはまるのである。なぜなら、ロレンツ・フォン・シュタインのいうように、「立憲国家」においては、憲法が「社会的秩序の表現であり、公民的社会の存在そのものなのであるから、したがって、憲法が侵害されるばあい、戦いは、憲法や諸法の枠外で、つまり武器の暴力で、決着をつけなくてはならない」からである。

シュタインは前回も名前が出てきたドイツ語圏の憲法学者です。ここで問題になっているのは、「内敵」宣言を出し、「内乱」で決着を付けることが、「政治的単位」としての国家の一体性を維持するうえでも不可欠になることがある、ということです。たとえ、相手の出方次第で、国家が崩壊する危険があるとしても、そうせざるを得ない、ということです。一見すると、武器とか戦争とかと無縁のように見える「立憲的ブルジョワ法治国家 ein konstitutioneller bürgerlicher Rechtsstaat」でさえ、というよりそういう国家こそ、「憲法＝国家体制 Verfassung」を守るためには、憲法をはじめとする諸法の制約を超えたところで、武力を行使する「決断」をせざるを得ないことがあるわけです。これは、シュミットが『独裁』や「ライし大統領の独裁」で主張していたことです。

五一頁の終わりの方を見て下さい。

（…）交戦権ないし内敵宣言の権能は、政治的単位が政治的単位として存在するかぎり、〔他の団体に〕帰属することはない。

自らの「体制」を守るべく外と内に対して、「（公）敵」が誰であるか宣言する権限を独占していることが、「政治的単位」が政治的な「単一体」として存続するための要件であって、それは、家族とか氏族など、他の単位に委譲することはできないわけです。譲れば、その時点で、「政治的単位」ではなくなってしまいます。

このように説明すると、「政治的単位」ではなくても、自らのメンバーに命をかけた闘いをするよう命じることができる団体もあるではないか、という疑問が出てきそうですが、その点に対する答えが、五二頁に見られます。

宗教的共同体たとえば教会は、その成員に向かって、みずからの信仰のために死ぬこと、また殉教死に耐えることを要求することはできる。しかし、それは、あくまで成員自身の魂の救いのためであって、現世にある権力機構としての教会共同体のためではない。そうでなかったら、教会は、政治的単位と化してしまう。その聖戦や十字軍が、他の戦争と同様に、敵決定にもとづく行動と化するのである。

ここでは、キリスト教的な殉教が話題になっていますね。シュミットに言わせれば、教会が信者に殉教を要求することはあるけれど、それはあくまで、あなた自身の魂のためにそうせよ、と勧めているにすぎないわけです。「教会」という共同体を守るために、「公敵」と闘え、と命じているわけではない。もし、

「共同体」の防衛のために闘うように命じるのであれば、名前は教会だとしても、実体は「政治的単位」になる。交戦権と内敵宣言権を持った時点で、教会は「政治的単位」になるわけですね。聖戦や十字軍の派遣を決定する際の「教会」は、「政治的単位」になっているわけです。ただこれだと、通常は宗教団体として振る舞っているものが、時として、「政治的単位」になるということになるので、少し、御都合主義的な説明のような気がしないでもありません。

その後に、「経済的に規定される利益社会 eine ökonomisch bestimmte Gesellschaft」には、そのメンバーに、社会がうまくいくようにするために、命を捧げるよう命じることはできない、という話が出ていますね。こういうことを確認することで、シュミットは、その「単位」の存続自体のために、メンバーに命をかけた闘いを命じることができるのは、「政治的単位」だけだと示唆しているわけです。

正戦論

五五頁に正戦論の話が出てきます。正戦論は、シュミットが、一九三〇年代後半以降、『大地のノモス』などで中心的に取り組むことになるテーマです。

因みに、「正戦」論は、近年では、九・一一以降のアフガニスタン戦争の際に話題になりました。コミュニタリアンの哲学者マイケル・ウォルツァー（一九三五－　）が、正戦論の観点から、アフガニスタン戦争を正当化するような議論を展開しました。ウォルツァーはそれまで、社会民主主義者、コミュニタリアン左派と思われていたので、彼の戦争支持を裏切りと受け取った人が少なくなかったようです。その議論の文脈で、ウォルツァーが一九七七年に出した『正しい戦争と不正な戦争』が再び話題になりました。この本は、慶応大学の萩原能久さん（一九五六－　）たちの翻訳で、風行社から刊行されています。ただし、ウォルツァーは全面的にブッシュ政権の対外政策を支持していたわけではなく、イラク戦争には反対しています。

正義が戦争の概念と相容れないものであることは、グロチウス以来一般に認められている。正戦を要求する〈論理〉構造は、それ自体が、通常さらに政治的な目的に奉仕するものである。政治的に統合された国民に対して、公正な理由にもとづいてのみ戦争せよと要求することは、つまりは、それが、ただ現実の敵に対してのみ戦争をせよという意味のことであるとすれば、まったく自明のことなのであるし、さもなければ、その背後には、交戦権の行使を他者の手にゆだね、正義の規範を発見しておいて、その内容や適用は、個々の事例において、国家自身ではなく、なんらかの第三者が決定する、すなわち、第三者が敵を定めるようにしようという政治的要求がひそんでいるのである。

「正義」が「戦争」とそもそも相容れないというのは、現代の日本に生きている私たちには当たり前の話のように思えますが、西欧諸国には、「正戦」という概念があることを念頭に置いて下さい。それから、「聖戦」と音が同じなので、混同しないようにして下さい。「聖戦」は、少なくとも表向きは宗教的な理由のために行われる戦争で、「正戦」は国家間の戦争です。もっとも、これまでのシュミットの議論によれば、「聖戦」を行う主体としての宗教は、「政治的単位」ということになるので、ややこしくなりますが。

「正戦」は、英語では〈just war〉、ドイツ語では〈der gerechte Krieg〉です。〈just〉や〈gerecht〉は、「正義に適っている」ということです。「正戦」とは、「正義に適った戦争」ということです。グロティウスなどの立場からすれば、「正戦」などというのは、撞着語法に他ならないわけですが、シュミットにとって、この概念は、決して無意味ではありません。

では、戦争が「正義に適っている」とは、どういうことか？　三つ目の文に出てくる「公正な理由 ein

gerechter Grund」がカギです。ここでも〈gerecht〉という形容詞が使われています。「公正な（正しい）理由」に基づいて遂行する戦争が、「正戦」だという考え方があるわけです。一見同語反復のようですが、シュミットは、これを「現実の敵（ein wirklicher Feind）に対してのみ戦争をする」、という意味に取っています。つまり、誰かれかまわず〝敵〟と見なして、闘いを仕掛けるのではなく、自分たち＝友から成る「政治的単位」の存続のために、現実に「友」に脅威を与えている「敵」と闘うことが、「正しい理由」に基づく「正戦」であるわけです。分かりやすく言うと、自衛のために闘う、自衛権を根拠として闘う戦争は、「正しい戦争」である、ということです。これは、シュミット自身が言っているように、ある意味自明の理ですね――日本国憲法九条の解釈をめぐる議論では、自明の理ではないですが。

そうではない場合が少しややこしいですが、要は、一方の当事者が自分で勝手に「正しい戦争」だと断言するのではなく、予め定めたルールに従って、誰か第三者に、「この場合には戦争をしてよい正当な理由がある」、交戦権を行使してもよいと決めてもらう、ということです。国連のような機関を想定すればいいでしょう。

シュミットは、そこに「政治的要求 das politische Bestreben」――〈Bestreben〉は、「意図」とか「企て」という意味です――が潜んでいると言っているわけですが、これがどういうことかピンと来にくいですね。少し後に出てきますが、シュミットが、国連やヴェルサイユ体制に反発していることを念頭におけば分かりやすくなります。ここでシュミットは、個々の国家から、「交戦権」を奪う国際体制が出来上がりつつあることを暗示しています。そういう「企て」自体は、個々の国家から交戦権を奪って、自らがそれを事実上独占しようとする勢力の「政治的な」意図に基づいているわけです。無論、「交戦権」を奪われた国家は、「政治的単位」ではなくなります。

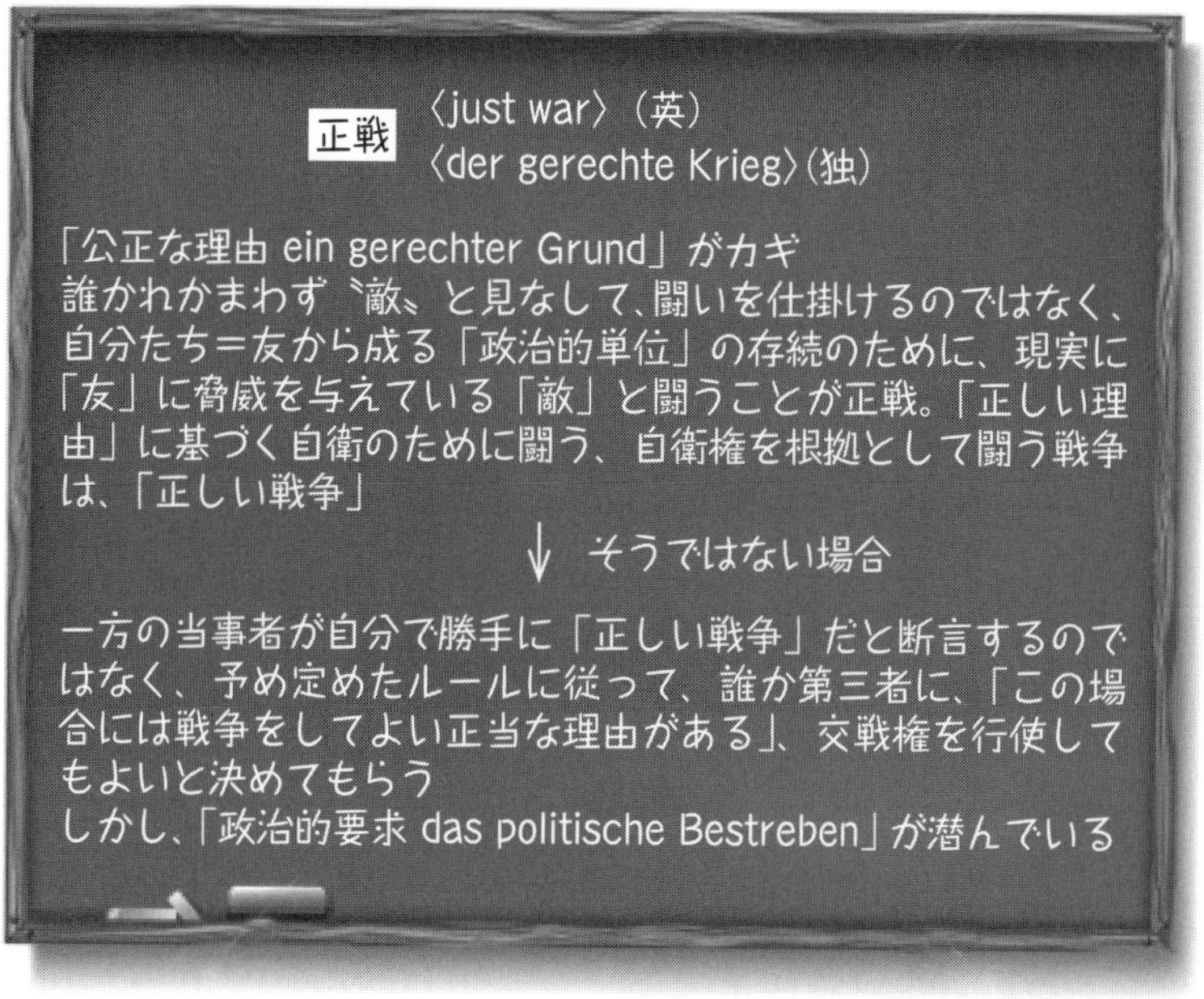
正戦
〈just war〉（英）
〈der gerechte Krieg〉（独）
「公正な理由 ein gerechter Grund」がカギ
誰かれかまわず〝敵〟と見なして、闘いを仕掛けるのではなく、自分たち＝友から成る「政治的単位」の存続のために、現実に「友」に脅威を与えている「敵」と闘うことが正戦。「正しい理由」に基づく自衛のために闘う、自衛権を根拠として闘う戦争は、「正しい戦争」
↓ そうではない場合
一方の当事者が自分で勝手に「正しい戦争」だと断言するのではなく、予め定めたルールに従って、誰か第三者に、「この場合には戦争をしてよい正当な理由がある」、交戦権を行使してもよいと決めてもらう
しかし、「政治的要求 das politische Bestreben」が潜んでいる

国民が政治的なものの領域内に存在するかぎりは、もっとも端的な事例にかんしてだけではあるが――しかも現にこの事例であるかいなかは、国民自身が決定するのであるが――友・敵の区別を国民自身が定めなければならない。この点に、国民が、政治的なものとして存在することの本質がある。この区別をする能力ないしは意志を欠くとき、国民は政治的な存在であることをやめてしまう。みずからの敵がだれなのか、だれに対して自分は戦ってよいのかについて、もしも他者の指示を受けるというのであれば、それはもはや、政治的に自由な国民ではなく、他の政治体制に編入され従属させられているのである。

「国民」と訳されていますが、原語は〈Volk〉です。〈Nation〉と混同しないように、「人民」と訳した方がいいかもしれません。

ここでの言い分ははっきりしていますね。「人民」が自立した「政治的単位」として存在していると言える条件は、「友／敵」の区別をすることのできる能力です。それを誰かに譲るのであれば、譲る名目は何であれ、既に「人民」としての要件を失っており、他の政治的単位に編入されるか、もしくは服従している（ein- oder untergeordnet）非政治的集団にすぎなくなります。シュミットにとって、「友／敵」区別は、「人民」の独立の条件でもあるわけです。

戦争というものの意義は、それが理想や法的規範のためにではなく、現実の敵に対して行なわれるという点にある。友・敵というこの範疇の不明確化はすべて、なんらかの抽象化とか諸規範とかの混合によって説明されるのである。

「友／敵」の区別は、理想や規範に基づくものではなく、「現実的」であるということですね。ピンと来にくいですが、先ず、理想や規範に基づく「友／敵」関係の分かりやすいパターンについて考えてみましょう。［正義の味方 vs. 悪党］という図式が一番典型的でしょう――「味方」を英語で表現すると、〈friend〉になります。この場合、「正義」の側である「友」の方が、「悪」である「敵」よりも道徳的に優位にあることになります。それに対して、シュミットは、そういうこととは関係なく、自分たち＝友にとって、現実に脅威になるから、「敵」として区別することになるのが、「政治的」な「友／敵」だと言っているわけです。道徳や規範を持ち込むと、そこが曖昧になってしまう、というのがシュミットの立場です。

五六頁から五七頁にかけて、政治的存在としての人民が現実の脅威に直面して、「友／敵」を区別することは不可避なのに、国際紛争の解決の手段としての「戦争」を断罪し、国際的政策の道具としての戦争を放棄する旨を宣言している、ケロッグ条約はおかしいという議論が展開されていますね。注（17）で、

「断罪する」に相当する表現として、英語の条文では〈condemn〉、フランス語では〈condamner〉、ドイツ語では〈verurteilen〉という言葉が使われていると指摘されています。〈condemn〉にも、「有罪判決を下す」という意味もありますが、単に「非難する」という意味で使われることも少なくありません。〈verurteilen〉は、語の中に「判決＝判断」を意味する〈Urteil〉という綴りが入っていることもあって、ほとんどの場合、有罪判決という強い意味合いが含まれます。シュミットは、意図的にそういう言葉のチョイスになっていると思っているようですね。その後に、英国やフランスのための留保条件(Vorbehlt)があったことを指摘していることからも分かるように、彼はケロッグ条約が中立的なものではなく、第一次大戦の戦勝国の「政治的」な意図によって作られたものと見ているわけです。

シュミットから見れば、ケロッグ条約の「戦争追放 Ächtung des Krieges」は、その意向に反して戦争する国に対する、国際的な「敵宣言 hostis-Erklärung」に他ならないわけです。〈Ächtung〉というドイツ語は、キリスト教用語としては「破門」を意味します。念のために言っておきますと、〈Ächtung〉というのはドイツでの通称的な言い方であって、条約の本文にこれに当たる表現が直接出てくるわけではありません。

因みに、ケロッグ(一八五六－一九三七)というのは、フランスの外相ブリアン(一八六二－一九三二)と共同で条約を作成し、調印した法律家出身のアメリカの国務長官です。二人の名前を合わせてケロッグ＝ブリアン条約と呼ばれることが多いです。日本では、「不戦条約」と呼ばれることが多いです。

世界平和は可能か？

シュミットは、世界平和を語ることについてかなり懐疑的です。五九頁をご覧下さい。

さらに、個々の国民が、全世界に対し友好宣言をし、あるいはみずから進んで武装解除することによって、友・敵区別を除去できると考えることは誤まりであろう。このような方法で、世界が非政治化し、純道徳性・純合法性・純経済性の状態に移行したりするものではない。もしも、一国民が、政治的生存の労苦と危険とを恐れるなら、そのときまさに、この労苦を肩代わりしてくれる他の国民が現われるであろう。

一昔前の日本では、非武装中立論が左派の論客たちによって主張されていましたが、シュミットはそういう考え方の甘さを指摘しているわけです。たとえ、ある「人民」が「友／敵」関係の緊張に耐えかねて、一方的に武装解除したとしても、別の「人民」がその人たちを政治的に吸収し、傘下に収め、代わりに、「友／敵」決定をするようになるだけである、というわけですね。平和主義者は、「友／敵」判断に基づいて戦争の準備をするから、相手にも疑心暗鬼が生じて脅威になるのだと主張しますが、シュミットは、「友／敵」というのはそういう心の持ち方によって生まれるのではなく、多くの場合「国家」という形を取る「政治的な単位＝単一体」が現実に存在している限り、〝私たち〟にとっての脅威としての「敵」は存在する、と見ているわけです。「友／敵」区別と、「政治的単位」の成立は論理的に同値なので、前者なしの後者はあり得ないわけです。

「政治的なもの」→国際社会の多元性

六一頁から始まる六章では、「政治的なもの」から、国際社会の多元性が生じるという議論が展開されています。

政治的なものという概念徴標からは、諸国家世界の多元論が生まれる。政治的単位は、敵の現実的可能性を前提とし、と同時に、共存する他の政治的単位を前提とする。したがって、およそ国家が存在するかぎりは、つねに、複数の諸国家が地上に存在するのであって、全地球・全人類を包括する世界「国家」などはありえない。政治的な世界は多元体なのであって、単一体ではないのである。

先ほど見たように、シュミットは、国家を多元的なものとして捉えようとする、ドイツの国法学における団体理論や、デュギイのサンディカリスム的な国家理解、コールやラスキなどの多元的国家論などを批判しましたが、それとは対照的に、国際社会はむしろ多元的状態にあると見ているわけです。国家が「友／敵」決定を独占する単位であり、この世界に、複数（plural）の「国家」があるとすれば、国際政治が、多元的になるのは当然のことですが、ここでシュミットが強調している「多元性」には、国連とかケロッグ＝ブリアン条約などを根拠とする普遍主義的な発想に対するアンチテーゼが含意されている、と見ることができます。国際関係論で、ホッブズの戦争状態論を国家関係に当てはめる議論がありますが、それをシュミットは、「友／敵」論の観点から説明しているわけです。

「共存する」という日本語は、「協力する」とか「仲良くやる」とかというイメージになりますが、ドイツ語の〈koexistieren〉や英語の〈coexist〉は、必ずしも「仲良くする」というニュアンスを含んでいるわけではありません。日常語としては「仲良くする」というニュアンスで使うことが多いですが、〈koexistieren〉は字義通りに取れば、単に一緒に存在しているにすぎません。カントの『永遠平和のために』（一七九五）を実現しようとするような平和主義者であれば、国連を、「世界『国家』Welt „staat"」へと発展させて……的なことを考えるかもしれませんが、シュミットに言わせれば、「政治的単位」としての「国家」が現に複数存在しているのに、それらを束ねて〝国家〟的なものにすることなどできないわけです。

細かいことですが、「多元体」と訳されているのは、〈Pluriversum〉という辞書には載っていない言葉です。「単一体」と訳されている、普通は「宇宙」という意味の〈Universum〉の対義語として作られた造語です。〈uni-〉と〈pluri-〉の対比です。

政治的単位は、本質上、全人類・全地球を包括する単位という意味での単一的なものではありえない。もしも地上のさまざまな民族・宗教・階級その他の人間集団がすべて一体となり、相互間の闘争が事実上も理論上も不可能となるならば、さらにまた全地球をおおう帝国の内部においても、内乱が将来にわたり事実上二度とふたたび、その可能性すら考えられなくなるならば、すなわち友・敵区別がたんなる偶発性においてすら消失するばあいには、そこに存在するものはただ、政治的に無色の世界観・文化・文明・経済・道徳・法・芸術・娯楽等々にすぎず、政治も国家もそこには存在しないのである。

面白い理屈ですね。シュミットのように、「政治的単位」がある限り、「友／敵」関係は実在するという議論に対しては、だったら、世界全体を包摂するような国家を作ればいいではないか、それが絶対不可能とは言えないだろう、という反論が出てきそうですね。それに対して、シュミットは、単一的にまとまったら、その単一体は、「政治的単位」ではない、と言っているわけです。確かに、シュミットの定義からすれば、「敵」がいないということは、「政治的なもの」やその具体的表象形態としての「国家」は存在しないことになるわけです。裏を返して言えば、「政治的単位」は、それとは異なる「政治的単位」が少なくとも一つ存在しない限り、「政治的」たり得ないことになるので、「政治的単位」は常に複数で存在する、ということになります。

「人類 Menschheit」は戦争できない⁉

六二頁の最後の行から始まるくだりが、非常に興味深いです。

> 人類そのものは戦争をなしえない。人類は、少なくとも地球という惑星上に、敵をもたないからである。人類という概念は、敵という概念と相容れない。敵も人間であることをやめるわけではなく、この点でなんら特別な区別はないからである。戦争が人類の名においてなされるということは、この単純な真理となんら矛盾するものではなく、ただとくに強い政治的な意味をもつにすぎない。一国家が、人類の名においてみずからの政治的な敵と戦うのは、人類の戦争であるのではなく、特定の一国家が、その戦争相手に対し普遍的概念を占取しようとし、（相手を犠牲にすることによって）みずからを普遍的概念と同一化しようとする戦争なのであって、平和・正義・進歩・文明などを、みずからの手に取りこもうとして、これらを敵の手から剝奪し、それらの概念を利用するのと似ている。「人類」は、帝国主義的膨張にとって、とくに有用なイデオロギー的な道具であり、その人倫的・人道的形態において、経済的帝国主義のための特別な器《うつわ》である。

「人類 Menschheit」は戦争できない、という言い方は意味深ですね。確かに彼の言う通り、「人類」とは全ての人間という意味ですから、全ての人間が、誰か特定の人間に対して戦争を起こすということは論理的に不可能です。「全ての人間」に入らない、予備の人間はどこにいるのか？

ただ、そうは言っても、「人類の名の下での戦争」というのはありますね。普通に考えれば、その場合の「人類」というのは、文字通り全ての「人間」ということではなくて、「人類」という理念的な集合体の意志というような意味で使っているのでしょうが、そうだとしても、誰が、そうした理念的な意味での

「人類の意志」がこうだと判断するのか、という問題があります。

シュミットに言わせれば、結局のところ、「人類の戦争」というのは名前だけで、どこかの国が、「平和・正義・進歩・文明」といった普遍的理念と自分を事実上同一視して、［自分の敵＝人類の敵］というレッテルを貼っているだけです。

九〇年代から二一世紀の初頭にかけて、アメリカの「普遍主義」に対してこれと同じような批判が成されていましたね。「普遍的概念を占取」するという言い回しの「占取」は、原語では〈okkupieren〉です。「占有」とか「占領」「領有」などと訳すと、いかにも現代のポストモダン左派の言葉遣いみたいですね（笑）。しかも、「人類」が「経済帝国主義」の「器 Vehikel」だとさえ言っている。完全に左翼ですね（笑）。ネグリ（一九三三－　）とハート（一九六〇－　）の『〈帝国〉』（二〇〇〇）の方が穏健でクールに聞こえます。実際、先ほどの箇所を、著者を示さないで見せたら、現代の左翼の文章と思うのが普通でしょう。現代のポストモダン左派の論客たちが、ワイマール・ナチス時代のドイツの超保守的な法学者がこんなことを言っていると知ったら、感動してもおかしくありません。

しかもここでまた、プルードンを評価しています。

この点にかんしては、プルードンの表現になる次のことばが、当然の修正を加えて当てはまる。すなわち、人類を口にする者は、欺こうとするものである。「人類」の名をかかげ、人間性を引き合いにだし、この語を私物化すること、これらはすべて、いやしくもかかる高尚な名目はなんらかの帰結をともなわずにはかかげえないのであるからして、敵から人間としての性質を剝奪し、敵を非合法・非人間と宣告し、それによって戦争を、極端に非人間的なものにまで押しすすめようという、恐ろしい主張を表明するものにほかならない。

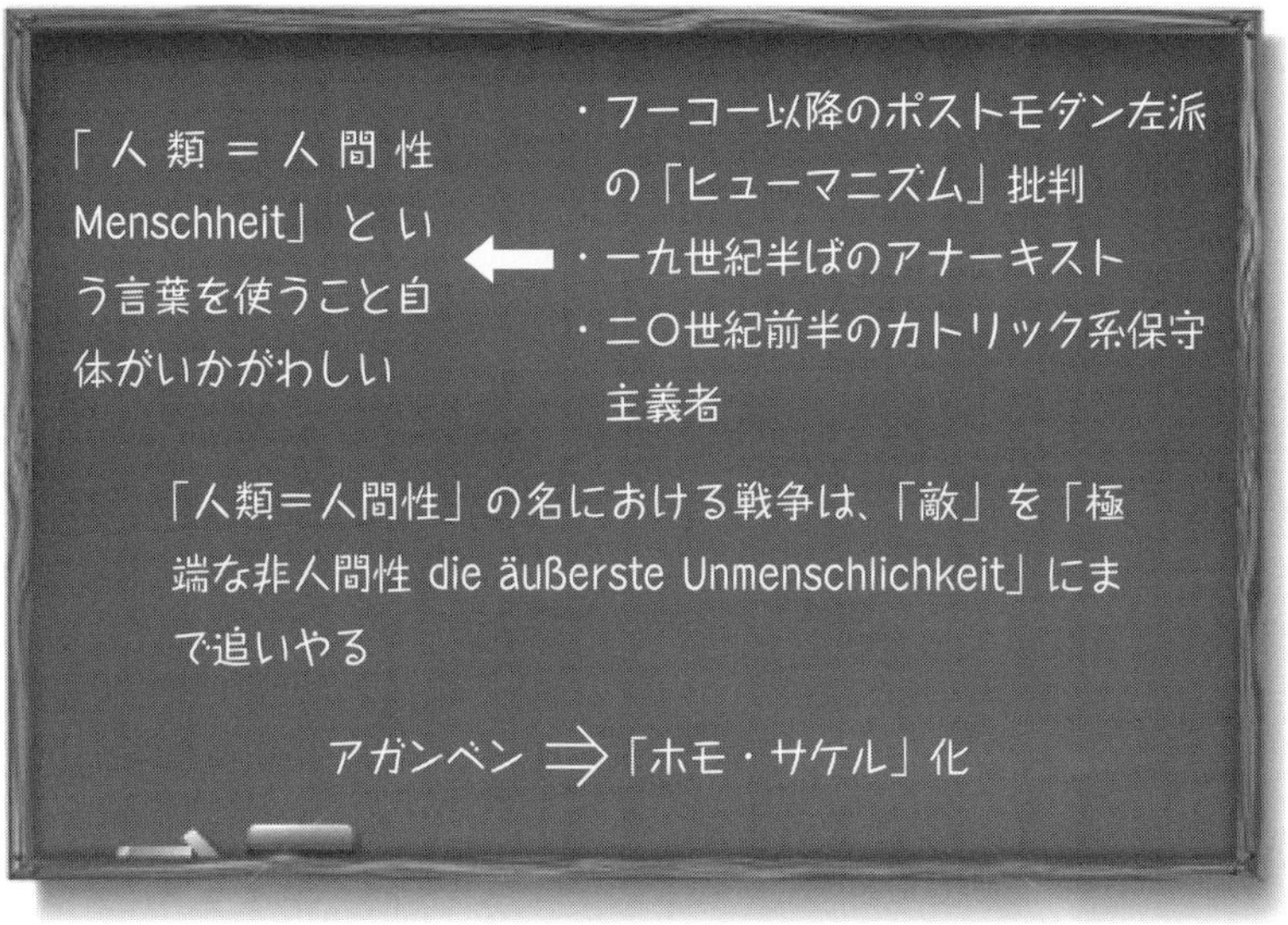
「人類＝人間性 Menschheit」という言葉を使うこと自体がいかがわしい
・フーコー以降のポストモダン左派の「ヒューマニズム」批判
・一九世紀半ばのアナーキスト
・二〇世紀前半のカトリック系保守主義者
「人類＝人間性」の名における戦争は、「敵」を「極端な非人間性 die äußerste Unmenschlichkeit」にまで追いやる
アガンベン ⇒「ホモ・サケル」化

「人類＝人間性 Menschheit」という言葉を使うこと自体がいかがわしいというのは、フーコー以降のポストモダン左派の「ヒューマニズム」批判の文脈でよく言われることですが、それを一九世紀半ばのアナーキストが既に論じていて、それに更に二〇世紀前半のカトリック系保守主義者が注目するというのが面白いですね。「非合法・非人間」というところは〈hors-la-loi〉と〈hors-l'humanité〉とフランス語になっています。直訳すると、「法の外（に）」「人間性の外（に）」となります。「敵から人間としての質（Qualität）を剥奪し、法の外、人間性の外にあるものと宣告し、……」と訳すと、アガンベンとかの現代思想系の文章に見えますね。「人類＝人間性」の名における戦争は、「敵」を「極端な非人間性 die äußerste Unmenschlichkeit」にまで追いやるわけですね。アガンベンの言い方だと、「ホモ・サケル」化するわけです。

シュミットはここから更に話を哲学的にラディカル化していきます。本当にポストモダン左派っぽくなっていきます。

一八世紀の人道的人類概念は、当時存続した貴族的・封建的ないし身分階層的秩序およびその諸特権の攻撃的否認であった。自然法的および自由主義的・個人主義的教義における人類とは、普遍的な、つまり地上の全人間を包括する、社会理想構造なのであって、闘争の現実的可能性が排除され、いかなる友・敵結束も不可能になったときにはじめて、現実の存在となるような個々人相互の関係の体系なのである。

「人道的人類概念 der humanitäre Menschheitsbegriff」というのは、いわゆる「ヒューマニズム」のことです。一八世紀より前の「人間性 humanitas」という概念は、必ずしも人道主義的な意味を持っておらず、むしろ、人として身に付けておくべき基本的「教養」というような意味で使われていました。「ルネサンス」のことを、「人文復興」とも言いますが、その場合の「人文（主義）」のことを、英語で〈humanism〉、イタリア語で〈umanismo〉と言います。

フランス革命を主導した市民たちは、普遍的で「人道主義的」な「人類」概念を掲げ、封建的な身分制度に戦いを挑みました。彼らの掲げる普遍的な、自然法的な「人間性」概念の下では、全ての人間は「自由」で「平等」であり、不自由や不平等をもたらす制度は不正義なので除去されねばならない。そうした人道主義的な「人間性」概念が、近代市民社会の出発点になったわけですが、シュミットからしてみれば、そうした普遍的な「人類」という概念は、「友／敵」関係の可能性がこの地球上から完全に消滅した時になって初めて現実味を持つ概念であって、そうなってない状況で無理に使おうとすれば、先ほど言ったような、他者の非・人間化を引き起こすだけです。

「同盟 League = Bund」

六五頁では、この延長で、「国連」批判が展開されています。

諸国民同盟という理念は、諸国民同盟が抗争的対立概念として君主同盟に対置されたかぎりにおいては、明白かつ明確なものであった。すなわち、ドイツ語の „Völkerbund“ は、このようなものとして一八世紀に形成されたのである。君主政のもつ政治的意義の消滅とともに、この抗争的意味は失われる。

この箇所、このまま読んでも何を言いたいのか分からないですね。ここは、原文を読まないと訳が分かりません。まず、「諸国民同盟」と訳していますが、この「国民」は、〈Volk〉です。そして、「諸国民同盟」の原語は、〈Völkerbund〉です。この場合は、「国民」と訳すのはかなりまずいです。どうしてかというと、「君主同盟 Fürstenbund」に対置されているからです。〈Volk〉には、「人民」「民族」「民衆」といった意味がありますが、この場合は、主として「民衆」の意味で、「民族」の意味も少し入っていると考えるべきでしょう。「君主同盟」と、「諸民族＝民衆の同盟」が対置されるわけです。

では、何故、その後に、原語の „Völkerbund“ を繰り返しているのか？ それは、この〈Völkerbund〉が「国際連盟 League of Nations」のドイツ語訳だからです。英語の〈nation〉が間に入ってくるので、ややこしくなりますが、この場合の〈nation〉は、「国際連合 United Nations」がそうであるように、文化共同体というより、「国家 state」とほぼ同じ意味です。

つまり、民衆同士の「同盟 Bund」――左翼のセクト名に使われる「ブント」はここから来ています――という意味を持っていた〈Völkerbund〉という言葉が、第一次世界大戦の後の――英米仏を中心とした――〝国際組織〟の名称のドイツ語訳として使われるようになったわけですが、シュミットは、「君主同盟」に対置するという意味がなくなっているのにこの言葉を使っているのはヘンだと言っているわけです。

何だか、訳語に難癖付けている大人げない態度に見えなくもないですが、シュミットとしては、「同盟 League = Bund」という言葉が潜在的に持っているニュアンスに拘っているのでしょう。「同盟」というのは、「敵」に対抗しての「結び付き」です。〈Bund〉は、「結び付ける」という意味の動詞〈binden〉の名詞形です。「結び付き」の焦点になっている「敵」は誰なのか？　「君主」に対抗して、諸国の「民衆」が結び付くというのであれば、分かりやすいですが、第一次大戦後に出来た「国際連盟」は、具体的な「敵」をはっきりと想定しているわけではありません。しかし、シュミットの目には、ドイツとかを潜在敵として想定しているように見えたわけでしょう。「国際連合」に関しても、日本などを想定した「(旧)敵国条項」が話題になることがありますね。

「諸国民同盟」はさらに、一国家ないし国家連合体が、他の諸国家に対して振りかざす帝国主義のイデオロギー的道具でもありえよう。そのばあいには、さきに「人類」という語の政治的な用法にかんしてのべたことのすべてが、この語に当てはまるのである。

これは国家間関係だけではなくて、国内のイデオロギー同士の争いでもあることですが、自分たちが「同盟」であることを誇示すると、相手を包囲しているようなニュアンスが出ますね。特に「国連」のような同盟が、「人類」の名の下で行動を起こすと、先ほどの話のように、敵を人類から追い出す、「帝国主義的イデオロギー」の偽装になるわけです。［人類の同盟 vs. 非人類］という感じで。シュミットは、そうした「国連」のイデオロギーを批判するために、左翼の用語を使っているんですね。

哲学的な国際関係論

六六頁で、当時の国際関係について具体的な分析を展開しています。彼が、哲学的な国際関係論で注目されるのは、こういう議論をしているからです。

> この観点からするとき、一九一九年に、パリ平和条約にもとづいて作られたジュネーブ機構――ドイツではそれを「国際連盟」と呼んでいるが、その公式の仏語および英語の名称（Société des Nations, League of Nations）に従えば、「諸国家社会」とあらわすほうが適当なもの――は、矛盾だらけの構成物であるようにみえる。すなわちそれは、諸国家間の組織であって、諸国家そのものを前提とし、それらの相互関係の一部を規制するばかりか、諸国家の政治的な存在を保証しさえするのである。それは、普遍的組織でないばかりか、実は、国際的組織ですらない。すなわち、国際的という語を、少なくともドイツ語の用法として正確かつまっとうに用いて、諸国家間的という語と区別し、それとの対比において国際的な運動をあらわすものとして留保する、つまり、たとえば第三インタナショナルのように、諸国家の境界を越え、それらの囲壁を突き破って、現存諸国家のもつ従来の領土的閉鎖性・不透過性・不滲透性を否認する運動をあらわすものとして留保するならば、その意味での国際的組織ですらないのである。

「国際連盟」と訳しているところは、原語では、先ほどの〈Völkerbund〉です。「諸国家社会」は、〈Nationengesellschaft〉です。今風に訳せば、「諸国民から成る社会」です。シュミットの言いたいのは、もはや「民衆」の同盟ではなくて、「国民」の同盟だということなので、そういう風に訳した方がいいでしょう。それを踏まえて、最初の文を訳し直すと、こうなります。

この観点からするとき、一九一九年に、パリ平和条約にもとづいて作られたジュネーブ機構――ドイツではそれを「諸民衆の同盟」と呼んでいるが、その公式の仏語および英語の名称（Société des Nations, League of Nations）に従えば、「諸国民から成る社会」とあらわすほうが適当なもの――は、矛盾だらけの構成物であるようにみえる。

シュミットから見れば、この社会は、人類の同盟というよりは、第一次大戦の戦勝国を中心とする同盟関係の組織体である「ジュネーブ機構 Genfer Einrichtung」にすぎません。シュミットは、「諸国家間の組織 eine zwischenstaatliche Organisation」と「国際的組織 eine internationale Organisation」を区別していますね。ドイツ語の〈zwischen-〉と、英語やフランス語で接頭辞として使う〈inter-〉は基本的に同じ意味ですが、ドイツ語の用法としては、〈zwischenstaatlich〉と〈international〉は違う意味で使われているということですね。「諸国家間」の方は、個々の国家の存在を前提とし、その相互関係を規制するという意味合いであるのに対し、「国際的」の方は、国家の境界線を超えていくような関係、活動を指す。この意味では、「国際連盟＝ジュネーブ機構」は、「国際的」ではなく、「国家間」組織である、従って、本来、「人類」の名において語る資格はない、ということですね。

国際組織の例として、「第三インターナショナル」を挙げているところが面白いですね。「第三インターナショナル」というのは、文字通り、三番目の「インターナショナル」のことです。「インターナショナル」というのは、労働者・社会主義運動の国際組織で、世界史の教科書にも出てきますね。英語での正式

レーニン

〈International Workingmen's Association（国際労働者協会）〉

名称は、〈International Workingmen's Association（国際労働者協会）〉です。第一インターナショナルは、一八六二年にロンドンで結成されました。マルクス派の影響が強かったけど、プルードンやバクーニンのグループも有力だったようです。内部分裂のために七六年に解散します。第二インターナショナルは、マルクス派を中心に八九年にパリで結成されました。マルクスは既に亡くなっていましたが、エンゲルスが指導的な役割を果たしました。レーニンやルクセンブルクも第二インターショナルを舞台に活躍しました。この組織は、第一次大戦に際して、ドイツ、オーストリア、フランスなど、主要国の社会主義政党が、それぞれ自国政府の戦争に協力する姿勢を取ったため、崩壊しました。肝心の場面では、「国際的」ではなかったわけです。

　第三インターナショナルは、一九一九年に、レーニンの率いるロシア共産党を中心に結成された組織で、コミンテルン（Komintern：共産主義インターナショナル）とも呼ばれます。ご承知のように、ソ連が国外の共産党を指導するために作った組織という側面が強いです。四三年まで存在し、戦後は、共産党の情報交換組織「コミンフォルム Kominform」に衣替えしました。

　ついでに言っておくと、共産党と一線を画す社会民主主義系の政党は、一九五一年に「社会主義インターナショナル」を結成します。これは今も存在していて、英国の労働党、ドイツの社会民主党、フランスの社会党などが加盟しています。かつては、日本の社会党と民社党が加盟していました。日本の左翼セクトに、「第四インター」というのがありますが、あれは、スターリンと対立してソ連共産党を追い出されたトロツキー（一八七九－一九四〇）のグループが結成した「インターナショナル」です。

現実のインターナショナルは、必ずしも国家の枠を超えていなかったわけですが、少なくとも、国境を超えた労働者・社会主義運動を形成しようとはしていたので、シュミットはその点は認めていたのでしょう。

人間とは?

七〇頁から始まる七章をご覧下さい。政治・国家理論の背景にある「人間」観が論じられています。すべての国家理論および政治理念は、その人間学を吟味し、それらが意識的にであれ、無自覚的にであれ、「本性悪なる」人間を前提としているか、「本性善なる」人間を前提としているか、によって分類することができよう。

シュミットは明らかに、「本性悪なる von Natur böse」人間観の方を採用していますね。『政治的ロマン主義』や『政治神学』では、罪人であるがゆえに「悪」なる人間を想定していたド・メーストルやコルテスを評価していましたが、その延長でシュミット自身も、「本性悪」なる人間を想定しているように思えます。ただ、ここでは、この箇所のすぐ後で説明しているように、「悪」というのは特殊「道徳的」あるいは「倫理的」な意味合いを含んでおらず、「危険 gefährlich」かどうかという問題に対する答えだということですね。

七三頁では、この意味での「悪／善」の区別を、自由主義と無政府主義（アナーキズム）に関係付けて

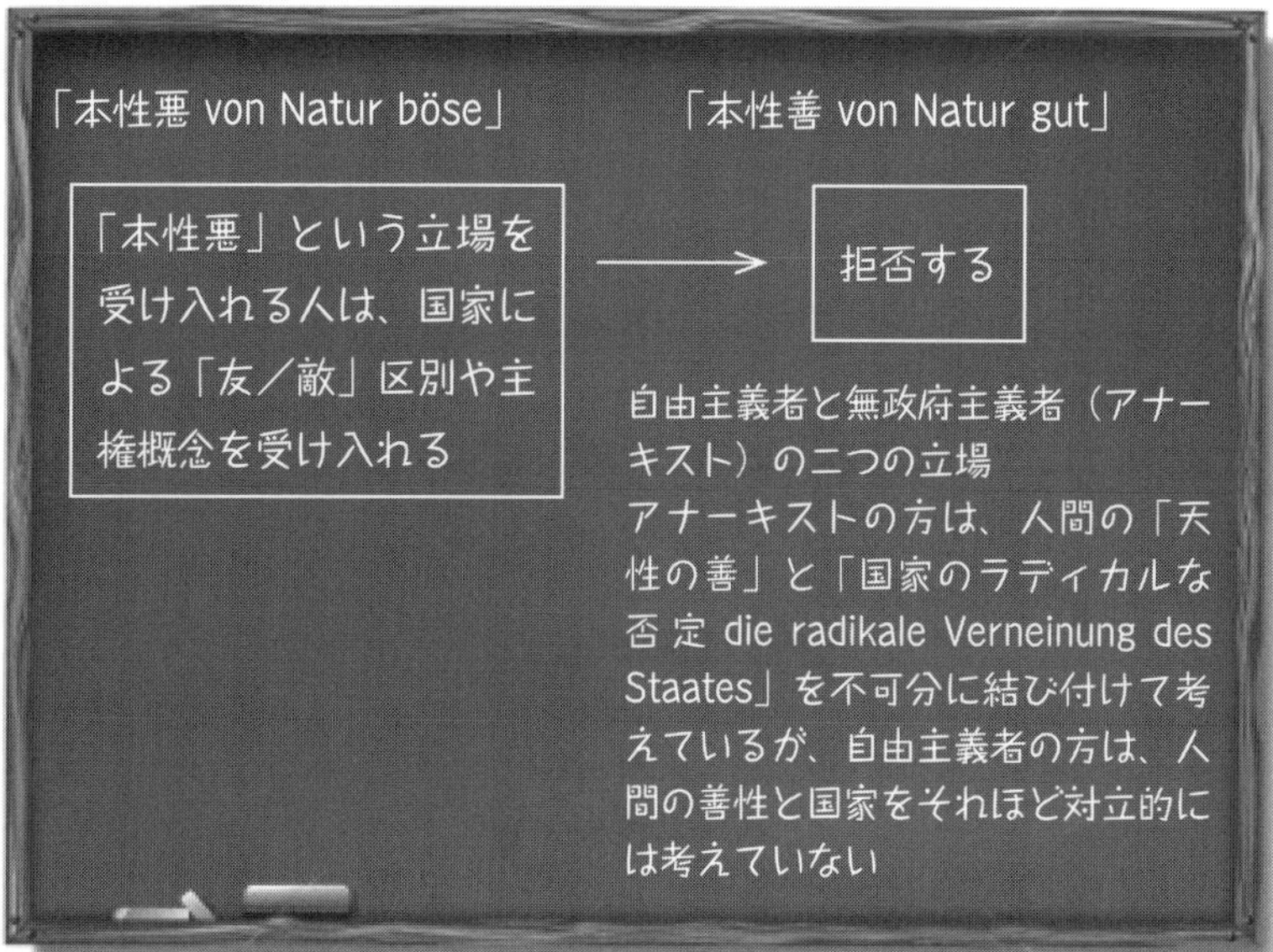
「本性悪 von Natur böse」
「本性善 von Natur gut」
「本性悪」という立場を受け入れる人は、国家による「友／敵」区別や主権概念を受け入れる
拒否する
自由主義者と無政府主義者（アナーキスト）の二つの立場
アナーキストの方は、人間の「天性の善」と「国家のラディカルな否定 die radikale Verneinung des Staates」を不可分に結び付けて考えているが、自由主義者の方は、人間の善性と国家をそれほど対立的には考えていない

論じています。

> 人間をこんなふうに「善」であると前提する理論や論理構成の一部には、真に無政府主義的ではなく、自由主義的であって、国家の介入に対して抗争的な立場に立つものがある。露骨な無政府主義者にあっては、「天性の善」を信じることと、国家の過激な否認とが、いかに密接に関連するかは、一目瞭然であって、一方は他方から導きだされ、両者は互いに支え合っているのである。これに反し、自由主義者にとっては、人間の善性は、それを援用して国家を「社会」に奉仕させるひとつの論拠以上のなにものをも意味せず、したがってただ、「社会」がそれ自体のうちに秩序をもち、国家とはただ、不信の念をもって規制され、厳密な範囲内に局限されるべき従属物なのだ、ということを意味するにすぎない。この点にかんしては、古典的な定式化が、トマ

ス・ペインにみられる。すなわち、社会《ゲゼルシャフト》（society）は、われわれの合理的に規制された諸要求の所産であり、国家《シュタート》（government）は、われわれの悪徳の所産である、と。

ややごちゃごちゃしている感じがしますが、先ず、「本性悪」という立場を受け入れる人は、国家による「友／敵」区別や主権概念を受け入れるけど、「本性善 von Natur gut」の人は、それを拒否する傾向があるということが前提になっていることを確認しておきましょう——この箇所の「天性の善」は、原語では〈natürliche Güte〉で、名詞表現になっています。そのうえで、「本性善」派には、大きく分けて、自由主義者と無政府主義者（アナーキスト）の二つの立場があると主張しているわけです。マルクス主義者や社会民主主義者はどうなのか気になるところですが、無政府主義者以外の左翼は、「善／悪」に分けにくいのかもしれません。アナーキストの方は、人間の「天性の善」と「国家のラディカルな否定 die radikale Verneinung des Staates」を不可分に結び付けて考えているが、自由主義者の方は、人間の善性と国家をそれほど対立的には考えていないということです。アナーキストにしてみれば、国家が、本来善なる人間を抑圧して、悪しき振る舞いをさせているので、国家を一刻も早く取り除かねばならないと考える。それに対して、自由主義者は、国家はネガティヴなこともするので、気を付けなければならないけど、「社会」に従属させることができないわけではない、と考える。この場合の「社会」というのは、市民たちによる自治の仕組みとしての「市民社会」のことでしょう。

自由主義者は、「政治的なもの」を飼い慣らせるのか？

トマス・ペイン（一七三七－一八〇九）は、イギリスに生まれて、アメリカの独立運動に参加した政治活動家・思想家です。独立宣言の少し前に、独立を正当化する、政治的パンフレット『コモン・センス

（常識）Common Sense』（一七七六）を出したことで知られています。その後革命時のフランスにわたって、憲法の草案作りに携わったりしましたが、再びアメリカに渡ります。「国家」は「悪徳 Laster」の所産であるという主張はラディカルな感じがしますが、アメリカの独立戦争やフランス革命を支援したわけですから、「国家」の存在自体を否定していたわけでありません。

シュミットが参照しているのは、『コモン・センス』の冒頭近くの「社会」と「政府」の区別に関するくだりだと思います。岩波文庫の『コモン・センス』だと、一七頁です。原語を補いながら引用しておきます。

> 社会はわれわれの必要（wants）から生じ、政府はわれわれの悪徳（wickedness）から生じる。前者はわれわれを愛情で結合させることによって積極的に幸福を増進させるが、後者は悪徳（vices）を抑えることによって消極的に幸福を増進させる。一方は仲良くさせようとするが、他方は差別（distinctions）をつくり出す。前者は保護者であるが、後者は処罰者である。
> 社会はどんな状態においても有り難いもので（blessing）あるが、政府はたとえ最上の状態においてもやむをえない悪（necessary evil）にすぎない。そして最悪の状態においては耐えがたいものとなる。

トマス・ペイン

「政府」は「必要悪」なので、我慢できる場合もあるけど、「最悪の状態」になると耐えがたいとしたうえで、英国による植民地統治は耐え難い「統治 government」になっている、という方へと議論を展開していくわけです。一時的に「政府＝統治」がなくなっても、「社会」における市民相互の結び付き（intercourse）があるので、大丈夫だというわけです。ロックの抵抗権論を先鋭化したような感じの議論ですね。
『政治的なものの概念』の本文に戻りましょう。シュミットは、ペインのように、国家あるいは政府を、「必要悪」と見て、できるだけ積極的な役割を担わせないようにするのが、「自由主義」の基本的態度と見ているようですね。

市民的自由主義は、かつて一度も政治的な意味で過激なものであったことはない。しかしながら、その国家の否定・政治的なものの否定・その中立化・非政治化および自由宣言が、同様にまた一定の政治的意味をもち、一定の状況のなかで一定の国家およびその政治権力に対して抗争的立場に立つものであることは、いうまでもない。

「自由主義」が、保守主義やアナーキズムに比べて「政治的」に「ラディカル」でない、というのはある意味当然のことですね。自由主義はむしろ、国家の価値中立性を求めます。ここでシュミットが、「その国家の否定・政治的なものの否定・その中立化・非政治化および自由宣言 seine Negationen des Staates und des Politischen, seine Neutralisierungen, Entpolitisierungen und Freiheitserklärungen」と言っているのは、そういうことでしょう。「国家の否定」というとラディカルに聞こえますが、ここで言っているのは、シュミットの言っている意味での「国家」の本質、「政治的なもの」を否定するということでしょう。自由主義者は、国家が特定の価値やイデオロギー、政治的主張にコミットすることを批判するわけですから、シュミットからしてみれば、それは、「国家」の否定です。シュミットは、それを主張することが逆説的に「政治的」な意味を持つと主張しているわけです。少しヘンな感じがしますが、もし「国家」が実際に、「友／敵」区別を本質としているのであれば、その役割を否定するのは、「国家」に対し、延いては、「政治権力 politische Macht」に対して抗争的（polemisch）な態度を取っていると見ることができるわけです。

ただしそれらは、本来的には国家理論でも政治理念でもないのである。自由主義は、たしかに、国家を根本的に否定はしなかったが、他方また、なんら積極的な国家理論も、独自の国家形態もみいださず、ただたんに、政治的なものを、倫理的なものによって拘束し、経済的なものに従属させようと試みたにすぎなかった。

国家を何となく敬遠する「自由主義」は、積極的な「国家」理論を展開しないけど、その代わり、国家の本質である「政治的なもの」を、「倫理的なもの das Ethische」によって拘束したり、「経済的なもの das Ökonomische」に従属させようとする、つまり「政治」を、道徳的な理想とか経済的利益の実現のための手段と見るわけです。

私たちが「政治」をどう見ているか、改めて考えてみれば、ピンと来やすくなると思います。私たちが、「政治」ですぐに思い浮かべるのは、福祉とか産業振興、防衛などのために予算を振り分けるためにいろんな交渉をし、決定することですね。国会で一番大きな委員会は、予算委員会ですね。経済的な話です。もう少し理念志向の人だと、ロールズやサンデル（一九五三－　）が論じているような道徳的理念、正義あるいは共通善を実現することを考えるでしょう。ロールズの正義論は、主として経済的な目的追求をする諸個人の間で、公正さの基準を確立することを目指します。

そうした経済的あるいは倫理的な発想は私たちにとって当たり前になっていますが、それは、自由主義的な「政治」理解が私たちの間に浸透しているからです。シュミットがこれを書いている二〇世紀前半に既にそうなっていたわけです。そういう理解が当たり前なのは、それが政治の本質だからではないかと見ることもできるわけですが、「友／敵」に拘るシュミットは、自由主義の攻勢によってそういう見方が広まってしまったとし、自由主義者は、そうやって「政治的なもの」を飼い慣らそうとしている、と見ているわけです。

真の政治理論——人間の本性が「悪」であり、「危険」

> 自由主義が作りだしたのは、「権力」の配分と均衡の理論、すなわち国家の抑制・制御の体系であって、これは、国家理論とか政治的構成原理とか呼ぶことのできないものである。

「権力」の配分と均衡の理論というのは、主として三権分立とか地方自治、公私の区分のようなことを指しているのだと思います。私たちは、そういうのが国家権力論だと思いがちですが、シュミットに言わせれば、それは「国家」あるいは「政治的なもの」の本質から外れた議論でしかないわけです。自由主義は、「国家」そのものについて語るのを避けようとする。シュミットにとって、真の政治理論とは、人間の本性が「悪」であり、「危険」であるという前提に立つ理論であるわけです。七五頁では、そういうタイプの政治思想家たちの名前が挙げられています。

> 種類・等級・歴史的意義の点でいかに異なろうとも、これら政治思想家は、人間の本性を問題的なものとしてとらえるという点では一致しているのであって、それは、かれらがすぐれて政治的な思想家としての実を示す度合いに比例するのである。ここでは、マキァベリ、ホッブズ、ボシュエ、フィヒテ（かれについては、人間的理想主義を忘れる瞬間から）、ドゥ・メーストル、ドノソ・コルテス、

H・テーヌの名をあげるだけで十分である。さらにはヘーゲル。もちろん、かれはこの点でもときとして両面的性格を示すのであるが。

マキャベリ、ホッブズはまあ当然ですね。ボシュエ（一六二七―一七〇四）はルイ一四世の時代のフランスの司教・神学者で、王権神授説に基づく政治的絶対主義を展開しました。フィヒテは後期になって、神秘主義・国家主義的な傾向を強めていきます。「人間的理想主義」と訳されているのは、原語では、〈humanitärer Idealismus〉で、〈Idelismus〉は通常、「観念論」と訳されます。ドイツ観念論というのは、理想主義でもあるわけです。そして、『政治的ロマン主義』や『政治神学』でシュミットがよく参照する、カトリック保守主義のド・メーストルとドノソ・コルテス。イポリット・テーヌ（一八二八―九三）は、フランスの保守主義的・反革命的な哲学者・歴史家です。ヘーゲルの両面的性格というのは、彼が国家による上からの統制を重視する国家哲学者であると共に、自由主義的な側面も持っているということです。

七七頁から七八頁にかけて、こうした性善説／性悪説の違いは、単にその学者が心理学的に「楽観論」か「悲観論」のいずれかの傾向を持っているとかいう問題ではない、と述べています。「人間」を「善」と捉えるか、「悪」と捉えるかは、その学問体系の基本的想定に関わっていると述べています。

私法学者は、「善なりとみなされる個人」という命題を出発点とする。神学者が、もしも人間を、罪深い、救済を必要とするものと考えず、救済された者を救済されない者から、神に選ばれた者を選ばれない者から、もはや区別しないならば、かれは神学者であることをやめてしまう。これに対し、道徳学者は、善悪の選択の自由を前提にするのである。ところで、政治的なものの領域は、結局のところ、敵の現実的可能性によって規定されるのであるから、政治的な観念ないし思考過程は、人間学的「楽観論」を出発点としたのでは、ぐあいが悪い。そんなことをすれば、それらは、敵の可能性を捨て去るとともに、すべての特殊的に政治的な帰結をも捨て去ることになるであろう。

「私法学者」は、民法を中心に、個人間の契約や交渉を扱う法体系で、個人の自由を前提とします。国家が全て統制するのであれば、全ての法は公法になり、私法が存在する余地はなくなります。これは、シュミットからすれば、「個人を善と見なす」ことを前提とする学問です。キリスト教神学は、ここでシュミットが紹介している通り、人間を罪人で悪であり、救済される者＝選ばれし者とそうでないものを区別することを起点にします。罪人でなかったら、キリスト教の存在自体が不合理になってしまいます。道徳哲学は、多くの場合、各人の自由意志に基づく行為が「正しい」とか「善い」とか「価値がある」と言うことのできる条件を探求するので、基本的には、「善」の立場でしょう。それに対して、「政治」の理論は、シュミットによれば、「友／敵」を基本に考えるので、「本性悪」という前提に立っていると考えられます。つまり、「本性悪」という前提に立っている点で、政治理論と神学は親和性があるわけです。

政治理論と神学的罪業論との関連は、ボシュエ、メーストル、ボナール、ドノソ・コルテス、F・J・シュタールたちにとくに顕著にでており、また数多くの他の人びとにも同様に強く影響しているが、これは上記の論理必然的な思考前提の類似性から説明のつくものである。現世と人間との罪深さという神学の根本教義は——神学がいまだたんなる規範的道徳論ないし教育学になり果てぬかぎり、また教義が、いまだたんなる〈教会〉規律になり果てぬかぎりは——友・敵区別とまったく同様に、人間の分類へ、「差別」へと行きつくのであって、一般的人間概念という無差別的楽観論を不可能にするのである。

ここに名前が挙がっているのは、シュミットが特に評価している国家・法理論家たちですね。私たちは何となく、「宗教」的な学問である神学というのは、万人を平等に救済することを目指すものだと思いがちですが、シュミットの理解では、神学はむしろ「差別」を生み出す思想です。「差別」は、原語では〈Abstandnahme〉です。〈Abstandnahme〉は、文字通りに訳すと、「距離 Abstand」を「取る（置く）ことNahme」です。「救われる人間」と「救われない人間」の間に線を引き、間隔をあけることが、「神学」の本来の役割だというわけです。そうした間隔を曖昧にしておいて、あたかも全ての人が救われるかのように、道徳を説いたり、教育しようとしたりするのは、本来の神学ではない、というのが彼の立場です。

もとより、善なる世界の、善なる人間たちのあいだでは、平和・安全・万人の万人との調和のみが支配する。聖職者や神学者は、ここでは政治学者・政治家とまったく同様に、無用の存在である。原罪の否定が、社会心理学的・個人心理学的にいかなる意味をもつかは、トレルチ（かれの『キリスト教会の社会理論』において）やセイエール（ロマン主義・ロマン派にかんする多くの公刊物において）が、数多くの分派・異端者・ロマン派・無政府主義者らの例を引いて指摘したところである。

この世界が、「善なる人間」たちから成る「善なる世界」であるとすれば、「悪」の本質を論じる聖職者や神学者たちの出番はなくなります。「善」と「悪」を区別するために、神学の専門家が必要になるわけです。トレルチ（一八六五—一九二三）は、マックス・ウェーバーとほぼ同時代のプロテスタント神学者で、宗教史家・社会学者でもある人です。神学とは道徳的、規範的なものだと思われがちですが、シュミットの見方では、「存在論的対立」を内包しているものです。エルネスト・セイエール（一八六六－一九五五）は、フランスの作家・ジャーナリストで、ロマン主義についての著作が何冊かあります。

今の箇所の少し後に、「存在論的対立 existentielle Gegensätzlichkeit」が出てきますね。お互いの「存在」それ自体が許容できず、必然的に対立する関係にあるということです。「神学」は、本来、この最も根源的な対立を見据えないといけない。マキャベリ、ホッブズ——そして部分的にフィヒテ——などの政治理論家が示す「悲観論」は、実は、この神学的な「存在論的対立」の現われです。「存在論的対立」から、「友／敵」概念が派生するわけです。しかし、多くの人は、「脅かされることがない平穏 eine ungefährdete Ruhe」という幻想に固執するので、「悲観論者」は嫌われます。

法と政治

最悪の混乱が生じるのは、法とか平和とかの概念が、このように政治的に利用されるとき、つまり、明解な政治的思考を妨げ、自己の政治的努力を合法化し、相手を無資格・不道徳の立場におとしめるために利用されるときである。

これは、先ほどのヴェルサイユ体制や国連を中心とする普遍主義批判の議論を一般化した議論です。国家間関係に限らず、「法」とか「平和」といった言葉を使うことには、自分の「敵」を「非人間化」するという意味での〝政治性〟があります。こうした言葉の使い方によって、「政治」の本質が歪んでしまう、とシュミットは主張しているわけです。

法は、私法・公法の別なく、法そのものとして――もっとも安全には、なんらかの重大な政治的決定に守られて、つまりたとえば、ある安定した国家制度の枠内で――相対的に独立した固有の領域をもつ。ただし、人間の生活・思考のどの領域でもそうであるように、他の領域の支援のためにも反駁のためにも利用されうるのである。法や道徳を、このように利用することの政治的意義に注目し、そしてとくに、法「なるもの」の「支配」とか、さらには至上性とかいういい方に対して、つねにいくつかの立ち入った疑問を提起することは、政治的思考の立場からすれば、自明のことなのであって、不法でも不道徳でもない。

難しい言い方になっていますが、要は、「法」は、他の領域から相対的に独立しているけれど、「法」の権威を、他の領域での対立や論争のために利用することは可能であり、現に、利用されている、ということです。これは、「道徳」と同じです。「道徳」の権威を、経済、政治、文化の問題で利用することが可能ですが、「法」も同じように使えますね。例えば、法学をかじった人が、社会問題に関して論争している時、「君の言っていることは、憲法○○条の基本的精神に反する」とか、「それが違法であることは、△△の判例や学説によって既に確定している」とか言うことありますね。何となく権威がありそうなので、その方面の話を知らない人は、びくっとするかもしれません。冷静に考えれば、法律論争しているわけでも、裁判しているわけでもないし、その人は担当の裁判官でも検事でもないんだから、それほど脅威に感じるような話ではないわけですが、騙されてしまうことありますね――そもそも、法律の素人だと思って、適当な話を作っているだけかもしれません（笑）。

そういうのは、さほど存在的な意味を持っているとは思えませんが、国内、国外の政治的対立で、「法」の権威が利用されることもありますね。「法『なるもの』の『支配』とか、さらには至上性 die „Herrschaft“

oder gar die Souveränität „des" Rechts」という言い方が、少し気になりますね。普通は、「法の支配 rule of law」と言うところですし、シュミット自身も少し後で、括弧付きで、「法の支配 „Herrschaft des Rechts"」と言い換えています。こういう言い方をするからには、シュミットが「法の支配」という言い方自体に違和感を覚えていると推測できますね。

先ず、ドイツ語圏では「法の支配」という言葉はあまり使わないで、「法治国家 Rechtsstaat」という言い方をすることが多いことを確認しておきましょう。現代ではさほど違いはないような気がしますが、「法の支配」の方は、英国の「コモン・ロー（慣習法）Common Law」の伝統の中で形成された概念で、「法治国家」は、『政治神学』の時にお話ししたように、一九世紀のドイツで、「警察国家」の対概念として形成されました。ただ、ここでは、背景の伝統自体はあまり問題ではないと思います。

「法治国家」と言うと、国家の権力機構が「法」に基づいて統治するという感じがしますが、「法の支配」というと、まるで、「法」それ自体が支配しているように聞こえますね。後者の方が、中立的で、当事者たちより一段高いところにある客観的規準に基づいているような感じがします。そのことを表現するために、「支配 Herrschaft」を括弧に入れて強調したのだと思います。もう一つ括弧が付いているのは、中性の定冠詞〈das〉の二格である〈des〉ですが、定冠詞は英語の〝the〟とほぼ同じ働きをします。二格というのは、所有格のことです。〈the Law〉が「支配」している、という感じですね。つまり、どこかの議会でたまたま制定された法律ではなくて、「法そのもの」が「支配」している、という感じです。そのニュアンスを含んだ言葉であることを示唆するために、ヘンな括弧を付けているわけです。

シュミットの立場からすれば、「法そのものが支配している」かのような言い方は、眉唾で、何か「政治的」な意図があるのではないかという疑念が浮かんでくる。そうした「政治」の視点から、「法の支配」のイデオロギー性に対する疑問を提起するのは、法に反しているわけでも、不道徳でもないだろう、というわけです。

すなわち、第一には、ここでいう「法」が今度とも適用されるべき現行の実定法・立法手続きを指すものかいなか、であり、もしも、それを指すのなら、「法の支配」とは、すなわち特定の現状のままの正当化のことにほかならず、政治的権力ないし経済的利益が、この法のなかで安定しているすべての人びとが、こうした現状の保持に関心を寄せるものであることは、いうまでもない。

シュミットは、先ず言葉のニュアンスにクレームを付けたうえで、その意味を〝明らか〟にして、無害化しようとしているわけです。その第一の可能性が、現行の実定法あるいは立法手続を遵守するという意味での「法の支配」です。いわば、現状維持のための「法の支配」です。傍点の付いている「現状のまま」は、原文では、イタリックの〈status quo〉です。この意味だとすると、「法の支配」を口にする人は、現状維持をしたいという「政治的」立場の人だということになります。これは、ポストモダン左派がやっているのと同じタイプの「法」批判ですね。

第二に、法を引き合いにだすことの意味は、現状のままの法に対して、一段高い、もしくはより正しき法、いわゆる自然法ないし理性法が対置される、ということでもありえよう。

第二の意味は、第一の意味と対照的ですが、これはこれで分かりやすいですね。「一段高い、もしくはより正しき法 ein höheres oder richtigeres Recht」＝「自然法ないし理性法 ein Natur- oder Vernunft-Recht」の支配、という意味で「法の支配」と言うと、いかにも高見に立って、現状を、そして現状において低いレベルで争っている人たちを批判し、より正しい方向へと導いているという感じがでますね。こういう言い方は、先ほど国際関係の話で出てきた、「人類」の名において、非人間的な「ならず者」を成敗する、というような議論と繋がりやすいですね。シュミット自身も、そこを問題にしています。結局、一であろうと二であろうと、「政治的」立場を反映しているわけです。

八七頁から始まる八章では、自由主義批判が展開されています。既に述べられていたように、シュミットは、自由主義にはそれなりに政治性があるという見方をしています。実際、自由主義を名乗る人たちは、自らの目的を追求するためにその時々の状況に応じて、ナショナリズム、カトリック主義や保守主義、社会主義などと結び付き、「国民自由主義者」とか「カトリック自由主義者」などになりました。全体主義とさえ結び付く可能性があります。

「個人主義的自由主義 der individualistische Liberalismus」の不可能性

そうしたことを指摘したうえで、シュミットは、「個人主義」こそが「自由主義」の基調だと思われがちだが、「個人主義的自由主義 der individualistische Liberalismus」というのは一貫した政治的立場になり得ないと主張します。

（…）いかなる論理一貫した個人主義にも、政治的なものの否定〈という要素〉が含まれており、これは、ありとあらゆる政治権力・国家形態に対する不信の政治的実践へと連なりはしても、決して、独自の積極的な国家理論・政治理論へいきつくものではないからである。したがって、国家・教会その他による個人自由の制約に対する抗争的対立物としての自由主義的政策は、商業政策・教会および学校政策・文化政策としては存在するが、しかし、自由主義的政策そのものとしては存在しないので

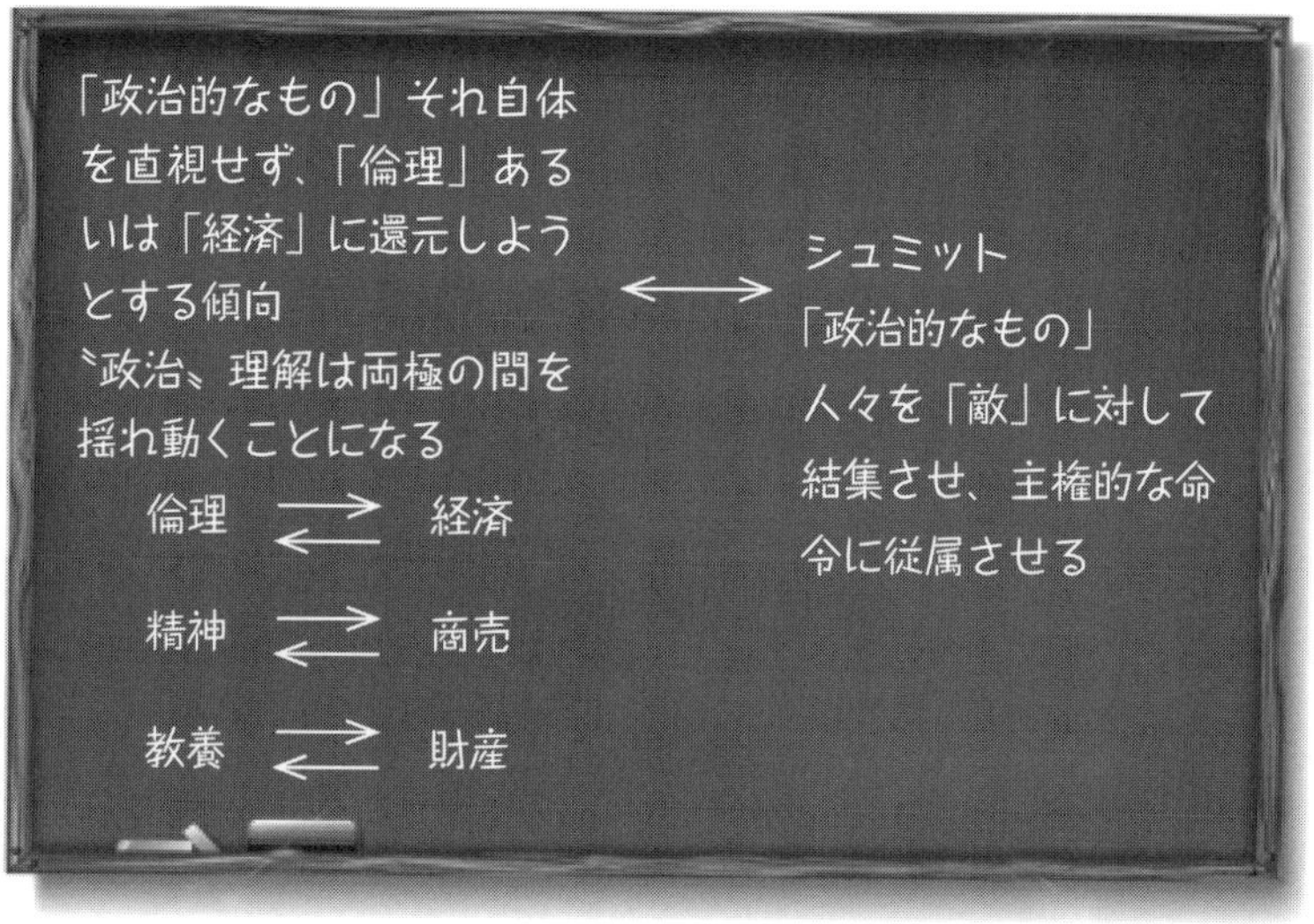
「政治的なもの」それ自体を直視せず、「倫理」あるいは「経済」に還元しようとする傾向
〝政治〟理解は両極の間を揺れ動くことになる
倫理
経済
精神
商売
教養
財産
シュミット
「政治的なもの」
人々を「敵」に対して結集させ、主権的な命令に従属させる

あって、つねにただ、政策の自由主義的批判であるにすぎない。

言われてみると当たり前ですね。「個人主義」は、いかなるものにも縛られることがない個人の自由を尊重するので、人々を「敵」に対して結集させ、主権的な命令に従属させる「政治的なもの」とは相容れません。当然、「政治権力」や「国家」を積極的に規定する理論は構築できません。精々、「国家」や「教会」などの活動の拡張を抑止するための理論にはなるけど、積極的な「自由主義的な政策（政治）liberale Politik」というのを打ち出せない。精々、私有財産や個人の自由を国家の介入から守るべく、国家を「中立物＝妥協の産物 Kompromiß」にする程度のことしかできない。

この姿勢が、危機――とくに一八四八年――にさいして、矛盾に満ちた態度となってあらわれ、たとえば、ロレンツ・フォン・シュタイン、カール・マルクス、Fr・ユリウス・シュタール、ドノソ・コルテスらのような、すべてのすぐれた観察者をして、ここになんらかの政治原理ないし思想的一貫性をみいだすことを断念せしめたのである。

シュタイン、シュタール、コルテスと並んで、マルクスも、「自由主義」の限界を見出した、「すぐれた観察者 gute Beobachter」として評価しているところが興味深いですね。この講義の中でも何回か触れましたが、一八四八年は、二月革命、三月革命が起こった年です。マルクス＝エンゲルスの『共産党宣言』がロンドンで刊行されたのも、この年の二月です。フランスで革命が起こるほんの少し前に、『宣言』が出される格好になりました。

二月革命は、国王ルイ・フィリップ（一七七三－一八五〇）が、ブルジョワジー中心の政治を行い、労働者や農民に選挙権を拡大することを拒んだことに反発した、労働者と農民、学生によって引き起こされたものです。ドイツでは、自由と統一を求める運動して展開しました。オーストリアでは、ハプスブルク朝の支配下にあったチェコ、ハンガリー、ポーランドなどの他民族の支配地域での民族主義的な反乱と、オーストリア本体での自由主義的な運動が連動し、メッテルニヒの体制が崩壊しました。これらの一連の革命で、ヨーロッパの政治地図は大きく変化しました。

自由主義的思考は、きわめて体系的なしかたで、国家および政治を回避ないしは無視する。そして、その代りに、二つの異質の領域、すなわち倫理と経済、精神と商売、教養と財産という典型的な、そしてつねにくり返しあらわれる両極のあいだを動揺するのである。

先ほどもありましたが、シュミットから見た「自由主義」は、「政治的なもの」それ自体を直視せず、「倫理」あるいは「経済」に還元しようとする傾向があります。道徳的理想あるいは経済的利益のための

〝政治〟だと考えるわけです。ただ、「倫理」と「経済」はある意味、対立する関係にありますから、自由主義的な〝政治〟理解は両極の間を揺れ動くことになるわけです。「教養」というのが少し異質な感じがしますが、「教養」という意味のドイツ語〈Bildung〉の元の意味は、「形成」です。この場合は、「人格」の「形成」ということになります。

「非軍事的・非政治的諸概念」としての自由主義

次に、自由主義は少なくとも表面上は「暴力 Gewalt」と「不自由 Unfreiheit」を嫌う、という話が出てきます。

暴力と不自由に対しては、あらゆる自由主義的情熱が反撥する。原理的に無制限である個人的自由、私有財産および自由競争に対する、いかなる侵害、いかなる危険も、「暴力」と呼ばれるのであり、それ自体として悪なのである。このような自由主義が、国家および政治に対してわずかに認める価値は、自由の諸条件を確保し、自由の妨害を排除するという一点に局限されるのである。

「暴力 „Gewalt"」と括弧が付いていますが、これは恐らく、ドイツ語の〈Gewalt〉に、「権力」と「暴力」という二重の意味があるからでしょう。日本語だと、全く違う言葉になってしまいますね。違いをはっきりさせるために、括弧がない方は、「権力」と訳しておいた方がよかったかもしれません。これまでの流れから、「自由主義」が「権力」を嫌っているのは明らかです。「権力」による自由の侵害が、「暴力」であり、その意味で「悪 etwas Böses」である、とすると理屈としてすっきりしますね。

九一頁で、こうした「非軍事的・非政治的諸概念」としての自由主義がヨーロッパに蔓延している、と述べられていますね。自由主義は、倫理と経済との両極的側面から、「『侵略的暴力 erobernde Gewalt』の領域としての政治的なものを消去しようと努める」とも述べられていますね。シュミットに言わせると、「政治的単位」としての国家が存在する限り、戦争の可能性を伴った「政治的なもの」はなくなることはないのに、［権力＝暴力＝悪］という前提で、消滅しつつある要素であるかのように見せようとするのが、「自由主義」だということになります。

このばあい、「法治」国家、すなわち「私法」国家という概念が、てこの役目を果し、私有財産の概念が全球体の中心を構成し、その両極――倫理と経済――はただ、この中心の対立的放射にすぎないのである。

ポイントは、「『法治』国家 „Recht“staat」という概念が、実質的には「『私法』国家 „Privat“rechtstaat」だということです。「法」というところに括弧を入れて強調しているのは、先ほどもお話ししたように、シュミットが、どういう意味での、どういう側面から見た「法」なのかに拘っているからです。「私法国家」というのは、個人の自由の基盤である私有財産や契約自由を法的に守ることを役目とする国家ということです。この「私法国家」が「てこ Hebel」の役割を果たすというのは、「私法」の中に経済性と、ルールを守りながら自律的に振る舞うという意味での倫理性が含まれており、両極を媒介しているということです。ウェーバーの言い方を借りると、「資本主義の精神」と「プロテスタンティズムの倫理」を融合しているわけです。

歴史哲学と「産業社会 industrielle Gesellschaft」への転換

このような「国家」は、シュミットの意味での「政治」性を失い、実質的に、「社会 Gesellschaft」と同じものに変質する。「社会」と同じということは、「経済」と市民的な倫理で動いていて、「政治」的な闘争という契機を欠いているからです。それが「自由主義」の目指すところだというわけです。

> そもそものはじめから、自由主義的思考は、国家および政治に対して、「暴力」であるという非難を突きつけた。これは、もしも偉大な形而上学的構造および歴史解釈という関連が、この非難にいっそう広い展望と、いっそう強い説得力とを付与しなかったとしたら、政治的闘争のさいの多くの無力な罵言のひとつにしかすぎなかったであろう。啓蒙された一八世紀は、人類の高まる進歩という明瞭単純な路線を目前にみていた。進歩はなによりも、人類の知的・道徳的完全化であるべきだとされ、路線は、二つの点のあいだを走り、狂信から精神の自由・自立へ、独断から批判へ、迷信から啓蒙へ、闇から光へと向かった。

国家を脱「暴力＝権力」化しようとする自由主義の野望が成功した原因として、「進歩 Fortschritt」の観念を核とする歴史哲学が知的に支配的になった、ということを指摘しているわけですね。「人類の知的・道徳的完全化 eine intellektuelle und moralische Vervollkommnung der Menschheit」へ向けての「進歩」です。「進歩」というからには、ゴールに向かって進んで行く方がいいわけです。

ただ、この後でシュミットは但し書き的に、同じ歴史哲学と言っても、三項図式と二項図式があって、後者の方が単純で分かりやすく、起爆力があると述べられていますね。前者の例としてヘーゲルの「自然的共同体→市民社会→国家」、コントの「神学→形而上学→実証的科学」を挙げています。それに対する二項図式として、ギールケの「支配 Herrschaft」と「団体＝組合 Genossenschaft」や、F・テンニース（一八五五―一九三六）の「共同社会 Gemeinschaft」と「利益社会 Gesellschaft」を挙げていますね。ただ、もっと分かりやすい二項図式があった、といいます。

もっとも顕著で、歴史的にもっとも影響力のあった事例は、カール・マルクスによって定式化された、ブルジョアとプロレタリアとの対置であって、これは地上の多くのブルジョアジーをただひとつにまとめあげ、同じく多くのプロレタリアートもただひとつにまとめあげ、こうした強大な友・敵結束を作りだすことによって、世界史上のすべての闘争を、人類の最後の敵に対するただひとつの最終的な闘争に集約しようとするものである。ところで、その説得力は、一九世紀にとってまず第一には、次の点にあった。すなわち、それは、自由主義的・ブルジョワ的な敵を、経済的なものの領域に追いこんだこと、そしてこの領域で、いわば敵自身の領土で、敵自身の武器で、敵を追いつめたことである。これは、経済的なものへの転回が「産業社会」の勝利で決定されていたからして、不可避のことであった。この勝利の時点としては、イングランドがナポレオンの軍国主義的帝国主義と戦って勝った一八一四年をそれと考えてよいし、そのもっとも単純かつ明解な理論としては、人類の歴史を軍国主義的・封建的社会から産業的・商業的社会への発展とみる、H・スペンサーの歴史解釈が、またその最初の、しかしすでに完全な記録的表明としては、一九世紀の自由主義的全精神性の創始者であるバンジャマン・コンスタンが一八一四年に公刊した「征服力の精神」と題する論文があげられよう。

マルクス主義が、「友／敵」結束の論理に従っているという話は、前回も出てきましたが、ここでは、それを歴史哲学な視点から再び取り上げているわけです。マルクス主義の唯物史観＝階級闘争史観では、

「歴史の最後」に、「人類の最後の敵 der letzte Feind der Menschheit」である「ブルジョワジー」に対する最終闘争が行われると主張され、そのハルマゲドンの闘いに参加するよう、全世界の〝プロレタリアート〟に呼びかける。先ほどは、第一次大戦後の国際政治で、英米仏などの西欧諸国が、「人類」の名の下で、相手を非人間化したうえで、「最終戦争」を仕掛けようとしつつあるという話が出てきましたが、マルクス主義は、それを一九世紀半ばからやっていたわけです。現代思想でもよく言われることですが、分かりやすい二項対立図式は、人々を惹き付けます。

シュミットは、マルクス主義が説得力を獲得した要因として、ブルジョワ的な自由主義を、「経済」の領域に完全に追い込むことに成功したことを挙げています。一見難しそうですが、肝心なところは単純です。先ほども出てきたように、ブルジョワ的自由主義は、「経済」と「倫理」の二本柱の上に成り立っています。「経済」だけでなくて、「倫理」もあるところがカギです。自由主義は、単に金儲けを推進しているだけでなく、行為主体としての個人の自由を尊重し、お互いにフェアにプレーするための「正義」の枠組を作るべきことを主張します。スミス、ミル、ロールズなどのリベラルな正義論は、経済の中に倫理を求める議論だと言えます。マルクス主義は、そうした倫理性を否定し、自由主義＝資本主義の本質は、貪欲に利益を追求する「経済」だけだと主張しました。それは、半ば自由主義自身の主張だったわけです。

「産業社会 industrielle Gesellschaft」への転換が、「経済」中心的な見方を強めたということですね。資本主義的な生産体制が確立し、労働者は、自由な経済主体ではなくなり、市民社会的な道徳は次第に衰退していった。マルクス主義は、そこをがんがん攻めたわけです。スペンサーは、ミルと並んで、古典的自由主義の完成者とされる政治・経済思想家で、社会進化論で有名です。バンジャマン・コンスタン（一七六七－一八三〇）はフランスの小説家、思想家で、フランス革命の後に、民主主義と自由主義との区別をめぐる問題を提起し、憲法には民主主義の暴走を抑止すべく、自由権的な諸権利が明記されねばならない、と論じました。また、「古代人の自由 liberté des Anciens」と「近代人の自由 liberté des Modernes」の区別をしたことでも有名です。「近代人の自由」というのは、我々が良く知っている、他者から干渉されることを排除する個人の自由ですが、「古代人の自由」というのは、ギリシアやローマの都市国家に見られる集団的自己統治への参加です。

> ここで決定的なことは、一八世紀においてまだ主として、人道的・道徳的かつ知的であった、すなわち「精神的」であった進歩の信念が、一九世紀の経済的・産業的・技術的発展と結びついたことである。「経済」がみずからを、この実際はきわめて複雑なものの担い手であると感じた。

現代の我々の感覚では、経済成長や技術の発展が「進歩」の中心であるという見方は当たり前のように感じられますが、フランス革命以前は必ずしもそうではなく、人間の「精神」、道徳性や人間性が「進歩」の原動力であるという発想がまだあったわけです。ルソーは『学問芸術論』（一七五五）で、学問と芸術の発展は人間の習俗を改善するのか、という問いに答えようとしましたが、一八世紀には、そういう問いがちゃんと意味を持っていたわけです。

一九世紀には、「自由」や「理性」と結び付いた経済が「進歩」の推進役であるのに対し、「封建性（Feudalität）・反動（Reaktion）・警察国家」が、それを阻止するという歴史の二項対立図式が成立したと述べられていますね。

> かくて、一九世紀にとって特徴的な次のような区分が生じる。
>
> 独裁としての　対　議会主義としての

国家・戦争・政治と結びついた	対	経済・産業・技術と結びついた
封建主義・反動・暴力	対	自由・進歩・理性

つまり、「独裁」「国家」「戦争」など、シュミットの「政治」理解の核になっていたものは、「進歩」を妨害する悪役扱いされ、排除されるべきものとして扱われてきたということです。コンスタンがこうした対置図式を描いた、と述べられていますね。

しかし、「経済・自由・技術・倫理・議会主義」の「複合的連合体 komplexe Koalition」が、封建制や絶対主義国家を一掃してしまうと、この複合的連合体は意味をなくし、新しい連合体が生まれてきた、ということですね。

> 経済はもはや、それ自体が自由ではない。技術は快適さに奉仕するだけでなく、まったく同程度に危険な武器・道具の生産に奉仕する。その進歩は、それ自体として、一八世紀に進歩と考えられた人道的・道徳的完全化を招来するものではない。技術的合理化は、経済的合理化の反対でもありうる。

バンジャマン・コンスタン

ポイントは、技術が優位に立つことで、「自由」に反するような面も生じてきた、ということです。人間が、技術に奉仕させられるような事態が生じてきた。技術の発展のために、人間の幸福、生活の豊かさに繋がらないこともせざるを得なくなる。マルクス主義的に言うと、疎外です。そして、「技術」支配の下では、「政治」が曖昧になります。本当は官僚が〝決定〟しているんだけど、官僚の人格は前面に出てくることなく、まるで物事が機械的に、今風に言うと、コンピューターで自動的に決められているかのような様相を呈する。この問題は、論文「中性化と非政治化の時代」で詳しく論じられています。この論文は、未來社から出ている『合法性と正当性』の訳に収められています。

では最後に、この本の末尾に当たる一〇一頁から一〇二頁にかけての部分を見ておきましょう。

結局はすべて、ただ倫理・経済の両極をめぐるだけの、このような定義や論理構成をもってしては、国家・政治を根絶することはできず、世界を非政治化することもできはしない。〔むしろ〕経済的な対立が政治的なものとなり、「経済的な権力的地位」の概念が生じえたということが、経済から出発しても、他のどんな分野からでももと同様に、政治的なものという点に到達しうるのだ、ということを示しているにすぎない。

先ほど、マルクス主義の階級闘争論に関連して出てきたように、経済的な利害をめぐる対立でも、激化していくと、政治的な「友／敵」の様相を呈するようになるわけです。階級闘争に限った話ではありません。経済的利害をめぐる各国の対立は、帝国主義的な戦争に到り、第一次大戦を引き起こした。大戦後も、戦勝国が自らの経済的利益を追求するために、戦後の体制を利用している。

よく引用されるワルター・ラーテナウの、こんにちでは、政治ではなく経済が運命的なのだ、ということばは、この印象から生まれたものである。より正確には、こういうべきであろう。すなわち、政治はいぜんとして運命的なのだが、ただ、経済が政治的なものとなり、それゆえに「運命的」となるという事態が生じたのである、と。

「複合的連合体
komplexe Koalition」 ＝ 「経済・自由・技術・倫理・
議会主義」

⇓ 封建制・絶対主義国家を一掃
「独裁」「国家」「戦争」は〝悪
役〟に

技術が優位
人間が、技術に奉仕させられるような事態
が生じてきた。技術の発展のために、人間
マルクス「疎外」≒ の幸福、生活の豊かさに繋がらないことも
せざるを得なくなる
「技術」支配の下では、「政治」が曖昧

⇓

「経済」を通して世界を支配しようとする平和＝帝国主義
的勢力は、その体制から離脱しようとする国に対して、国
連の規約などを根拠にして、経済制裁を仕掛け、次いで、
先端技術の粋を極めた武器を導入して威嚇
技術と結び付いた経済力のおかげで、背いた相手を、様々
な角度からとことん追い込むことが可能

ワルター・ラーテナウ（一八六七―一九二二）は、ユダヤ系ドイツ人で、第二帝政期に財界人として活躍した後、ワイマール期に政治家となりました。ウェーバーも参加したドイツ民主党（ＤＤＰ）の共同設立者になり、外務大臣を務め、連合国やソ連との緊張緩和に貢献しましたが、極右青年によって暗殺されました。

「経済」は、いったん「政治的」になることを通して、私たちの「運命 Schicksal」になっている、ということですね。

そして、もしも、ある民族ないし他の人間集団が、この「平和的」手段の作用からのがれようとすれば、帝国主義は、それを「経済外的暴力」であるとみなすことであろう。帝国主義はまた、さらにきびしい、しかしいぜんとして「経済的」であるがゆえに（用語の上では）非政治的な、本質的に平和的な強制手段、たとえばジュネーブの国際連盟が、国際連盟規約第一六条（一九二一年、第二回国際連盟総会決議第一四号）の実施上の「準拠」にあげている、非戦闘員に対する食糧輸送の抑止や飢餓封鎖のような強制手段を用いるであろう。さらに帝国主義はなお、暴力的な肉体的殺りくの技術的諸手段、すなわち、資本と知性とを動員した結果、いまだかつてないほど有用なものとなり、いざとなれば実際に用いられもする、技術的に完全な現代的武器を手中に収めている。このような手段を用いるについては、じつは、本質的に平和主義的な用語が作りだされるのであって、そこにはもはや戦争という語はなく、ただ執行・批准・処罰・平和化・契約の保護・国際警察・平和確保の措置だけとなる。対抗者はもはや敵と呼ばれず、その代わりに、平和破壊者・平和攪乱者として、法外放置され、非人間視される。また、経済的権力地位の維持ないし拡張ために行なわれる戦争は、宣伝の力で「十字軍」とされ、「人類の最終戦争」に仕立てられざるをえない。

「経済」を通して世界を支配しようとする平和＝帝国主義的勢力は、その体制から離脱しようとする国に対して、国連の規約などを根拠にして、経済制裁を仕掛け、次いで、先端技術の粋を極めた武器を導入して威嚇します。技術と結び付いた経済力のおかげで、背いた相手を、様々な角度からとことん追い込むことが可能になったわけです。

私たちは、戦争よりは経済制裁の方がずっと平和的だと考えがちですが、シュミットに言わせれば、「制裁」という形を取ること自体が、「対抗者 Gegner」を、「平和破壊者・平和攪乱者 Friedensbrecher und Friedensstörer」と見なすことになりますし、経済的に追い込んで、「戦争」をしなければならない状況にまで追い込むことができます。そうなればしめたもので、説得を受け入れない、どうしようもない、ならず者に対して「十字軍」を送り込む名目ができるわけです。相手は、その間、制裁でかなり弱っているはずです。

一九九〇年代以降、アメリカの一極支配を批判する左翼系の文脈でも、この手の議論がよくありましたね。シュミットも、国連を中心とする国際社会をそのように見ているわけです。人間性の名の下に、暴力を独占し、経済制裁と軍事制裁によって、相手を追いつめて、刃向かってきたところで、徹底的に叩く。一時期、ポストモダン系の国際関係論で、「世界内戦化」とか、「戦争のスペクタクル化」などが論じられたことがありますね。世界の平和を乱す怪物を退治するための警察行動という設定を作り出し、メディアを使って、視聴者がそのゲームに参加しているような感覚を作り出す。「友／敵」という物騒なことを言っているように見えるシュミットが、最終的に、そうしたポストモダン左派的な問題意識に近づいているところが興味深いですね。

『大地のノモス』では、ヨーロッパにはもともと、国家間の「公法秩序」があり、相手を「正しい敵」、言い換えれば、対等な敵として認知し合い、ルールを守って闘っていたことが強調されます。そのような戦争抑制システムがあったのに、いつの間にか、「戦争＝暴力は悪である」という一見自由主義・平和主義的な名目の下で、「正戦」が正当化されるような普遍主義のシステムが出来上がってしまった、という話になっていきます。

cyndicalisme
cyndicat
George Sorel

Q　友／敵対立をなくしてしまうと、国連が何らかの〝暴力行為〟を、「秩序を乱すもの」として処理するだけになる、という話はおもしろいのですが、そこからシュミットの言うヨーロッパ公法みたいなものに回帰することによって、秩序が保たれると考えていいのかが疑問です。シュミットがかつてあったと考えているヨーロッパ公法秩序は、そもそも「あった」と言えるのか。もう一点は、ヨーロッパ公法秩序では友／敵の関係がずっと続くわけで、国際関係はなかなか安定化しにくいという議論になってくると思います。そのような安定性の問題については、シュミットはどのようなことを考えていたのですか。

A　現実に安定性があったどうかという話は、『大地のノモス』などを読むかぎり、シュミットは逃げているという気がします。そもそも、答える気はないような気がします。自分は法学者なので、あくまでも法学的な観点から、「秩序」が安定していたか、しているかを、論じればいいと思っていたのではないでしょうか。お互いに、喧嘩のルールを分かっていたから、喧嘩が絶滅にまで至るのを抑制できる、と期待できた、というところまでが彼の領分なのだと思います。地理学とか歴史学、軍事学などの知見を動員して、幅広い視野で議論を展開していくところがシュミットの魅力ですが、肝心の点になると、「法学者」に戻ってしまうところがある。ずるいと言えば、ずるいです。

ただ、三十年戦争から第一次大戦までの西欧の大国同士の関係だけを見れば、確かに、相手の絶滅を目指すような戦争は起こっていない。でも、ポーランドとか、弱小国を強引に統合して、勢力圏を再編するようなことは起こっている。

シュミットを離れて一般論を言えば、ネーションン意識がはっきりしていなかった、ナポレオン戦争以前のヨーロッパでは、たとえ敵国の軍隊に領土が占領され、併合されたとしても、民衆にとっては、支配者が交替しただけのことです。領主とそもそも接点がないので、領主が何人かとか全然関係がない。ネーションを意識が明確になる中で、「他者」に支配されるのがイヤだという感情が、民衆（Volk）の間に拡がっていく。そこに、資本主義の拡大に伴う、帝国主義競争が加わって、「国民」間戦争が、どこまでもエスカレートしていきやすい環境が生まれてくる。この辺は、アーレントが『全体主義の起源』で詳しく論じています。

第一次大戦は、ヨーロッパ国家同士が場合によっては絶滅にいたるような戦争だった。その反省から、国連ができた……と考えるのが常識ですが、シュミットは逆の発想をします。「敵」の存在を許容できない不寛容な思想が、人類の名の下に〝敵〟を消滅させる国連という仕組みを生み出したのだ、と。シュミットは、「敵」は常に存在するという現実を認めた方が、かえって、「戦争」を抑制し、地政学的な勢力均衡に根ざした「秩序」を保てると考えるわけです。ポストモダン系の暴力論でも、敵がおらず、普遍的正義が通用する世界を実現しようとする企てが、かえってフラストレーションを高め、暴力を暴走させるということが論じられていますね。

Q　最後に国連批判が出てきましたが、シュミットがナチスの御用学者と言われた理由の一つには、ヴェルサイユ－ジュネーヴ体制批判があったわけですよね。

A　そう思います。彼はナチスにすり寄っていましたが、カトリック系の保守思想を背景とした、彼の「秩序」観は、ナチズムの進化論的人種主義や、技術と神話の融合のような話とは相容れません。シュミットにとって重要なのは、自由主義的な普遍主義が、「政治的なもの」をめぐる現実をないことにしようとしているのに対して、「政治的なもの」の深層を掘り下げ、「友／敵」関係を復活させることです。そうした自由主義の〝政治〟の帰結として、ヴェルサイユ－国連体制が出来上がった、と見ているわけです。それを打破するために、思想内容的にはそれほど近くないナチスに期待を寄せることになったのではないでしょうか。普遍的人間性の名の下での世界平和を夢見る理想主義者にとっては、ナチスとシュミットが同じ穴の狢に見えるのは仕方ないことでしょう。

Q　ハイデガーとは違うのでしょうか？　ハイデガーは、フライブルク大学時代、本質的にナチスの哲学と思想に共鳴していたという印象があります。

A　ハイデガーも、本質的なところでは違うと思います。ハイデガーは、存在そのものから送られてくる、声＝使命（Bestimmung）を聞きとめ、それを言語化し、民族の生の方向性を規定する「詩人」の特権的な役割を重視しました。「民族」中心主義的な発想はしているけれど、ナチスと必然的な関係はないと思います。学長就任演説「ドイツの大学の自己主張」（一九三三）で、ドイツの民族の歴史的使命に見合うような、学問の在り方が求められているという主旨のことを発言していますが、そういう物言いは、ナチスへのオマージュというよりは、当時のナショナリズム的なレトリックの一種にすぎない、と言われています。ハイデガーは、哲学者で、体制について直接的に発言する機会がなかった分、ナチスへの擦寄りの姿勢はシュミットほど目立っていません。学長に任命されたので、仕方なく、反ユダヤ主義的な措置を取り、ナチスに同調しているように一見見える発言をした、という程度だと思います。無論、彼自身の考え方が、どの程度、他者排除的な形而上学に依拠しているか、というのは別の問題です。

古いノモスはもちろん消え失せ、それとともに在来の尺度、規準、関係の体系全体もなくなる。しかしだからといって、やがて来たるべきものがたんなる尺度の喪失状態、あるいは反ノモス的な虚無であるのではない。古い力と新しい力との苛酷なたたかいの中にもまた正しい尺度が生まれ、意義深い調和が形成されるのである。

ここにも神々がいて支配したもう、
神々の尺度は偉大である。

『陸と海と』

シュミットの世界史観、神話的世界観

『陸と海と』は、一九四二年に刊行され、五四年に再刊された著作です。テーマ的に、その八年後に出版された『大地のノモス』とかぶっているところが少なくないです。『大地のノモス』では、ヨーロッパ公法秩序というヨーロッパにおいて戦争を枠づけるための法的秩序を論じていますが、『陸と海と』はその背景になっている、シュミットの世界史観、神話的世界観を物語的に描いた著作です。

シュミットは、若い時に文学者を志していたこともあり、文芸評論的な作品もいくつか書いています。『政治的ロマン主義』も、彼のロマン派の文学理論への深い理解を反映しています。『政治的ロマン主義』以降は文学的な才能が前面に出てくるような作品はあまりなかったのですが、この作品で再び文学的センスが発揮されています。

翻訳者の一人である生松敬三さん（一九二八-八四）も、どちらかというと文学寄りのドイツ思想史を専門に研究されている方で、少なくとも法思想や政治思想の専門家ではありません。共訳者の前野光弘さん（一九三八- ）も、経歴を見ると分かるようにドイツ文学畑の方です。この作品が文学的作品だから、文学系の人が訳者になったのでしょう。

冒頭から非常に印象的です。

人間は陸の生物であり、陸を踏み歩む動物である。人間は直立し、歩き、そして大地の上で活動する。これが人間の拠って立つところであり、その基盤である。このことによって人間は自己の観点を獲得する。そしてこのことが人間の受けるさまざまな印象を規定し、人間が世界を見る見方を規定する。人間は大地に生まれ、また大地の上で活動する生物として、自己の視界のみならず、その歩行や運動の形式、自己の形姿をも獲得するのだ。

ドイツ系の思想史では、人間の本質を生物学的な特徴を含めて規定する「人間学 Anthropologie」的な議論をすることが多いですが、これもそのタイプの語り口ですね。しかも、イメージをかなり視覚的に描いていますね。シュミットの同時代の哲学的人間学の議論としては、現象学を価値哲学に応用したマックス・シェーラー（一八七四－一九二八）とか、ナチスに加担したことで悪名高いアーノルト・ゲーレン（一九〇四－七六）とかがいます。

「歩くこと」、つまり直立歩行できるようになったことで、人間の視界が拡がったというのは、生物学的常識として一般的によく言われることですが、シュミットはそれを、物理的に視界が拡がるというだけのことではなくて、「物の見方が拡がる」というメタファー的な意味に拡張しているわけです。「身体性」と、それを取り巻く「環境」、この場合は「大地」の関係によって、物の見方、延いては、世界観が規定される、という哲学的、形而上学的な次元にまでスケールを拡大しているわけです。

大地の意味論

次に、人間の立ち位置である「大地」の意味論が展開されます。

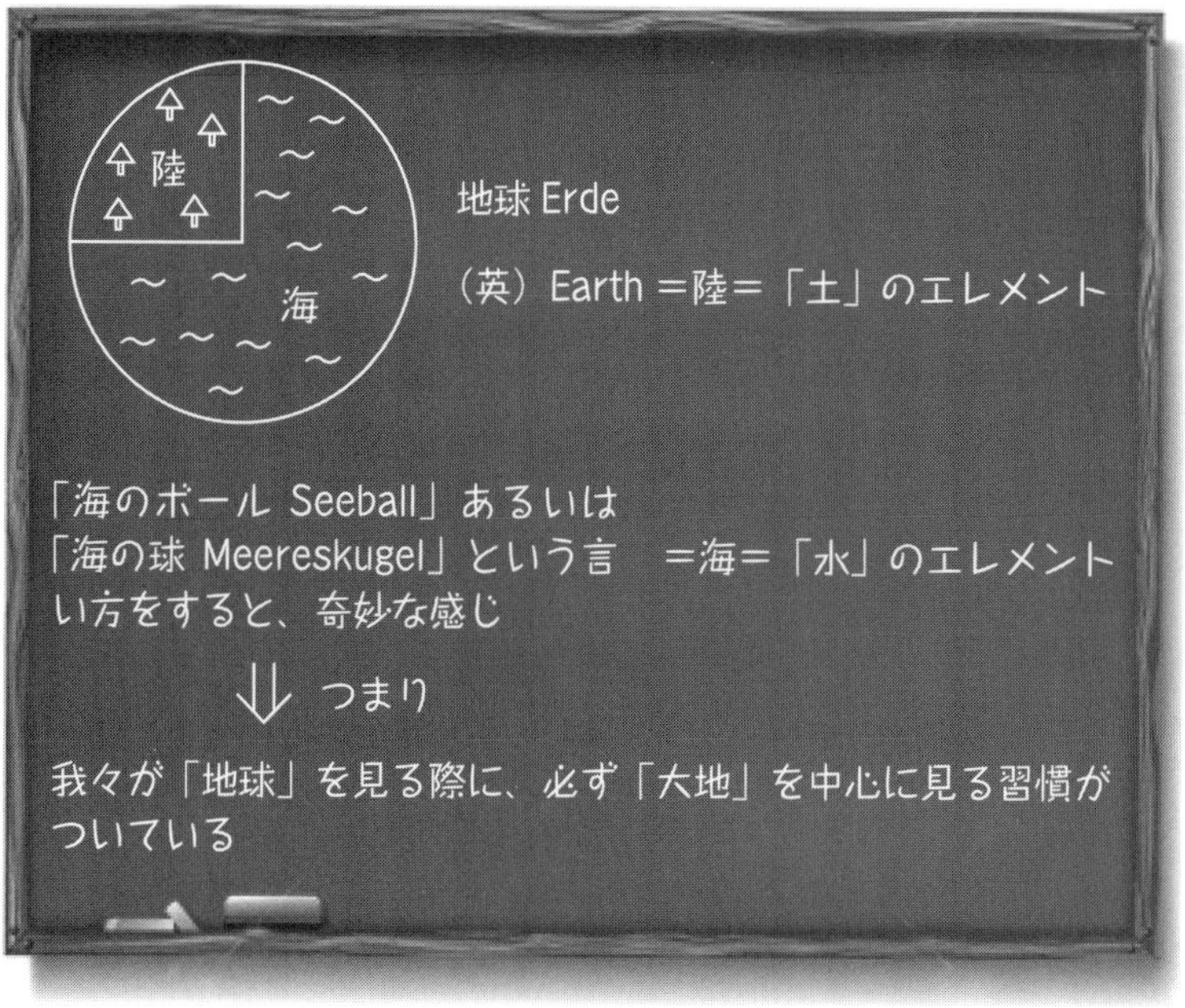
陸
海
地球 Erde
（英）Earth ＝陸＝「土」のエレメント
「海のボール Seeball」あるいは
「海の球 Meereskugel」という言い方をすると、奇妙な感じ
＝海＝「水」のエレメント
つまり
我々が「地球」を見る際に、必ず「大地」を中心に見る習慣がついている

地球はそのほとんど四分の三が水で、陸地は四分の一にしかすぎないこと、そしてどんなに大きな陸地といえども、まるで島のように水の中に漂っていることは周知の事実であるにもかかわらず、人間は自分の住んでいるこの遊星のことを「地球《エルデ》」と呼ぶのである。われわれのこの地球が球の形をしているということを知って以来、われわれはごく当然のこととして「大地のボール《エルデバル》」、「大地の球《エルデクーゲル》」と言っている。もし君が地球を「海のボール《ゼーバル》」あるいは「海の球《メーレスクーゲル》」として思い描かなければならぬとしたら、君は奇妙な感じがすることであろう。

ドイツ語の言葉の意味の分析ですが、ポイントは分かりますね。「地球」を意味する〈Erde〉は、元々、「大地」とか「土」を意味していたということです。日本語でも、「地」という字を使って「地球」という言い方をしますし、英語の〈Earth〉も元々は、「大地」「地」という意味です。〈Erde〉と同じ語源です。日本語では、惑星を指す時、「地球」という言い方をしますし、ドイツ語でも「球体」であることを強調する時は、〈Erdball〉と言います――ルビでは、「エルデバル」となっていますが、〈Erde〉の最後の〈e〉の文字が取れているので、「エルトバル」とすべきでしょう。我々は、地球という「惑星」を、大地の球体として表象することに慣れています。その証拠に、「海のボール Seeball」あるいは「海の球 Meereskugel」という言い方をすると、奇妙な感じがするというわけですね。つまり、我々が「地球」を見る際に、必ず「大地」を中心に見る習慣がついているということです。確かに私たちが、「地球」を思い浮かべようとすると、どうしても、青い表面に、南北アメリカ大陸とかアジア大陸、オーストリア大陸が浮かび上がっているところを思い浮かべますね。その青いところが海なわけですが、海は背景になっていて、あまり目立たない感じがしますね。

大地は人間の母胎であり、だから人間は大地の息子である。人間は自分の同胞を大地の兄弟、大地の市民とみなす。古くからある四大――大地、水、火そして空気――のうちで、大地は人間のために定められ、人間をもっとも強く規定するエレメントである。

「エレメント Element」というのは「要素」とか「元素」という意味ですね。世界が四つの元素から成るという話は、最近の魔術系のアニメとかファンタジー系映画でよく耳にしますね。この四元素説は、元々は、エンペドクレス（前四九〇-四三〇）が元祖で、プラトン、アリストテレス（前三八四-三二二）、ストア派を経て、アラビアの科学や中世後期の錬金術に受容されることになります。シュミットは、四元素のうち、「土 Erde」が一番重要だと言っているわけですね――「大地」と訳されていますが、四元素の話なので、「土」と訳しておいた方がいいでしょう。「土」が大事なのは、人間の足場である「大地 Erde」を構成する元素だからです。

この「土‐大地」という元素に何かの「力」が宿っているとか言うと、錬金術っぽい神秘主義になってしまいますが、シュミットはそういう話をするわけではありません。先ほどのように、大地を踏みしめる人間の「視線」に即して話を進めていきます。

君はどこかある海岸へ行って眼を上げてみさえすればいい。そうすればもう海の圧倒的な平面が君の視界に入ってくるだろう。注目すべきことだが、人間は海岸に立つと自然に陸から海を眺めることになるが、逆に海から陸の方向へ眼を向けることにはならないわけだ。人間の中にある往々にして無意識な、深層的な記憶においては、水と海がすべての生命の不可思議な根源である。ほとんどの民族はかれらの神話や伝説の中に、大地から生まれた神々や人間だけでなく、海から生まれた神々や人間をも登場させている。これらの神話や伝説はすべて、海の息子、海の娘たちについて物語っている。女性の美を代表する女神アフロディーテは海の波の泡から現われ出てきたものだ。

当たり前のことですが、私たちは通常、大地から海に視線を向けますね。海は、しばしば私たちの生命の源として表象されますね。海が、母胎の羊水を連想させるということがありますね。ギリシア神話の美の女神アフロディーテが、海の泡から生まれてきた、というのは有名な話ですね。泡というのは、精子を連想させますね。ただ、海は、私たちの生命の源泉であるとしても、現在の私たちは、大地に身を置いています。海は、根源へと向かうまなざしの先にある。まなざしの先にあり、表面のごく一部しか見ることのできない海は、私たちの記憶の深層に対応しているような感じがする、というわけです。

この部分は、「君 Du」への呼びかけになっていますね。文学的な感じがしますね。献辞を見ると、「わが娘アニマに語る」と記されています。実際、シュミットの娘はアニマ（一九三一－八三）という名前ですが、「アニマ anima」はラテン語で「魂」という意味です。まるで、私たち自身の「魂」に語りかけているような感じになりますね。そういう効果も考えて、娘に語りかける形を取っているのだと思います。

こういう風にシュミットは神秘主義思想や神話のイメージを動員しながら、人間の想像力の中での「大地」や「海」が占める位置を明らかにし、それを世界史の流れと結び付けようとしているわけです。

リヴァイアサンとビヒモスの戦い——陸と海との根本的な対立

一二頁で、現代の進化論的科学の成果で、私たちが海の生物の子孫であることが明らかになっている、と述べられていますね。そして、それと対応するかのような自己認識を持っている民族がいる、という人類学的議論へとシフトしていきます。

南海の諸島、カナカ族やサヴォイオリ族といったポリネシアの航海者たちの中には、なおこのような魚族的人間の最後の末裔が認められる。かれらの全生活、その観念世界および言語は海に関連していた。かれらには、大地から獲得されたわれわれの空間と時間についての観念は無縁であり、理解しえぬものであった。それは、逆にわれわれ陸の人間にとって、あの純粋な海の人間の世界がほとんど理解することのできない別世界であるのとまったく同じなのである。

したがって、われわれのエレメントは何なのか、われわれは大地の子なのか、それとも海の子なのか、という問いはいぜんとしてやはり解きがたい疑問である。これは単純な二者択一をもって答えられるものではない。太古の神話も、現代の自然科学の仮説も、そしてまた原初の歴史の研究成果もこの二つの問題を解決してはいない。

自分たちは、魚族の子孫である意識を強く持っていて、海を中心とした言語・観念体系を持っている民族もいるということですね。そうなると、私たちが属する元素が「土＝大地」なのか「水＝海」なのか分からなくなってきますね。この「大地」と「海」のせめぎ合いを通して、人類史が展開していくというのがこの本のメインテーマです。

一七頁から始まる3章以降では、こうした神話的・世界的なイメージが、具体的な世界史に重ね合わされていきます。神話的想像力が歴史を動かしているわけですね。このあたりは、ロマン派に近い発想をしているような気がします。

世界史は陸の国に対する海の国のたたかい、海の国に対する陸の国のたたかいの歴史である。フランスの軍事専門家であったカステクス提督〔一八七八－？〕は自分の書いた戦術書に『陸対海』La Mer Contre Terre という包括的なタイトルをつけた。かれはこれによって大きな伝統の中に身を置いているのである。

陸と海との根本的な対立は古来言われてきたことだが、一九世紀の終わりごろになってもなお、当時ロシアとイギリスの間にあった緊張状態を熊と鯨とのたたかいとして描くことが人気を呼んでいた。

細かいことを言っておきますと、「戦術書」の原語は、〈sein strategisches Buch〉なので、「戦略書」と訳すべきでしょう。「戦術」は個々の戦闘の展開の仕方に関わる話で、「戦略」はより大局的な闘い方を指します。「戦術核／戦略核」という言い方をする時は、少しズレて、小規模／大規模という意味合いになり

ラウール・カステクス

ますね。ラウール・カステクス提督（一八七八－一九六八）は、第一次大戦後、フランスの海軍の再組織化を手がけた軍事理論家で、フランスにおける地政学の元祖とされる人です。彼は海戦と陸戦を結合した戦略を提唱したことで知られています。

ユーラシアで陸地沿いに勢力を拡大し続けるロシアと、世界各地の海外植民地を繋ぐ形で勢力を拡大するイギリスの対立は、陸＝熊と海＝鯨の対立と見るのは面白い視点ですね。日露戦争（一九〇四－〇五）も、そうした大きな世界史的対立図式の中で生じたと見ることができますね。

鯨はここでは巨大な神話上の魚、海獣リヴァイアサンである。これについてはわれわれはなお後で少し触れることになるだろう。そして熊というのは陸棲動物の数ある象徴的な代表者の一つである。いわゆるカバラ学者〔カバラはユダヤ教の神秘主義で中世ドイツ、スペインで盛んだった。〕たちの中世的な解釈によれば、世界史は巨大な鯨、リヴァイアサンと、同じく強大な陸の野獣で、雄牛あるいは象として考えられていたビヒモスとの間のたたかいである。リヴァイアサンとビヒモスという二つの名前は『ヨブ記』（第四〇章、四一章）に由来している。カバラ学者たちの言うところでは、ビヒモスはその角や歯でリヴァイアサンを引き裂こうとするが、これに対してリヴァイアサンはその鰭《ひれ》でもってその相手の陸棲動物の口や鼻を覆い、物を食べたり呼吸したりできぬようにしようとする。これは海国が陸の糧道を断って兵糧攻めにする陸国封鎖の描写であって、神話的なイメージのみに可能な生き生きとした描写である。

旧約聖書のヨブ記に出てくるリヴァイアサンとビヒモスの戦いを、「陸の国」と「海の国」の戦いとして神話学的に読み解こうとしているわけです。ちなみにヨブ記そのものには、リヴァイアサンとビヒモスについてそれほど具体的な記述があるわけではなく、ここで、シュミットが書いているように、カバラ学者などによる解釈でいろいろなイメージが付与されています。聖書の記述から分かるのは、ビヒモスは牛

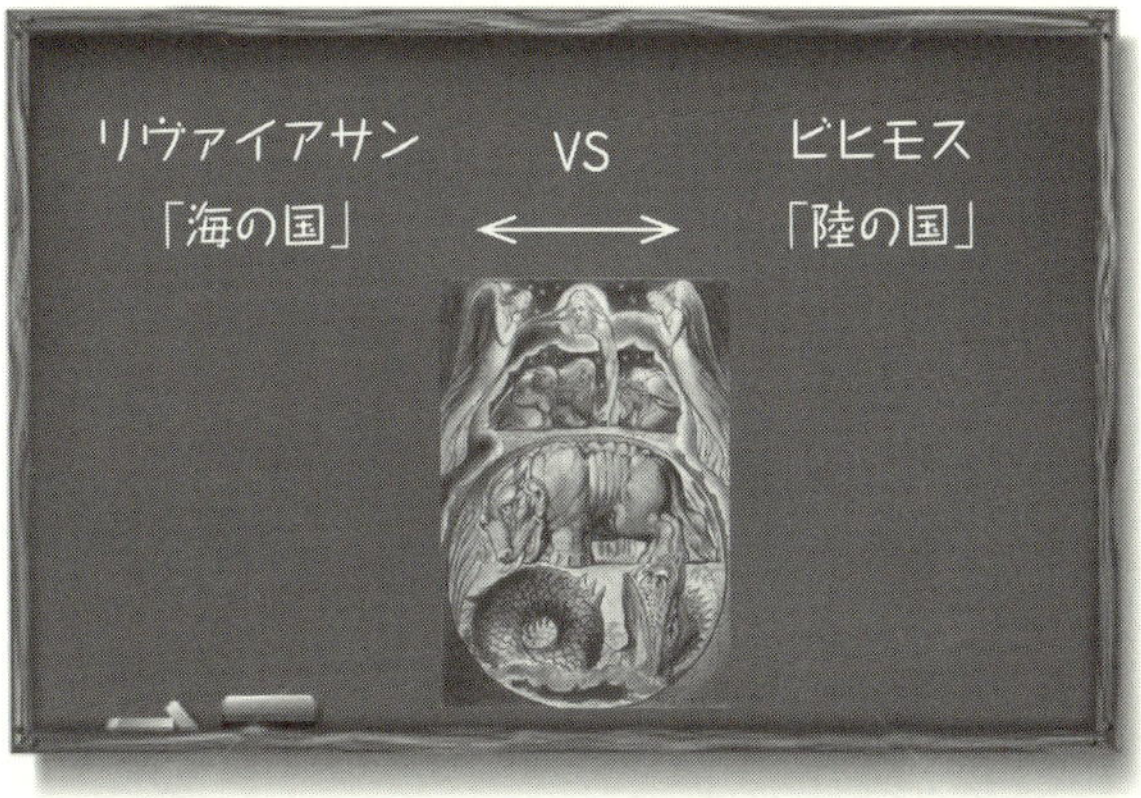

のように草を食べる、川辺にいる動物、リヴァイアサンの方は、その川の中に生息している動物だということです。英和辞書や独和辞書を見ると、リヴァイアサンは鯨もしくは蛇、竜、鰐など多様に解釈されていて、ビヒモスはカバだということになっているようです。

ご承知のように、ホッブズは国家の生成に関する著作『リヴァイアサン』を著しています。彼には、イングランドの内戦について論じた『ビヒモス Behemoth』（一六六八）という著作もあります。シュミット自身も一九三八年に『リヴァイアサン』という本を著しています。これは、ホッブズの『リヴァイアサン』について独自の解釈をするというより、「リヴァイアサン＝国家」というイメージがどのように受容され、それが法学、国家学に与えた影響を論じる内容になっています。また、方法論的にシュミットの影響を受けたとされている、フランツ・ノイマン（一九〇〇－五四）という、フランクフルト学派に近い、左派の法学者・政治学者が、ナチズムの国家体制を分析した『ビヒモス』

（一九四二、四四）という本を、亡命先のアメリカで出版しています。ノイマンはユダヤ系です。

ビヒモスがカバだとすると、どっちも水棲動物のような感じがしますが、シュミットはカバラの見解を引き合いに出して、ビヒモスを陸棲動物と見なし、水棲のリヴァイアサンと対置し、それを「陸 vs. 海」の対立の象徴と見ているわけですね。リヴァイアサンによるビヒモス攻撃を、海軍力を利用した敵国の経済封鎖の象徴と見立てているところが面白いですね。

もう一点興味深いのは、カバラに基づいて、この図式を描いていることです。この著作が書かれた時期は、シュミットはナチスの主流から疎んじられ、アクチュアルな政治問題からは遠ざかっています。といっても、まだ第二次大戦中です。ユダヤ的なものについて語ることは危険でした。それを承知でカバラを持ち出しているわけですから、シュミットは元々そっちの方面に関心があったのではないかと思います。

リヴァイアサンとビヒモスは、ホッブズの著作を通じて、「国家」という得体が知れない怪物を象徴するイメージとして流布するようになりましたが、考えてみると、この二匹は、ユダヤ教の聖典である、旧約聖書の「ヨブ記」に由来します。サタンの試練を受けて苦しんだヨブの人生は、イエスのそれの原型とされています。キリスト教自体が、ユダヤ教を母体としているので当たり前なのですが、キリスト教文化圏における「国家」のイメージはかなりの部分、ユダヤ教の神話的世界観に由来しているのかもしれません。

続いて古代の海洋国家であるクレタやアテネ、ローマ、カルタゴなど、我々も世界史の教科書でよく知っているような古代の歴史を「陸と海」の争いという観点から見ていきます。確かに古代文明の栄枯盛衰のかなり部分は、「陸と海」の戦いとして見ることができますね。トロイ戦争とか、ローマとカルタゴの間のポエニ戦争などは、歴史の本でも、そういう観点から記述されていますね。

「カテーコン Katechon」――神話的想像力と世界史の関係

二一頁に、大竹弘二さんなどがシュミットの重要概念として強調している「カテーコン Katechon」が出てきます。東ローマの皇帝を、「カテーコン」と見ることができる、という話ですね。訳注に出ているように、ギリシア語で「制止する者」という意味です。何を食い止めるのかというと、「反キリスト」の出現です。『新約聖書』の「テサロニケ人への第二の手紙」では、「反キリスト」が登場するのを、真のキリストの登場の時まで「制止する者（カテーコン）」がいる、と述べられています。

『大地のノモス』でシュミットは、初期キリスト教神学では、神聖ローマ帝国の皇帝が、「カテーコン」の役割を果たすことが期待されていたと論じています。キリストが再臨する時まで、悪の力が世界を覆い尽くすことがないよう守護している、ということですね。ここで話題になっている東ローマ帝国の皇帝の場合は、イスラムによってキリスト教世界が征服されてしまわないよう、制止する役割を長年にわたって果たしてきた、ということですね。

『政治的ロマン主義』や『政治神学』では、人間の本性は悪しきもので、悪へと流れていくので、秩序を保つための独裁が必要であることを示唆していましたが、「カテーコン」論もそれと繋がっていると見ることができます。

長年にわたって「カテーコン」の役割を果たしてきた東ローマ帝国は、次第にイスラムに押され、衰退していき、一四五三年に滅亡しますが、その役割を継承した者がいます。

ここに一つの新しい神話的な名前が大きな世界史の中へと入ってくる。ほとんど五〇〇年近くヴェネチア共和国は海洋支配の象徴、海上貿易を基礎として築かれた富の象徴とされ、また高度な政治の輝かしき成果であると同時に、「あらゆる時代の経済史のもっとも特異な産物」であるとされてきた。

現代日本に生きている我々は、ヴェネチア＝ヴェニスを、水の都と呼ばれる観光地としか見ない傾向がありますが、この都市は、中世後期から近代初期にかけて、ヨーロッパの歴史で重要な役割を果たします。イタリア半島の東側、アドリア海沿岸に位置するヴェネチアは当初東ローマ帝国の支配下にありましたが、ヨーロッパとアジアや北アフリカを結ぶ地中海貿易の中心地になり、十字軍の拠点にもなりました。

一八世紀から二〇世紀にいたるイギリス崇拝者たちがイギリスについて賛美してきたすべてのものは、すでにそれ以前にヴェネチアについて賛美されていたものなのである。すなわち――巨大な富、この海国が陸国間の対立をたくみに利用し、自分たちの戦争を他国に行なわせるすべを心得ていた卓越せる外交手腕、国内における政治秩序の問題を解決したかに見える貴族主義的な憲法、さまざまな宗教上、哲学上の意見に対する寛容、自由な理念と政治亡命の避難場所、など。さらに、絢爛たる祝祭や芸術美のあやしい魅力がこれに加わる。これらの祝祭の一つはとくに人間のファンタジーをかきたて、ヴェネチアの名声を広く世界に知らせるのに役立った。それは古い伝説に包まれた「海との婚約」、いわゆる sposalizio del mare〔海の結婚式〕である。

ヴェネチアの力を象徴するものとして、卓越した「政治」だけでなく、人々のファンタジー、特に、人類と海との神話的な繋がりを想起させる祝祭や芸術があった、ということですね。海をめぐる神話的想像力と、「カテーコン」をめぐる終末論的想像力が、西暦一〇〇〇年から一五〇〇年にかけての、ヴェネチアの発展の背景にあったわけです。

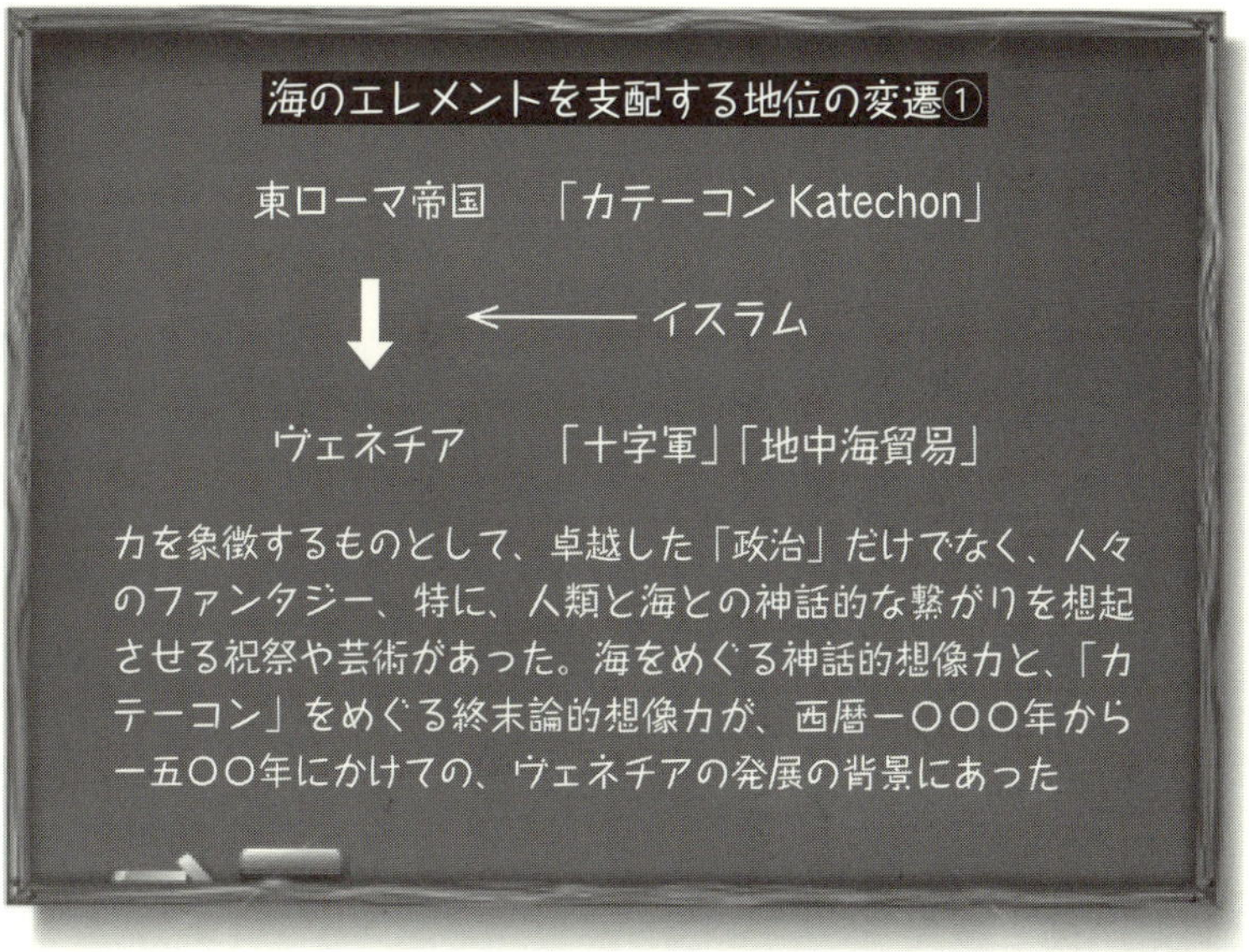
海のエレメントを支配する地位の変遷①
東ローマ帝国　「カテーコン Katechon」
イスラム
ヴェネチア　「十字軍」「地中海貿易」
力を象徴するものとして、卓越した「政治」だけでなく、人々のファンタジー、特に、人類と海との神話的な繋がりを想起させる祝祭や芸術があった。海をめぐる神話的想像力と、「カテーコン」をめぐる終末論的想像力が、西暦一〇〇〇年から一五〇〇年にかけての、ヴェネチアの発展の背景にあった

> この時期に、一九世紀、二〇世紀になってもなお幾多の旅行者やヨーロッパ中の夢想家たち――バイロン、ミュッセ、リヒァルト・ヴァーグナー、バレスといった詩人、芸術家たち――をヴェネチアに引き寄せた一つの伝説が生まれた。

ヴェネチアをめぐる文学的想像力というと、すぐに、シェイクスピアの『ヴェニスの商人』が思い浮かびますが、その他にも、いろいろあるということですね。トーマス・マン（一八七五－一九五五）の『ヴェニスに死す』（一九一二）も、映画になっていますし、有名ですね。バイロン（一七八八－一八二四）は、イギリスのロマン主義の詩人で、ヴェネチアを含めてイタリアに長く滞在したこと、ギリシアの独立戦争に参加したことなどが知られています。彼は、『ヴェニスにて In Venice』（一八一六）という詩や、ヴェネチアの最高執政官だったマリーノ・ファリエーロ（一二八五－一三五五）を主人公にした『マリー

ノ・ファリエーロ』（一八二一）という詩劇を書いています。ミュッセ（一八一〇-五七）は、フランスのロマン主義の詩人で、あまり評判がよくなかったようですが、『ヴェニスの夜』（一八三〇）という劇があります。ワーグナー（一八一三-八三）は創作活動のためしばしばヴェネチアを訪れていて、この地で没しています。モーリス・バレス（一八六二-一九二三）は、フランスの反ユダヤ主義・民族主義の小説家で、『ヴェニスの死』（一九〇三）という旅行記があります。

技術・捕鯨・海賊――海というエレメントをめぐる興亡史

4章から5章にかけて、海というエレメントを支配する地位が、ヴェネチアから、スペイン、オランダを経て、英国へと移っていく経緯が語られています。ヴェネチアの海軍はまだローマと同様にガレー船を使っていて、船板上での接近戦を軸に戦っていました。スペインとヴェネチアがオスマン・トルコと戦ったレパントの海戦（一五七一）の頃までは、そういう戦い方が主流だったわけですが、その一七年後の、英国海軍がスペインの無敵艦隊を破った海戦の頃から、造船技術の進歩に伴って海戦の仕方が大きく変わった、ということが述べられていますね。

その技術の進歩を成し遂げた功労者として、オランダ人が称えられています。そしてオランダ人のすぐれていたところとして、造船と捕鯨が挙げられています。

現在では、捕鯨というと、シーシェパードくらいしか思い浮かびませんが、一九世紀後半まで捕鯨は重要な産業だったわけです。ペリー（一七九四-一八五八）が日本に来航した重要な目的の一つに、捕鯨船のための補給基地を確保するということがあったということは、日本史の授業で習いますね。太古から、捕鯨者たちは、リヴァイアサン＝クジラを追いかけ、海というエレメントと共に生きてきた、ということですね。捕鯨者は、最大の漁師だったわけですね。そうした海の英雄の物語として、メルヴィル

（一八一九－九一）の『モービー・ディック（白鯨）Moby Dick』（一八五一）が位置付けられていますね。これは、蒸気船や大砲の出現によって、捕鯨のやり方が大きく転換しようとしていた時代に書かれた作品です。

6章では、新しい海の英雄であるオランダについて述べられています。神話的想像力と世界史の関係に、「技術」という要素が新たに結び付いてくるわけです。

一五九五年、北オランダ、西フリースラントの町ホールンから新しい型の船が登場する。それは横帆のあるボートで、古い帆船のようにただ追い風を受けて走るという単純なものではなく、風を横から受けて帆走し、従来の帆とはまったくちがったやり方で風を利用することのできるものであった。索具と帆走技術は今やこれまでは想像もされなかったような仕方で完成される。「中世の航海術は壊滅的に崩壊する」と船型発展史の研究家ベルンハルト・ハーゲドルンはこの事件について述べている。これは陸と海の関係の歴史における真の転回点である。およそ当時、船体と索具装備がつくられていた素材に関しては、それによってつくられるぎりぎりの極点までが達成されていた。

単に技術的な変化が述べられているようにも見えますが、ポイントは、それまで単に「風」を受けて走るだけの受動的な状態から、風をより主体的に利用できる状態へと、「海の子」たちが移行した、ということです。これに伴って、海での行動の仕方、そして、海戦のやり方が大きく変化することになるわけです。ハーゲドルン（一八八二－一九一四）は、ドイツの歴史家・経済史家で、博論のタイトルが『一六世紀の東フリースラントにおける貿易と航海』（一九〇八）です。

一六世紀にはさらに新しい型の戦争船が登場し、これとともに新しい海戦の時代が始まる。火器を積載した帆船は側面に大砲をもっていて、そこから弾丸を敵めがけて発射する。海戦はこれによって大きな距離をはさんでの砲撃戦となるが、これは高度な帆走技術をもっていなければできない。ここではじめて、本当の海戦が問題になりうるのであって、すでに見たようにオールで漕ぐガレー船の乗組員によるたたかいは、船上での陸地戦にすぎなかったのである。

先ほどもお話ししましたが、ガレー船を使っていた、ローマやヴェネチアの〃海戦〃では、相手側の船との間に船板を渡して、乗り込み、陸上と同じ肉弾戦に持ち込むというのが主流でしたが、一六世紀から大砲を使った戦闘に移行するわけです。陸上でも大砲を使いますが、大砲の位置は大体固定されているのに対し、海戦だと、船を動かしながら砲撃しますし、それが戦闘のメインになります。

7章では、歴史の本にも出ている、もともと海軍は海賊であったという、これまた世界史の教科書でお馴染みの話が出てきます。

あらゆる種類の海の泡の子、つまり海賊たち(Pirat, Korsar)や海上貿易を営む冒険者たちは、捕鯨者や帆船航海者たちとともに、一六・一七世紀に完成される海のエレメントへの決定的な転向に大きく関与している。ここでさらに幅広く、大胆な「海の子」が登場する。その中には、フランシス・ドレイク、ホーキンス、サー・ウォルター・ローリー、あるいはサー・ヘンリー・モーガンといった有名な名前、海洋と盗賊の物語の主人公たちがいる。

〈Korsar〉というのは、一五世紀から一九世紀にかけて、北アフリカのマグレブ地方で活動した海賊を

海のエレメントを支配する地位の変遷②

ヴェネチア

↓ ←―― オスマン・トルコ

スペイン 「レパントの海戦」（1571 年）
ガレー船

↓

オランダ

技術 ―― 造船と捕鯨

↓

英国 スペインの無敵艦隊を破る（1588 年）

海賊たち（Pirat, Korsar）
「海賊資本家」
（corsairs capitalists）
「略奪資本主義
Beutekapitalismus」
「ジェントルマン海賊
Gentleman Pirate」

海賊

↓

海軍

「海を占取する」

指す言葉です。フランシス・ドレイク（一五四〇-九六）は、海賊映画などでもよく登場する、英国出身の海賊で、カリブ海を中心に活動していましたが、英国艦隊がスペインの無敵艦隊を破ったアルマーダの海戦の副司令官を務めました。フランシス・ホーキンス（一五三二-九六）は、ドレイクの従兄で、カリブ海の奴隷貿易に従事し、アルマーダの海戦の司令官でした。ウォルター・ローリー（一五五四頃-一六一八）は、海賊というよりは、エリザベス一世（一五三三-一六〇三）の寵臣、探検家として知られていて、北アメリカ大陸を探査して、最初の植民地を築いています。ヘンリー・モーガン（一六三五-八八）も、カリブ海で活動した海賊で、ジャマイカ総督を務めています。海洋国家としての英国は、海賊たちの力によって発展したわけです。最近、ミネルヴァ書房から、英文学者の櫻井正一郎さん（一九三六-）による『女王陛下は海賊だった』（二〇一二）というタイトルの本が出ましたね。

（…）スペイン無敵艦隊《アルマーダ》を打ち破る（一五八八年）のにもっとも大きく貢献したいわゆるエリザベスの海賊たちがある。エリザベス女王の海賊の後に続くのはジェームズ一世の海賊たちで、この中にはサー・ヘンリー・メインワァリングのような人がいる。かれは最初もっとも悪質な海賊の一人であったが、やがて一六一六年王から恩赦を受け、最後は海賊討伐に活躍し多くの官職と名誉を授けられた。次にはジャマイカやカリブ海から出発し、一大編隊を組んであばれた西インド諸島の海賊（Flibustiers, Buccaneers）たちがある。

ジェイムズ一世（一五六六-一六二五）は、エリザベス一世に子供がなかったので、スコットランド王からイングランド王になった人です。ヘンリー・メインワァリング（一五八七-一六五三）は元々法律家でしたが、ニューファンドランドで海賊討伐の任務についていた軍人ですが、自らもスペインやポルトガルの船に対する海賊行為に従事するようになりました。ここで言われている恩赦を受けてから、再び英国海軍のために働くようになり、外交官や国会議員も務めました。映画『パイレーツ・オブ・カリビアン』（二〇〇三～二〇一一）で活躍する海賊は、「フリビュスティエ」あるいは「バッカニア」だったわけです。海の悪霊になった海賊デイヴィ・ジョーンズが東インド会社のために働くという話が出てきましたが、もともと海賊は半官的な存在です。海賊たちが海の時代を拓いたというのは、単なる比ゆ的に誇張された話ではないわけです。

しかし、全体的にみると海賊はユトレヒトの平和条約以後、世界史へのかたすみへと投げ出されてしまった。一八世紀になると海賊はたんなる無頼漢、もっとも粗野な犯罪的人種にすぎなくなり、スティーブンソンの『宝島』Treasure Island（一八八三年）のような手に汗にぎる冒険物語の登場人物にはなりえても、もはや歴史的な役割を演ずる存在ではなかった。

ユトレヒト条約（一七一三）は、スペイン継承戦争と、それと関連して北米で展開されたアン女王戦争の和平条約です。スペイン継承戦争というのは、スペイン国王の座をめぐって、スペイン・ハプスブルク家と縁戚関係にあるフランスとオーストリアが争い、フランス側が勝って、スペインを支配するようになったことに対して、フランスの影響力の拡大を恐れた英国とオランダが、オーストリア側について戦った戦争です。ユトレヒト条約によって、英国はスペインの奴隷貿易に参加する権利を獲得し、フランスからニューファンドランドを割譲されます。北米での英国の優位が確定的になったので、正規の軍ではない、海賊は次第に余計なものになっていったわけです。

スティーブンソン（一八五〇-九四）の『宝島』のストーリーは、一八世紀半ばのカリブ海の島を中心に展開しますが、海賊が、国家から見捨てられて、闇の存在になり始めた時代の話ですね。

四九頁から五〇頁にかけて、一六・一七世紀の「コルサール Korsar」と呼ばれた集団は——「ピラート（パイレット）Pirat」とは違って——国王から「敵船拿捕免許状 Kaperbrief」が与えられ、国旗を掲げることが許されていたという話が紹介されています。『大地のノモス』では、この辺りのことが、戦争との関係で詳しく述べられています。陸の戦いでは、お互いの領地を占領することがメインになるけれど、海上の戦いではそういうわけにはいきませんね。海上で制海権を握ったとしても、海は陸のような形では守れない。ではどうするか。相手方が使っている船を拿捕し、乗り移って、略奪品を盗る。それによって、陸への補給を断つ。近代的な技術を備え、組織化された海軍が登場するまで、海賊的な戦い方にならざるを得なかったのです。

8章では、イギリスが海の民として成功を収めるうえで海賊が果たした役割について詳しく述べられています。海賊行為が、女王をはじめ、国民全体が従事していた事業だと述べられていますね。五三頁をご覧下さい。

幾百、幾千というイギリス人の男女が当時「海賊資本家」（corsairs capitalists）になった。このこともまたわれわれの言う陸のエレメントから海のエレメントへの決定的な転回の一つである。

「海賊」というと、私たちは、自分では何も産出せず、他人の生産物を暴力的に略奪して生活している、寄生虫的な存在だと思いがちですが、いろんな海外の品物を国にもたらす資本家でもあったわけです。実際、彼らは、略奪ばかりしていたわけではなく、貿易も行っていたわけです。そうした海賊資本家の例として、キリングルー家という有名な一族のことが紹介されています。この一家は、「略奪資本主義 Beutekapitalismus」の時代の「真のエリート」だと述べていますね。

キリグルー家はコーンウォール（南西イングランド）のアーウェナックに居を定めていた。エリザベス女王時代の家長は、コーンウォールの副提督、ベンドニス・キャスルの世襲による王室知事をつとめていたサー・ジョン・キリグルーであった。かれはウィリアム・セシルや、女王の総理大臣であったロード・バーレイらと緊密に協力しつつ働いていた。副提督であり知事であったこのキリグルーの父親と伯父はもう海賊であった。イギリスの歴史家たちが信頼すべき事実としてわれわれに報告するところによれば、かれの母に対してさえも海賊行為のため訴訟が起こされたということである。この一族のある者はイギリスの海岸で、ある者はアイルランドで、また多くの従兄弟たちや親戚はデボンやドーセットの海岸でそれぞれ活動していた。

「ベンドニス・キャスル」と表記されていますが、これは少し読み間違っています。〈Pendennis Castle〉という綴りなので、「ペンデニス・キャスル」と表記すべきでしょう。これは、コーンウォール地方の海岸沿いにある城です。「世襲による王室知事」というのは、世襲によって、王の代理でこの城に常駐し、統治の責任を負っている職、ということです。ジョン・キリグルー（?-一五八四）は、エリザベス女王に仕え、海賊や密貿易商などとの関係を所管する役目を担った人です。ウィリアム・セシル（一五二〇-九八）は、エリザベス女王に仕えた政治家です。「ウィリアム・セシルや、女王の総理大臣であったロード・バーレイ」と表記されているので、二人の人がいるようですが、これは誤訳で、ロード・バーレイ（Lord Burleigh）というのは、セシルの爵位名

ウィリアム・セシル

です。彼の爵位は男爵（Baron）なので、バーレイ男爵（Baron Burleigh）とも呼ばれます。爵位名は、名字ではなく、領地で表示します。また、現在のような内閣制度はなく、セシルの地位は、〈Secretary of State〉だったので、総理大臣という言い方はあまりよくないと思います。「女王の宰相で、バーレイ卿であったウィリアム・セシル」と訳すのが、適切でしょう。

五五頁で、キリグルー夫人、つまりコーンウォールの副提督になったジョン・キリグルー——父親も、ジョン・キリグルーという名前なので紛らわしいです——の母親のことが言及されています。これは、エリザベス・トレウィナード（一五二五以前-八二以後）とも呼ばれている人物で、夫の死後、海賊行為を指揮した容疑で逮捕され、エリザベス女王から死刑判決を受けましたが、恩赦されています。

彼女のような存在を形容するのに、「ジェントルマン海賊 Gentleman Pirate」という言葉が使われています。この場合の「ジェントルマン」というのは、単に「紳士」という意味ではなくて、貴族とジェントリー（地主）に、高級官吏、医師、軍人、金融などの中流階級上層を加えた名望家層のことです。産業革命のきっかけになったとされるエンクロージャー（囲い込み）を行ったのは、ジェントリーたちです。近年の英国史研究では、ジェントルマンの一部が、一九世紀半ば以降、金融サービスに進出したことが、英国における金融を中心とした資本主義の発展の原動力になったという「ジェントルマン資本主義」論が唱えられています。ここでの話は、それよりずっと以前に、海賊という形で、資本主義の形成に貢献したジェントルマンがいた、ということですね。「ジェントルマン」と「海賊」という一見対立するようなイメージを併せもった存在が、英国の海外展開の原点にいたということが興味深いですね。

「空間革命 Raumrevolution」

9章では、海のエレメントへの進出という点ではむしろ後進国だった英国が、フランス、オランダを追い越して、海洋国家になった背景として、全世界的な「空間革命 Raumrevolution」があったことが指摘されています。

10章では、この革命の基盤にある、人間の空間意識について語られています。

人間は自分の「空間」についてある一定の意識をもっているが、これは大きな歴史的変遷に左右されるものである。種々さまざまな生活形態には同じく種々さまざまな空間が対応している。同時代においてさえも日々の生活の実践の場面では、個々の人間の環境はかれらのさまざまな職業によってすでにさまざまに規定されている。大都会の人間は農夫とはちがったふうに世界を考える。捕鯨者はオペラ歌手とはちがった生活空間をもっており、また飛行家にとって世界と人生は他の人々とは別の光の中に現われるだけでなく、別の大きさ、深み、そして別の地平において現われてくる。

これは、1章で触れられていた身体性に関わる話ですね。各人が生きて労働している環境によって、目を向ける方向、視野が違ってきます。それに伴って、空間、世界に対する意識の在り方が変わってきます。そして、変化した空間、世界によって、行動の仕方が変化する。その行動の変化が……という弁証法的相互作用が進行するわけです。「空間」像の変化こそ、政治的、経済的、文化的変遷の核心だとさえ述べていますね。

11章で、アレクサンダー大王（前三五六－三二三）の遠征、ローマ帝国の成立、十字軍によってもたらされた空間像の変化について語られています。そして12章で、人類史における、本当の意味での、最初の「空間革命」として、大航海時代における新大陸の発見や世界一周航海と、その背景にあった「コペルニクス的転換」の関係について論じられています。

ex
アレクサンダー大王（前三五六―三二三）の遠征、ローマ帝国の成立、十字軍によってもたらされた空間像の変化
人類史における、本当の意味での、最初の「空間革命」として、大航海時代における新大陸の発見や世界一周航海と、その背景にあった「コペルニクス的転換」
私たちの世界観を支えている「空間」概念自体の根本的な変容、「無限の虚無の空間」がもはや恐怖の対象ではなくなる、新たな意味の源泉になるような変化

> コペルニクスは地球が太陽を回っていることを学問的に論証した最初の人である。天体軌道の回転に関するかれの著作『天体の回転について』De revolutionibus orbium coelestium は一五四三年に出版された。これによってかれはたしかにわれわれの太陽系を変えはしたが、しかしかれは宇宙全体、コスモスが限られた空間であるという考えをなおも固執していた。

コペルニクス（一四七三―一五四三）が、地動説を唱えた人であることは今更言うまでもないことですが、ここで注目する必要があるのは、本のタイトルになっている「回転」という意味のラテン語〈revolutio〉は、やがて「革命」の意味でも使われるようになります。哲学史で、「革命」の原義が、「回転」であることの意味がしばしば論じられます。比喩的に言うと、天体の「回転」についての理

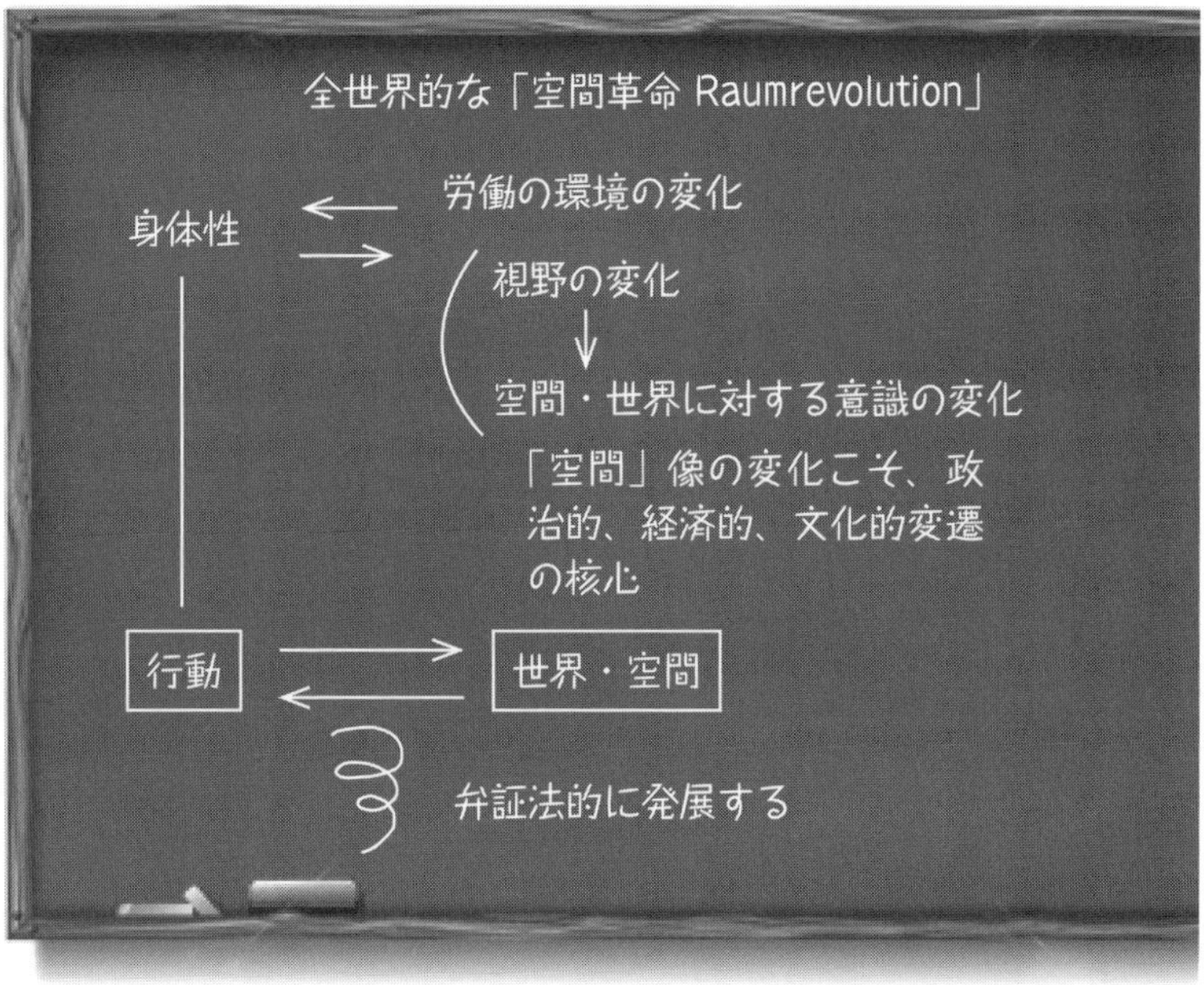

論が、政治体制を「革命」する理論と繋がっているわけです。この二つの〈revolution〉概念の間に、対象中心の認識論から主体中心の認識論への転換を、コペルニクスの地動説に譬えた、カントの議論を挟んで考えると、意味深な感じがしてきますね。

　引用にあるように、コペルニクスは宇宙を閉じられた、有限な空間として表象していましたが、コペルニクスを擁護したイタリアの修道士ジョルダーノ・ブルーノ（一五四八－一六〇〇）は、その神秘主義的な宇宙論において、宇宙は無限であると主張し、そのことがガリレオ（一五六四－一六四二）やケプラー（一五七一－一六三〇）の研究によって実証されるようになった、と述べられていますね。七四頁に、「人間はかくして今や空虚な空間（ein leerer Raum）というものを表象することができるようになる」、と述べられていますね。それまで人間は、「真空の恐怖 horror vacui」を感じていたのだけれど、「転回＝革命」の結果、そのことを忘れるようになりました。アリストテレスが、「自然は真空を嫌う」と言っていたことや、パスカルが「この無限の空間の永遠の沈黙が私を恐怖させる Le silence éternel de ces espaces infinis m'effraie」と言ったのは有名ですね。それに対して、一八世紀の啓蒙主義者であるヴォルテール（一六九四－一七七八）は、そういう感覚をあざ笑ったということですね。

> 無限の空虚な空間という観念の中に含まれているこのような変革は、既知の地球がたんに地理学的に拡大された結果であると単純に説明することはできない。この変革はまことに根本的、革命的なものであるから、逆に新大陸の発見は地球一周の航海などはもっと奥底にある変革の現象様式であり結果であるにすぎなかったのだと言うこともできるほどなのだ。

大航海時代に新しい土地や海を発見したことによって、ヨーロッパ人たちは、空間を積極的に活用できる可能性を発見したわけですが、シュミットは、そうした地理的な発見は表面的な現象にすぎず、その根底には、私たちの世界観を支えている「空間」概念自体の根本的な変容、「無限の虚無の空間」がもはや恐怖の対象ではなくなる、新たな意味の源泉になるような変化があった、と見ているわけです。

> 転換期にあたるこれらの世紀において、ヨーロッパの人間は同時にその創造的な精神のあらゆる領域で一つの新しい空間概念を貫徹している。ルネッサンス絵画は中世的なゴシック絵画の空間を排除した。ルネッサンスの画家たちは自分たちの描く人物や事物を遠近法的に空虚の奥行をもつ空間の中へ置く。ここでは人物や事物は一つの空間の中に立ち、運動している。ゴシック的な絵画の空間と比較するとこれは実際別世界を意味する。画家たちがここでこれまでとは異なった見方をしているという

こと、かれらの眼が変わったということは、われわれにとってひじょうに重要なことである。

空間意識の変化を、絵画の様式に見ているわけです。フーコーやベンヤミンも絵画と、世界観や知覚と結び付けて論じていますね。ここでシュミットが焦点を当てているのは、中世末期ゴシックの絵画とルネサンスのそれの違いです。ルネサンスの画家たちは、遠近法を意識して、奥行きを持った空間を描き出し、人物や事物が運動しているように見えるようにしたわけです。人や物はもはや有限な空間の中の決められた位置に縛り付けられているわけではなく、空間の中を自由に移動するようになったわけです。創作主体である画家は、空間の中での自分と対象の位置を見定めて、自分の目線から世界を再構成するわけです。

中世末期ルネサンスとゴシックの絵画

「秩序 Ordnung」としての「大地のノモス Nomos der Erde」

13章では、『大地のノモス』の冒頭と同じような議論が展開されています。土地の取得と、その土地に根ざした法秩序の関係が論じられています。

> すべての基本秩序は空間秩序である。一国あるいは一大陸の憲法が問題なのはそれがその国あるいは大陸の基本秩序、ノモスとみなされるからである。ところで真の、本来的な基本秩序というものの核心は、一定の空間的な境界と境界設定、地球の一定の尺度と一定の分割に在り、したがってどのような大きな時代のはじまりにも大きな土地の取得がある。

ここは、「秩序 Ordnung」という言葉の両義性に注意して読んで下さい。「法秩序」のように道徳的・社会的秩序を指していることもありますし、物の配置、物理的秩序を指すこともあります。シュミットはここで、法的・道徳的秩序のような理念的なものも、「空間秩序 Raumordnung」に根ざしているということです。この場合の「空間」というのは、人間が生きる空間です。人々が最初に土地を取得し、境界線を設定することを通して、「空間」が秩序付けられるわけです。空間規定を通して、人間の行動を制約する様々な規範が、その空間に適合する形で生まれてきます。それが、シュミットが「大地のノモス Nomos der Erde」と呼んでいるものです。「大地のノモス」が、我々が「法」と呼んでいるものの基礎になるわけです。

注のところで、ギリシア語の「ノモス」という言葉に関してやや強引な語源学を展開しています。

＊（原注）　ギリシア語の名詞 **Nomos** はギリシア語の動詞 **Nemein** からきており、動詞と同じく三つの意味をもっている。**Nemein** はまず **Nehmen**（取る）を意味する。したがって **Nomos** はまず **Nahme**（取得、占領）という意味を有する。たとえばギリシア語の **Legein**（話す）－ **Logos**（言葉、ロゴス）がドイツ語の **Sprechen** － **Sprache** に相当するのと同じように、ギリシア語の **Nemein** － **Nomos** は、ドイツ語の **Nehmen** － **Nahme** とパラレルである。取得、占領（**Nahme**）はまず土地の取得、占領であるが、また後になると、われわれの歴史的考察において大いに問題となる海の取得、占領でもある。

〈nomos〉が動詞〈nemein〉に由来するということは、ハンナ・アーレントも『人間の条件』（一九五八）で指摘しています。〈nemein〉の第一の意味が、「取る」であるというのは、その通りなのですが、英語の〈take〉に当たるドイツ語の「取る」という意味の動詞は、〈nehmen〉で、たまたま発音が似ています。本当にたまたま似ているだけで、語源的繋がりはないはずですが、シュミットは［Nemein–Nomos］と、［Nehmen–Nahme］の繋がりがパラレルだとか言って、いかにも、〈nemein〉と〈nehmen〉に関係があるかのように見せているわけです。動詞が同じ意味だったら、それから派生する名詞も同じような意味になるのは、当たり前の話です。あと、ドイツ語では〈Nahme〉という名詞は、単独ではあまり使われず、ほとんどの場合、他の名詞と組み合わせて、〈Besitznahme（占有獲得）〉、〈Übernahme（乗っ取り＝takeover）〉というように合成語として使われることが多いです。

原注では、この他、〈nemein〉の第二の意味として、取得したものの「分割」、第三の意味として、取得した土地での「放牧（によって家畜を養うこと）Weiden」、すなわち「使用」「管理」がある、と述べられていますね。「法」という意味での「ノモス」は二番目の意味に由来します。アーレントも、この二番目の意味に即して、自らの「公／私」区分論を展開しています。

原注の最後に『大地のノモス』を参照のことと記してありますね。八一頁の最後の行からの記述で概略的に述べられているように、『大地のノモス』では、ヨーロッパ人が、アメリカ大陸などで、新しく土地を「取得」するのに伴って、空間秩序形成、「ノモス」生成が再現された、と示唆しています。ある意味、原初における「大地のノモス」の再現ですが、それまでとは異なる性格の土地における、異なったやり方での「取得」なので、それまでとは異なった、「ノモス」が生まれてきたわけです。

一六世紀、一七世紀に起こったような驚異的な、未曾有の空間革命は、これまた同じく驚異的で未曾有の土地の占取にいたらざるをえなかった。当時ヨーロッパの諸民族の前には新しい無限とも思われる空間が開け、かれらはこの広大な空間へと群をなして出て行き、自分たちの発見した非ヨーロッパ、非キリスト教の国々や民族を所有者のいない財産として取り扱った。そしてこれらの財産は、最初のヨーロッパの占有獲得者のものとなった。

これはお馴染みの話ですね。非ヨーロッパ地域にも、先住民がいたわけですが、ヨーロッパ人はそこを所有者のいない土地と見なして「取得」「分割」し、自分たちで「管理」するようになります。それに伴って、「ノモス」が生成してきます。それだけに留まらず、その新しい土地を含めて、世界全体を（ヨーロッパ）各国がどのように取得し、お互いの間で分割し、管理すべきかに関する、より大きなレベルでの「ノモス」が必要になってきます。そこで、ヨーロッパ諸国の間で、そうした「ノモス」が形成されることになります。

それはヨーロッパに都合の良い世界支配のための法形成ですが、彼らはキリスト教の宣教のためだとして自己正当化するようになりました。

土地取得競争と宗教戦争

このような自己正当化からキリスト教・ヨーロッパ的な国際法、すなわちヨーロッパ以外の全世界に対峙するヨーロッパ・キリスト教民族の共同体が生まれてきた。これによって「諸国家の家族」、一つの国際的な組織が作り出された。その国際法は、キリスト教民族と非キリスト教民族との区別、あるいは一世紀後には（キリスト教・ヨーロッパ的な意味で）文明化された民族と文明化されていない民族との区別の上に成り立っていた。この意味で文明化されていない民族は、この国際法共同体の一員たることができなかった。

「文明化された民族＝キリスト教民族／文明化されていない民族＝非キリスト教民族」を区別したうえで、前者の共同体が、後者の居住地域を平和裏に支配するために、「国際法」秩序が出来上がった、という話ですね。「国際法」をドイツ語で、〈Völkerrecht〉と言いますが、これは文字通りには、諸「民族 Volk」の「法」ということですが、その「法の共同体」には、支配される民族は入っていないわけです。保守主義者とは思えないような植民地批判ですね。左翼にも好かれるわけです（笑）。

八三頁で、「キリスト教・ヨーロッパ民族の共同体」といっても、「穏和な小羊の一群のように想像してはならない」と述べられていますね。「仲間同士でお互いに血なまぐさい戦争を行な」う共同体であった、と述べています。ヨーロッパ本体では、一定のルールを守って限定的な戦争しかしないけど、非ヨーロッパ地域に対しては、先に自分のものとして「取得 nemein」しようと、熾烈な争いを繰り広げたわけです。14、15章では、非ヨーロッパ地域での土地取得競争と、ヨーロッパにおける宗教戦争の間の相関関係について述べられています。16章では、陸とは異なる形態で進行する「海の占取 Seenahme」が論じられています。

陸で土地の占取という歴史的事件が大規模に進行していた間に、海ではもう一つそれに劣らず重要な別の地球の新分割が行なわれていた。それはイギリスによる海の占取であった。これは海におけるここ数世紀の全ヨーロッパ的な爆発の結果であった。これによってはじめて全地球的な空間秩序の基本方向が定められるにいたった。その本質は海と陸との分離ということにある。陸は今や一ダースばかりの主権国家に属しているが、海はどの国にも属していないか、またはすべての国に属しているかであり、実際には結局一国、つまりイギリスのみに属することになる。

これも『大地のノモス』でより詳しく論じられていることですが、海にも一応「領海」というものが設定されているものの、精々、その国の沿岸だけしかカバーしません。新しく発見された陸地は、新たに形成されたヨーロッパの主権国家によって占有されるようになりましたが、海のほとんどは、無主物のままに留まりました。占有しようにも、陸のように、軍隊を常駐して他国を完全に排除するわけにはいきません。誰のものでもないわけですが、そのおかげで、自らの「エレメント」を「海」に求めた英国が、圧倒的な存在感を発揮し、事実上、全ての海を支配するようになります。それを「イギリスによる海洋の占取」と言っているわけです。

このように、英国を中心に、「海を占取する」という発想が生まれてきたわけです。このような発想が出てきた背景には、船舶関係の技術が発達し、航路の要所要所に軍艦を派遣し、敵が入って来ないように海上をパトロールできるようになったということがあります。

ところで、陸と海との分裂がとくに明瞭に現われるのは陸地戦と海戦の相違においてである。陸地戦と海戦はたしかに戦略的、戦術的につねに別ものであったが、この相違は今や異なった世界と、対立する法律的確信の一つの表われとなる。一六世紀以来ヨーロッパ大陸の諸国は陸地戦に関して一定の形式をつくり出していた。その根底には、戦争というものは国家と国家の一つの関係であるという考え方があった。いずれの側にも国家的に組織された武力があって、軍隊が野戦で相互に勝負を競い合う。敵として相対するのは戦闘を行なう軍隊だけで、戦いに参加しない一般市民は敵対関係の外側にある。かれらは戦闘に加わらない限り敵ではなく、また敵として扱われない。これに対して海戦の根底には、敵の貿易、経済に打撃を与えねばならないという考え方がある。そのような戦争においては戦闘を行なっている相手だけが敵ではなくて、敵国の国民すべて、そしてまた敵国と貿易を営み経済関係を結んでいる中立国すらも敵となる。陸地戦は勝敗を賭けた野戦となる傾向がある。海戦においてももちろん海上の戦闘は行なわれるのではあるが、その典型的な手段、方法は、敵国海岸の砲撃と封鎖であり、また敵国、中立国の商船を鹵獲《ろかく》権に従って拿捕することである。この典型的な海戦手段の本質のうちに、それが戦闘要員に対しても、また非戦闘要員に対しても向けられるということの基礎がある。

先ほどもお話ししましたが、海賊から海軍が発達したことが、初期の海軍の戦い方を規定していたわけです。土地を占領すべく軍隊同士が正面からぶつかる陸の戦いであれば、一般市民は敵対関係の外に置くことは可能です。しかし、初期の海の戦いでは、直接ぶつかって雌雄を決すること以上に、港に入って来る船を掴まえたり、入港を妨害したりして、相手を軍需的・経済的に困窮させることに重点が置かれます。こういう手法は、現代でも使われますね。そういう海賊的手法を使えば、軍隊だけでなく、普通の人の経済生活も直接のターゲットになります。というより、国民の経済生活に影響を与えるような封鎖でないと、意味がない。

「陸」から「海」への「エレメント」のシフト——イギリスの海軍力と「機械 Maschine」

従って、戦い方についてのルールも、当然、陸とは異なったものになります。民間や中立国の商船を拿捕するというのは、かなり非道徳的な行為のような気もしますが、その船が重要な軍需物資を運んでいる場合も少なくないので、そう簡単に見逃すわけにはいかない。攻撃しないまでも、軍需物資を運んでいないかちゃんと調べる必要はある。そこで、海戦特有の鹵獲権（Prisenrecht）という法概念が形成されてきたわけです。「大地のノモス」と共に生まれてきた国際法秩序には、陸と海の異なる側面があるわけです。

しかし、イギリスによる海の占取以来、イギリス人と、イギリスの理念の呪縛下にある諸国民はこのことに慣れてしまった。一つの陸国が地球全体を包含するような世界権力を行使できるなどという考えは、陸国の世界観からすれば途方もないことであり、耐えられぬことであろう。ところが、陸から離れた海上の存在の上にうちたてられ、世界の大洋を包含する世界支配は、そうではないのである。ヨーロッパ北西辺に位置する比較的小さな島が、陸に背を向け海に賭けることによって世界帝国の中心となった。

英国が海軍力を発達させて世界の海を支配するようになったというのは、世界史の本で、割とあっさりと記述されていることですが、シュミットは、「陸」から「海」への「エレメント」のシフトという視点から、これを捉えているわけです。「陸」を自らの居場所と思っている間は、各国がどれだけの土地を軍隊によって占領支配しているかが具体的に確定していて、その範囲を拡張するのは容易ではありませんでしたが、英国は、場所確定が難しい「海」を自らの本来の居場所とすることで、「陸」を本拠としながらも、「海」を通しての物と人の移動に依拠せざるを得なくなった他国を抑えることができるようになったわけです。「海」中心の世界観を持ったからこそ、できたことです。

17章では、ノルマン人の占領（一〇六六）から、ディズレーリ（一八〇四-八一）の対植民地政策に至るまでの英国を支配していた自己像について述べられています。ディズレーリが、一九世紀の植民地政策を推進したユダヤ系の政治家であることは有名ですが、彼が小説家でもあったというのは、日本ではそれほど知られてない話ですね。18章では、海の支配者になった英国が、その造船技術の高度の発展ゆえに、「海」との関わり方が変質する、ということが述べられています。

というのは、今やリヴァイアサンは巨大な魚から機械へと変わっていったのである。事実これは大変な本質の変化である。機械が海と人間との関係を変えた。これまで海国の偉力を発揮していた冒険心に富む人間たちは、かつてもっていた意味を失ってしまった。帆船の水夫たちの大胆な活動、高度な航海技術、特定種の人間の厳しい訓練と選択、これらすべては現代の技術化された海上交通の安全性の中で色あせていった。海は依然として人間を形成する力を失いはしなかった。しかし牧羊の民を海賊に一変せしめたあの強力な衝撃の作用は衰え、徐々に消えていった。海のエレメントと人間存在との間に機械装置が挿入されたのだ。機械産業の上にうちたてられた海洋支配は、海のエレメントとの厳しい直接的なたたかいによって日々獲得された海の力とは明らかに別ものである。人間の筋肉の力によってのみ動かされる帆船と、蒸気タービンで動かされる船とでは、すでにそれ自体海のエレメントに対する二つの異なった関係を示している。産業革命は海のエレメントから生まれた海の子を、機械の製造者、機械の操作者に変えてしまった。

ディズレーリ

「海」というエレメントと、人間の身体の間に、「機械 Maschine」という要素が入ってきたことで、「海」との関係が変わったということですね。この本の冒頭での議論に立ち返って考えてみましょう。人間は元々、「大地」のエレメントと深く結び付き、「大地」の上での「歩み」、身体の動かし方を通して、自らの基本的視座、その延長で世界観を確立したわけですが、捕鯨の民は、自分たちの生命の源である「海」へ出て、新しい身体性、世界観を獲得します。造船技術のおかげで、英国人は、人間が直接歩き回り、常駐することのできない「海」を支配する術を得ましたが、その過程で、「海」そのものよりも、「機械」という新たな〝エレメント〟との関係が密になり、今度は、身体性と世界観が「機械」によって規定されるようになります。近代的な海軍になると、巨大な機械を建造して、動かすことが勝敗の決め手になってきます。そうなると、「陸」と「海」という対比は相対化されます。どちらでも、「機械」と「身体」の関わりがメインになるわけですから。

「機械」によって人間の身体性や物の見方も変化するというのは、ベンヤミンやユンガー（一八九五–一九九八）なども関心を持っていた、ワイマール期ドイツの知識人たちにとっての共通の重要テーマでした。シュミットはそれに法学的見地からアプローチしたわけです。ここでは詳しく述べられていませんが、『大地のノモス』では、造船・海戦技術の発展と共に、「海」をめぐる法的関係が、海賊時代とは異なったものになっていく過程が、この後出てくる、航空技術との関連も視野に入れて詳細に述べられています。19章では、二〇世紀における新たな海洋戦略について述べられています。いよいよ、シュミットにとっての同時代の国際情勢が視野に入ってきます。

空の時代——「地球のノモス Nomos der Erde」の根本的変化

アメリカの提督マハンは一九世紀の終わり、二〇世紀のはじめに、イギリスによる海の占取という最初期の状況を機械の時代においても持続させようという注目すべき試みを行なった。（…）一九〇四年七月のある論文で、マハンはイギリスとアメリカ合衆国の再統一の可能性について論じている。このような再統一の最大の理由をかれは人類、言語ないしは文化の共通性には見ていない。（…）かれにとって決定的なことは、アングロサクソン民族による世界の海の支配が維持されねばならぬということであり、そしてこれは両アングロ・アメリカ強国の結合による「島国の」基礎の上でのみ実現されうる。イギリス自身は現代の発展にはあまりにも小さくなりすぎてしまい、したがってもはやこれまでの意味での島ではなくなっている。これに対して、アメリカ合衆国は時代にふさわしい真の島である。このことはアメリカの広さのためこれまでは意識されなかったことであるが、しかし今日の尺度と大きさの比率にかなっている。

マハン（一八六一―一九一四）は、海の戦略論で有名な人で、戦略論とか地政学の関係でよく名前が出てきます。海軍大学校で海戦術の教育を担当しました。海戦を中心とする海の歴史について何本も論文を書いています。

マハン

大きな「島」であるアメリカ

二〇世紀になって英国とアメリカ合衆国が協力して、海を中心とする世界支配の戦略を展開するようになり、二つの大戦を通してその関係が強化されたというのは、世界史の常識になっている話ですが、普通は、両者が英語という同じ言語を話し、歴史・文化を共有するアングロサクソンという民族だからと理解しますね。マハンは、それより重要な要因として、両者が「海」のエレメントに生きることを選んだ民族であることを重視しているわけです。それまでは英国という島が単独で世界の海を支配する拠点の役割を果たしてきたけれど、手狭になってきたので、今後はより大きな「島」であるアメリカに中心を移し、両者が一体となって、「海」の世界帝国を維持していくべきだという考え方をしたわけですね。アメリカは元々、「海」を支配する過程で、新しい陸地取得も進め、新たな「大地のノモス」の形成を促したアングロサクソンによって作られた国ですから、両者が「海」の支配を強化するために再融合することには、それなりに必然性があるわけです。そういう見方をすれば、二つの世界大戦は、「海」の世界帝国を維持するための闘いだった、と言うこともできそうですね。

空間武器

次の20章が最後の章になります。ここで再び「空間革命」が話題になります。

産業の発展と新しい技術は一九世紀の段階にとどまることはできなかった。それらはいつまでも蒸気船や鉄道にとどまってはいなかった。機械信仰の予言者たちが予感していたよりもはるかに速いスピードで世界は変わり、電気工学と電気力学の時代へと突入していった。電気、航空機、通信機などが、すべての空間観念の変革を引き起こし、その結果明らかに、二番目の新しい空間革命ではないにしても、最初の全地球的な空間革命の新たな段階が始まることとなったのである。

電気工学と電気力学に注目しているところが興味深いですね。蒸気機関で動く機械だと、陸や海の表面を移動するのが精々でしたが、電気工学の発達によって、飛行機のように自由に空を飛ぶ機械が生まれましたし、直接自分の体を空間移動させなくても、電磁波で情報をやりとりし、ヴァーチャルに世界を把握することさえ可能になりました。初期の「空間革命」は、理念的性格が強かったわけですが、二〇世紀になると、空間的距離を一瞬に埋めてしまう電子機器が出現したことで、大地だけでなく、「空間」全体を支配するということが現実味を帯びてきたわけです。

一九一四年の世界戦争はすでに新たな兆候を帯びていた。もちろん諸国民とその政府は空間革命とい

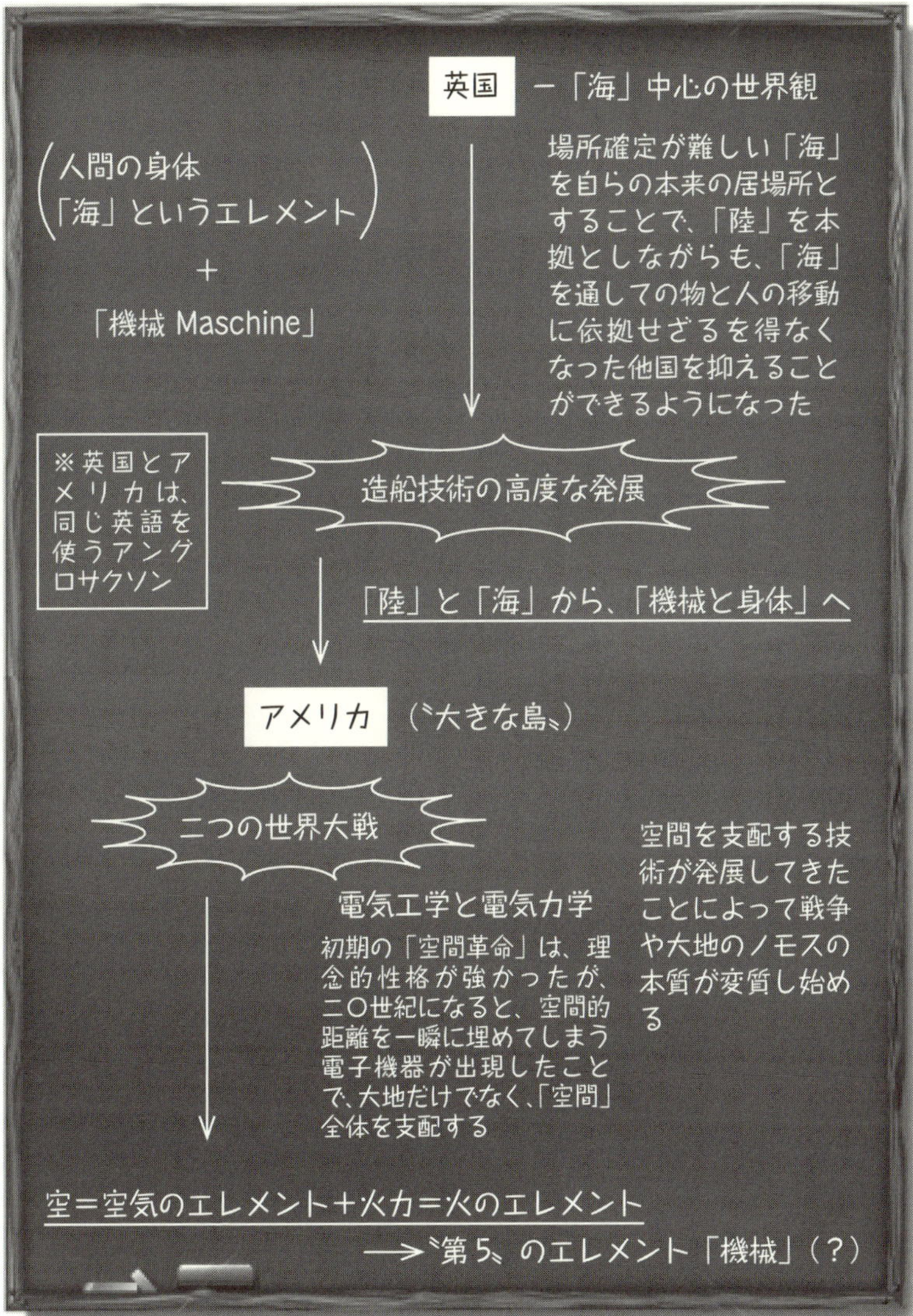
英国 ―「海」中心の世界観
場所確定が難しい「海」を自らの本来の居場所とすることで、「陸」を本拠としながらも、「海」を通しての物と人の移動に依拠せざるを得なくなった他国を抑えることができるようになった
（人間の身体「海」というエレメント）
＋
「機械 Maschine」
※英国とアメリカは、同じ英語を使うアングロサクソン
造船技術の高度な発展
「陸」と「海」から、「機械と身体」へ
アメリカ （〝大きな島〟）
二つの世界大戦
電気工学と電気力学
初期の「空間革命」は、理念的性格が強かったが、二〇世紀になると、空間的距離を一瞬に埋めてしまう電子機器が出現したことで、大地だけでなく、「空間」全体を支配する
空間を支配する技術が発展してきたことによって戦争や大地のノモスの本質が変質し始める
空＝空気のエレメント＋火力＝火のエレメント
→〝第5〟のエレメント「機械」（？）

う意識などはもたないで戦争の中へころがり込んでいった。あたかもこの戦争が自分たちにはおなじみの一九世紀の戦争の一つであるかのように。

空間を支配する技術が発展してきたことによって戦争や大地のノモスの本質が変質し始めていたけれど、ヨーロッパ諸国の政府や軍隊は一九世紀的なルールの下で行動し続けたので、その変化ははっきり表面に出てこなかったわけですが、第一次大戦で、新しい形態の戦闘が展開されたことで、変化がはっきり認識されるようになった、ということですね。これはシュミットだけでなく、多くの論者が指摘していることです。

さらに航空機が登場したとき、海と陸に加わるべき新しい第三の次元も征服された。今や人間は陸と海の平面から空へ舞い上がり、まったく新しい交通手段を、そして同じくまったく新しい武器を手にすることになった。尺度と標準はさらに変わってゆき、人間が自然や他の人間を支配する可能性は計り知れないほどに高まっていった。いみじくも空軍が「空間武器」と呼ばれたことは理解できる。というのは、飛行機から発する空間革命の作用はとくに強力で直接的、また顕著なものであるからだ。

海軍の発達過程においては、海上封鎖などによって「陸」に間接的・経済的な影響を与えることが新しい戦い方として出てきたわけですが、空軍の「陸」に対する影響はもっと直接的・決定的です。空軍では、飛

空の時代

行機同士で空中戦をするということもありますが、メインはむしろ空爆です。強力な爆弾を上空から大量投下すると、防ぐのはかなり困難です。陸上に陣取っている兵士に遮られることなく、相手方の陣地や要塞にピンポイントで攻撃することもできます。更に言えば、空から脅威を与えて、陸を支配することができます。従来の海の戦いでも、海からの砲撃の飛距離を伸ばして、相手方の領土に一定の脅威を与えることができましたが、それには限界がありました。空を使えば、どこまでも攻撃範囲、脅威を与えることのできる範囲を拡げることができるわけです。そのため海軍の戦いも、第二次大戦の前から空母がメインになりましたし、ミサイルが出てくると、人間が直接戦いに出かける必要さえなくなります。コントロール・ルームから世界を支配することさえ可能になるわけです。

こうした「空間」の兵器化という問題については、現代ドイツの現代思想家ペーター・スローターダイクが、《Luftbeben》（二〇〇二）というタイトルの著作を出しています。私は、これを『空震』というタイトルで翻訳しました。御茶の水書房から刊行されています。〈Luftbeben〉というのは当然普通のドイツ語ではありません。大地の震動という意味での「地震 Erdbeben」と対になる言葉として、スローターダイクが造った言葉です。

航空機の発達によって「空」から爆弾などを落とす、あるいは「落とすぞ」、といって脅かすことによって相手を支配することが可能になりました。また、〈Luft〉は英語の〈air〉と同じで、「空気」という意味もありますが、第一次大戦では、空気を汚染する毒ガス兵器も登場しました。化学兵器や生物兵器は、「空気」を操ることで、相手に脅威を与える兵器だと言えます。空爆の場合と同様に、必然的に攻撃対象となる土地に生活している住民全体を巻き込みます。航空機やミサイルに空気兵器を搭載するという合わせ技も可能です。更に言えば、「空気」は比ゆ的に「雰囲気」を意味することが多いですが、航空・空気兵器を備えていれば、相手方の社会に、テロ（恐怖）の「空気」を蔓延させることができます。スローターダイクは、その意味で、テロの本質は「空気」支配だと言っています。日本のオウム真理教事件にも言及しています。『空震』の副題は、「テロの根源にて」です。

シュミットが『陸と海と』を書いたのが大戦中だということもあって、心理的な効果も含めたそこまで細かいことは論じられていませんが、「空」の技術の発展で、「空気」という、我々の生に不可欠なエレメントが、新たなノモス形成において大きな役割を果たすであろうことをある程度予見していたかもしれません。

先ほどの引用箇所に出てきた「空間武器 Raumwaffe」という言葉について説明しておきましょう。ドイツ語で空軍のことを「Luftwaffe」と言います。「空気」の「武器 Waffe」ということです。先ほどの箇所は、原文では〈daß gerade die Luftwaffe als „Raumwaffe“ bezeichet wurde〉となっています。「いみじくも空気武器が『空間武器』と呼ばれた」という同義反復っぽい感じになっているわけです。英語だと〈air force〉なので、こういう感じにはなりません。シュミットは、この言葉遊びで、「空軍」の本質が、「空間」を支配する「空気武器」の集合体だということを強調したのだと思います。

さらに、飛行機が陸上、海上の空中を飛びまわっているだけでなく、あらゆる国の放送局から発信される電波もまた絶えず秒速のスピードをもって大気空間を抜け地球をまわっているということを想像するならば、今や新しい第三の次元が到達されただけでなく、第三のエレメント、つまり人間存在の新しいエレメント領域としての空気が加わったのだと考えることはしごく自然のことである。そうすれば、リヴァイアサンとビヒモスという二つの神話的動物に今度は第三の動物として大きな鳥がもう一つ加わることになろう。

シュミットも「空気」を強調していますね。「空気」を利用するようになったことで、人間は実際に三次元の「空間」の中を動き回り、制御できるようになりましたし、先ほども言いましたように、抽象的な空間支配が、具体的な物理的空間支配と直結するようになりました。ヴァーチャルな空間座標と現実の座標が、高度の電子機器によってリンクされるようになりました。現代はインターネットが生活の全てをカバーするようになっているので、物理的空間で大げさな機械を動かさなくても、ヴァーチャル空間内でのやりとりだけで、遠くにいる人の生活を支配することも可能になりつつありますね。

この箇所の少し後で、新しいエレメントとして「火」が現われてくる、と述べられています。この場合の「火」というのは、飛行機などを動かしているエネルギー、「火力」のことです。そういうのを「火」と見なすと、人間は四大エレメント全てと関わって、世界へ進出していることになります。

一二二頁から一二四頁にかけてが最後のまとめですね。二つの確実な事実が指摘されています。一つは、「空間」がもはや、人間の「世界」を取り囲む空虚な場ではなく、「世界」の中にあって、人間が積極的に利用できるものになったということ。もう一つは、海が捕鯨者とか海賊のようなものだけが活動できる、特殊なエレメントではもはやなく、全ての人間が利用できる「空間」になった、ということ。レーダーによって、海上での自分の位置を空間的座標軸の中に位置付けることができるようになったわけですね。

そうなると、英国の専売特許だった「海の占取」があまり意味を持たなくなり、陸と海のバランスの上に成り立っていた「地球のノモス Nomos der Erde」が根本的に変化します。ここでは、海と陸の双方に関わっているので、〈Erde〉を「地球」と訳していますね。

これに代わって地球の新しいノモスが制しがたく抗しがたい勢いで成長してくる。古いエレメント、新しいエレメントに対する人間の新たな関係がこのノモスを呼び出し、人間存在の変化した尺度と比率がそれを強制する。多くの人はそこに死と破壊しか見ないであろう。世界の終末だと思う人もあろう。しかし、実際にわれわれが経験するのは陸と海とのこれまでの関係の終末であるにすぎない。

新しいノモスと「人間存在 menschliche Existenz」

「古いエレメント、新しいエレメント」という所は原文では複数形になっています。これまでの流れからすると、「古いエレメント」というのは、従来的な意味での「大地」と「海」、「新しいエレメント」は「空気」と「火」と解釈できます。後者には、第五エレメントとしての「機械」も入るかもしれません。いずれにしても、計量化・操作化可能になった「空間」に関わるエレメントでしょう。

保守主義者であるシュミットは、古いエレメントの崩壊を嘆きそうな感じがしますが、ここでは、むしろ「人間存在 menschliche Existenz」の変化によって、新しいノモスの形成が促されている、という希望的な見方を示していますね。

古いノモスはもちろん消え失せ、それとともに在来の尺度、規準、関係の体系全体もなくなる。しかしだからといって、やがて来たるべきものがたんなる尺度の喪失状態、あるいは反ノモス的な虚無であるのではない。古い力と新しい力との苛酷なたたかいの中にもまた正しい尺度が生まれ、意義深い調和が形成されるのである。

ここにも神々がいて支配したもう、
神々の尺度は偉大である。

「尺度 Maß」という言葉がキーワードになっていますね。〈Maß〉という言葉は、ドイツ語の辞書で見ると、物を測定する尺度とか秤という意味の他に、寸法、程度、中庸といった意味もあります。単に「大きさ」の単位であるだけでなく、物事の適度な状態のような意味もあるわけです。アリストテレスが、「正義」を中庸と定義したという有名な話がありますね。元々、取得した大地に線を引き、場所を確定することを通して、法や正義の基礎としての「ノモス」が生まれてきたわけだから、空間の座標軸を規定する新たな「尺度」の確立を通して、新たな「ノモス」が形成されるのではないか、と見ているわけです。陸海空から成る三次元空間に秩序を生み出す「ノモス」です。諸事物を秩序付ける「ノモス」が生まれる時、そこに新しい意味の源泉としての「神々」も宿るようになる。ハイデガーがヘルダリン講義で示唆しているように、古い大地の神々が過ぎ去った後に、新しい神々が再び大地に到来し、新たな存在論が生じることを、シュミットも暗示しているわけです。最後の二行の詩は、ヘルダリンの悲歌「さすらい人 Der Wanderer」の一節です。

Q　一二二頁の「世界が空間の中にあるのではなく、空間が世界の中にあるのだ」と言ったドイツの哲学者というのはハイデガーですか。

A　ぴったり同じ表現ではないのですが、『存在と時間』の二四節の現存在（Dasein）の空間性を論じる文脈で出てきます。ちくま学芸文庫の訳だと、上巻の二四六頁に、以下のような表現があります。「空間は主観のなかにあるのではなく、また世界は空間のなかにあるのでもない。空間はむしろ、現存在にとって構成的な世界＝内＝存在がすでに空間を開示しているかぎり、世界の『なかに』あるのである」。

Q　「空間」と言われると、ナチスの「レーベンスラウム」（生存圏）を思い浮かべます。同時にドイツ対イギリスと読めるのかなと思います。やはりこの著作を書いたのは戦争の影響があったからでしょうか。

A　イギリスを意識しているのは間違いないでしょう。ここではイギリスは「海の子」としてわりとポジティヴに描かれているような感じもしますが、海洋国家であるイギリスとアメリカが世界全体を支配しつつあることによって、それまで「陸」を中心に形成されてきたヨーロッパ本体の大地のノモスが脅かされている、という図式です。『大地のノモス』は、陸地の「ノモス」の視点から書かれていますが、この本はどちらかと言うと、「海」からの視点が強い感じですね。

これが書かれた時期は、大戦中なので、イギリスやアメリカを脅威に思うのは、ある意味、当然です。戦後に書かれた『大地のノモス』でさえ、かなり英米に対して敵対的です。ただ、シュミットは三六年以降、親衛隊からにらまれて、ナチスの重要なイデオローグではなくなっていましたし、『大地のノモス』の中で、「ドイツ」が特別な位置を占めているわけでもないので、ドイツ民族の生きる超法的空間を意味する「生存空間 Lebensraum」とはあまり繋がらない気もします。抽象的・哲学的な「空間」概念で、現実の地理的な「空間」を捉えようとする発想が、ドイツ的であるとは言えるかもしれません。

Q　アメリカを「大きな島」と言ってますから、アメリカ対ソ連ということも意識しているのかなと思いました。ソ連の話が出てきませんね。

A　大戦中に書かれたので、ソ連が「エレメント」を支配する勢力であるという認識はまだなかったのかもしれません。もし冷戦時代に書かれたとしても、ソ連が海と陸のバランスを大きく変えたという感じはしないので、あまり大きな扱いはしなかったかもしれません。『パルチザンの理論』では、レーニンたちの戦略が、パルチザンの闘い方、その地政学的意味を変えたことには注目していますが。

Q　シュミット自身は、社会主義などに対しては、イデオロギーに関してではなく、このように地政学的、法的にしか興味がなかったということでしょうか。

A　イデオロギーの中身には、関心がないんだと思います。ただこれまでの講義でお話ししてきたように、無神論という〝政治神学〟を持っていたことや、ブルジョワジー／プロレタリアートの間の「友／敵」関係をラディカルに突き詰めて考えたことなど、その思考のラディカルさは評価しています。自分の政治神学を、左右逆転して映し出す鏡のようなものと見ていたのではないでしょうか。

Q　陸、海、空と来て宇宙となりますが、解釈によっては、「宇宙」は「空」の延長ともいえますし、最近ではサイバー空間ということが言われています。強引な読み方ですが、シュミットが今生きていたらサイバー空間についてどう言うと思いますか。

A　レーダーとか電気力学の話が出てきましたが、「空間」革命を突き詰めると、理念的・抽象的な空間を、半物理化した「サイバー空間」にまで行き着くような気がしますね。大地と海の時代には、人間は自分の身体を駆使して、「エレメント」と関わっていたわけですが、空のエレメントを支配するための電子的な「機械」が導入されたことによって、その場にいなくても、装置が描き出す「座標軸」に従って、状況を管理することができるようになりました。当然、サイバー空間も視野に入ってくるでしょう。

大地を直立歩行するようになったことや、大海原でリヴァイアサンを追いかけるようになったことで、人間の「物の見方」が大きく変わったわけですが、サイバー空間は、人間の「物の見方」をそれ以上に大きく変化させる可能性があるかもしれません。なぜかと言うと、身体性が変化するからです。サイバー空間は、物質世界から独立の次元に成立する空間であり、私たちが身体的に知覚することはできません。しかし、この空間との関係が、私たちの知覚や思考様式に大きな影響を与えつつあります。私たちは、サイバー空間を媒介する形で、周囲の環境を認識しています。町を歩くのに、ネット情報に頼っている人がかなりいますね。ＡＲ技術はそれを可視化したものです。

現在のサイバー空間論では、人間の身体性がどうなるかについては、まだそれほど具体的なイメージが描かれていませんね。神経刺激をネットを介して伝達して、機械や他人の身体を自分のものとして感じることは可能か、といった情報工学的な議論ならありますが、身体性、身体的世界感覚が全体的にどう変化するかといった、哲学的な議論はまだ本格的に展開されていないと思います。技術が高度に発達して、意識と身体を自由に連結・分離することが可能になって、『攻殻機動隊』みたいなことが可能になったら、シュミットの想像力はすごく掻き立てられていたかもしれません。

シュミットの世界観では、アニマは身体にくっ付いており、その身体は「空」に進出するまでは「地球」にくっ付いていたわけですから、アニマがヴァーチャルな空間を介して、別の身体へと分散的に憑依するというイメージは、すごく刺激的だと思います。当然、現行の憲法、民法や刑法とは違った、ノモスの体系が必要になるでしょう。人格の所在が不確定になるわけですから。

Q 『攻殻機動隊』ではゴーストという形で出てきます。シュミットは、陸から海、空、そして次にアニマの世界へと展開するかもしれない、と考えるでしょうか。

A より高次のエレメントへ、ということですね。ありそうな話ですね。「空」と「火」を通りぬけて、最終的に物質的な身体性を超え、神に近い領域に入っていく。

Q 最後の「神々の尺度は偉大である」というのは、人間が自らの「尺度」を作り出して、神になるということでしょうか。

A なるほど、そう考えると面白いですね。新たな「神々」が尺度を与えてくれるというよりは、身体的な限界を超えた人間が、自ら神になって「尺度」を作るようになる、という見方は確かにできますね。超人思想ですね。与えられた身体に密着している限り人間は、大地のエレメントに縛られるんだけれど、身体性自体を自ら作り出せたら、「尺度」の源泉になれる。

［後書き］――「決断」についてきちんと考えろ！

本書の本文に手を入れ終わって、これから作品社に送稿しようと思っていた頃、三つの新設大学の認可をめぐる田中真紀子騒動が起こった。この問題に関して、多くのコメンテーターが言っていたように、私も、大学の設置・認可に関する現在のシステムには少なからず問題はあるものの、既に進行中の手続きのルールを、大臣の唐突な〝決断〟でいきなり変更するというようなことをやったら、余計に無茶苦茶なことになる、と思った。というより、こんなことがまかり通ってしまったら……と、少し心配になった。私も大学の教員であるので、他人事ではない。

幸い、田中大臣がすぐに〝決断〟を二転三転させ、結局、元のさやに収まったので、一応安心した。それでも、マスコミやネット論壇の一部には、「田中大臣のやり方は乱暴かもしれないが、問題提起は鋭い。少子化にもかかわらず、大学が乱立している現状にメスを入れた」、などと、見当外れを言いたてる連中がいるのには、うんざりした。

設置審の審査や文科省の各大学への〝指導〟が、いい加減で、ご都合主義的なものだというのは、多くの大学教員が感じていることである。設置の認可や補助金を餌にして、文科省の役人が大学の学長や理事に天下りし、偉そうな顔をしているのは、腹立たしいかぎりである。だからといって、大学行政のことをほぼ何も知らない政治家が、役人や彼らと癒着している大学業界の有力者への〝見せしめ〟として、直感的に「不認可」の決断などしたら、教職員就任予定者、受験・編入希望者、地元関係者など、特に甘い汁を吸っているわけでもない多くの人も巻き込んでしまう。それだけではない。大臣の気分次第で、大学の設置・運営に関するルールをどうにでも変えていいとなると、人事、カリキュラム、予算など、あらゆることが不確実になり、全ての大学は大混乱に陥る。

法的に一定の保障を与えられているはずのルールをいきなり変えると、どういうことになるか想像することさえできない人たちが、「政治主導！」を唱和し、公開の場で役人を〝論破（？）〟する政治家や論客を持ちあげたりすれば、余計にひどいことになることは、民主党政権の三年数カ月の間にかなり明らかになったと思っていたが、まだこりていないのか、そもそも学習能力がないのか！　天下りの元役人を成敗するために、「どうして一番でないといけないんですか⁉」、などと言って科学技術振興予算を一律カットしたりすれば、研究そのものに取り組んでいる人にしわ寄せが来ることが分からないようなアホは、〝政治〟に関心を持ったふりなどしないでほしい。

理系の研究予算を減らすと、理系出身が学長ポストを握っているほとんどの国立大学では、執行部が、（理系よりも二桁少ない）文系の予算やポストを少しでも分捕ろうとして、プレッシャーをかけてくる。全学的な会議で、「外部から予算を獲得できないような学問分野は、何もやってないのと同じことだ！予算もポストも配分する必要はない」、とのたまって恥じない工学・医学系のお偉方は少なくない。文系の教員の中にも、そういうのに影響されて、「我々も社会的ニーズに応えねばならない」、とか言って、白熱教室まがいの参加型授業を導入して学生のコミュ力を高めることで、企業の期待する人材を……的な発想をする人たちもいる。

そういう調子で、有名政治家が大学に関して何か思いつきを言うと、風が吹けば桶屋が儲かる――損する、と言うべきか――式に、どんどん負のスパイラルが拡大していく。「政治主導！」を唱和していれば日本は良くなると思い込んでいる、おめでたい〝識者〟たちに、「どうしてくれるんだ！」、と言ってやりたいところだが、この手の連中は、「それは大学内部で解決して頂くべき問題です」、というような〝役人答弁〟しかできないだろう。だから、非常に虚しい。

そういう埒があかないことを考えていたら、首相の〝決断〟によって衆議院の解散が急遽決まり、マスコミはまた、〝真のリーダーシップ〟を発揮してくれそうな、第三極系の有名な政治家を追いかけている。誰かを〝決断する指導者〟として持ち上げないと商売にならないのだろう。

こういう時だからこそ、「決断」について哲学的に考えることが必要である。

二〇一二年一一月　金沢大学角間キャンパスにて

カール・シュミットについて更に学ぶためのブックガイド

★本書では触れていない重要なカール・シュミットの著作

シュミット
『独裁』
未來社

古代ローマの「ディクタトール」制から、マキャベリ、ボダン、フランス革命、マルクス主義の革命理論を経て、ワイマール期のライヒ大統領の非常時（＝例外状態）大権に至るまで、「独裁」をめぐる様々な議論を歴史的に概観したうえで、この制度の政治・法哲学的意義を考察している。憲法制定権力論と独裁の関係や、委任独裁と主権独裁の区別などが理論的に整理されており、法学的な「独裁」研究の古典的位置を占める著作。アガンベンの例外状態論にも影響を与えている。

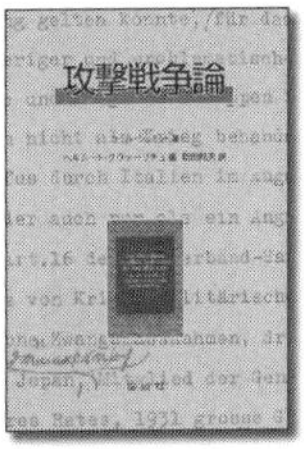

シュミット
『攻撃戦争論』
信山社

ニュルンベルク裁判の被告になった産業家の弁護士からの依頼によってシュミットが作成した「鑑定書」と、ドイツの公法・教会法学者でシュミット研究者としても知られるヘルムート・クヴァーリッチュによる、本文以上に長い「注解＋あとがき」から成る。国際軍事法廷での鑑定書という性格のため、戦勝国側にかなり遠慮しながらも、「攻撃戦争」や「戦争犯罪」などの基本概念の歴史を辿ったうえで、個々の国民、特に経済人を戦争犯罪者として裁くことの是非を法理論的に問うている。「平和に対する罪」や「人道に対する罪」に関して独自の考察を展開しており、戦争責任をめぐる現代の議論と比較してみると、シュミットの意外な側面が見えてくる。

シュミット
『憲法論』
みすず書房

憲法学者としてのシュミットの主要著作。「憲法」とは何かをめぐる法概念論的な考察や、西欧諸国における憲法＝国制史的な知見を踏まえて、ワイマール憲法の基本構造を分析している。憲法制定権力と憲法律の関係、制度的保障、アクラマチオ（喝采）、民主制の原理としての同一性など、シュミットらしい論点が掘り下げて論じられている。随所でケルゼンやヴォルツェンドルフに対する批判が挿入されており、当時のドイツの国法学の中でのシュミットの立ち位置を知る手がかりにもなる。

シュミット
『大地のノモス』
慈学社

大航海時代の「新しい大地」の「取得」の問題を起点として、一六世紀以降西欧諸国の間で生成した、お互いを「正しい敵」として認め合い、戦争を枠付けする「ヨーロッパ公法」による秩序を歴史的・体系的に叙述する大著。植民地をめぐる激しい争いと西欧における秩序形成の間のパラレルな関係、陸地取得と新たな戦争をめぐる法学者たちの議論、英国の世界支配を可能にした「海洋の自由」、海賊をベースにした海軍の発展、戦争技術の発展に伴うラウム秩序変化など、興味深い論点が多々含まれている。

シュミット
『パルチザンの理論』
ちくま学芸文庫

ナポレオン戦争時のスペインのゲリラ戦から始まる「パルチザン」の歴史を、法制史・軍事的に概観する著作。副題が「政治的なものの概念の中間所見」であることからも分かるように、「友／敵」図式と、（「大地のノモス」の意味での）土地との関わりの視点から、「パルチザン」を性格付けることを試みている。「パルチザン」を国際化したレーニンやスターリンを批判的に見る一方で、再び土地と結び付けた毛沢東の実践論を評価しているところに、シュミットらしさが現われている。

★カール・シュミットを知るために読んでおいたほうがいい研究書

大竹弘二
『正戦と内戦』
以文社

シュミット思想の形成・変遷史全体を、『大地のノモス』で明確化する「域外列強の干渉排除を伴う広域秩序」構想と、ヨーロッパ公法秩序の解体の危機から生じつつある「世界内戦」化への批判的洞察を軸に叙述した本格的研究書。ヤーコプ・タウベス、ブルーメンベルク、コジェーヴ、レオ・シュトラウス等の現代思想の重要人物との論争、戦後の西ドイツの公法学やイタリアの新左翼系論客への影響、新保守主義との関係等について詳しく述べられており、現代思想の中でのシュミットの位置を知ることができる。

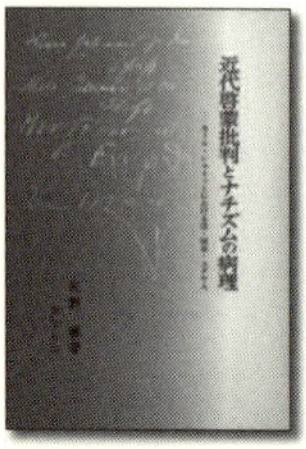

佐野誠
『近代啓蒙批判とナチズムの病理』
創文社

シュミットの政治思想の形成史を、第二帝政末期からワイマール共和制への移行期の政治・社会状況、ウェーバーとの関係、ナチス政権の反ユダヤ主義や安楽死政策への関わり、ナチス政権からの評価など、外的要因を背景としながら丁寧に叙述した著作。シュミットの思想が、元々ナチスの反ユダヤ主義とどの程度親和性があったか考えるうえで、重要なヒントを提供してくれる。

古賀敬太
『カール・シュミットとカトリシズム』
創文社

シュミットの政治神学の背景となっているとされるカトリック保守主義の全体像を、彼が頻繁に参照するコルテスの政治神学、ワイマール期のカトリック教会の動向、中央党の政治的立ち位置、ナチズムとカトリシズムの関係など、重要な論点に即して描き出している。「カテコーン」概念を軸に展開するシュミットの「終末論」の特徴について掘り下げて論じられている。

石川健治
『自由と特権の距離』
日本評論社

日本の憲法理論にも影響を与えたとされるシュミットの「制度的（制度体）保障論」を、サヴィニーに始まるドイツ私法学の伝統、及びその影響を受けたラーバントなどにおける「法制度」概念の位置付け、ギールケの有機体論との違い、オーリウからの影響などを、詳細に検討しながら叙述している。法理論史に興味がない読者にはとっつきにくいが、シュミットの〝オーソドックスな法学者〟としての側面を知ることができる。

和仁陽
『教会・公法学・国家』
東京大学出版会

初期シュミットの思想形成を、カトリック教会をモデルとした公法学、「カトリック的公法学」という視点から探求した著作。基本的には、法哲学・法思想史的な研究書であるが、「再現前＝代表」「同一性」「フォルム」といった（ポストモダン）美学的な要素に焦点が当てられており、シュミットとベンヤミンやポストモダン左派の関係を考えるうえで参考になる。

1981	ハーバマス『コミュニケイション的行為の理論』
1982	CDU 中心の中道右派政権成立
1983	緑の党、議会進出 スローターダイク『シニカル理性批判』
1985	シュミット死去

1951	欧州石炭鉄鋼共同体発足 アーレント『全体主義の起源』
1953	ケルゼン『正義とは何か』
1954	ブロッホ『希望の原理』（〜 59）
1955	西ドイツ、NATO に加盟 アドルノ『プリズメン』
1956	ハンガリー動乱 シュミット『ハムレットもしくはヘカベ』
1957	欧州経済共同体発足
1958	アーレント『人間の条件』
1959	SPD、バートゴーデスベルク綱領
1960	ケルゼン『純粋法学』第 2 版 ガダマー『真理と方法』
1961	ベルリンの壁建設 ハート『法の概念』
1962	ハーバマス『公共性の構造転換』
1963	シュミット『パルチザンの理論』 アーレント『革命について』『イェルサレムのアイヒマン』
1964	アドルノ『本来性の隠語』
1966	アドルノ『否定弁証法』
1967	欧州共同体（EC）発足 シュミット『価値による専制』
1968	ドイツ学生蜂起 プラハの春 ハーバマス『認識と関心』
1969	SPD 中心の中道左派政権成立 アドルノ死去
1970	シュミット『政治神学 II』
1971	ルカーチ死去 ロールズ『正義論』
1973	ケルゼン死去
1975	アーレント死去
1976	ハイデガー死去 ハーバマス『史的唯物論の再構成』
1977	ブロッホ死去 ドゥウォーキン『権利論』

1932	パーペン首相によるプロイセン州政府転覆 シュミット『政治的なものの概念』『合法性と正当性』 ユンガー『労働者』
1933	ナチス政権掌握 シュミット、ケルン大学教授就任 シュミット、ベルリン大学教授就任 シュミット『国家、運動、民族』 ハイデガー、学長就任演説「ドイツの大学の自己主張」
1934	シュミット『法学的思惟の３種類』 ケルゼン『純粋法学』第１版
1935	ドイツ、再軍備 ニュルンベルク人種法制定 ブロッホ『この時代の遺産』
1936	ドイツ軍、ラインラント進駐 シュミット、親衛隊の機関紙で批判を受ける ベンヤミン『複製技術時代の芸術作品』
1938	ナチス・ドイツによるオーストリア併合 ズデーテン危機→ミュンヘン会談 水晶の夜事件 シュミット『リヴァイアサン』『差別化する戦争概念への転換』
1939	第２次世界大戦勃発
1940	ベンヤミン死去 シュミット『立場と概念』
1942	ヴァンゼー会議 シュミット『陸と海と』
1944	ノイマン『ビヒモス』
1945	第２次世界大戦終結 ニュルンベルク裁判開始 シュミット、占領軍によって逮捕される ケルゼン『法と国家の一般理論』
1947	マーシャル・プラン発表 アドルノ／ホルクハイマー『啓蒙の弁証法』 ハイデガー『「ヒューマニズム」について』
1949	東西ドイツ建国
1950	シュミット『大地のノモス』『獄中記』 アドルノ『ミニマ・モラリア』

	ウェーバー『職業としての学問』『職業としての政治』 シュミット『政治的ロマン主義』 ベンヤミン『ドイツ・ロマン派における芸術批評の概念』
1920	カップ一揆 ウェーバー死去 ケルゼン『デモクラシーの本質と価値』『主権の問題と国際法理論』 ユンガー『鋼鉄の嵐の中で』
1921	中部ドイツでKPDによる一揆 ロンドン会議 シュミット『独裁』 ベンヤミン『暴力批判論』
1922	ラーテナウ暗殺 ケルゼン『社会学的および法律学的国家概念』 シュミット『政治神学』
1923	フランス・ベルギー軍によるルール地方占領 ミュンヘン一揆 シュミット『現代議会主義の精神史的状況』 ルカーチ『歴史と階級意識』
1924	ドイツの賠償に関するドーズ案
1925	ヒンデンブルク、大統領に当選 ロカルノ条約 ヒトラー『我が闘争』第1部 ケルゼン『一般国法学』
1926	ドイツ、国際連盟加盟 ヒトラー『我が闘争』第2部
1927	ハイデガー『存在と時間』
1928	ケロッグ＝ブリアン条約 シュミット『憲法論』『大統領の独裁』 ベンヤミン『ドイツ悲劇の根源』『一方通行路』
1929	世界大恐慌
1930	ドイツの賠償に関するヤング案 ブリューニングを首班とする大統領内閣発足 ケルゼン、ケルン大学教授に就任 ラスキ『近代国家における自由』 ローゼンベルク『20世紀の神話』
1931	シュミット『憲法の番人』 ベンヤミン『写真小史』

[カール・シュミット関連年表]

1888	ヴィルヘルム２世即位 シュミット誕生
1889	第２次インターナショナル結成 ハイデガー誕生
1890	ビスマルク、帝国宰相を辞任
1892	ベンヤミン誕生
1895	ユンガー誕生
1900	ニーチェ死去 ガダマー誕生
1903	アドルノ誕生
1904	ウェーバー『プロテスタンティズムの倫理と資本主義の精神』（～05）
1905	第１次モロッコ事件 ラスク『法哲学』
1906	アーレント誕生
1908	ソレル『暴力論』
1911	第２次モロッコ事件 ケルゼン『国法学の主要問題』
1912	第２次バルカン戦争 シュミット『法と判決』
1913	第２次バルカン戦争
1914	第１次世界大戦勃発 第２次インターナショナル崩壊 シュミット『国家の価値と個人の意義』
1916	シュミット『テオドール・ドイブラーの「北極光」』 レーニン『帝国主義論』
1917	ロシア革命 レーニン『国家と革命』 シュミット『ブリブンケン』（～18）
1918	第２帝政崩壊 ウェーバー『新秩序ドイツにおける議会と政府』 ブロッホ『ユートピアの精神』
1919	スパルタクス団の蜂起 コミンテルン結成 ヴェルサイユ条約締結 ワイマール共和国成立 ケルゼン、オーストリア憲法裁判所判事に就任

カール・シュミット　Carl Schmitt（1888年－1985年）

ドイツ・ヴェストファーレン地方のプレッテンベルクに生まれる。

生家はカトリック。ベルリン、ミュンヘン、シュトラスブルクで学び、1916年論文「国家の価値と個人の意義」により教授資格取得。ヒトラー政権の誕生から敗戦までの1933年から44年、ベルリン大学教授。またナチスに多大な影響を与えた小説家エルンスト・ユンガー（写真左）と終生にわたり交流。第二次大戦後逮捕され、ニュルンベルク裁判では、不起訴。以後は隠棲し著述活動に専念した。

ドイツが敗北した第一次大戦後のワイマール共和国並びにヴェルサイユ体制を批判しつつ、〈決断〉と独裁者、敵／味方、〈政治〉概念を規定した彼の議論は、1933年登場のナチス・ヒトラー体制の「独裁」を思想的に先取りしたといえる。

ヴァルター・ベンヤミン、レオ・シュトラウス、ジャック・デリダ、ハンナ・アーレント、ジョルジョ・アガンベン、アントニオ・ネグリ、スラヴォイ・ジジェク、シャンタル・ムフら、現在に至るも、保守主義や右派から、ポストモダン左派まで、幅広く多大な影響を与え続けている。

主要な著作は、『カール・シュミット著作集（I・II）』（長尾龍一編、田中成明・樋口陽一・長尾龍一ほか訳、慈学社、2007年）に収められている。

rengoDMS

本書は、連合設計社市谷建築事務所でおこなわれた、著者が主催する勉強会の講義を収録し編集・制作しました

【著者紹介】

仲正昌樹（なかまさ　まさき）

一九六三年広島生まれ。東京大学総合文化研究科地域文化研究専攻博士課程修了（学術博士）。現在、金沢大学法学類教授。「ポストモダン」が流行の八〇年代に学生時代をすごす。政治思想、現代ドイツ思想、社会哲学、基礎法学などの“マトモ”な学問から、テレビ、映画、アニメ、はたまた松本清張などの“俗っポイもの”まで幅広くかつ真剣に議論を展開し、また医療問題にも取り組む。

主な最近の著作に、『今こそルソーを読み直す』（生活人新書：日本放送出版協会、2010年）、『ヴァルター・ベンヤミン』（作品社、2011年）、『改訂版〈学問〉の取扱説明書』（作品社、2011年）、『いまこそハイエクに学べ』（春秋社、2011年）、『2012年の正義・自由・日本』（明月堂書店、2012年）、『現代ドイツ思想講義』、『《日本の思想》講義』『危機の詩学』（以上、作品社、2012年）。共著に、笠井潔・巽孝之監修　海老原豊・藤田直哉編集『3・11の未来――日本・SF・創造力』（作品社、2011年）、翻訳にハンナ・アーレント『完訳カント政治哲学講義録』（明月堂書店）、ドゥルシラ・コーネル『〝理想〟を擁護する』（作品社）など、その著作・共著・翻訳は60冊以上にも及ぶ。【写真は、rengoDMS／（株）連合設計社市谷建築事務所 http://www.rengodms.co.jp/ にて主催する勉強会の様子】

カール・シュミット入門講義

2013年 3 月 15 日第 1 刷発行
2022年 9 月 25 日第 7 刷発行

著　者　仲正昌樹

発行者　福田隆雄
発行所　株式会社作品社
〒102-0072　東京都千代田区飯田橋 2-7-4
Tel 03-3262-9753 Fax 03-3262-9757
https://www.sakuhinsha.com
振替口座 00160-3-27183

装　幀　小川惟久
本文組版　有限会社閏月社
印刷・製本　シナノ印刷(株)

Printed in Japan
落丁・乱丁本はお取替えいたします
定価はカバーに表示してあります
ISBN978-4-86182-426-5 C0010

危機の詩学

ヘルダリン、存在と言語

Nakamasa Masaki
仲正昌樹

詩は、"私たち"と"世界"を変革できるのか?

〈神=絶対者〉が隠れた、この闇夜の時代。ツイッター、ブログ、SNS……、加速する高度情報化社会。ますます言葉は乏しく、存在は不在となる。「私」にとっての思考と創造の源泉、現代思想の根本問題=〈言語〉の難問を抉り、世界と主体の再創造を探究する記念碑的大作!

仲正昌樹の講義シリーズ

〈知〉の取扱説明書

改訂第二版
〈学問〉の取扱説明書

ヴァルター・ベンヤミン
「危機」の時代の思想家を読む

現代ドイツ思想講義

《日本の思想》講義
ネット時代に、丸山眞男を熟読する

〈法と自由〉講義
憲法の基本を理解するために

ハンナ・アーレント「人間の条件」入門講義

プラグマティズム入門講義

〈日本哲学〉入門講義
西田幾多郎と和辻哲郎

〈ジャック・デリダ〉入門講義

ハンナ・アーレント「革命について」入門講義

〈戦後思想〉入門講義
丸山眞男と吉本隆明

ドゥルーズ+ガタリ
〈アンチ・オイディプス〉入門講義

〈後期〉ハイデガー入門講義

マルクス入門講義

フーコー〈性の歴史〉入門講義

ニーチェ入門講義